Kritisch hinterfragt

Die „Kritisch hinterfragt"-Reihe greift kontroverse und für die Gesellschaft relevante Themen aus psychologischer Sicht auf und entlarvt gängige Mythen und Vorurteile. Die Bandbreite der Themen kommt aus allen Teilgebieten der Psychologie. Jeder einzelne Band konzentriert sich auf ein spezielles psychologisches Themengebiet.

Um den Leser abzuholen und das Interesse aufrecht zu erhalten, sind an entscheidenden Stellen Fragen eingearbeitet. Die Inhalte sind wissenschaftlich fundiert, jedoch nicht nur informativ, sondern unterhaltsam und humorvoll in leicht verständlicher Sprache verfasst.

Bände in der Reihe „Kritisch hinterfragt":

Niklas, Mit Würfelspiel und Vorlesebuch – Welchen Einfluss hat die familiäre Lernumwelt auf die kindliche Entwicklung? ISBN 978-3-642-54758-4

Sprenger, Joraschky, Mehr Schein als Sein? – Die vielen Spielarten des Narzissmus, ISBN 978-3-642-55306-6

Gündel, Glaser & Angerer, Arbeiten und gesund bleiben – K. O. durch den Job oder fit im Beruf, ISBN 978-3-642-55302-8

Krause, Mit dem Glauben Berge versetzen? – Psychologische Erkenntnisse zur Spiritualität, ISBN 978-3-662-48456-2.

Schneider, Lesen und Schreiben lernen – Wie erobern Kinder die Schriftsprache? ISBN 978-3-662-50318-8

Reindl, Gniewosz, Prima Klima: Schule ist mehr als Unterricht, ISBN 978-3-662-50352-2

Tomoff, Positive Psychologie – Erfolgsgarant oder Schönmalerei? ISBN 978-3-662-50386-7

Weitere Bände sind in Planung.

Wolfgang Schneider

Lesen und Schreiben lernen

Wie erobern Kinder die Schriftsprache?

Wolfgang Schneider
Institut für Psychologie
Universität Würzburg
Würzburg, Deutschland

Kritisch hinterfragt
ISBN 978-3-662-50318-8   ISBN 978-3-662-50319-5 (eBook)
DOI 10.1007/978-3-662-50319-5

Die Deutsche Nationalbibliothek verzeichnet diese Publikation in der Deutschen Nationalbibliografie; detaillierte bibliografische Daten sind im Internet über http://dnb.d-nb.de abrufbar.

© Springer-Verlag GmbH Deutschland 2017
Das Werk einschließlich aller seiner Teile ist urheberrechtlich geschützt. Jede Verwertung, die nicht ausdrücklich vom Urheberrechtsgesetz zugelassen ist, bedarf der vorherigen Zustimmung des Verlags. Das gilt insbesondere für Vervielfältigungen, Bearbeitungen, Übersetzungen, Mikroverfilmungen und die Einspeicherung und Verarbeitung in elektronischen Systemen.
Die Wiedergabe von Gebrauchsnamen, Handelsnamen, Warenbezeichnungen usw. in diesem Werk berechtigt auch ohne besondere Kennzeichnung nicht zu der Annahme, dass solche Namen im Sinne der Warenzeichen- und Markenschutz-Gesetzgebung als frei zu betrachten wären und daher von jedermann benutzt werden dürften.
Der Verlag, die Autoren und die Herausgeber gehen davon aus, dass die Angaben und Informationen in diesem Werk zum Zeitpunkt der Veröffentlichung vollständig und korrekt sind. Weder der Verlag noch die Autoren oder die Herausgeber übernehmen, ausdrücklich oder implizit, Gewähr für den Inhalt des Werkes, etwaige Fehler oder Äußerungen.

Planung: Marion Krämer
Grafiken: Darja Süßbier

Gedruckt auf säurefreiem und chlorfrei gebleichtem Papier.

Springer ist Teil von Springer Nature
Die eingetragene Gesellschaft ist Springer-Verlag GmbH Deutschland
Die Anschrift der Gesellschaft ist: Heidelberger Platz 3, 14197 Berlin, Germany

Vorwort

Seit etwa 5000 Jahren verfügen Menschen über die Fähigkeit, sich über Schrift zu verständigen. Die Bedeutung dieser Kompetenz hat innerhalb der letzten Jahrhunderte weiterhin stark zugenommen. Lesen und Schreiben stellen zentrale Kulturtechniken dar, deren Beherrschungsgrad den Lebensweg eines Menschen nachhaltig bestimmt. Angesichts der besonderen Bedeutung dieser Kompetenz für Alltag und Beruf ist man schon seit langer Zeit darum bemüht, den Königsweg für den Schriftspracherwerb zu finden und Fördermöglichkeiten zu konzipieren, die Fehlentwicklungen entweder vorbeugen oder aber korrigieren sollen. Es verwundert kaum, dass sich hier Kontroversen entzündet haben, zumal sich unterschiedliche Wissenschaftsdisziplinen wie die Pädagogik, die Psychologie und die Sprachwissenschaft intensiv um Klärungsmöglichkeiten bemüht haben.

Ein wesentliches Ziel des vorliegenden Bandes besteht darin, die enorme Vielfalt an theoretischen Ansätzen und empirischen Untersuchungen zur zentralen Thematik in der gebotenen Kürze und Prägnanz vorzustellen, dabei aber auch einen einigermaßen repräsentativen Einblick in die Vielschichtigkeit der Arbeiten zum Schriftspracherwerb zu vermitteln. Nach einer Einführung in die historische Entwicklung des Lesens und Schreibens sowie in erste Formen ihrer Unterrichtung, die u. a. den großen Einfluss Martin Luthers auf die Verbreitung deutscher Schriftsprache ab dem späten Mittelalter deutlich macht, werden klassische und neuere Modellvorstellungen zum Erwerbsprozess vorgestellt. Das Buch führt dann in neuere Forschungsarbeiten ein, in denen die Bedeutsamkeit spezifischer vorschulischer Fertigkeiten (sog. „Vorläufermerkmale") für den Erwerb des Lesens und Rechtschreibens in der Schule vorgestellt wird, gefolgt von einer Beschreibung typischer schulischer Entwicklungsmuster und wichtiger Einflussmerkmale. Es wird dann der Versuch gemacht, die von Anfang an kontroverse Diskussion um angemessene Unterrichtsmethoden auf Grundlage empirischer

Befunde genauer einzuordnen und ihren Stellenwert für die Entwicklung des Lesens und Rechtschreibens in der heutigen Zeit zu bestimmen. In der Folge wird erörtert, welche Einfluss der soziale Hintergrund der Familie, die häusliche Lernumgebung, der Fernsehkonsum und die Nutzung neuer Medien auf den Schriftspracherwerb haben. Gerade im Hinblick auf die Relevanz von Computernutzung und Fernsehkonsum für den Schriftspracherwerb haben sich in den letzten Jahrzehnten interessante Kontroversen entwickelt, deren Stellenwert genauer bestimmt werden soll. Abschließend wird der gestörte Schriftspracherwerb in den Blick genommen, wobei wesentliche Annahmen zur Verursachung von Lese-Rechtschreibstörungen geprüft und sinnvolle Interventions- und Förderansätze vorgestellt werden.

Es gibt kaum einen Bereich der pädagogisch-psychologischen, erziehungs- und sprachwissenschaftlichen Forschung, in dem ein gesellschaftlich wichtiges Phänomen so intensiv und nachhaltig untersucht worden ist wie das Phänomen des Schriftspracherwerbs. Von daher kann dieses Buch die aufgeführten Teilaspekte nicht umfassend abhandeln. Es ist in der Absicht verfasst worden, einen möglichst breiten Kreis von Fachkolleginnen und -kollegen, Studierenden und Eltern in die Materie einzuführen. Um sicherzustellen, dass die an bestimmten Inhalten besonders interessierten Leserinnen und Lesern ihre Kenntnisse weiter sinnvoll vertiefen können, bietet jedes Kapitel ein relativ umfangreiches Literaturverzeichnis an, das diesem Zweck gerecht werden soll und einen jeweils repräsentativen Einblick in die Forschungslage ermöglicht.

Die Frage der Entwicklung von Lese- und Rechtschreibkompetenz und nach Ursachen gestörten Schriftspracherwerbs hat mich seit meiner mit dem langjährigen Freund und Kollegen Adolf Springer im Jahr 1975 gemeinsam verfassten Diplomarbeit zur Legasthenie-Problematik immer wieder beschäftigt. Wertvolle Anregungen zur eigenen Forschungsarbeit verdanke ich zahlreichen Kolleginnen und Kollegen, vor allem meinem leider viel zu früh verstorbenen akademischen Mentor Franz E. Weinert und (in alphabetischer Reihenfolge) Hans Brügelmann, Karin Landerl, Gerd Mannhaupt, Harald Marx, Jan Näslund, Gerheid Scheerer-Neumann, Renate Valtin, Andreas Warnke und Heinz Wimmer. Sie alle haben insbesondere meine frühen Forschungsarbeiten zur Schriftsprachthematik bedeutsam beeinflusst. In meiner Würzburger Periode sind dann in unterschiedlichen Phasen meine (früheren) Mitarbeiterinnen und Mitarbeiter Ellen Baier (Plume), Marco Ennemoser, Wolfgang Lenhard, Frank Niklas, Petra Küspert, Peter Marx, Robin Segerer und Jutta Weber wichtige Ansprechpartner geworden, denen ich zahlreiche Anregungen und viel Unterstützung verdanke. Ohne ihren stimulierenden „Input" hätte dieses Buch so nicht geschrieben werden können.

Bei der formalen Abfassung des Werks hat mich Michaela Pirkner in bewährter Weise unterstützt. Dafür ganz herzlichen Dank! Frau B.Sc. Luisa Oesterle schulde ich ebenfalls Dank, da sie wertvolle Hilfestellung bei der Abfassung der

Endversion leistete. Herzlich bedanken möchte ich mich weiterhin auch bei Frau Marion Krämer und Frau Sabine Bartels vom Springer Verlag, die das Buchprojekt auf den Weg gebracht und durch vielfältige Unterstützung dafür gesorgt haben, dass es letztendlich auch erfolgreich abgeschlossen werden konnte. Last not least sei meiner Frau dafür gedankt, dass sie in allen Phasen der mühsamen Schreibarbeit viel Verständnis aufgebracht und das Buchprojekt durch produktive Diskussionen unterstützt hat.

Würzburg, im Juli 2016   Wolfgang Schneider

Inhaltsverzeichnis

1	**Wie fing alles an? – Von den Anfängen der Schriftsprache bis zu den ersten Ansätzen des formalen Lese- und Schreibunterrichts** ...	1
	1.1 Wie entwickelte sich die Schriftsprache von der Antike bis zum Mittelalter?	1
	1.2 Wie entwickelten sich Schule und Unterricht im deutschsprachigen Raum?	4
	1.3 Wie entwickelten sich der Lese- und Grammatikunterricht im deutschsprachigen Raum?	8
	Literatur	13
2	**Wie muss man sich den Erwerb der Schriftsprache vorstellen?** ...	15
	2.1 Was sind die theoretischen Grundlagen der Forschung zum Schriftspracherwerb?	15
	2.2 Welche Modelle des Schriftspracherwerbs gibt es?	17
	Literatur	31
3	**Lassen sich die kindlichen Voraussetzungen für das Lesen und Rechtschreiben schon im Kindergarten bedeutsam verbessern?** .	35
	3.1 Wie bedeutsam sind Merkmale der frühen phonologischen Informationsverarbeitung und der Buchstabenkenntnis für den späteren Schriftspracherwerb?	35
	3.2 Welche empirischen Belege finden sich für die Relevanz vorschulischer Kompetenzen für das Lesen und Rechtschreiben in der Schule? Befunde korrelativer Längsschnittstudien	39

3.3 Welche empirischen Belege finden sich für die Relevanz vorschulischer Kompetenzen für das Lesen und Rechtschreiben in der Schule? Befunde aus Trainingsstudien im Kindergarten 47
3.4 Ist die frühe phonologische Bewusstheit wirklich der entscheidende Faktor für den Schriftspracherwerb in der Schule? 57
3.5 Welche Perspektiven bietet alltagsintegrierte Sprachförderung im Kindergarten für den Schriftspracherwerb? 61
Literatur 67

4 Wie entwickeln sich Lese- und Rechtschreibleistungen in der Schule, und welche Merkmale beeinflussen den Schriftspracherwerb? 73

4.1 Was sind typische Entwicklungsmuster beim Erwerb des Lesens und Rechtschreibens? 73
4.2 Wie ändern sich Schriftsprachleistungen in der Schulzeit, und wie stabil sind frühe Unterschiede in der Lese- und Rechtschreibkompetenz? 83
4.3 Wie wichtig sind kognitive Fähigkeiten für den Schriftspracherwerb? 91
4.4 Welche Bedeutung haben Motivation, Geschlecht, Sozialschicht und Klassenzugehörigkeit für den Schriftspracherwerb? 94
Literatur 99

5 Gibt es bessere und schlechtere Unterrichtsmethoden für den Schriftspracherwerb? – Der Methodenstreit im Licht neuerer Erkenntnisse 105

5.1 Was kann man über Kinder aussagen, die das Lesen schon vor der Schule lernen? 105
5.2 Welche aktuelleren methodisch-didaktischen Ansätze des Schriftspracherwerbs im deutschsprachigen Raum gibt es? 108
5.3 Wie relevant erweist sich der Methodenstreit aus der Perspektive empirischer Untersuchungen? 117
Literatur 124

6 Welchen Einfluss haben Familie, Fernsehen und neue Medien auf den Schriftspracherwerb? ... 127

6.1 Wie hängen Schichtzugehörigkeit, Bildungsniveau der Eltern und Schriftspracherwerb zusammen? – Klassischer Ansatz .. 127

6.2 Welche Rolle spielt die familiäre Lernumwelt für den Schriftspracherwerb? – Neuere Zugangswege ... 134

6.3 Welchen Einfluss hat der Fernsehkonsum auf die Entwicklung der Schriftsprache? – Versuch der Klärung einer emotionsbeladenen Thematik ... 140

6.4 Welche Rolle spielen die neuen Medien für den Schriftspracherwerb? ... 146

Literatur ... 151

7 Das Phänomen der Lese-/Rechtschreibstörung: Welche Einflussfaktoren sind wirklich relevant? ... 157

7.1 Welche Probleme sind mit Fragen der Definition und Begriffswahl verbunden? ... 157

7.2 Welchen Einfluss haben Genetik, Geschlecht, kognitive Merkmale und motivationale Aspekte auf den gestörten Schriftspracherwerb? – Auf der Suche nach Ursachenfaktoren ... 161

7.3 Wie lassen sich Lese-/Rechtschreibstörungen diagnostizieren? ... 169

7.4 Lässt sich die Problematik ohne Behandlung überwinden? – Längsschnittliche Befunde zum Verlauf der Lese-/Rechtschreibstörung im Kindes- und Jugendalter ... 175

Literatur ... 178

8 Welche Fördermöglichkeiten des Lesens und Rechtschreibens gibt es, und welche sind wirklich effektiv? ... 183

8.1 Welche Voraussetzungen müssen qualitativ hochwertige Förderprogramme für das Lesen und Rechtschreiben erfüllen? ... 183

8.2 Welche Wirkung erzielt die Intervention bei Lese-/Rechtschreibstörung durch kombinierte Förderung der Schriftsprache und kognitiver Grundlagen? ... 186

8.3 Welche Wirkung erzielt die Intervention bei Lese-/Rechtschreibstörung durch Förderung des Lesens? ... 192

	8.4	Welche Wirkung erzielt die Intervention bei Lese-/Rechtschreibstörung durch Förderung der Rechtschreibung?	204
	8.5	Wie wirkt sich die Intervention bei Lese-/Rechtschreibstörung durch kombinierte Förderung des Lesens und Rechtschreibens?	210
		Literatur	217
9		**Wege des Schriftspracherwerbs im Deutschen – Ein Fazit**	223
		Literatur	231
Sachwortverzeichnis			233

1

Wie fing alles an? – Von den Anfängen der Schriftsprache bis zu den ersten Ansätzen des formalen Lese- und Schreibunterrichts

Inhaltsverzeichnis
1.1 Wie entwickelte sich die Schriftsprache von der Antike bis zum Mittelalter?. 1
1.2 Wie entwickelten sich Schule und Unterricht im deutschsprachigen Raum?. 4
1.3 Wie entwickelten sich der Lese- und Grammatikunterricht im deutschsprachigen Raum? 8
Literatur. 13

1.1 Wie entwickelte sich die Schriftsprache von der Antike bis zum Mittelalter?

Wenn man bedenkt, dass der Mensch (*Homo erectus*) den Erdball wohl etwas mehr als zweieinhalb Millionen Jahre bewohnt, so scheint die Geschichte der Schriftsprache vergleichsweise kurz. Die ältesten Schriftzeichen lassen sich auf die Zeit von etwa 5500 v. Chr. datieren, wobei es aus stammesgeschichtlicher Perspektive interessant scheint, dass unterschiedliche Schriftsysteme etwa zum gleichen Zeitpunkt in verschiedenen Regionen der Welt erfunden wurden (Asien, Naher Osten). Es wird vermutet, dass die *ersten Keilschriften*, etwa in Mesopotamien, vor allem als Gedächtnisstützen bei der Buchführung dienten (Haarmann 2004). Bestanden diese zu Beginn aus Piktogrammen, also aus vereinfachten bildhaften Darstellungen eines Gegenstands mit klarer Bedeutung, wandelte sich im Verlauf von Jahrhunderten die Funktion der Keilschrift insofern, als nun ein Zeichen je nach Sinnzusammenhang unterschiedliche Bedeutung haben konnte. Die etwa zur gleichen Zeit in Ägypten entwickelte Hieroglyphenschrift unterschied sich von der Keilschrift darin, dass einzelne Zeichen auch die Lautung der gesprochenen Sprache wiedergaben. Damit konnten komplexere Sachverhalte dargestellt und Texte zu unterschiedlichen Inhalten (zu Erziehungsfragen, Gebeten, Rechtstexten und medizinischen Abhandlungen) formuliert werden. Der Umgang mit der Schrift wurde in Tempelschulen gelehrt. Etwa ab dem 13. Jahrhundert v. Chr. wurde in Ägypten ein gestufter Bildungsgang eingeführt, in dem zwischen „elementarem" und „höherem" Schreibunterricht unterschieden wurde (vgl. Topsch 2006). Da nur wenige Personen das Lesen und Schreiben beherrschten, wurde die Schreiberzunft im Alten Ägypten bald zu einer privilegierten Schicht. Sie kontrollierte Steuereinnahmen wie auch Ausbildungsinhalte, was aufgrund der Vielfalt der hieroglyphischen Zeichen keine einfache Aufgabe darstellte.

> **?**
>
> Wie lässt sich der Fortschritt beim Übergang von Keilschriften auf Alphabetschriften am besten charakterisieren?

Die *erste Alphabetschrift* geht auf die Phönizier (etwa 1500 v. Chr.) zurück, wobei der Ursprung bis heute ungeklärt ist. Das phönizische Alphabet enthielt zunächst nur Konsonanten, von denen später einige als Vokalzeichen benutzt wurden. Mit der Ergänzung dieser Schrift durch Vokalzeichen vermutlich im Griechenland des 9. Jahrhunderts v. Chr. entwickelte sich das uns bekannte Alphabet. Von den Römern wurde die griechische Buchstabenschrift zur „lateinischen Schrift" ausgestaltet. So kam es nun etwa zur Unterscheidung zwischen Groß- und Kleinbuchstaben. Die weite Verbreitung der alphabetischen Schriften führte in der Folge (etwa ab dem 5. Jahrhundert v. Chr.) zur Etablierung von geordneten Bildungssystemen, insbesondere bei den Griechen und Römern. In Athen wurden ab dieser Zeit „Elementar- bzw. Kinderschulen" eingerichtet, in denen sieben- bis zwölfjährige Knaben zunächst in Gymnastik, danach im Lesen und Schreiben unterrichtet wurden (Dittes 1871). Demgegenüber war bei den Römern das Lesen- und Schreibenlernen zunächst Aufgabe der familiären Erziehung. Öffentliche Kinderschulen gab es jedoch auch schon in Rom ab etwa 400 v. Chr., wobei der Schulbesuch in der Regel ab dem siebten Lebensjahr erfolgte (Harris 1989). Der Unterricht fand dabei meist nicht in geschlossenen Räumen statt, sondern auf Straßen und Plätzen. Er ging selten über einen Anfangsunterricht hinaus und wurde von Schulmeistern durchgeführt, deren gesellschaftliche Stellung als „erbärmlich" charakterisiert wurde, nicht zuletzt deshalb, weil sie sehr schlecht bezahlt waren (Topsch 2006).

Das lateinische Alphabet wurde in der Folge auf viele romanische, germanische, slawische und andere Sprachen übertragen und stellt das am weitesten verbreitete Alphabet der Welt dar. Nach dem Untergang des Römischen Reiches gegen Ende des 5. Jahrhunderts n. Chr. wurde die lateinische Schrift von den Völkern des ehemaligen römischen Kulturkreises weiterhin beibehalten. Allerdings entwickelte sich in der Zeit vom 6. bis 8. Jahrhundert eine Vielfalt an regionalen

Schreibstilen („Nationalschriften"), wobei die Schriftformen in Abhängigkeit vom jeweiligen Kulturkreis variierten. Der Kern des lateinischen Alphabets blieb jedoch überall erhalten. Dies galt auch für den deutschen Kulturraum, in dem sich die eigentlich germanische Schrift (die Runen-Schrift) nicht als Verkehrs- und Buchschrift durchsetzen konnte und lediglich kultischen Zwecken vorbehalten war (Bischoff 1986).

Solange die lateinische Schrift für die lateinische Sprache benutzt wurde, gab es keinerlei Nutzungsprobleme. Probleme ergaben sich allerdings dann, wenn die lateinische Schrift für die deutsche Sprache verwendet werden sollte, da nicht alle Laute der deutschen Sprache in der lateinischen Schrift darstellbar waren. Es kann als Ergebnis intensiver Anpassungsbemühungen betrachtet werden, dass im Mittelalter die Buchstaben u, w und j in das lateinische Alphabet als Schriftzeichen für eigenständige Laute eingefügt wurden.

Seit etwa dem 13. Jahrhundert erfuhr die volkssprachliche Schriftkultur in Europa durch das Aufblühen der städtischen Kultur einen enormen Aufschwung. Dies hatte zur Folge, dass nicht nur dem Adel und dem Klerus, sondern auch breiteren Bevölkerungsschichten der Zugang zur geschriebenen Sprache möglich wurde. Eine weitere treibende Kraft dieses Aufschwungs gerade im deutschen Sprachraum war die Erfindung des Buchdrucks durch Johannes Gutenberg in Mainz (um 1440). Durch die Erfindung der beweglichen Lettern kam es zu einer Verdrängung der Schreibschrift. Bücher und Zeitschriften wurden in bis dahin nicht gekannten Auflagen verbreitet und als Archive verwendet (Feldbusch 1985). Waren es zunächst vorwiegend lateinische Bücher, die gedruckt wurden, gab es in der Folge zahlreiche Bemühungen, Latein als Universalsprache des mittelalterlichen Europas durch eine neuhochdeutsche Schriftsprache zu ersetzen. Die Schwierigkeit dieser Bemühungen lässt sich daran ablesen, dass es bis ins 16. Jahrhundert hinein keine einheitliche deutsche Verkehrssprache gab. Es galt also, angesichts vieler unterschiedlicher Mundarten bzw. Dialekte eine überregionale Sprachnorm zu schaffen, die für unterschiedliche gesellschaftliche Schichten verständlich sein und die breite Masse ansprechen sollte.

Ein für diese Entwicklung besonders bedeutsames Ereignis stellte die Reformation dar. Als Erfinder und wesentlicher Gestalter der neuen Schriftsprache kann Martin Luther gelten, der einen enorm großen Aufwand trieb, um die neue „gemeine Sprache" zu popularisieren. Die Lutherbibel vermittelte wesentliche Normen dieser neuen Sprache, und mit den Flugblättern der Reformation ab 1517 erlebte der Buchdruck seinen Durchbruch und enorme Verbreitung. Die Vorzeichen für die Einführung der neuen Schriftsprache standen insofern günstig, als gerade das Bürgertum in den Städten zunehmend bildungsbeflissen war und das Lesen im Bewusstsein der Menschen eine deutliche Aufwertung erfuhr. Das Instrument der Flugschriften, vorgelesen entweder auf der Kanzel oder auf den Marktplätzen der Städte, sorgte für große Resonanz. Tausende von Flugblättern mit religiösem oder politischem Inhalt stellten erstmals in der Geschichte eine Öffentlichkeit dar, an der auch die einfachen Schichten teilhaben konnten. Es gelang Luther, diese neue Verschriftlichungskultur zu nutzen. Die Lutherbibel verbreitete sich schnell über Dialekt- und Mundartgrenzen hinweg. Auch wenn kein Volksstamm in der Übersetzung der Lutherbibel seine eigene Mundart wiederfinden konnte, war es für die meisten Menschen dieser Zeit möglich, die neue Sprache zu verstehen (Eggers 1986). Die intensive Auseinandersetzung mit den Inhalten der Flugschriften führte dazu, dass sich nicht nur die gebildeten Kreise, sondern alle Volksschichten mit der neuen Sprache identifizierten und auch lesen und schreiben lernen wollten. Es fragt sich nun, in welchem Umfang und ab wann sich diese Wünsche auch erfüllen ließen.

1.2 Wie entwickelten sich Schule und Unterricht im deutschsprachigen Raum?

Nachdem ab etwa 1250 die deutschen Städte aufgrund des aufblühenden Handels und Gewerbes immer attraktiver wurden, entstanden neben den kirchlichen vermehrt auch städtische Schulen, die unter „weltlicher" Leitung standen und den Einfluss kirchlicher Bildungsträger zunehmend reduzierten. Fand der Unterricht im Lesen, Schreiben und Rechnen zunächst in lateinischer Sprache statt, setzte sich ab dem frühen 16. Jahrhundert Deutsch als Unterrichtssprache durch. Insgesamt betrachtet wissen wir allerdings über die Verbreitung der deutschen Schulen und die Schulpraktiken des späten Mittelalters nicht wirklich viel (Kiepe 1981). Eine unmittelbare Auswirkung der Reformation bestand etwa in der Forderung Luthers, allgemeine christliche Schulen für Jungen und Mädchen einzurichten. Diese Forderung wurde in den protestantischen Landesteilen (also in den meist evangelischen Reichsstädten und lutherischen Fürstentümern) konsequenter umgesetzt als in den katholischen Regionen. In dieser Hinsicht besonders hervor tat sich das Herzogtum Pfalz-Zweibrücken, das schon 1592 die allgemeine Schulpflicht für Jungen und Mädchen einführte (Preußen folgte erst 1717). Im Vergleich dazu verlief die Entwicklung in den katholischen Landesteilen Deutschlands eher zögerlich. So wurde etwa in Bayern erst 1802 eine sechsjährige gesetzliche Unterrichtspflicht durchgesetzt.

> ?
> Wurde die allgemeine Schulpflicht flächendeckend eingesetzt?

Schulpflichtsgesetze hatten eher die Funktion von Absichtserklärungen. Sie beschrieben genau genommen keine Pflicht zum Besuch einer öffentlichen Schule, sondern bezogen sich lediglich auf eine Unterrichtspflicht, die auch im häuslichen Kontext umgesetzt werden konnte. Es fehlten überall Schulgebäude, ausgebildete Lehrkräfte und eine funktionierende Kultusbürokratie. Gerade in der

Landbevölkerung regte sich zunächst heftiger Widerstand gegen die Schulpflicht. Die vorliegenden Quellen zur Entwicklung der Alphabetisierung ab dem Spätmittelalter im deutschsprachigen Raum sind zwar mit Vorsicht zu interpretieren (Siegert 1999), können jedoch einige interessante Hinweise auf das Ausmaß der Lesekompetenz geben.

Vielfach wurde die *Unterschriftsbefähigung* (Signierfähigkeit) als Maßstab für die Alphabetisierung akzeptiert. Entsprechende Daten wurden beispielsweise aus Gerichtsakten, Heiratslisten oder Visitationsprotokollen gewonnen. Aus den verfügbaren Unterlagen geht hervor, dass die Alphabetisierung insbesondere in Thüringen und Kursachsen, also Brennpunkten der Reformation, schon früh weit fortgeschritten war. Die Auswertung der ab etwa 1530 verfügbaren Visitationsberichte aus Kursachsen ergab etwa, dass gegen Ende des 16. Jahrhunderts die meisten Pfarrdörfer mit Schulen versorgt waren (Richter 1930; Schmale 1999). Untersuchungen zur Signierfähigkeit weisen darauf hin, dass auch noch Ende des 18. Jahrhunderts große regionale Unterschiede nachweisbar waren, wobei Sachsen und Thüringen als Gebiete überdurchschnittlicher Volksbildung charakterisiert wurden, Bayern und Pommern dagegen als besonders rückständige Regionen (Siegert 1999). Für Kursachsen ist besonders gut belegt, dass der Versorgungsgrad an Schulen (auch an Mädchenschulen) ab ca. 1500 auch in ländlichen Regionen als hoch eingestuft werden kann und die Gehälter der sächsischen Lehrer im innerdeutschen Vergleich deutlich überdurchschnittlich waren (Schmale 1999). Der von Praß (1999) anhand der Signierfähigkeit von Brautpaaren des frühen 19. Jahrhunderts vorgenommene Vergleich evangelischer und katholischer Regionen Westfalens macht allerdings deutlich, dass es im Hinblick auf die Alphabetisierung große Stadt-Land-Unterschiede gab. In katholisch geprägten ländlichen Regionen lag das Alphabetisierungsniveau besonders niedrig: Hier konnten um 1800 nur etwas weniger als 50 % der Bräutigame und etwas mehr als 10 % der Bräute ihren Namen schreiben, während die entsprechenden Prozentzahlen für Bräutigame (ca. 70 %) und Bräute (ca. 40 %) aus dem evangelisch geprägten städtischen Raum deutlich günstiger ausfielen. Die konfessionell unterschiedliche Lesemotivation wird in einer zu Beginn des 19. Jahrhunderts verfassten anonymen Schrift zur Situation in Mainfranken wie folgt beschrieben:

> Daß der katholische Bauer überhaupt keine Liebe zum Bücherlesen hat, ist bekannt, auch der Fränkische macht keine Ausnahme von dieser Regel ... Diesen Mangel nun schreibe ich theils der Gewohnheit der Katholicken, sich nicht mit Büchern abzugeben, theils den mangelnden Leseanstalten in unseren Volksschulen zu (zit. n. Siegert 1999, S. 298).

> **?**
> Wie stand es um die Ausbildung der Lehrkräfte?

Wie bereits erwähnt, waren die Ausbildung und Bezahlung der Schulmeister im antiken Rom außerordentlich schlecht. Im Mittelalter nahmen zunehmend gelehrte Mönche und Nonnen, die einen vergleichsweise besseren Ruf aufwiesen, in Kloster-, Dom-, Stifts- und Pfarrschulen Einfluss auf die Entwicklung des deutschen Schulwesens. Ab etwa dem 13. Jahrhundert wurde das Bildungsmonopol der Kirche durchbrochen, indem Stadt- und Ratsschulen eingerichtet wurden. In den städtischen Elementarschulen vermittelten deutsche Schreib- und Rechenmeister zukünftigen Kaufleuten, Händlern und Handwerkern grundlegende Kenntnisse in den Kulturtechniken Lesen, Schreiben und Rechnen, im Rechtswesen und in der Buchführung (Enzelberger 2001). Die Ausbildung dieser Schulmeister, die sich zu einem hohen Anteil aus dem Handwerkerstand rekrutierten, war insgesamt unzureichend. Man machte als Lehrjunge bei einem älteren und erfahrenen, jedoch ebenfalls nur ungenügend ausgebildeten Schulmeister erste Erfahrungen im Unterrichten, um dann nach einigen Jahren vor dem Rat der Stadt eine Probelektion zu absolvieren. Wurde dieses Examen bestanden, schloss sich in der Regel eine lange Wartezeit an, bis eine Einstellung erfolgen konnte. Abgelehnte Bewerber arbeiteten oft illegal und gegen geringstes Entgelt in sog. Klippschulen, in denen den Schülern elementare Kenntnisse im Lesen und Schreiben vermittelt wurden (Walz 1988).

An dieser unguten Situation änderte sich lange nichts. Erst mit der Verbreitung des protestantischen Glaubens ab dem 16. Jahrhundert kam der Bildung eine größere Bedeutung zu. Luther und seine Mitarbeiter bemühten sich um eine Neuordnung des Schulwesens und die Anhebung des Ansehens des Lehrerstandes. Allerdings kam es in den betroffenen protestantischen Regionen zunächst zu einem Rückgang des Schulbesuchs, da viele kirchliche Einrichtungen aufgelöst wurden (Hamann 1993). Ein weiteres Problem kann darin gesehen werden, dass der Gelehrtenbildung und demnach dem Ausbau der höheren Schulen größere Aufmerksamkeit zukam als dem der Elementarschulen. Meist wirkten in den höheren Lateinschulen gelehrte Kirchenmänner als Lehrer, jedoch nur so lange, bis sie eine (besser bezahlte) eigene Pfarrstelle besetzen konnten (Enzelberger 2001). Erst später wurden in fast allen protestantischen Städten elementare Jungen- und Mädchenschulen eingerichtet. Hier wurde allerdings der Unterricht meist nicht von Pfarrern, sondern von schlecht vorbereiteten Kirchendienern und Küstern bei äußerst geringer Besoldung durchgeführt. Die soziale Stellung dieser Schulmeister war außerordentlich niedrig und entsprach höchstens der eines Knechtes (Walz 1988). Im 17. Jahrhundert und noch danach mussten sich die Schulmeister sehr häufig eine Nebentätigkeit suchen. Der Unterrichtsraum war gleichzeitig Handwerksstätte, Wohn- und Schlafraum für die Lehrerfamilie und Stall für das Kleinvieh. Die Schulmeister unterstanden meist der Aufsicht des Geistlichen, mussten unentgeltlich Küsterdienste ausüben und sonntags die Orgel spielen. Viele im 18. Jahrhundert entstandene Spottlieder dokumentieren die negative gesellschaftliche Einschätzung und große finanzielle Not des Dorfschulmeisters (Walz 1988).

> **?**
> Ab wann verbesserte sich die schulische Versorgung grundlegend?

Das oben erwähnte Edikt des preußischen Königs Friedrich Wilhelm I aus dem Jahr 1717 kann als die Begründung des Volksschulwesens in deutschen Ländern angesehen werden (Hamann 1993). Neben privaten Elementarschulen („Schreib- und Leseschulen") entstanden nun auch öffentliche Elementarschulen („Volksschulen"). Der Erlass legte fest, dass Kinder vom fünften bis zwölften Lebensjahr in die Schule gehen und erst entlassen werden sollten, wenn sie lesen und schreiben konnten sowie den Katechismus beherrschten. Im Bereich der höheren Schulen entwickelten sich die städtischen Gelehrtenschulen („Lateinschulen") zu den „Gymnasien". Mit der Einführung von Realschulen und gehobenen Bürgerschulen kam es zur Ausdifferenzierung sowohl des Schulsystems als auch der Lehrerstände. In der zweiten Hälfte des 18. Jahrhunderts (1763) wurde dann die Dauer der Volksschulzeit auf acht Jahre festgelegt und Regelungen für das Abitur an Gymnasien entwickelt, die Anforderungen für den Übergang zur Universität spezifizierten. Das General-Land-Schul-Reglement von 1763 stellt auch den Beginn der systematischen Lehrerausbildung im Elementarbereich in Preußen dar. Allerdings garantierten die neuen Regelungen noch nicht, dass von nun an nur geeignete Personen den Lehrerberuf ergriffen. Erst ab Anfang des 19. Jahrhunderts kann von einem flächendeckenden Seminarausbildungswesen im modernen Sinne ausgegangen werden (Enzelberger 2001).

Doch schon einige Jahrzehnte davor sorgte Wilhelm von Humboldt dafür, dass die Elementarschule nicht länger die Schule des armen Volkes blieb, sondern (vergleichbar mit der heutigen Grundschule) als erstes Glied in der Ausbildungskette der schulpflichtigen Kinder fungierte. Im Jahr 1837 wurde ein verpflichtender Lehrplan für Gymnasien eingeführt und somit für eine bessere Ausbildung des Lehrkörpers gesorgt, dass angehende Gymnasiallehrer eine Prüfung absolvieren mussten. In dieser Zeit erwarben sich Gymnasiallehrer besondere Reputation, galten als Gelehrte und waren auch finanziell gut abgesichert, was für die Elementarschullehrer leider nicht zutraf. Das Vermächtnis von Humboldts bestand und besteht heute noch in der Ausrichtung der Gymnasien auf Allgemeinbildung und Studierfähigkeit und die Öffnung der Volksschulen für Schüler aus allen Schichten. Im Verlauf des 19. Jahrhunderts gelang es dann auch allmählich, den tatsächlichen allgemeinen Schulbesuch der Kinder durchzusetzen. Der Prozentsatz der Kinder in öffentlichen Schulen betrug allerdings gegen Mitte des 19. Jahrhunderts immer noch nicht mehr als etwa 60 %. Erst mit dem Reichsgrundschulgesetz der Weimarer Republik aus dem Jahr 1920 wurde eine für alle Schüler verbindliche und vierjährige Grundschule eingeführt.

1.3 Wie entwickelten sich der Lese- und Grammatikunterricht im deutschsprachigen Raum?

Wenn auch schon in den Klosterschulen des Mittelalters und den Schreib- und Leseschulen des Spätmittelalters die Schriftsprache (Latein) vermittelt wurde, ist über die zugrunde liegenden didaktischen Prinzipien relativ wenig bekannt. Die Lehrmethoden bestanden im Wesentlichen aus dem Vorsprechen von Wörtern durch den Lehrer und ihr Nachsprechen durch den Schüler, weiterhin im Auswendiglernen von Texten. Gegen Ende des 15. Jahrhunderts wurde in den Lese- und Schreibschulen des Kleinhandels und der Handwerkszunft der Unterricht in der Muttersprache ausgeweitet. Die Texte bestanden nun also meist aus Briefen und Bibelsprüchen in deutscher Sprache. Als didaktisches Prinzip dominierte zunächst die *Buchstabiermethode*, die vom Buchstabennamen ausging. Zunächst wurden also die Buchstabennamen gelernt, dann wurde buchstabiert, wobei der Lehrer die Buchstabennamen eines Wortes isoliert vorsprach (etwa: ge-o-te-te), und die Schüler sie zum Zielwort („Gott") zusammenfügen mussten. Diese Arbeitsschritte führten dann meist zum Lesen religiöser Texte. Die Buchstabiermethode wurde mit Beginn ihrer Einführung heftig kritisiert, konnte sich jedoch über mehrere Jahrhunderte hinweg als gängiges Lehrverfahren behaupten. Erst 1872 wurde sie in Preußen amtlich verboten.

Mit der sich ausbreitenden Technik der Buchdruckerkunst begann die eigentliche Produktion und Verbreitung der kleinen Leselernbücher. Inhaltlich einen bedeutsamen Fortschritt stellte die Einführung der *Lautiermethode* durch Valentin Ickelsamer (1527/1882) dar, die in seinem Werk *Die rechte weis aufs kürtzist lesen zu lernen* genauer beschrieben ist, weiter präzisiert in dem wenige Jahre später erschienenen Büchlein *Ain Teütsche Grammatica* (1534/1882). Ickelsamer war seiner Zeit weit voraus, indem er von der Analyse der gesprochenen Sprache ausging und die Verbindung von Buchstabenlauten mit den ihnen zugehörigen Zeichen (Buchstaben) in den Vordergrund stellte. Beim lautierenden Zusammenlesen von Schriftzeichen zu Silben oder Wörtern standen nur die Laute selbst, nicht aber die Buchstaben im Mittelpunkt. Die Lautiermethode ging vom genauen Abhören der vorgesprochenen Wörter aus. Wer die Wörter richtig abhörte, konnte sie auch aufschreiben, und wer sie aufschreiben konnte, der konnte auch lesen (Topsch 2005). Als wesentliche Pionierleistung Ickelsamers kann demnach das Faktum gelten, dass der Lerner zumindest implizit auf die Verbindung von Lesen und Schreiben aufmerksam gemacht wurde, was später von mehreren Didaktikern (etwa Comenius) explizit ausgeführt wurde. Als Materialien für das selbstständige Lesen dienten neben religiösen Texten durchaus auch „weltliche" Quellen, etwa Listen von Ortsnamen oder Berufsbezeichnungen.

Abb. 1.1 Naturlautmethode nach Comenius, *Orbis Pictus*, 1658. (Aus Topsch 2005)

Obwohl der von Ickelsamer entwickelten Lautiermethode in der Geschichte des Schriftspracherwerbs große Bedeutung zukommt, konnte sich die Idee zu seinen Lebzeiten nicht durchsetzen, auch wenn sie in einigen anderen Fibeln methodisch verfeinert wurde. Weitverbreitet waren diese Werke allerdings nicht, da sie anfangs nur dort erschienen, wo sich die Reformation durchgesetzt hatte (Teistler 1999). Auch im 17. und 18. Jahrhundert lagen die Verlagsorte vorwiegend in evangelischen Territorien (insbesondere in Thüringen und Sachsen).

Die Lautiermethode wurde wesentlich später von Johann Amos Comenius, einem bedeutenden Didaktiker des 17. Jahrhunderts, erneut aufgegriffen und variiert. Comenius, der wie Ickelsamer die Buchstabiermethode ablehnte, orientierte sich bei der Beschreibung der Lautbildung vor allem an Naturlauten. Damit waren in der Natur vorkommende Geräusche wie das Wehen des Windes genauso gemeint wie etwa Tierstimmen aller Art. In Abb. 1.1 (Topsch 2005, S. 52) ist dargestellt, wie dieses didaktische Prinzip funktionierte. Den Kindern sollte der Einstieg in die Schriftsprache dadurch erleichtert werden, dass sie zunächst die Abbildung eines Tieres betrachteten, dann die Stimme dieses Tieres nachahmten und auf diese Weise seinen Buchstabenlaut aussprachen. Das neben dem Tierbild abgebildete Buchstabenzeichen soll den Kindern verdeutlichen, welcher Buchstabe dem Laut zuzuordnen ist.

Insbesondere bei Konsonantenlauten gibt das figürliche Alphabet jedoch nicht Laute, sondern Silben vor (etwa bei „Gans": ga-ga). So stellten sich später Comenius-Kenner die Frage, ob er wirklich die Lautiermethode im engeren Sinne anwenden wollte (Topsch 2006). Die Lautiermethode wurde jedoch in den folgenden Jahrzehnten weiterentwickelt und etwa von Stephani (1802) in einem kleinschrittigen Verfahren so perfektioniert, dass sie sich auch in den Schulen etablieren konnte. Es wurden in insgesamt sieben Stufen zunächst Vokallaute und deren Zeichen, dann Konsonantenlaute und deren Zeichen erworben. Nachdem genügend Lautzeichenverbindungen hergestellt werden konnten, wurden in einem *synthetischen Verfahren* dann die Einzellaute zu Silben und Wörtern zusammengeführt („verschmolzen").

Dieser methodische Ansatz, also der Weg von den Teilen zum Ganzen, wurde von einigen Didaktikern des 18. Jahrhunderts als unpassend empfunden, da Kinder normalerweise von der Betrachtung eines Ganzen zu der seiner Teile übergehen. So führte etwa Gedike (1779) eine *ganzheitliche Leselernmethode* ein, in der zunächst ganze Geschichten vorgelesen wurden (ohne zu buchstabieren, zu lautieren oder zu syllabieren). Danach konzentrierte sich die Übung auf den ersten Satz der Geschichte, der von den Kindern zunächst auswendig gelernt werden musste. Anschließend wurde der Satz in die einzelnen Wörter zerlegt, die zunächst in ihrer Reihenfolge und dann unabhängig von der Reihenfolge zu lesen waren. Das Prinzip wurde von Gedike selbst wie folgt beschrieben:

> Anfänglich werde ich ihm, während er [der Schüler] mit mir ins Buch hineinsieht, alles, Wort vor Wort vorsagen, und er selbst soll also zuerst weiter nichts zu thun haben, als mir nachzulesen, ganz kleine einen vollen Sinn gebende Abschnitte nehmlich. Denn selbst einzle Wörter soll er mir nicht lesen, damit die Methode auf keine Weise synthetisch sei ... das wird mein schon herangewachsener Lehrling sehr bald selbst merken, daß jedes Wortzeichen aus mehreren einzelnen Zeichen zusammengesetzt ist, die alle Augenblicke, nur in einer andern Stellung und Verbindung vorkommen. Und so wird er nach und nach die Bedeutung der einzelnen einfachen Zeichen durch mein Vorsprechen und sein Nachsprechen lernen, ohne daß ich ihm ihre Namen sage. Unvermerkt drükt sich ihm durch Analogiegefühl das ganze Alphabet ein (Gedike 1779, S. 19).

> ?
> Ist die angedeutete Kontroverse zwischen Anhängern der Lautier- und der ganzheitlichen Leselernmethode heute überwunden?

Gedike ging davon aus, dass der Einsatz dieser Methode erst bei Kindern ab dem zehnten Lebensjahr zu empfehlen ist. Sein Ansatz fand allerdings zu eigenen Lebzeiten wenig Verbreitung, wurde erst ab den 1930er-Jahren unter dem Einfluss der Reformpädagogik wieder verstärkt aufgegriffen.

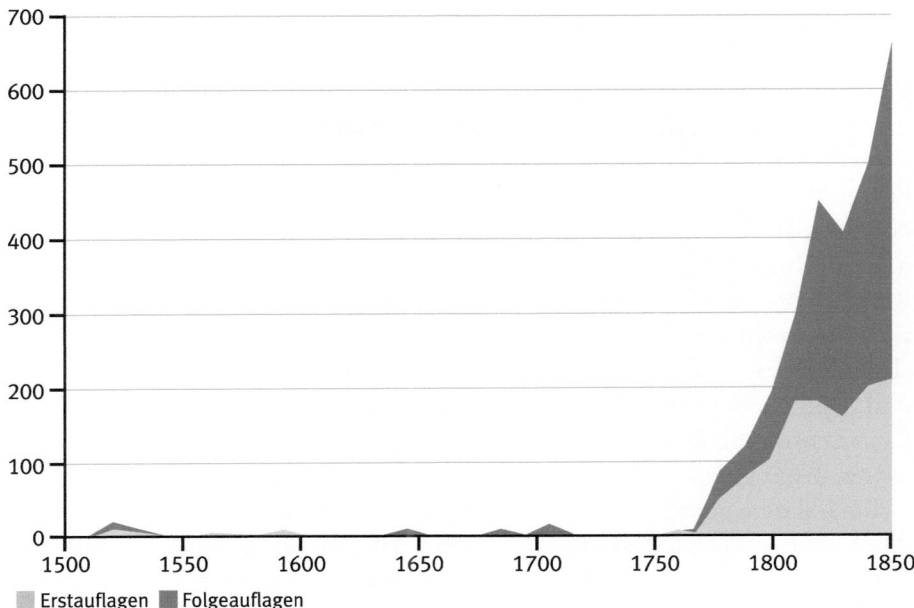

Abb. 1.2 Entwicklung der Fibelproduktionen. (Aus Teistler 1999, S. 279)

Wenn auch der Ansatz von Gedike Ende des 18. Jahrhunderts wenig Resonanz erzeugte, so muss andererseits konstatiert werden, dass das Jahr 1770 eine wahre „Explosion" der Fibelproduktion mit sich brachte, was wohl als Zeichen für die zu diesem Zeitpunkt einsetzende allgemeine Leserevolution gewertet werden kann (Teistler 1999). Nun endlich wurden auch im katholischen Raum Fibeln produziert, und es meldeten sich in vielen Landesteilen Leselernmethodiker zu Wort, die unterschiedliche Ansätze propagierten. In diese Zeit fällt auch die Gründung und fortschreitende Etablierung von Lehrerausbildungsstätten, womit die Qualität des Volksschulunterrichts verbessert werden konnte. Die von Teistler (1999) zusammengestellte Übersicht über die Entwicklung der Fibelauflagen und ihrer Erscheinungsorte dokumentiert einen rasanten Entwicklungsverlauf der Produktion vom ausgehenden 18. in das 19. Jahrhundert hinein (Abb. 1.2). Waren etwa zwischen 1700 und 1770 insgesamt nur 40 neue Fibeln erschienen, fanden sich für die kürzere Periode zwischen 1770 und 1790 mehr als 130 neue Titel mit vielen Folgeauflagen.

Es bildete sich nun auch eine Methodenvielfalt aus. Gegen Mitte des 19. Jahrhunderts wurde insbesondere das *analytisch-synthetische Verfahren* populär, bei dem von ganzen sprachlichen Einheiten (Wörtern oder Sätzen) ausgegangen wurde, danach die einzelnen Laute und Buchstaben analysiert und schließlich diese wiederum in der Synthese verbunden wurden. Sie setzten sich unter der

Bezeichnung *Normalwortmethode* durch, wobei die „Normalwörter" so ausgewählt wurden, dass möglichst alle Buchstaben und Buchstabenverbindungen in ihnen enthalten waren, sie sich weiterhin für den Anschauungsunterricht eigneten und geeignete Lese- sowie Schreibschwierigkeiten aufwiesen (Topsch 2005). Obwohl sich die gerade in der zweiten Hälfte des 19. Jahrhunderts entstandenen Fibeln in der Auswahl der Normalwörter und der Vorgehensweise unterschieden, können die verschiedenen Ansätze idealtypisch folgendermaßen skizziert werden: Zunächst wurde das durch das Normalwort bezeichnete Objekt in der Realität oder als Abbildung betrachtet und Sachwissen vertieft. Das Normalwort wird dann vom Lehrer zum Bild an die Tafel geschrieben und von den Schülern abgeschrieben. Danach werden die Laute des gesprochenen Wortes identifiziert und dann wieder sprechmotorisch verbunden, gefolgt von einer Buchstaben-Laut-Zuordnungsübung. Aus den analysierten Lauten und Buchstaben werden weitere Übungswörter für das Schreiben und Lesen gebildet.

Eine weitere populäre Version des analytisch-synthetischen Verfahrens ist dadurch charakterisiert, dass zunächst in einer Vorstufe eine Situation ausgewählt wird (etwa das Schreiben eines Einladungsbriefes), anhand derer die Kinder die Funktion der Schriftsprache gut nachvollziehen können. Es wird dazu ein erster Satz gebildet, der dann geschrieben werden soll. Die Redeeinheit wird in ihre Bestandteile (Wörter) gegliedert, und für jedes Wort wird geprüft, welche Laute enthalten sind (Analyse). Im letzten Schritt der Synthese werden dann die Wörter aus den einzelnen Lauten und Lautzeichen wieder zusammengesetzt.

Zu Beginn des 20. Jahrhunderts ließ sich die Methodenvielfalt im Erstleseunterricht auf drei basale Verfahren, nämlich das synthetische, das analytisch-synthetische und das ganzheitliche Vorgehen, reduzieren. Die geschichtliche Aufarbeitung hat gezeigt, dass es kaum einen anderen Lernbereich gibt, in dem es im Verlauf der letzten 500 Jahre so viele Lösungs- und Verbesserungsvorschläge gegeben hat. Eine einheitliche Theorie des Schriftspracherwerbs ist dabei jedoch nicht zustande gekommen. Im Gegenteil, es entwickelte sich im 20. Jahrhundert ein anfangs erbitterter Methodenstreit, dessen Berechtigung mit Ansätzen der empirischen Evaluationsforschung genauer überprüft wurde, worauf später noch genauer eingegangen werden soll.

Fazit

Während die Alphabetisierung der Menschheit mehrere Jahrtausende in Anspruch nahm, hat sich die Entwicklung der deutschen Schriftsprache in wenigen Jahrhunderten vollzogen. Lange Zeit dominierte der kirchliche Einfluss; erst im Mittelalter nahmen Kommunen und deutsche Länder systematischen Einfluss auf den Erwerb der Schriftsprache und sorgten für die Einführung der Schulpflicht. Ähnlich wie schon in der Antike war es um die Ausbildung und Bezahlung der Lehrkräfte zunächst sehr schlecht bestellt, und um ihre gesellschaftliche

Reputation stand es nicht gut. Erst seit etwas mehr als 200 Jahren haben sich Ausbildungsbedingungen, finanzielle Vergütung und Ansehen des Lehrerstandes deutlich verbessert, auch wenn im Hinblick auf diese Aspekte sich bis in die heutige Zeit hinein Unterschiede in Abhängigkeit von der Schulform erkennen lassen.

Im Hinblick auf die Gestaltung des Lese- und Grammatikunterrichts finden wir seit dem 16. Jahrhundert einen fortwährenden Streit um die angemessenste Leselernmethode. Es gibt wohl keinen Lernbereich, in dem über 500 Jahre hinweg in beeindruckender Regelmäßigkeit derart viele unterschiedliche Lösungs- und Verbesserungsvorschläge unterbreitet und (meist heftig) diskutiert wurden. Wie noch zu zeigen sein wird, hat sich diese Situation auch in der Neuzeit nicht wesentlich verändert. Unabhängig von der angewendeten Lernmethode hat die systematische Unterrichtung in den letzten Jahrhunderten jedoch dazu geführt, dass sich der Anteil der Analphabeten in unserer Gesellschaft mittlerweile stark reduziert hat und die Mehrzahl der deutschen Schülerinnen und Schüler ihren Lernort Schule mit hinreichenden Lesekompetenzen verlässt.

Literatur

Bischoff, B. (1986). *Paläographie des römischen Altertums und des abendländischen Mittelalters* (2. Aufl.). Berlin: Erich Schmidt.

Dittes, F. (1871). *Geschichte der Erziehung und des Unterrichts. Für deutsche Volksschullehrer*. Leipzig: Klinkhardt.

Eggers, H. (1986). *Das Frühneuhochdeutsche und das Neuhochdeutsche*. Deutsche Sprachgeschichte, Bd. 2. Reinbek bei Hamburg: Rowohlt.

Enzelberger, S. (2001). *Sozialgeschichte des Lehrerberufs – Gesellschaftliche Stellung und Professionalisierung von Lehrerinnen und Lehrern von den Anfängen bis zur Gegenwart*. Weinheim: Juventa.

Feldbusch, E. (1985). *Geschriebene Sprache: Untersuchungen zu ihrer Herausbildung und Grundlegung ihrer Theorie*. Berlin: De Gruyter.

Gedike, F. (1779). Aristoteles und Basedow oder Fragmente über Erziehung und Schulwesen bei den Alten und Neuern. Berlin: Decker.

Haarmann, H. (2004). *Die Geschichte der Schrift*. München: Beck.

Hamann, B. (1993). *Geschichte des Schulwesens*. Bad Heilbrunn: Klinkhardt.

Harris, W. V. (1989). *Ancient literacy*. Cambridge: Harvard University Press.

Ickelsamer, V. (1534/1882). Ain Teütsche Grammatica. Darausz ainer von jm selbs mag lesen lernen. In H. Fechner (Hrsg.), Vier seltene Schriften des sechzehnten Jahrhunderts. Berlin: Wiegandt und Grieben.

Ickelsamer, V. (1527/1882). Die rechte weis aufs kürtzist lesen zu lernen. In H. Fechner (Hrsg.), Vier seltene Schriften des sechzehnten Jahrhunderts. Berlin: Wiegandt und Grieben.

Kiepe, H. (1981). *Ettwas von Buchstaben – Leseunterricht und deutsche Grammatik um 1486. Beiträge zur Geschichte der deutschen Sprache und Literatur, 103 (S. 1–6)*.

Praß, R. (1999). Preußisch-gewerblicher Vorsprung und katholisch-ländliche Rückständigkeit? In H. E. Bödeker & E. Hinrichs (Hrsg.), *Alphabetisierung und Literalisierung in Deuschland in der frühen Neuzeit* (S. 69–93). Tübingen: Niemeyer.

Richter, J. (1930). *Geschichte der sächsischen Volksschule*. Berlin: Hofmann & Comp.

Schmale, W. (1999). Der Janbuskopf der Alphabetisierung: Kursachsen in der frühen Neuzeit. In H. E. Bödiker & E. Hinrichs (Hrsg.), *Alphabetisierung und Literalisierung in der Frühen Neuzeit* (S. 347–366). Tübingen: Niemeyer.

Siegert, R. (1999). Zur Alphabetisierung in den deutschen Regionen am Ende des 18. Jahrhunderts. In H. E. Bödiker & E. Hinrichs (Hrsg.), *Alphabetisierung und Literalisierung in Deutschland in der frühen Neuzeit* (S. 283–308). Tübingen: Niemeyer.

Stephani, H. (1802). *Handfibel oder Elementarbuch zum Lesenlernen nach der Lautiermethode*. Erlangen: Palm'sche Verlagsbuchhandlung.

Teistler, G. (1999). Fibeln als Dokumente für die Entwicklung der Alphabetisierung: ihre Entstehung und Verbreitung bis 1850. In H. E. Bödiker & E. Hinrichs (Hrsg.), *Alphabetisierung und Literalisierung in Deutschland in der frühen Neuzeit* (S. 255–281). Tübingen: Niemeyer.

Topsch, W. (2005). *Grundkompetenz Schriftspracherwerb – Methoden und handlungsorientierte Praxisanregungen*. Weinheim: Beltz.

Topsch, W. (2006). Geschichte der Didaktik des Lesens. In U. Bredel, H. Günther, P. Klotz, J. Ossner & G. Siebert-Ott (Hrsg.), *Didaktik der deutschen Sprache* (Bd. 1, S. 501–512). Paderborn: Schöningh.

Walz, U. (1988). *Eselsarbeit für Zeisigfutter. Die Geschichte des Lehrers*. Frankfurt: Athenäum.

2

Wie muss man sich den Erwerb der Schriftsprache vorstellen?

Inhaltsverzeichnis
2.1 Was sind die theoretischen Grundlagen der Forschung zum Schriftspracherwerb? 15
2.2 Welche Modelle des Schriftspracherwerbs gibt es? 17
Literatur. 31

2.1 Was sind die theoretischen Grundlagen der Forschung zum Schriftspracherwerb?

Es steht außer Frage, dass kaum ein Lernbereich derart weitreichenden Einfluss auf die schulische Entwicklung hat wie das Beherrschen der Schriftsprache (Kirschhock 2004). Die Lesekompetenz beeinflusst den Schulerfolg in nahezu allen Fächern und drückt sich nicht nur in der Deutschnote aus. Wer nicht flüssig und sinnentnehmend lesen kann, tut sich auch damit schwer, Anweisungen für die Arbeit in naturwissenschaftlichen Bereichen zu verstehen und Textaufgaben im Fach Mathematik angemessen zu bearbeiten. Noch immer gilt auch, dass die Rechtschreibkompetenz im deutschen Schulalltag hoch eingestuft wird und den Übertritt von der Grundschule auf weiterführende Schulen nicht unwesentlich beeinflusst. Insgesamt betrachtet werden schriftsprachliche Kompetenzen gesellschaftlich vergleichsweise hoch bewertet und stellen für viele berufliche Werdegänge besondere Schlüsselqualifikationen dar. Von daher scheint es eminent wichtig, den Erwerb von Lese- und Rechtschreibfertigkeiten in seinem grundlegenden Aufbau besser zu verstehen, die Lese- und Rechtschreibkompetenz angemessen zu erfassen und Probleme beim Erwerb der Schriftsprache frühzeitig zu registrieren. Je früher diese Probleme zuverlässig erkannt werden können, desto größer ist die Wahrscheinlichkeit dafür, dass ungünstige Entwicklungen erfolgreich korrigiert werden können.

Die Forschung zum Lesenlernen (*learning to read*) hat sich in den vergangenen 40 Jahren gründlich gewandelt (vgl. Scheerer-Neumann 1997; Schneider et al. 1990). Bis weit in die 1970er-Jahre hinein wurde die deutschsprachige Forschung von einem Ansatz dominiert, in dem die Suche nach psychologischen Merkmalen bzw. Grundfaktoren des Lesenlernens im Vordergrund stand. Im Sinne eines additiven Komponentenmodells sollte hier die Bedeutsamkeit einzelner Merkmale des Lerners für den Erwerb der Lesekompetenz ermittelt werden. Diese Arbeiten erbrachten die Erkenntnis, dass Aspekte der sprachlichen Intelligenz wie etwa das Sprachverständnis, der Wortschatz und die „Wortflüssigkeit" sowie das sprachgebundene Gedächtnis für das *Lesen* von Bedeutung sind. Allerdings blieb im Wesentlichen unklar, wie genau diese Faktoren beim Lesevorgang zusammenwirken.

Erst etwa ab den 1980er-Jahren wurde dem Lesevorgang an sich wesentlich mehr Beachtung geschenkt. Aufgrund der „kognitiven Wende" in der Entwicklungspsychologie und Pädagogischen Psychologie wurde zunehmend auf Annahmen der neueren Informationsverarbeitungsmodelle zurückgegriffen, um den Lesevorgang zu charakterisieren. Aus linguistischer Perspektive wurden die Aufgabenstellungen für beginnende Leserinnen und Leser präziser definiert und damit die Voraussetzung dafür geschaffen, den Leselernvorgang besser zu verstehen.

> **?**
> Was sind die Voraussetzungen für den Schriftspracherwerb im Deutschen?

Es macht an dieser Stelle Sinn, sich die sprachwissenschaftlichen Grundlagen der deutschen Orthografie zu verdeutlichen, um die Anforderungen des Schriftspracherwerbs für Leseanfänger besser zu verstehen. Die deutsche Orthografie basiert auf einem phonologischen System, was meint, dass die Schriftzeichen (Buchstaben oder Grapheme) die Laute (Phone) der gesprochenen Sprache wiedergeben. Die Zuordnung von Buchstaben und Lauten ist dabei nicht perfekt, sodass das Deutsche eher einer „lautorientierten" Alphabetschrift entspricht (ausführlicher bei Kirschhock 2004; Scheerer-Neumann 1997; Schründer-Lenzen 2013). Eine Entsprechung zwischen gesprochener und geschriebener Sprache besteht nicht auf der Ebene der Laute und Buchstaben, sondern auf der Ebene der *Phoneme* und *Grapheme*.

> **Phoneme**
> Mit Phonemen werden die abstrakten Lauteinheiten bezeichnet, die zu einer Bedeutungsveränderung eines Wortes führen, und dies unabhängig davon, wie

> die Lauteinheit konkret ausgesprochen wird. Beispielsweise unterscheiden sich die Wörter „Kind" und „Rind" nur durch die beiden Phoneme /k/ und /r/, haben jedoch völlig unterschiedliche Bedeutung. Phoneme werden in der Linguistik demzufolge auch als die kleinsten bedeutungsunterscheidenden Einheiten der Lautsprache bezeichnet.

> **Grapheme**
>
> Grapheme sind Buchstaben oder Buchstabengruppen, die mit einem Phonem korrespondieren.

Die Schwierigkeit einer Buchstabenschrift wird davon beeinflusst, wie viele Phoneme in ihr abgebildet sind. Im Deutschen gehen wir bei 30 verschiedenen Schriftzeichen (Graphemen bzw. Graphem-Clustern wie etwa „sch") von ca. 40 unterschiedlichen Phonemen aus, was auf eine gewisse Asymmetrie und Unregelmäßigkeit in den Graphem-Phonem-Zuordnungsregeln hindeutet. Dennoch ist hier insgesamt von einer relativ großen Korrespondenz zwischen Graphemen und Phonemen auszugehen. Das Deutsche gehört (etwa im Unterschied zum Englischen) zu den eher regulären bzw. lautgetreuen Orthografien, zumindest was das Lesen angeht (Schneider 2008). So kann ein Leseanfänger im Deutschen davon ausgehen, dass die Schriftzeichen eines Wortes sehr ähnlich ausgesprochen werden, ein /a/ oder ein /o/ in unterschiedlichen Wörtern also annähernd gleich lautiert werden kann. Unterschiedliche Orthografien unterscheiden sich teilweise beträchtlich in ihrer Regularität. Der Leselernvorgang stellt sich etwa für englischsprachige Anfänger angesichts einer sehr irregulären Orthografie als besonders schwierig dar, sodass in diesem Zusammenhang von einem linguistischen Ratespiel gesprochen werden kann. Es verwundert von daher nicht, dass englischsprachige Kinder etwa ein Jahr länger als deutschsprachige Kinder benötigen, um basale Lesekompetenzen zu erwerben.

2.2 Welche Modelle des Schriftspracherwerbs gibt es?

Ein grundlegendes Merkmal der neueren pädagogisch-psychologischen Forschung zum Schriftspracherwerb ist darin zu sehen, dass der Schuleintritt nicht länger als „Stunde null" angesehen wird. Man geht heute allgemein davon aus, dass Schulanfänger sich schon *vor* Beginn des formalen Leseunterrichts im Hinblick auf leserelevante Vorkenntnisse deutlich unterscheiden. Eine Vielzahl internationaler Forschungsarbeiten hat übereinstimmend die Bedeutsamkeit vorschulischer Kompetenzen im Bereich der sprachlichen Informationsverarbeitung für die schulische Lesekompetenz belegt. Diese Annahme findet sich auch in klassischen Entwicklungsmodellen, die qualitativ unterschiedliche Stufen beim Erwerb des Lesens und Rechtschreibens annehmen. Im Hinblick auf den Entwicklungsaspekt ist diese Denkweise dadurch gekennzeichnet, dass Prozess- bzw. Funktionsmodelle mit qualitativen Entwicklungsstufen angenommen werden, die Übergänge zwischen unterschiedlich effizienten Lese- bzw. Rechtschreibstrategien beschreiben.

> **?**
> Welche klassischen Stufenmodelle des Lesenlernens gibt es?

Seit Beginn der 1980er-Jahre sind eine Reihe unterschiedlicher entwicklungspsychologisch orientierter Modelle des Schriftspracherwerbs konzipiert worden, die den Leselernbeginn schon in die Vorschulzeit verlegen. Die größte Popularität genießen sog. Stufenmodelle, die davon ausgehen, dass sich der Leseprozess als qualitative Veränderung in den dominierenden Lesestrategien fassen lässt. Allen diesen Modellen ist die Vorstellung gemeinsam, dass die Schriftsprachentwicklung in qualitativ unterscheidbaren Stufen oder Phasen in einer festgelegten Reihenfolge abläuft und nicht erst mit dem formalen Lese- und Rechtschreibunterricht beginnt (H. Marx 1997). So postuliert etwa das für englischsprachige Kinder formulierte Leseerwerbsmodell von Frith (1985), dass in einer ersten *logographemischen Phase* Wörter anhand von auffälligen visuellen Details (etwa dem Umriss) erkannt werden, während die Buchstaben-Laut-Zuordnung noch keine Rolle spielt. Wörter werden ganzheitlich, d. h. im Sinne von „Logogrammen", wahrgenommen und zu lesen versucht. In der logographemischen Stufe werden Wörter also an einigen typischen, den Kindern schon bekannten Buchstaben oder aufgrund des charakteristischen „Umrisses" der Wörter erkannt, ohne dass schon eine weitergehende Wortanalyse möglich ist. Vorschulkinder sind in dieser Phase etwa bereits dazu in der Lage, sog. Logos (z. B. Verkehrszeichen), mit Buchstabeninhalt oder Bezeichnungen für Tankstellen wie auch Supermärkte (z. B. das Stoppschild, ein ARAL-Schild, ein EDEKA-Schild) korrekt zu identifizieren, ohne die zugehörigen Buchstaben unterscheiden zu können.

Als Folge des Anfangsunterrichts in der Schule werden dann alphabetische Strategien eingesetzt, also grundlegende Buchstaben-Laut-Zuordnungsregeln erworben und befolgt (vgl. Frith 1985; Günther 1986). Die Kinder erfassen schnell, dass von links nach rechts gelesen werden muss, und erlesen sich hierbei die Wörter nach diesem Prinzip, wobei den Buchstaben oder Graphemen der einzelnen Wörter korrespondierende Laute zugeordnet werden. Entscheidende Fortschritte im Erwerb und im Umgang mit dieser Strategie werden im deutschsprachigen Raum etwa bis zum Ende der ersten Klassenstufe registriert.

Zu diesem Zeitpunkt können sich die meisten Kinder eines Altersjahrgangs neue sinnvolle Wörter über diesen Zugang problemlos erlesen. Sie sind weiterhin dazu in der Lage, auch sinnlose Wörter (Pseudowörter) korrekt wiederzugeben.

Man unterscheidet in diesem Zusammenhang den Vorgang des Rekodierens von dem des Dekodierens:

> **Rekodieren**
>
> Beim Rekodieren geht es darum, für eine Buchstabenfolge die regelkonforme Lautfolge zu erzeugen (ohne dabei die Bedeutung des gelesenen Wortes zu erfassen) = Lautieren.

> **Dekodieren**
>
> Unter Dekodieren versteht man die Erfassung der Wortbedeutung nach abgeschlossenem Rekodiervorgang = Sinnentnahme des Gelesenen bzw. Lautierten.

Ist das gelesene Wort im Wortschatz des Kindes enthalten, wird es richtig dekodieren können; wenn nicht, kann es hier zu Lesefehlern kommen. Handelt es sich um eine reguläre Orthografie (wie etwa das Deutsche) und beherrscht das Kind die relevanten Buchstaben-Laut-Zuordnungsregeln, wird es sowohl sinnvolle als auch sinnfreie Wörter (Kunst- oder Pseudowörter) korrekt rekodieren können. Im Fall von irregulären Orthografien (etwa dem Englischen) fällt es Schulanfängern auch nach längerer Leseerfahrung noch schwer, Pseudowörter korrekt, also regelkonform, zu lesen. Schon zu diesem frühen Zeitpunkt fallen unabhängig von der jeweils erfassten Orthografie enorme interindividuelle Unterschiede in der Lesegeschwindigkeit und -genauigkeit auf (vgl. Klicpera und Gasteiger-Klicpera 1993).

Im weiteren Verlauf der Grundschulzeit beansprucht die Wortidentifikation immer weniger Zeit und auch einen geringeren Anteil an bewusster Aufmerksamkeitszuwendung. Die jungen Leserinnen und Leser wechseln nun allmählich in die Stufe der orthografischen Strategien über und können beim Lesevorgang zunehmend größere Einheiten (etwa Silben) gleichzeitig beachten. Der Vorgang der phonologischen Rekodierung, also die Zerlegung einzelner Wörter in ihre Buchstaben-Laut-Korrespondenzen, wird immer weniger in Anspruch genommen. Der Übergang zur orthografischen Strategie wird letztendlich über die simultane Erfassung und Verarbeitung größerer Worteinheiten (etwa Silben) vollzogen. Es ist typisch für diese Phase, dass direkt auf ein immer größer werdendes schriftsprachliches oder orthografisches (semantisches) Lexikon zugegriffen werden kann. Obwohl für die Mehrzahl der fortgeschrittenen Grundschülerinnen und Grundschüler gilt, dass sie erfolgreich mit orthografischen Strategien operieren können, ist auch für diese Phase eine große interindividuelle Leistungsstreuung charakteristisch.

Ein wesentlicher Anspruch der beschriebenen Stufenmodelle besteht darin, dass der Versuch gemacht wird, anhand der registrierten Schriftsprachleistungen den Entwicklungsstand zu bestimmen und den weiteren Entwicklungsverlauf vorherzusagen. Fehlleistungen lassen sich dahingehend untersuchen, ob sie zur gerade dominierenden Strategie passen bzw. spezifische Übergangsschwierigkeiten repräsentieren. Valtin (1993) hielt es in diesem Zusammenhang für möglich, dass in Abhängigkeit von der jeweils erreichten Entwicklungsstufe konkrete Förderangebote gemacht und Unterrichtshilfen konzipiert werden können. Eine Grundvoraussetzung für solche Überlegungen besteht allerdings darin, dass alle oben beschriebenen Stufen in genau dieser Reihenfolge durchlaufen werden und dass sie eindeutig voneinander unterscheidbar sind. Dies ist gerade im englischsprachigen Raum leider nicht immer gut möglich (H. Marx 1997).

Mittlerweile mehren sich auch kritische Stimmen, die eine Verallgemeinerbarkeit des Ansatzes von Frith (1985) auf deutschsprachige Verhältnisse anzweifeln. Es steht inzwischen fest, dass sich die oben beschriebene Abfolge der Lesestrategien in Abhängigkeit von der Regularität/Irregularität von Orthografien in spezifischer Weise vollzieht. So hat sich in mehreren Studien übereinstimmend nachweisen lassen, dass der logografischen Strategie hierzulande eine geringere Bedeutung als im angloamerikanischen Sprachraum zukommt (vgl. Jansen et al. 1993; Klicpera und Gasteiger-Klicpera 1993; Wimmer et al. 1990). Wenn diese Strategie überhaupt beobachtet wird, dann allenfalls in den ersten Wochen des Leseunterrichts.

Logografische Strategien sind demnach für die deutsche Orthografie wesentlich untypischer als für das Englische. Der logographemischen Strategie kommt bei irregulären Orthografien wie etwa dem Englischen allerdings großes Gewicht zu, und der Übergang zur alphabetischen Strategie erfolgt hier relativ spät (vgl. Goswami und Bryant 1990). Es gibt weiterhin Belege dafür, dass die Relevanz phonologischen Wissens für den Leseerwerb bei irregulären Orthografien insgesamt größer sein dürfte als bei eher regulären Orthografien.

> Um diese Annahme zu prüfen, wurde in einer internationalen Forschergruppe im Rahmen eines Projekts der Europäischen Union (COST A8; Seymour et al. 2003) ein Test für Leseanfänger der ersten Klassenstufe entwickelt, der in mehrere Sprachen übertragen und an einer großen Stichprobe von Schülerinnen und Schülern erprobt wurde. Die Ergebnisse zeigten einen deutlichen Effekt der Regularität einer Orthografie auf die Lesekompetenzentwicklung. Während diejenigen Kinder, die das Lesen im Kontext einer irregulären Orthografie (z. B. Englisch, Dänisch, Französisch) erlernen mussten, gegen Ende der ersten Klasse im Wortlesen noch deutliche Rückstände aufwiesen und Pseudowörter nur

zu einem geringen Prozentsatz identifizieren konnten, war die überwiegende Mehrzahl der teilnehmenden Erstklässler dazu in der Lage, sinnvolle Wörter und Pseudowörter nahezu fehlerfrei zu lesen. Die Befunde legten den Schluss nahe, dass die englische Sprache aufgrund ihrer ausgeprägten Irregularität eine „Außenseiter"-Orthografie darstellt und englischsprachige Kinder etwa ein Jahr länger unterrichtet werden müssen, um Lesekompetenzniveaus zu erreichen, die denen von Kindern mit regulären Orthografien entsprechen.

?
Welche entwicklungspsychologischen Modelle des Lesenlernens gibt es?

Unabhängig von der jeweils betrachteten Orthografie gehen gängige Prozessmodelle zur Entwicklung der *Lesefertigkeit* davon aus, dass beginnende Leserinnen und Leser zunächst Buchstaben-Laut-Verbindungen sehr langsam und relativ mühsam vollziehen, dann aber mit zunehmender Übung immer schneller werden und dabei auch immer größere Texteinheiten (Silben, Wortteile) bei der Verarbeitung simultan erfassen. Das Zwei-Wege-Modell von Coltheart (1978) beschäftigt sich mit dem schulischen Leselernprozess und unterstellt dabei, dass beim Wortlesen zunächst die *indirekte Route* eingeschlagen wird, beim Erlesen neuer (lauttreuer) Wörter also Buchstaben-Laut-Zuordnungsregeln befolgt werden. Bekannte Wörter können im Verlauf der Grundschulzeit immer mehr über den *direkten Weg*, also durch unmittelbaren Abruf der relevanten Information aus dem „semantischen Lexikon", erschlossen werden. Die indirekte Route (Buchstaben-Laut-Synthese) verliert danach immer mehr an Bedeutung. In der Folge tritt eine Automatisierung von Teilprozessen ein, die es den Kindern zunehmend ermöglicht, sich auf das Verstehen von Satz- und Textinhalten zu konzentrieren (H. Marx 1997; P. Marx 2007; Scheerer-Neumann 1997).

Den klassischen Stufenmodellen sind in neueren Ansätzen Konzeptionen gegenübergestellt worden, die das Element qualitativer Entwicklungssprünge weniger betonen und stattdessen ein Modell *kontinuierlicher Fertigkeitsentwicklung* propagieren. So beschränkt sich das Modell des Sichtwortlernens (*sight word learning*; Ehri 1995) im Wesentlichen auf die Phase der alphabetischen Strategien und nimmt an, dass hier ein allmählicher Übergang von eher visuell geprägten Worterkennungsstrategien (*visual cue reading*) über partielle alphabetische Strategien (*phonetic cue reading*) zu vollständig entwickelten alphabetischen Strategien stattfindet. Ein wichtiger Unterschied zu den traditionellen Stufenmodellen ist darin zu sehen, dass Ehri keine logografische Phase unterstellt.

Das von Goswami (1992; Goswami und Bryant 1990) vorgeschlagene *interaktive Analogiemodell des Lesens* betont die wichtige Funktion phonologischen Wissens für die frühe Leseentwicklung, die in herkömmlichen Stufenmodellen vernachlässigt wird. Es postuliert nicht qualitativ unterschiedliche Phasen, sondern unterstellt einen interaktiven Prozess der Wortidentifikation, in dem sich phonologisches und orthografisches Wissen beim Aufbau von Lesekompetenzen gegenseitig befruchten.

Die von Ziegler und Goswami (2005) vertretene Grain-Size-Hypothese (*grain* = Einzelkorn, *size* = Größe) geht davon aus, dass der Leseprozess davon beeinflusst wird, welche linguistische Ebene durch ein Schriftsystem am besten abgebildet wird. Da die deutsche Orthografie die Phonemebene sehr konsistent abbildet, kommt dem Phonem im Leseerwerb im Deutschen eine zentrale Bedeutung zu. Demgegenüber finden sich in der englischen Orthografie solche konsistente Beziehungen zwischen Sprache und Schrift eher auf der Ebene des Silbenreimes, also dem Vokal und nachfolgenden Konsonanten. Von daher spielt das linguistische Segment des Silbenreimes beim Erwerb der englischen Orthografie eine vergleichsweise größere Rolle.

> ?
> Können Schriftschreibmodelle allgemeine Gültigkeit beanspruchen, oder macht die jeweilige Orthografie einen Unterschied? Ist es wirklich notwendig, qualitativ unterschiedliche Stufen für die Entwicklung von Lese- und Rechtschreibkompetenz anzunehmen, oder ist es doch eher ein allmählicher Übergang von niedriger zu hoher Kompetenz?

Eine gewisse Restriktion der psychologischen Leseforschung bestand lange Zeit darin, dass sie auf den Erwerb von *Lesefertigkeit*, also die Entwicklung der Lesegenauigkeit und Lesegeschwindigkeit, fokussierte. Damit ist die Entwicklung der Lesekompetenz jedoch noch nicht hinreichend beschrieben. Wir gehen heute allgemein davon aus, dass mit der Lesefertigkeit und dem *Leseverständnis* insgesamt zwei grundlegende Komponenten der Lesekompetenz zu unterscheiden sind, die in der Entwicklung aufeinanderfolgen und deutliche Verbindungen aufweisen, auch wenn sie bei der gleichen Person durchaus unterschiedlich ausgeprägt sein können. Zunächst einmal bilden sich *basale Leseprozesse* wie das Rekodieren und das Dekodieren heraus. Die Geschwindigkeit dieser Prozesse nimmt bis zum frühen Erwachsenenalter zu. Die zweite Komponente, das Leseverständnis, wird mit zunehmendem Alter der Kinder immer bedeutsamer. Es gelingt Kindern mit zunehmendem Lebensalter immer besser, Aussagen eines Textes aktiv mit ihrem Vor-, Welt- und Sprachwissen zu verknüpfen. Beide Komponenten der Lesekompetenz sind nicht unabhängig voneinander zu sehen, aber auch nicht sehr eng miteinander korreliert (vgl. Artelt et al. 2002; Schneider 2008).

Die Aspekte der Lesegeschwindigkeit bzw. Leseflüssigkeit und dem Leseverständnis werden in unterschiedlichen Prozessmodellen als unterschiedlich bedeutsam angesehen. So nimmt Perfetti (1989) in seiner Theorie der verbalen Effizienz etwa an, dass das Leseverstehen vor allem von Aspekten der Worterkennung abhängt. Je sicherer und schneller die Bedeutung von Wörtern erkannt werden kann, umso besser ist das Leseverständnis ausgeprägt. Demgegenüber gehen Gough und Tunmer (1986) in ihrem Simple-View-of-Reading-Modell (Einfache Sicht auf das Lesen) davon aus, dass das Leseverstehen vor allem vom Hörverstehen abhängt. Die hier zugrunde liegende Theorie, die eine einfache Sicht auf das Lesen vermitteln will, geht davon aus, dass sich individuelle Unterschiede im Leseverstehen als das Produkt von zwei Teilfähigkeiten beschreiben lässt, nämlich der Fähigkeit zur Dekodierung geschriebener Wörter und dem Hörverstehen, also einer allgemeinen Fähigkeit des Sprachverstehens. Personen, die in mündlichen Gesprächssituationen ein gutes Verständnis offenbaren, bringen demnach auch gute Voraussetzungen für das Verstehen von Texten mit. In diesem Ansatz spielt die Leseflüssigkeit eine eher untergeordnete Rolle. Für beide Ansätze lassen sich Belege finden (vgl. Lenhard und Artelt 2009; H. Marx und Jungmann 2000). Allerdings stellen neuere Überprüfungen des Simple-View-of-Reading-Modells im deutschsprachigen Raum die Grundannahme des Modells infrage, dass Lesekompetenz einfach als Produkt von Dekodierfertigkeit und Hörverstehen definiert werden kann (z. B. Knoepke et al. 2013). Während Knoepke et al. (2013) überzeugende Belege dafür fanden, dass sich Unterschiede im Leseverstehen deutscher Grundschülerinnen und -schüler durch die beiden genannten Komponenten insgesamt gut aufklären ließen, verbesserte die zusätzliche Berücksichtigung des Produkts aus beiden Komponenten die Leistungsvorhersage nicht wesentlich.

Insgesamt betrachtet besteht jedoch weitgehend Konsens über die beim Lesen ablaufenden zentralen Prozesse. Auf der eher basalen, niedrigeren Ebene lassen sich all diejenigen Vorgänge beschreiben, die damit zu tun haben, dass Wörter oder Sätze entschlüsselt und in Bezug zueinander gesetzt werden müssen. Auf einer höheren Verarbeitungsebene wird der gelesene Text dann mit dem eigenen Vor- und Weltwissen in Verbindung gebracht und somit ein „Situationsmodell" aufgebaut, das den Text dann für den Leser kohärent und unmittelbar verständlich macht. Dieser Vorgang wird auch als *globale Kohärenzbildung* bezeichnet und wird von *metakognitiven Fähigkeiten* der Leserinnen und Leser, also etwa der Fähigkeit zur Selbstüberwachung und Selbststeuerung beim Lesen, bedeutsam beeinflusst (Lenhard 2013; Schneider 2008). Die unterschiedlichen Wissenskomponenten sorgen dafür, dass das gerade Gelesene in seinem Sinn verstanden und richtig eingeordnet werden kann. Sie führen weiterhin aber auch beim Leser zu Erwartungen, die den weiteren Lesevorgang beeinflussen. Zum verstehenden Lesen tragen demnach sowohl Bottom-up-Prozesse (vom Text ausgehend) als auch Top-down-Prozesse (vom Wissen des Lesers ausgehend) bei, wobei die relative Bedeutung beider Prozesse vom Ausmaß des verfügbaren Wissens sowie von den Erwartungen des Lesers und seinen Lesezielen abhängt (P. Marx 2007).

Teilprozesse beim Leseverstehen von fortgeschrittenen Lesern werden vor allem in der kognitionspsychologischen Lesekompetenzforschung untersucht. Diese basiert auf komplexen Modellen des Lesens bzw. Textverstehens wie etwa dem von van Dijk und Kintsch (1983), die keine strikte Abfolge von niedrigeren zu höheren Verarbeitungsprozessen implizieren, sondern davon ausgehen, dass Teilprozesse auf verschiedenen Ebenen wie etwa der Wort- und der Satzebene oder auf der Satz- und der Textebene in vielfacher Weise miteinander interagieren. Diese Modelle betonen gerade für das fortgeschrittene Lesen die Bedeutung simultaner, schneller Verarbeitungsvorgänge, die auf größeren Buchstabenmengen oder Wörtern aufbauen und den Wortkontext systematisch mit einbeziehen. Verstehendes Lesen stellt dabei keineswegs eine passive Rezeption von Inhalten dar, die im Text abgebildet sind. Es handelt sich dabei vielmehr um einen sehr aktiven Prozess, in dem vom Leser die relevanten Textinhalte zu erfassen versucht werden. Während des Lesens wird dabei ein *Situationsmodell* aufgebaut, das stark vom Vorwissen des Lesers und seinen Textinterpretationen beeinflusst ist. Beim Aufbau des Situationsmodells spielen Merkmale des Textes/der Textgattung und Leseanforderungen eine wichtige Rolle (Überblick bei Lenhard 2013).

Klassische Lesekompetenzmodelle wie das von van Dijk und Kintsch (1983) nehmen an, dass Wortfolgen auf der Grundlage ihrer semantischen Relationen interpretiert und zu sog. Propositionen (Ideeneinheiten) integriert werden. Im Sinne dieser Modelle lassen sich basale (hierarchieniedrigere) von zentralen (hierarchiehöheren) Teilprozessen unterscheiden. Als zentrale Komponenten des Konstrukts Lesekompetenz sind verschiedene Verarbeitungsebenen anzunehmen, die von dem Aufbau einer propositionalen Textrepräsentation über lokale und globale Kohärenzbildungen (Textzusammenhangsanalysen) zur Bildung von „Superstrukturen" reichen, die zur Erkennung der Textkategorie dienen und im Sinne einer vorwissensgeleiteten Verarbeitung in Form von Erwartungen den Leseprozess steuern. Wenn semantische Relationen zwischen aufeinanderfolgenden Sätzen analysiert werden, spricht man von *lokaler Kohärenzbildung*. Die Leser stellen hier unter Rückgriff auf ihr inhaltsbezogenes oder allgemeines Weltwissen Verknüpfungen zwischen Propositionen her, was wohl in der Regel automatisch und nicht strategisch geschieht. Demgegenüber wird von *globaler Kohärenzherstellung* oder von „Bildung einer Makrostruktur" gesprochen, wenn beim Lesen längerer und komplexerer Texte Propositionsfolgen in Form von größeren Textteilen analysiert werden, um den globalen inhaltlichen Zusammenhang auf höherer Abstraktionsebene zu erfassen. Es wird vermutet, dass diese Prozesse zumindest teilweise bewusst ablaufen und im Vergleich zu den lokalen Kohärenzbildungen besser im Gedächtnis verankert sind (ausführlicher bei Richter und Christmann 2006). Die einschlägige Forschung hat sich bislang stärker mit hierarchieniedrigeren Prozessen beschäftigt, sodass über die Entwicklungsschritte beim Erwerb hierarchiehöherer Teilprozesse noch relativ wenig bekannt ist.

Insgesamt gilt, dass Lesekompetenz in der Endstufe wohl als relativ stabile Größe anzusehen ist, die sich in unterschiedlichen Situationen ähnlich manifes-

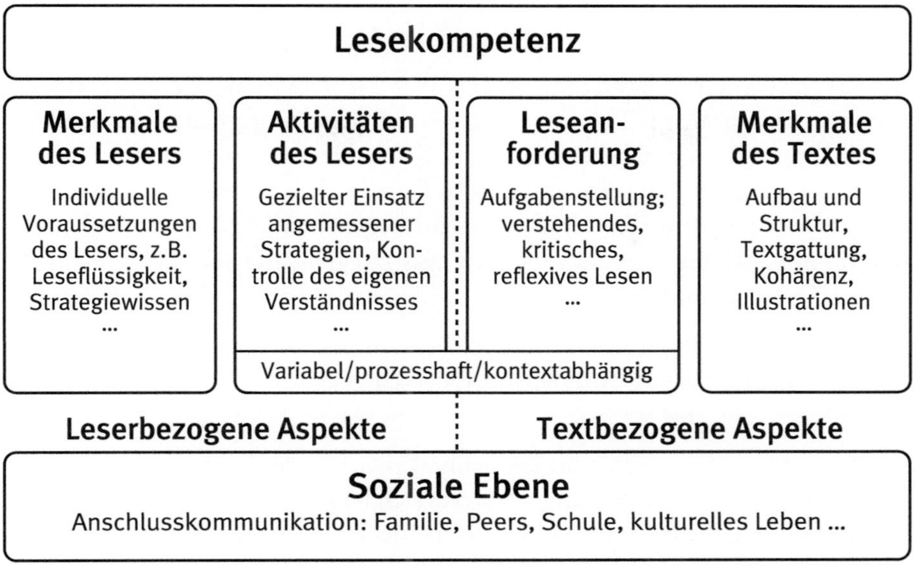

Lesekompetenz

Merkmale des Lesers	Aktivitäten des Lesers	Leseanforderung	Merkmale des Textes
Individuelle Voraussetzungen des Lesers, z.B. Leseflüssigkeit, Strategiewissen ...	Gezielter Einsatz angemessener Strategien, Kontrolle des eigenen Verständnisses ...	Aufgabenstellung; verstehendes, kritisches, reflexives Lesen ...	Aufbau und Struktur, Textgattung, Kohärenz, Illustrationen ...

Variabel/prozesshaft/kontextabhängig

Leserbezogene Aspekte   **Textbezogene Aspekte**

Soziale Ebene
Anschlusskommunikation: Familie, Peers, Schule, kulturelles Leben ...

Abb. 2.1 Determinanten der Lesekompetenz. Das Verständnis ist nicht allein von den individuellen Merkmalen des Lesers und der Bereitschaft zum aktiven Lesen abhängig. Auch die Aufgabenstellung und die Beschaffenheit des Textes spielen eine Rolle. Darüber hinaus ist das Lesen von Texten meist in einen sozialen Rahmen eingebettet. (Modifiziert nach Lenhard 2013)

tiert; es sind jedoch je nach Beschaffenheit des Textes, den jeweiligen Lesezielen und dem bereichsspezifischen Vorwissen der Leser unterschiedliche Ergebnisse möglich. Das komplexe Zusammenspiel der relevanten Determinanten von Lesekompetenz wird in Abb. 2.1 illustriert.

> **?**
> Kann man davon ausgehen, dass die Lesekompetenz auch noch im späten Erwachsenenalter zunimmt? Oder führen Einbußen in der Informationsverarbeitungsgeschwindigkeit dazu, dass der Lesevorgang im Alter insgesamt mühsamer wird?

Interindividuelle Unterschiede in der Lesekompetenz erwachsener Leserinnen und Leser scheinen nicht auf Unterschiede in einer einzigen Prozesskomponente (etwa der Bildung propositionaler Textrepräsentationen) beschränkt. Es wird vielmehr davon ausgegangen, dass sich besagte Unterschiede in allen oben beschriebenen Teilprozessen und demnach auf allen Hierarchieebenen zeigen können. Nach heutigem Kenntnisstand scheint für die Erklärung von Lesekompetenzunterschieden vor allem die Geschwindigkeit und Sicherheit in den *Worterkennungsprozessen*, das Ausmaß der *Arbeitsgedächtniskapazität* und das verfügbare *inhaltliche Vorwissen* entscheidend zu sein. Nach Richter und Christmann

(2006) schließen sich diese drei Erklärungsperspektiven keineswegs aus, sondern können einander sinnvoll ergänzen. So haben mehrere Studien zur Rolle des Vorwissens für die Textverarbeitung gezeigt, dass Defizite in hierarchieniedrigeren Prozessen durch hierarchiehöhere Prozesse teilweise ausgeglichen werden können, während das Umgekehrte nicht gilt. Es bleiben in diesem Zusammenhang allerdings einige Fragen offen, etwa ob Defizite im Arbeitsgedächtnis durch elaborierte metakognitive Textverarbeitungsstrategien kompensiert werden können und ob inhaltsübergreifende Verarbeitungsstrategien eine entscheidende Rolle für das Textverständnis spielen.

> ?
> Welche Modelle der Rechtschreibentwicklung gibt es?

In älteren Modellen zur Beschreibung und Erklärung des Rechtschreibvorgangs wurde vielfach davon ausgegangen, dass es sich beim Lesen und Rechtschreiben um spiegelbildliche Prozesse handelt, von einer engen Verschränkung von Lese- und Rechtschreibvorgängen auszugehen ist und der Erwerb des Rechtschreibens demnach ähnlichen Regeln folgt wie der des Lesens (vgl. z. B. Ehri 1984). Spätere Untersuchungen zum Rechtschreibvorgang und seinem Erwerb führten jedoch zur Erkenntnis, dass das Rechtschreiben gerade im Deutschen für die Schülerinnen und Schüler eine weitaus größere Herausforderung darstellt als das Lesen. Die Anzahl der verfügbaren Phoneme ist im Deutschen beträchtlich größer als die Zahl der Buchstaben. Rechtschreibprobleme ergeben sich daraus, dass verschiedene Buchstaben ein und denselben Laut und verschiedene Laute ein und denselben Buchstaben darstellen können, und zwar auf eine Art und Weise, die sich in kein einheitliches Regelsystem bringen lässt (Schneider 1997). Während die deutsche Orthografie im Hinblick auf das Lesen relativ regulär ist (der gleiche Buchstabe wird meist gleich lautiert), kann sie im Hinblick auf das Rechtschreiben als eher irregulär charakterisiert werden. Selbst bei Kenntnis aller Phonem-Graphem-Zuordnungsregeln lassen sich Fehler kaum vermeiden, da die Ausnahmen von der Regel überwiegen.

Es steht demnach fest, dass Rechtschreibvorgänge über die phonemische Route wesentlich schwerer fallen als Leseprozesse, die den gleichen Weg benutzen. Die größere Einfachheit von Lesevorgängen lässt sich weiterhin daran veranschaulichen, dass hier Wiedererkennungsprozesse stattfinden, bei denen ein Wort lediglich auf der Grundlage einiger weniger markanter Buchstabenkonstellationen identifiziert werden kann und es bei der Bedeutungsfindung auch nicht erforderlich wird, jedes Wort im Detail zu analysieren. Demgegenüber ist beim Rechtschreiben die genaue Reproduktion der Buchstabenfolge erforderlich, um korrekte Schreibungen zu erzielen. Die beim Lesen eingesetzten Wiedererkennungsvorgänge sind im Vergleich zu den exakten seriellen Buchstabenreproduktionen beim Rechtschreiben ungleich einfacher. Zwischen Lese- und Rechtschreibvorgängen ist also keine einfache Umkehrbeziehung (Reziprozität) anzunehmen.

Will man den Vorgang des Rechtschreibens besser verstehen, hilft es meist, sich die Anforderungen an den Lernenden klarzumachen. Wird einem Kind ein Wort oder ein Satz diktiert, so ist es zunächst wichtig, dass die vorgesprochene Information korrekt wahrgenommen und im Gedächtnis gespeichert wird. Der wahrgenommene „Lautstrom" wird dabei in die einzelnen Laute zerlegt, die dann mit den passenden Buchstaben in Verbindung gebracht werden. Für Wörter, die nicht lautgetreu verschriftet werden können, müssen die relevanten Rechtschreibregeln bekannt sein. Das Rechtschreiben fällt dabei leichter, wenn das Kind schon über einen Sichtwortschatz verfügt, also die Schreibweise von erkannten Wörtern unmittelbar aus dem Gedächtnis abrufen kann (P. Marx 2007; Schneider 1997).

Die für das Rechtschreiben relevanten Vorgänge wurden in unterschiedlichen *Funktionsmodellen* abgebildet, wobei das erste einflussreiche Modell von Simon und Simon (1973) entwickelt wurde. Die Anforderungen an das Rechtschreiben wurden in diesem Modell eher idealtypisch für schon etwas fortgeschrittene Schreiber beschrieben. Simon und Simon gingen davon aus, dass der Rechtschreibvorgang im Wesentlichen auf zwei Speichersystemen aufbaut, nämlich der Speicherung von Phonem-Graphem-Zuordnungsregeln und der Speicherung von optischen Wortbildern bzw. Buchstabenfolgen. Beim Schreiben eines diktierten Wortes wird nun für jedes wahrgenommene Phonem einer Phonemfolge ein Graphem aus allen verfügbaren Phonem-Graphem-Korrespondenzen eingesetzt und das so entstandene orthografische Bild gleich an den „Wortbildspeicher" zum Abgleich mit den dort verfügbaren wortspezifischen Informationen weitergegeben. Falls keine Entsprechung im Wortbildspeicher gefunden werden kann und die Identifikation demnach missglückt, werden so lange neue Wortbilder erzeugt, bis der Vergleich zu einem positiven Ergebnis führt. Der Rechtschreibvorgang lässt sich in diesem Funktionsmodell als Generierungs- und Testprozess (*generate and test procedure*; Abb. 2.2) charakterisieren, wobei fortlaufend Informationen aus den beiden hypothetischen Speichersystemen herangezogen werden.

Das Modell scheint besonders für die Beschreibung von Abläufen bei der Generierung orthografisch nicht direkt verfügbarer Wörter geeignet zu sein, während es relativ unwahrscheinlich ist, dass die beschriebenen aufwendigen Produktions-Vergleichs-Schleifen auch bei der Schreibung solcher Wörter ablaufen, die orthografisch unmittelbar verfügbar sind. Es gibt auch die bei Schreibanfängern ablaufenden Prozesse angemessen wieder, da hier der relevante Wortbildspeicher noch relativ wenige Informationen enthält und aus diesem Grund kaum erfolgreiche Wiedererkennungsvorgänge angenommen werden können. Die Fruchtbarkeit des Modellansatzes für die Vorhersage von Rechtschreibleistungen bei älteren Schülerinnen und Schülern sowie Erwachsenen wurde jedoch

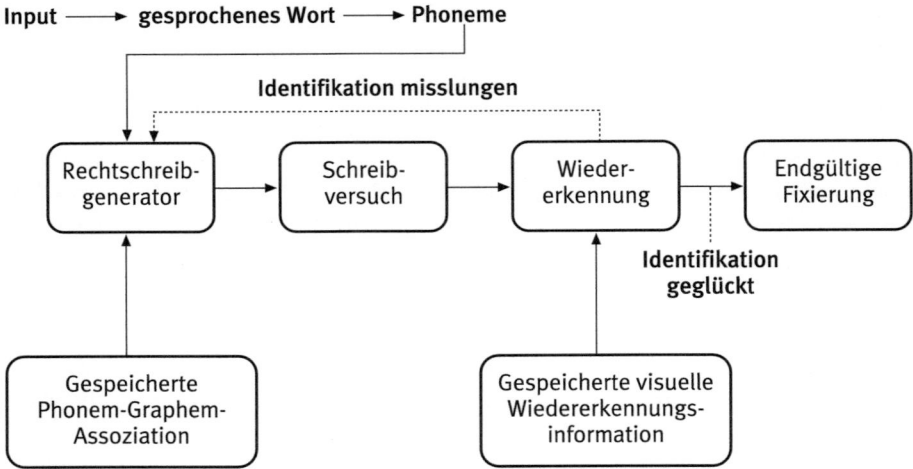

Abb. 2.2 Rechtschreiben als Generierungs- und Testprozess nach Simon und Simon. (Modifiziert nach P. Marx 2007, S. 22)

sowohl im Rahmen von Computersimulationen als auch in empirischen Studien wiederholt unter Beweis gestellt (Schneider 1997).

Im Hinblick auf die Frage nach der *Entwicklung* von Rechtschreibfertigkeiten sind Stufenmodelle zum Schriftspracherwerb insgesamt ergiebiger. Im anglo-amerikanischen Sprachraum wurde Gentry (1981) ein Developmental Spelling-Modell (Modell der Rechtschreibentwicklung) vorgelegt, das insgesamt fünf Stufen vorsieht und später durch Scheerer-Neumann (1989, 1997) an deutsche Verhältnisse angepasst und auf sechs Stufen erweitert wurde. Scheerer-Neumann geht davon aus, dass drei Gedächtnisstrukturen für die Entwicklung der Rechtschreibkompetenz bedeutsam sind:

1. Wissen über schriftsprachliche Regelhaftigkeiten (Phonem-Graphem-Korrespondenzen).
2. Wissen um Rechtschreibregeln und orthografische Regelmäßigkeiten.
3. Wissen über den Morphemaufbau der Sprache.

Im Rahmen des Modells spielt das „innere orthografische Lexikon", also ein spezielles Gedächtnissystem für Wörter, für den Abruf und die Schreibung von Wörtern und Morphemen eine zentrale Rolle.

Die Stufen des „Developmental Spelling"-Modells lassen sich wie folgt beschreiben:

1. *Präkommunikatives Stadium*: Auf dieser Stufe des *logografischen Schreibens* experimentieren Vorschul- und Kindergartenkinder mit sprachlichen Symbolen. Obwohl ihnen einige Buchstaben schon bekannt sind, verwenden sie

auf dieser Stufe noch keine Strategie. Es werden also noch keine Phonem-Graphem-Zuordnungsregeln eingesetzt, und bei den Schreibversuchen werden auch Buchstaben mit Zahlen vermischt.
2. *Semiphonetische Stufe*: Auf dieser Stufe der *rudimentären alphabetischen Strategie* gewinnt das Kind spontan oder durch den Unterricht angeregt die Einsicht, dass es eine Beziehung zwischen gesprochener und geschriebener Sprache gibt. Schulanfänger wenden basale phonemische Strategien an. Sie erwerben dabei zwei für das Rechtschreiben wichtige Einsichten. Zum einen erfahren sie, dass die Schreibungen von links nach rechts erfolgen. Zum anderen lernen sie, dass bestimmten Lauten bestimmte Buchstaben zuzuordnen sind. Die Schreibversuche sind auf dieser Stufe noch unvollständig und gehen selten über drei bis vier Buchstaben hinaus. Es gelingt nun aber erstmalig, unbekannte Wörter so aufzuschreiben, dass sie eine gewisse Ähnlichkeit mit dem Zielwort aufweisen. Auf der Basis allmählich gespeicherter Regelmäßigkeiten (Phonem-Graphem-Korrespondenzen) lassen sich nun neue Wörter immer sicherer konstruieren.
3. *Phonetische Stufe*: Diese als *entfaltete Strategie* bezeichnete Stufe ist dadurch gekennzeichnet, dass die phonemische Strategie weiter vervollkommnet wird. Sie wird meist in der dritten und vierten Klassenstufe beobachtet und ist durch ein deutlich verbessertes und erweitertes Verständnis der Phonem-Graphem-Zuordnungsregeln charakterisiert. Die orthografischen Konventionen werden jedoch noch nicht vollständig beherrscht.
4. *Übergangsstufe*: Die Schülerinnen und Schüler (meist in der fünften und sechsten Klassenstufe) entwickeln auf dieser Stufe ein besseres Gespür für die standardmäßige Schreibung. Scheerer-Neumann (2015, S. 116) spricht von „voll entfalteter phonemischer Strategie mit orthographischen Elementen" sowie von „weiteres Erkennen von orthographischen und morphematischen Strukturen". Die Lernenden entdecken jetzt Regelmäßigkeiten in der Orthografie, die sie meist richtig, manchmal aber auch im Sinne einer „Übergeneralisierung" inkorrekt auf neue Wörter übertragen. Zusätzlich zu phonemischen Strategien werden visuelle Rechtschreibstrategien im Sinne des schon von Simon und Simon (1973) beschriebenen Abgleichs mit den Inhalten des Wortbildspeichers („Korrekturlesen") eingesetzt.
5. *Kompetenzphase*: Die kompetente Kombination solcher Strategien stellt dann den Endpunkt der Rechtschreibentwicklung dar. Diese Stufe wird von Scheerer-Neumann (1997) mit dem Etikett *allmähliches Überwiegen des Abrufs von Lernwörtern im Vergleich zur Konstruktion* belegt. Zeitlich betrachtet umfasst diese Stufe sicherlich die längste Phase im Rechtschreibprozess und kann über das Jugendalter hinausgehen. Immer mehr Wörter können nun zunehmend sicherer direkt aus dem Langzeitgedächtnis abgerufen werden, müssen also nicht mehr mühsam konstruiert werden. Aufgrund des nun umfangreichen

Wissens über die Struktur von Wörtern und orthografische Regeln (etwa Vorsilben, Groß- und Kleinschreibung) werden die Schreibungen immer sicherer. Falschschreibungen werden beispielsweise daran erkannt, dass ein Wort „nicht richtig aussieht". Bei unbekannten Wörtern steht weiterhin die phonemische Strategie zur Verfügung (vgl. auch Kirschhock 2004; Schneider 1997).

Ähnlich wie die Entwicklungsmodelle des Lesens gehen auch die Stufenmodelle zum Rechtschreiberwerb davon aus, dass vorschulische Erfahrungen für den Aufbau der Kompetenz eine Rolle spielen. Dies wird als ihr besonderer Vorzug angesehen (vgl. z. B. Brügelmann 1990; Valtin 1993). In diesen Modellen bleibt der Schriftspracherwerb also nicht nur auf die Schulerfahrung beschränkt. Obwohl das Developmental Spelling-Modell insgesamt einen großen heuristischen Wert aufweist und national wie international auch große Beachtung gefunden hat, wird seine Validität dennoch von einigen Experten infrage gestellt. So haben Kritiker schon frühzeitig darauf hingewiesen, dass die verschiedenen Entwicklungsstufen nicht immer streng hintereinander durchlaufen werden, sondern dass für die verschiedenen Phasen typische Strategien teilweise parallel eingesetzt werden (Günther 1995; Schneider 1997). Wichtig scheint in diesem Zusammenhang, dass die jeweils dominante Strategie auch von der Sachstruktur beeinflusst wird. So werden häufig vorkommende Wörter relativ schnell nach der orthografischen Strategie geschrieben, während unvertraute, neue Wörter zunächst alphabetisch gelesen und geschrieben werden. Das Postulat einer klaren Abfolge der Stufen wird damit infrage gestellt (vgl. auch Schründer-Lenzen 2013).

Mit der Popularität des Developing Spelling-Modells waren auch umfangreiche didaktische Konsequenzen verbunden. Auf ihre Möglichkeiten und Probleme wird in Kap. 5 noch genauer eingegangen. Wie Schründer-Lenzen (2013) völlig zu Recht anmerkt, bestand eine der wohl extremsten Fehlinterpretationen der oben beschriebenen Entwicklungsmodelle darin, den Schriftspracherwerb in Parallelität mit dem Spracherwerb zu sehen und eine quasi automatische, überwiegend selbstgesteuerte Weiterentwicklung der Schriftsprachkompetenz von Kindern anzunehmen. Diese Interpretation hat zu wissenschaftlich kontrovers diskutierten didaktischen Konsequenzen geführt, auf die noch gesondert eingegangen wird. Ein Verdienst der unterschiedlichen Entwicklungs- und Funktionsmodelle ist jedoch zweifellos darin zu sehen, dass sie die Unterschiede in den Anforderungen des Lesens und Schreibens verdeutlicht haben. So wurde beispielsweise für die deutsche Sprache illustriert, dass sich der Aspekt der Lauttreue und die Art der Gedächtnisanforderung beim Lesen und Rechtschreiben deutlich unterscheiden. Beide Aspekte tragen dazu bei, dass das Lesen eines Wortes in der Regel leichter fällt als das Schreiben.

Fazit

In den letzten Jahrzehnten hat die Forschung zu theoretischen Grundlagen des Lese- und Rechtschreiberwerbs wichtige Fortschritte erzielt. Es kann als gesichert gelten, dass erste Weichen auf dem Weg zur Schriftsprache schon im Vorschulalter gestellt werden. Obwohl sich die in diesem Kapitel näher dargestellten Modelle des Schriftspracherwerbs in Teilaspekten unterscheiden, stimmen sie darin überein, dass erste relevante Entwicklungsstufen schon im Alter von etwa vier bis fünf Jahren beobachtet werden können. Einschlägige Forschungsarbeiten haben weiterhin verdeutlicht, dass Lese- und Rechtschreibprozesse nicht so ähnlich sind wie vielfach angenommen und dass die Schwierigkeiten beim Erwerb entscheidend von der Regularität der jeweiligen Orthografie abhängen. Für das Deutsche ließ sich etwa zeigen, dass das Lesenlernen den Kindern insgesamt gesehen leichter fällt als der Erwerb des Rechtschreibens, da die deutsche Orthografie im Hinblick auf das Lesen eher regulär, im Hinblick auf das Rechtschreiben hingegen eher irregulär ist.

Literatur

Artelt, C., Schiefele, U., Schneider, W., & Stanat, P. (2002). Leseleistungen deutscher Schülerinnen und Schüler im internationalen Vergleich (PISA). *Zeitschrift für Erziehungswissenschaft, 5*, 6–27.

Brügelmann, H. (1990). Rechtschreibung. Kinder lernen in qualitativen Sprüngen. *Spektrum der Wissenschaft, 1*, 26–29.

Coltheart, M. (1978). Lexical access in simple readings tasks. In G. Underwood (Hrsg.), *Strategies of information processing* (S. 151–216). London: Academic Press.

van Dijk, T. A., & Kintsch, W. (1983). *Strategies of discourse comprehension*. New York: Academic Press.

Ehri, C. L. (1984). How orthography alters spoken language competencies in children learning to read and spell. In J. Downing & R. Valtin (Hrsg.), *Language awareness and learning to read* (S. 119–147). New York: Springer.

Ehri, C. L. (1995). Phases of development in learning to read words by sight. Special issue: The contribution of psychological research. *Journal of Research and Reading, 18*, 116–125.

Frith, U. (1985). Beneath the surface of developmental dyslexia. In K. E. Patterson, J. C. Marshall & M. Coltheart (Hrsg.), *Surface dyslexia: Neuropsychological and cognitive studies of phonological reading* (S. 301–330). London: Erlbaum.

Gentry, J. R. (1981). Learning to spell developmentally. *The Reading Teacher, 34*, 378–381.

Goswami, U. (1992). Annotation: phonological factors in spelling development. *Journal of Child Psychology and Psychiatry, 33*, 967–975.

Goswami, U., & Bryant, P. (1990). *Phonological skills and learning to read*. Hove, UK: Erlbaum.

Gough, P. B., & Tunmer, W. E. (1986). Decoding, reading, and reading disability. *Remedial and Special Education, 7*, 6–10.
Günther, K.-B. (1986). Ein Stufenmodell der Entwicklung kindlicher Lese- und Rechtschreibstrategien. In H. Brügelmann (Hrsg.), *ABC und Schriftsprache: Rätsel für Kinder, Lehrer und Forscher* (S. 32–35). Konstanz: Faude.
Günther, K.-B. (1995). Ein Stufenmodell der Entwicklung kindlicher Lese- und Rechtschreibstrategien. In H. Balhorn & H. Brügelmann (Hrsg.), *Rätsel des Schriftspracherwerbs. Neue Sichtweisen der Forschung* (S. 98–212). Lengwil: Libelle.
Jansen, H., Mannhaupt, G., & Marx, H. (1993). Probleme bei der Übertragbarkeit angloamerikanischer Entwicklungsmodelle des Lesens und Rechtschreibens auf deutschsprachige Schulkinder. In R. Bromme & H. Bauersfeld (Hrsg.), *Bildung und Aufklärung: Studien zur Rationalität des Lehrens und Lernens* (S. 69–88). Münster: Waxmann.
Kirschhock, E.-M. (2004). *Entwicklung schriftsprachlicher Kompetenzen im Anfangsunterricht.* Bad Heilbrunn: Klinkhardt.
Klicpera, C., & Gasteiger-Klicpera, B. (1993). *Lesen und Schreiben. Entwicklung und Schwierigkeiten.* Bern: Huber.
Knoepke, J., Richter, T., Isberner, M.-B., Neeb, Y., & Naumann, J. (2013). Leseverstehen = Hörverstehen X Dekodieren? Ein stringenter Test der Simple View of Reading bei deutschsprachigen Grundschulkindern. In A. Redder & S. Weinert (Hrsg.), *Sprachförderung und Sprachdiagnostik: Interdisziplinäre Perspektiven* (S. 256–276). Münster: Waxmann.
Lenhard, W. (2013). *Leseverständnis und Lesekompetenz: Grundlagen – Diagnostik – Förderung.* Stuttgart: Kohlhammer.
Lenhard, W., & Artelt, C. (2009). Komponenten des Leseverständnisses. In W. Lenhard & W. Schneider (Hrsg.), *Diagnose und Förderung von Leseverständnis und Lesekompetenz* (S. 1–17). Göttingen: Hogrefe.
Marx, H. (1997). Erwerb des Lesens und Rechtschreibens: Literaturübersicht. In F. E. Weinert & A. Helmke (Hrsg.), *Entwicklung im Grundschulalter* (S. 83–111). Weinheim: Psychologie Verlags Union.
Marx, H., & Jungmann, T. (2000). Abhängigkeit der Entwicklung des Leseverstehens von Hörverstehen und grundlegenden Lesefertigkeiten im Grundschulalter: Eine Prüfung des Simple View of Reading-Ansatzes. *Zeitschrift für Entwicklungspsychologie und Pädagogische Psychologie, 32*, 81–93.
Marx, P. (2007). *Lese- und Rechtschreiberwerb.* Paderborn: Schöningh (UTB).
Perfetti, C. A. (1989). There are generalized abilities and one of them is reading. In L. B. Resnick (Hrsg.), *Knowing, learning, and instruction: Essays in honor of Robert Glaser* (S. 307–335). Hillsdale, NJ: Erlbaum.
Richter, T., & Christmann, U. (2006). Lesekompetenz: Prozessebenen und individuelle Unterschiede. In N. Groeben & B. Hurrelmann (Hrsg.), *Lesekompetenz, Dimensionen, Funktionen* (2. Aufl., S. 25–28). Weinheim: Juventa.
Scheerer-Neumann, G. (1989). *Rechtschreibtraining mit rechtschreibschwachen Hauptschülern auf kognitionspsychologischer Grundlage: Eine empirische Untersuchung.* Opladen: Westdeutscher Verlag.

Scheerer-Neumann, G. (1997). Lesen und Leseschwierigkeiten. In F. E. Weinert (Hrsg.), *Psychologie des Unterrichts und der Schule* Enzyklopädie der Psychologie. Serie Pädagogische Psychologie, (Bd. 3, S. 279–325). Göttingen: Hogrefe.

Schneider, W. (1997). Rechtschreiben und Rechtschreibschwierigkeiten. In F. E. Weinert (Hrsg.), *Psychologie des Unterrrichts und der Schule* Enzyklopädie der Psychologie. Serie Pädagogische Psychologie, (Bd. 3, S. 327–363). Göttingen: Hogrefe.

Schneider, W. (2008). Entwicklung, Diagnose und Förderung der Lesekompetenz im Kindes- und Jugendalter. In C. Fischer, F. J. Mönks & U. Westphal (Hrsg.), *Individuelle Förderung: Begabungen entfalten – Persönlichkeit entwickeln* (Bd. 2, S. 131–168). Berlin: LIT.

Schneider, W., Brügelmann, H., & Kochan, B. (1990). Lesen- und Schreibenlernen in neuerer Sicht: Vier Perspektiven auf den Stand der Forschung. In H. Brügelmann & H. Balhorn (Hrsg.), *Das Gehirn, sein Alfabet und andere Geschichten* (S. 220–234). Konstanz: Faude.

Schründer-Lenzen, A. (2013). *Schriftspracherwerb* (4. Aufl.). Wiesbaden: Springer Fachmedien.

Seymour, P. H., Aro, M., & Erskine, J. M. (2003). Foundation literacy acquisition in European orthographies. *British Journal of Psychology, 94*, 143–174.

Simon, D. P., & Simon, H. A. (1973). Alternative use of phonemic information in spelling. *Review of Educational Research, 43*, 115–137.

Valtin, R. (1993). Kinder lernen schreiben und über Sprache nachzudenken – Eine empirische Untersuchung zur Entwicklung schriftsprachlicher Fähigkeiten. In R. Valtin & I. Naegele (Hrsg.), *Schreiben ist wichtig!* Grundlagen und Beispiele für kommunikatives Schreiben(lernen) (S. 23–53). Frankfurt: Arbeitskreis Grundschule.

Wimmer, H., Hartl, M., & Moser, E. (1990). Passen „englische" Modelle des Schriftspracherwerbs auf „deutsche" Kinder? Zweifel an der Bedeutsamkeit der logographischen Stufe. *Zeitschrift für Entwicklungspsychologie und Pädagogische Psychologie, 22*, 136–154.

Ziegler, J., & Goswami, U. (2005). Reading acquisition, developmental dyslexia, and skilled reading across languages: a psycholinguistic grain size theory. *Psychological Bulletin, 131*, 3–29.

3

Lassen sich die kindlichen Voraussetzungen für das Lesen und Rechtschreiben schon im Kindergarten bedeutsam verbessern?

Inhaltsverzeichnis
3.1　Wie bedeutsam sind Merkmale der frühen phonologischen Informationsverarbeitung und der Buchstabenkenntnis für den späteren Schriftspracherwerb? 35
3.2　Welche empirischen Belege finden sich für die Relevanz vorschulischer Kompetenzen für das Lesen und Rechtschreiben in der Schule? Befunde korrelativer Längsschnittstudien. 39
3.3　Welche empirischen Belege finden sich für die Relevanz vorschulischer Kompetenzen für das Lesen und Rechtschreiben in der Schule? Befunde aus Trainingsstudien im Kindergarten 47
3.4　Ist die frühe phonologische Bewusstheit wirklich der entscheidende Faktor für den Schriftspracherwerb in der Schule? 57
3.5　Welche Perspektiven bietet alltagsintegrierte Sprachförderung im Kindergarten für den Schriftspracherwerb? 61
Literatur. 67

3.1　Wie bedeutsam sind Merkmale der frühen phonologischen Informationsverarbeitung und der Buchstabenkenntnis für den späteren Schriftspracherwerb?

Die Beschreibung der klassischen theoretischen Modelle zum Erwerb der Schriftsprache in Kap. 2 hat verdeutlicht, dass der Schulbeginn nicht die „Stunde null" für das Erlernen des Lesens und Rechtschreibens ist. Schon im Alter von etwa drei bis vier Jahren erwerben Vorschulkinder erste wichtige Einsichten in das orthografische Prinzip, wenn auch nur auf sehr oberflächliche Weise. In der einschlägigen Literatur wird in diesem Zusammenhang von *spezifischen Vorhersagemerkmalen* der Lesekompetenz gesprochen (z. B. P. Marx 2007; Schneider 1989), und man geht allgemein davon aus, dass neben dem Buchstabenwissen und dem Wortschatz der Kinder insbesondere auch ihre Fähigkeit zur *phonologischen Informationsverarbeitung* eine wichtige Voraussetzung für den Schriftspracherwerb darstellt. Diese lässt sich in drei Komponenten gliedern:

1. *Phonologische Bewusstheit:* Hierunter wird die Fähigkeit zur Erkennung der Lautstruktur der gesprochenen Sprache verstanden. *Phonologische Bewusstheit im weiteren Sinne* meint, dass junge Kinder größere Einheiten in der gesprochenen Sprache unterscheiden können, d. h. in der Lage sind, Reime zu erkennen, vollständige von unvollständigen Sätzen zu unterscheiden, Wörter in Sätzen zu erkennen oder auch Wörter in Silben zu untergliedern. Diese Form der phonologischen Bewusstheit ist bei jüngeren Vorschulkindern teilweise erst im Ansatz vorhanden. Fragt man beispielsweise nach der unterschiedlichen Länge von Wörtern, etwa welches der beiden Wörter „Bus" oder „Kinderwagen" länger ist, so wird man häufig die Antwort „Bus" erhalten, da sich junge Kinder bei Aufgaben dieser Art bevorzugt auf die Bedeutung der Wörter beziehen. Sie haben sicherlich recht damit, dass ein Bus in der Realität länger als ein Kinderwagen ist. In diesem Zusammenhang berichtet P. Marx (2007, S. 44) anekdotenhaft von den Schwierigkeiten, die junge Kinder damit haben, sich bei Fragen nach der Form (der Struktur) von Wörtern vom Inhalt bzw. ihrer Bedeutung abzuwenden. Als er ein Vorschulkind fragte, ob es ein „au" in „Auto" hören könnte, verneinte es zunächst die Frage, revidierte dann aber sein Urteil dahingehend: „Ja, wir schlagen uns manchmal im Auto und dann hört man „au, au, au". Erst gegen Ende der Kindergartenperiode werden Fragen dieser Art im Sinne der Erwartung beantwortet.
Phonologische Bewusstheit im engeren Sinne bezieht sich auf die Kompetenz, innerhalb von Wörtern einzelne Laute zu erkennen. Während wir davon ausgehen, dass fast alle Kinder noch vor Schulbeginn Aufgaben im Sinne der phonologischen Bewusstheit im weiteren Sinne lösen können, wird die phonologische Bewusstheit im engeren Sinne in der Regel erst im Zusammenhang mit dem Leselehrgang der ersten Klasse erworben (vgl. Skowronek und Marx 1989). Die besondere Problematik ist hier darin zu sehen, dass ein Abstraktionsvorgang gefordert ist: Laute in Wörtern werden „ko-artikuliert", also zusammenhängend ausgesprochen, ohne dass markiert werden kann, wo sie anfangen und wo sie aufhören. Das Konzept eines Lautes und damit auch das der Bewusstheit im engeren Sinne kann Kindergartenkindern im Rahmen von Fördermaßnahmen nähergebracht werden, indem man Anlaute im Wort stärker betont und hervorhebt. Ohne diese Hilfestellung geht es jedoch in den meisten Fällen nicht.

2. *Kapazität des sprachlichen Arbeitsgedächtnisses*: Sie gibt an, wie viele Informationseinheiten (z. B. Sätze, Wörter, Zahlen, Buchstaben) sich ein Kind unmittelbar merken kann. Diese Komponente spielt gerade beim ungeübten Leser eine besondere Rolle, wenn er etwa beim mühsamen Erlesen eines längeren unbekannten Wortes gegen Ende dieses Vorgangs noch im Gedächtnis haben bzw. wissen muss, wie der Anfang des Wortes lautete. Wie schon bei der phonologischen Bewusstheit lassen sich auch bei dem sprachlichen Arbeitsgedächtnis große individuelle Unterschiede registrieren. Es wird erwartet, dass diejenigen Vorschulkinder, deren Arbeitsgedächtnis normal bis überdurchschnittlich ausgeprägt ist, im Hinblick auf den späteren Schriftspracherwerb gut gewappnet sind, während sich für Kinder mit unterdurchschnittlichen Arbeitsgedächtniskennwerten eher ungünstige Prognosen ergeben.
3. *Geschwindigkeit der sprachlichen Informationsverarbeitung (Benenngeschwindigkeit)*: Bei Schulkindern lässt sich diese Kompetenz über Aufgaben zur Lesegeschwindigkeit ermitteln. Im Vorschulalter wird sie in der Regel über Aufgaben erfasst, die das schnelle Benennen der richtigen Farben ein- oder falschfarbig präsentierter Objekte (Tiere, Fahrzeuge, Möbel etc.) erfordern. Hier wird die Geschwindigkeit beim Zugang zum Objektwissen und dem Wortschatz (dem „semantischen Lexikon") überprüft. Die Bedeutung des schnellen Benennens für das Lesen, insbesondere für die Lesegeschwindigkeit, ist mittlerweile gut belegt. Aus einer Reihe von Längsschnittstudien aus dem angloamerikanischen, dem skandinavischen und dem deutschen Sprachraum wissen wir, dass sich solche im Vorschulalter erhobenen Leistungsmaße gut zur Vorhersage der späteren Lesekompetenz eignen (vgl. Wagner und Torgesen 1987; Schneider und Näslund 1999).

Zu den relevanten spezifischen Vorhersagemerkmalen werden auch noch *allgemeine sprachliche Fähigkeiten* und das *frühe Wissen über Schrift* gezählt. Frühe Unterschiede im Wortschatz sind über die Zeit hinweg relativ stabil. Kinder mit einem größeren Wortschatz werden beim Lesen häufig die direkte Route im Sinne des Modells von Coltheart (1978; Kap. 2) einschlagen können, also die Wortbedeutung direkt erschließen. Es kann demnach davon ausgegangen werden, dass es einen direkten positiven Zusammenhang zwischen dem Wortschatz und dem verstehenden Lesen gibt. Für das Leseverständnis ist außerdem im Sinne des schon erwähnten Modells von Gough und Tunmer (1986) das Hörverstehen eine wichtige Voraussetzung. Diejenigen Kinder, die in der mündlichen Kommunikation ein gutes Verständnis demonstrieren, bringen auch günstige Voraussetzungen für das Verstehen schriftlicher Aussagen mit. Allgemeine sprachliche Kompetenzen im Bereich der Syntax und Grammatik schützen vor dem Auftreten von Leseproblemen in späteren Phasen der Schulzeit, wenn anspruchsvollere Texte gelesen und verstanden werden sollen. Viele der bereits diskutierten Leselernmodelle gehen jedenfalls von einem kausalen Einfluss solcher allgemeinen Sprachkompetenzen auf das verstehende Lesen aus.

Schließlich scheint das Ausmaß der *frühen (vorschulischen) Schriftsprachkompetenz (early literacy)* für die weitere Entwicklung des Lesens und Rechtschreibens relevant. Die Bedeutung dieses Merkmals wurde lange Zeit unterschätzt. Im Rahmen der Münchner Längsschnittstudie LOGIK (Longitudinalstudie zur Genese individueller Kompetenzen; Weinert 1998; Schneider 2008a) wurde ich beispielsweise wiederholt von Eltern der teilnehmenden Kinder gefragt, ob es Sinn machen würde, den Kindern noch kurz vor Schulbeginn die Buchstaben des Alphabets beizubringen (im Durchschnitt beherrschten die Kinder zu diesem Zeitpunkt etwa sechs bis sieben Buchstaben).

> **Definition**
>
> Die 1984 von Franz Weinert am Max-Planck-Institut für psychologische Forschung in München initiierte LOGIK-Studie (Longitudinalstudie zur Genese individueller Kompetenzen) verfolgte das Ziel, die geistige, motorische, persönlichkeitsbezogene, soziale und schulische Entwicklung von anfangs vierjährigen Kindern möglichst repräsentativ zu erheben. Sie erstreckte sich über einen Zeitraum von annähernd 20 Jahren und stellt sicherlich eine der weltweit umfassendsten Längsschnittstudien zur kindlichen Entwicklung dar. Neben der Erfassung mathematischer Kompetenzen stellte die Untersuchung der Lese- und Rechtschreibentwicklung einen Kernbereich in der späteren Phase dieser Längsschnittstudie dar.

Ich riet davon mit dem Hinweis ab, dass dies die Aufgabe der Schule sei und die Kinder das Buchstabenwissen früh genug erwerben würden. Mehrere Jahre später musste ich erkennen, dass ich mit meiner Annahme insofern falsch lag, als die gegen Ende der Kindergartenzeit erfassten individuellen Unterschiede im Buchstabenwissen die Entwicklung der Lesekompetenz in der Grundschule bedeutsam vorhersagten. Während der Unterricht die Buchstabenkenntnis und das allgemeine Leseniveau insgesamt klar verbesserte, trug er wenig zur Kompensation oder Nivellierung früher Unterschiede in der Lesekompetenz bei; die zu Schulbeginn nachweisbaren Vorkenntnisunterschiede blieben in der Folge im Wesentlichen erhalten (Schneider 2008b). Diejenigen Kinder, die vor Schulbeginn schon über die meisten Buchstaben verfügten, hatten demnach auch zu späteren Untersuchungszeitpunkten gegenüber den übrigen Schülerinnen und Schülern (teilweise deutliche) Vorteile. Dies galt im Übrigen auch für die Leistung in sog. Logo-Aufgaben, die das Buchstabenwissen im Kontext vertrauter Objekte wie etwa von Reklamebildern oder Verkehrsschildern überprüfte. Hier interessierte besonders, ob die Buchstabenfolgen auch noch dann richtig benannt werden konnten, wenn der übliche Kontext fehlte (also ein „Stopp" ohne zugehöriges Schild dargeboten wurde). Weiterhin wurde noch überprüft, ob und in welchem Ausmaß von den Kindern schon der eigene Name geschrieben werden konnte. Alle diese Merkmale trugen zur Prognose der Lese- und Rechtschreibkompetenz bei.

Für die Vorhersage der Lese- und Rechtschreibkompetenz sind zusätzlich auch *unspezifische Voraussetzungen* des Lerners bedeutsam. Zu diesen Merkmalen zählt etwa die Intelligenz, die nicht nur die Fähigkeit zum Schriftspracherwerb beeinflusst, sondern auch zum Erfolg in anderen Inhaltsbereichen (etwa der Mathematik) beiträgt. Zur Gruppe dieser unspezifischen Vorläuferfertigkeiten zählt weiterhin die Konzentrationsfähigkeit. Denjenigen Kindern, die sich schon im Vorschulalter gut konzentrieren können, fällt es etwa in der Anfangsphase des Leseunterrichts leichter, sich die Buchstaben-Laut-Verbindungen einzuprägen.

Schließlich sind Unterschiede in der Lernmotivation und der Lernfreude mit für Erfolge beim Lesen- und Schreibenlernen verantwortlich. Wir gehen davon aus, dass die meisten Kinder ihre Schulzeit mit sehr viel Elan, Interesse am Lernen und großer Lernmotivation beginnen. Erst allmählich werden sich Unterschiede in diesen motivationalen Merkmalen herausbilden, die dann wiederum die weitere Leistungsentwicklung voraussagen können. So wissen wir beispielsweise aus den Befunden der Münchner Längsschnittstudie LOGIK (Abschn. 3.2), in der annähernd 200 Kinder ab dem Alter von etwa vier Jahren über die verbleibende Vorschulzeit und anschließend in der Schulzeit vielfach untersucht wurden, dass eine größere Lernfreude ab der zweiten Grundschulklasse mit größeren Fortschritten im Rechtschreiben einherging (Schneider et al. 1997a). Wenn auch die Leistungsmotivation, die Lernfreude, die Intelligenz und die Konzentration sicherlich mit dem Erwerb der Schriftsprachkompetenz in Zusammenhang stehen, so scheint es dennoch zweifelhaft, dass die ausschließliche Förderung dieser unspezifischen Vorläuferfertigkeiten sich schon positiv auf das Erlernen des Lesens und Rechtschreibens auswirken wird. Die größten Fortschritte sind von Fördermaßnahmen zu erwarten, die sich auf spezifische Vorläufermerkmale beziehen. In diesem Zusammenhang kann es jedoch durchaus zielführend sein, unspezifische Vorläufermerkmale mit zu berücksichtigen (P. Marx 2007).

3.2 Welche empirischen Belege finden sich für die Relevanz vorschulischer Kompetenzen für das Lesen und Rechtschreiben in der Schule? Befunde korrelativer Längsschnittstudien

Die Bedeutsamkeit der oben genannten vorschulischen Kompetenzen lässt sich am besten anhand von Längsschnittstudien überprüfen, die in der Regel mit Vorschulkindern begonnen und in der Schulzeit weitergeführt werden. Wichtig ist, dass das Niveau der vorschulischen Kompetenzen und die Entwicklung des Lesens und/oder des Rechtschreibens bei den gleichen Kindern untersucht werden können. Im Rahmen von *korrelativen Längsschnittstudien* lässt sich dabei die Relevanz von frühen Unterschieden in den Vorläufermerkmalen für die spätere natürliche Entwicklung der Schriftsprache verfolgen. Im Folgenden sollen zunächst die wichtigsten Befunde für diesen Typus der Längsschnittstudie berichtet werden. Daran schließt sich die Ergebnisdarstellung für *längsschnittlich konzipierte Interventionsstudien* an, in denen Vorschulkinder bestimmte Fördermaßnahmen durchlaufen, deren Effekte auf den späteren Schriftspracherwerb danach sowohl kurz- als auch langfristig untersucht werden.

> **Definition**
>
> Korrelative Längsschnittstudien untersuchen die natürliche Entwicklung in unterschiedlichen Bereichen, ohne dass eine Intervention erfolgt.
> Längsschnittliche Interventionsstudien verfolgen demgegenüber die Absicht, Effekte von Therapie- oder Trainingsansätzen in ihrer Nachhaltigkeit zu erfassen.

Korrelative Längsschnittstudien wurden seit Mitte der 1980er-Jahre vermehrt durchgeführt, wobei vielfach eher unsystematisch vorgegangen wurde und sowohl unspezifische als auch spezifische Vorläufermerkmale Berücksichtigung fanden. Aus diesen meist angloamerikanischen Studien ließ sich ableiten, dass die Intelligenz sowie frühe sprachliche Kompetenzen (z. B. Wortschatz, Sprachverständnis) die spätere Leseleistung bedeutsam vorhersagen. Weiterhin schienen die Konzentration und die frühe Schreibkompetenz für die weitere Entwicklung bedeutsam zu sein (Schneider 1989). Da meist nur eine kleine Zahl von Vorhersagemerkmalen erfasst wurde, blieb lange Zeit unklar, welche dieser Merkmale den relativ größten Stellenwert aufweisen.

Weitere Längsschnittstudien machten deutlich, dass die drei oben näher beschriebenen Merkmale der phonologischen Informationsverarbeitung (phonologische Bewusstheit, Kapazität des sprachlichen Arbeitsgedächtnisses, sprachgebundene Informationsverarbeitungsgeschwindigkeit) deutlich miteinander korrelieren, also nicht als unabhängige Prognosemerkmale aufzufassen sind (Wagner und Torgesen 1987). In der Summe können sie als sehr einflussreiche Vorläufermerkmale für den späteren Schriftspracherwerb gelten, wobei je nach dem untersuchten Kriterium (Lesen oder Rechtschreiben) das Vorhersagegewicht für die einzelnen Komponenten unterschiedlich sein kann.

Als eine der ersten umfassenderen Untersuchungen kann die Längsschnittstudie von Vellutino und Scanlon (1987) gelten, die mit annähernd 300 Kindergartenkindern begonnen wurde und neben unterschiedlichen Aufgaben zur phonologischen Bewusstheit auch die sprachliche Intelligenz und Maße des sprachlichen Wissens erfasste. Als wichtigstes Ergebnis dieser Studie ließ sich festhalten, dass sich für die meisten phonologischen Maße auch dann noch bedeutsame Beziehungen zur späteren Leseleistung ergaben, wenn der Einfluss von Intelligenzunterschieden kontrolliert wurde. Demnach waren Maße der phonologischen Bewusstheit bei unterschiedlich intelligenten Kindern für den Leseerfolg gleichermaßen wichtig. Die erfassten sprachlichen Merkmale spielten demgegenüber für die Vorhersage der Lesekompetenz gegen Ende der zweiten Klassenstufe keine bedeutsame Rolle.

Die verfügbaren korrelativen Längsschnittstudien belegen übereinstimmend, dass zwischen den Leistungen im Lesen und Rechtschreiben substanzielle korrelative Zusammenhänge bestehen (meist um $r = .5$ bis $r = .6$; vgl. P. Marx 2007; Schneider 2008b), doch sind diese Korrelationen keineswegs so eng, dass von einer einheitlichen „Schriftsprachkompetenz" auszugehen wäre. Dass eine differenzierte Betrachtung sinnvoll ist, zeigt sich nicht zuletzt beim Auftreten von Schwierigkeiten im Schriftspracherwerb. So treten zwar Lese- und Rechtschreibschwierigkeiten überzufällig häufig gemeinsam auf, doch es existieren auch Gruppen mit isolierten Defiziten in der Lesegeschwindigkeit oder im Rechtschreiben (z. B. Wimmer et al. 2000). Selbst innerhalb der Domäne der Lesekompetenz werden in der Literatur isolierte Schwächen im Leseverständnis oder (seltener) in der Lesegeschwindigkeit thematisiert (z. B. Catts et al. 2006).

?

Inwieweit erweisen sich für verschiedene schriftsprachliche Kompetenzen auch jeweils spezifische Konstellationen von Vorläuferfertigkeiten als bedeutsam?

Die Bestimmung jeweils relevanter Vorläuferfertigkeiten des Lesens und Rechtschreibens sollte konsequent auf der Analyse der beim Lesen und Rechtschreiben beteiligten Prozesse basieren. Die Kenntnis dieser Prozesse ermöglicht es, in die Modelle zur Vorhersage der schulischen Lese- und Rechtschreibleistungen theoriegeleitet diejenigen Merkmale einzubeziehen, für die ein spezifischer Bezug zur jeweiligen Schriftsprachfertigkeit herausgearbeitet werden kann (Ennemoser et al. 2012).

Im Hinblick auf die Prognose der *Lesekompetenz* macht es Sinn, sich zunächst den *basalen Lesevorgang* vor Augen zu führen. Am Anfang des Schriftspracherwerbs ist das Lesen noch ein mühevoller Vorgang, der das Erkennen der Buchstaben, die Zuordnung der entsprechenden Laute, das Bereithalten dieser Laute, das Zusammenziehen der Laute und das Erkennen der Wortbedeutung aufgrund der Lautfolge erfordert. Aus dieser Aufgabenstellung lässt sich ableiten, dass folgende Vorläuferfertigkeiten potenziell relevant sind: die Buchstabenkenntnis, die Geschwindigkeit des Abrufs aus dem Langzeitgedächtnis (für das schnelle

„Finden" jeweils zugehöriger Laute bzw. Wortbedeutungen), das phonologische Arbeitsgedächtnis (für das Bereithalten der Laute) und die phonologische Bewusstheit im engeren Sinne (für die Konstruktion der Lautfolge).

> **?**
>
> Welche Bedeutung haben Unterschiede im Wortschatz, im phonologischen Bereich, im grammatikalischen Wissen und im sprachlichen Verständnis für die Entwicklung des Leseverständnisses und der Rechtschreibkompetenz?

Das *Leseverständnis*, insbesondere das verstehende Lesen von Texten, erfordert deutlich mehr als die zuvor beschriebene basale Lesefertigkeit. Zwar ist die Fähigkeit zur schnellen Worterkennung vor allem bei Leseanfängern ein leistungsbegrenzender Faktor, da der Gang über den indirekten Weg im Sinne des Zwei-Wege-Modells von Coltheart (1978; Kap. 2) so viele Arbeitsgedächtnisressourcen erfordert, dass er die Sinnentnahme deutlich erschwert. Darüber hinaus scheinen für das Textverstehen jedoch eine ganze Reihe weiterer Prozesse von zentraler Bedeutung. Beim Leseverstehen laufen sprachverarbeitende Prozesse ab, die keinesfalls spezifisch auf das Verstehen von geschriebenen Texten ausgerichtet sind. Das Simple-View-of-Reading-Modell (Gough und Tunmer 1986; Kap. 2) trägt der Relevanz dieser sprachverarbeitenden Prozesse beim Lesen Rechnung und sieht das Leseverständnis als Produkt aus der basalen Lesefertigkeit und dem allgemeinen Sprachverständnis. Mit zunehmender Sicherheit im basalen Dekodieren stehen die vorhandenen kognitiven Ressourcen immer mehr für eine Sprachverarbeitung oberhalb der phonologischen Ebene zur Verfügung. Damit stellen im weiteren Verlauf der Lesekompetenzentwicklung immer weniger die verfügbaren basalen Lesefertigkeiten, sondern zunehmend allgemeinere sprachliche Kompetenzen den limitierenden Faktor für das Leseverstehen dar.

Dies steht auch im Einklang mit den Modellannahmen von Grimm (1995) zur Prognose von Leseproblemen, die besagen, dass für Defizite in der frühen Lesefertigkeit vor allem phonologische Defizite prädiktiv sind, während spätere Leseprobleme (nun zunehmend charakterisiert durch Schwächen im Bereich des verstehenden Lesens) immer stärker durch Defizite in Grammatik und Wortschatz bedingt werden, also durch die Beeinträchtigung des Sprachverständnisses vermittelt sind. In Übereinstimmung mit diesen Annahmen lässt sich außerdem empirisch zeigen, dass mit zunehmender Erfahrung im Lesen auch der Zusammenhang zwischen Sprach- und Leseverständnis ansteigt (z. B. H. Marx und Jungmann 2000).

Für die Prognose des Leseverständnisses können demnach zusammenfassend folgende Vorläuferfertigkeiten angenommen werden: basale Lesefertigkeit (insbesondere die Lesegeschwindigkeit), das phonologische Arbeitsgedächtnis, weiterhin grammatikalische Kompetenzen, der Wortschatz und das Vorwissen über die Thematik von Texten. Betrachtet man den Lesekompetenzerwerb im Entwicklungsverlauf, so ist ferner anzunehmen, dass sich die Einflüsse der phonologischen Bewusstheit und der sprachlichen Informationsverarbeitung (Benenngeschwindigkeit) ganz besonders in den ersten beiden Grundschuljahren entfalten sollten. Hier führen auch zunehmend bessere basale Lesefertigkeiten unmittelbar zu einem besseren Leseverständnis bei einfachen Texten. Sobald jedoch im Zuge der fortschreitenden Unterrichtung immer längere und anspruchsvollere Texte zu lesen sind, verlagern sich die Anforderungen immer stärker auf Aspekte der linguistischen Kompetenz wie etwa den Wortschatz und die Grammatik.

Für das *Rechtschreiben* nach Diktat ist es erforderlich, die diktierten Wörter genau wahrzunehmen und bereitzuhalten, um sie dann in die einzelnen Laute untergliedern zu können und schließlich die dafür passenden Buchstaben zu finden. Zudem müssen beim Schreiben nicht lauttreuer Wörter Rechtschreibregeln beachtet werden. Ähnlich wie beim Lesen ändern sich die Prozesse, wenn sich der Sichtwortschatz der Kinder vergrößert und die Schreibweise von Wörtern oder Wortteilen als Ganzes abgerufen werden kann. Auch für das Rechtschreiben können demnach grammatikalische Kompetenzen eine Rolle spielen, da bei Verwendung der orthografischen Strategie auch Kenntnisse zur korrekten Verschriftung von Wortstämmen, Anfangs- und Endmorphemen eine Rolle spielen. Als Vorläuferfertigkeiten lassen sich somit postulieren: Sprachwahrnehmung (Hörverstehen), sprachliches Arbeitsgedächtnis, phonologische Bewusstheit, Buchstabenkenntnis und zumindest teilweise auch die linguistische Kompetenz. Letztere sollte sich im Entwicklungsverlauf betrachtet eher auf spätere Leistungen im Rechtschreiben auswirken, also zu einem Zeitpunkt, zu dem neben der lautgetreuen Verschriftung zunehmend orthografische Rechtschreibstrategien an Bedeutung gewinnen.

Zusammenfassend lässt sich also für das Rechtschreiben eine große Bedeutung des phonologischen Arbeitsgedächtnisses und der phonologischen Bewusstheit postulieren; für die Lesegeschwindigkeit sollte darüber hinaus insbesondere die Geschwindigkeit beim Abruf aus dem Langzeitgedächtnis zum Tragen kommen. Für das Leseverständnis schließlich dürften neben der Lesegeschwindigkeit auch allgemeinere sprachliche Kompetenzen (Grammatik und Wortschatz), hier als *linguistische Kompetenz* bezeichnet, sowie das inhaltliche Vorwissen eine Rolle spielen.

Diese theoretischen Annahmen wurden in verschiedenen korrelativen Längsschnittstudien genauer untersucht.

Anhaltspunkte für die Gültigkeit dieser differenzierten Betrachtung lieferte etwa die Münchner Längsschnittstudie LOGIK (Weinert 1998; Schneider 2008a), in der vor Schuleintritt neben Maßen der Intelligenz und der frühen Schriftsprachkompetenz Merkmale aus allen drei beschriebenen Komponenten der phonologischen Informationsverarbeitung erhoben wurden. Kurz vor Schulbeginn der LOGIK-Kinder entschloss sich Franz Weinert zur Durchführung einer zweiten Studie, an der etwa die Hälfte der LOGIK-Kinder zusammen mit ihren Klassenkameradinnen und -kameraden teilnahmen. Diese als SCHOLASTIK-Studie (Schulorganisierte Lernangebote und Sozialisation von Talenten, Interessen und Kompetenzen) bezeichnete Untersuchung, an der mehr als 1200 Kinder teilnahmen, wurde mit dem Ziel durchgeführt, mögliche Einflüsse des Klassenkontextes auf die kindliche Entwicklung zu ermitteln. Die gemeinsame Betrachtung der Ergebnisse beider Studien ergab durchaus neue Einsichten. Obwohl in beiden Studien die meisten der oben genannten Vorhersagemerkmale bedeutsam mit der späteren Lese- und Rechtschreibkompetenz korrelierten, erbrachten Kausalmodelle Belege dafür, dass das spätere Leseverständnis insbesondere durch die vorschulisch erhobene phonologische Bewusstheit und die Intelligenz der Kinder vorhergesagt werden konnte, während sich die Rechtschreibleistung im zweiten und dritten Schuljahr besonders gut durch die frühe Buchstabenkenntnis, den IQ und die sprachgebundene Informationsverarbeitungsgeschwindigkeit prognostizieren ließ (Schneider und Näslund 1993; Schneider et al. 1997a).

In einer neueren Arbeit von Ennemoser et al. (2012) wurden die Ergebnisse zweier ähnlich gelagerter Längsschnittstudien kombiniert, um genauere Aufschlüsse über die Relevanz unterschiedlicher Vorläufermerkmale für die spätere Lese- und Rechtschreibkompetenz zu gewinnen. Beide in die Analyse einbezogenen Längsschnittstudien erstreckten sich vom letzten Kindergartenjahr bis zum Ende der Grundschulzeit. In beiden Studien wurden vor Schulbeginn neben der nicht sprachlichen Intelligenz (logische Denkfähigkeit) die drei oben genannten Merkmale der phonologischen Informationsverarbeitung sowie Aspekte der linguistischen Kompetenz (z. B. Wortschatz, semantisches Wissen, grammatikalische Kompetenz) einbezogen. Als schulische Kriteriumsmaße fungierten die Lesegeschwindigkeit, das Lese- und Textverständnis und die Rechtschreibleistung. Als wichtigstes Ergebnis ließ sich festhalten, dass die Lesegeschwindigkeit bis zum Ende der vierten Klassenstufe am besten durch die vor Schulbeginn erfasste Benenngeschwindigkeit sowie durch die phonologische Bewusstheit vorhergesagt werden konnte. Beide Vorläufermerkmale lieferten auch einen bedeutsamen Beitrag für die Vorhersage der Lesekompetenz, doch erwies sich hier die linguistische Kompetenz als vergleichsweise stärkster Prädiktor. Schließlich stellte die früh erhobene phonologische Bewusstheit das wichtigste Vorhersagemerkmal für die spätere Rechtschreibleistung dar, gefolgt von Arbeitsgedächtnis und Intelligenz.

Umfassendere und für die Vorhersage des Lesens und Rechtschreibens getrennt formulierte Kausalmodelle verdeutlichten die Komplexität und auch Spezifität des Vorhersagemusters für beide Schriftsprachformen. So ließ sich für die Vorhersage der Lesegeschwindigkeit gegen Ende der ersten Klassenstufe zeigen, dass der IQ und das Arbeitsgedächtnis indirekt (vermittelt über die pho-

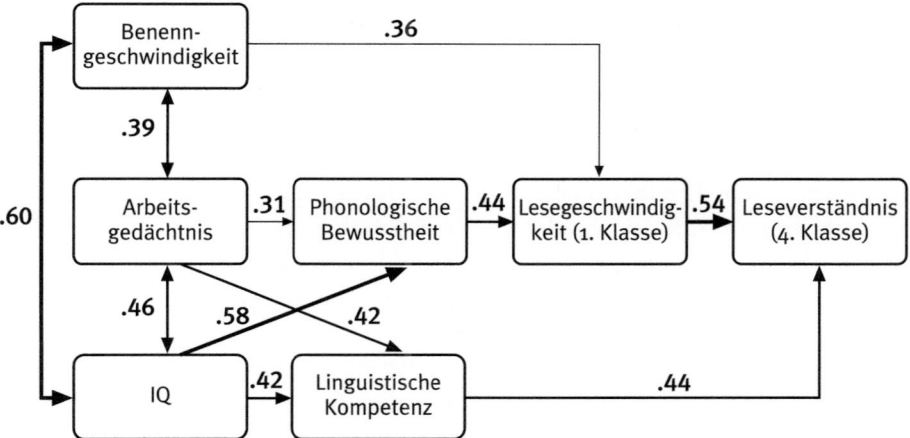

Abb. 3.1 Kausalmodell zur Vorhersage von Lesegeschwindigkeit und Leseverständnis. Fetter gedruckte Korrelationskoeffizienten (*Doppelpfeile*) deuten engere Beziehungen an; fetter gedruckte Pfadkoeffizienten (*einfache Pfeile*) markieren größere Vorhersagequalität. (Modifiziert nach Ennemoser et al. 2012)

nologische Bewusstheit und die linguistische Kompetenz) Einfluss nahmen, während die phonologische Bewusstheit und die Benenngeschwindigkeit die Lesegeschwindigkeit unmittelbar vorhersagten. Als einziges Vorläufermerkmal hatte die linguistische Kompetenz neben der Lesegeschwindigkeit einen direkten Einfluss auf das Leseverständnis in der vierten Klasse (Abb. 3.1).

Das Kausalmodell zur Vorhersage der Rechtschreibleistung gegen Ende der Grundschulzeit wies ein ähnliches Beziehungsmuster auf. Wiederum sagten das Arbeitsgedächtnis und der IQ sowohl die phonologische Bewusstheit als auch die linguistische Kompetenz vorher. Als bedeutsamste Vorhersagemerkmale für die zu Schulbeginn erhobene Rechtschreibkompetenz fungierten die phonologische Bewusstheit und die Benenngeschwindigkeit. Demgegenüber erwies sich neben der frühen Rechtschreibleistung nur die früh erhobene linguistische Kompetenz als bedeutsamer Prädiktor der Rechtschreibleistung in der vierten Klassenstufe (letztere allerdings nur in einer der beiden Längsschnittstudien).

Die Ergebnisse der Studie von Ennemoser et al. (2012) passen gut zum allgemeinen Befundmuster älterer Untersuchungen. Die verfügbaren Längsschnittstudien zum Schriftspracherwerb bieten ein beeindruckend stimmiges Ergebnismuster. Schon bis zum Jahr 2000 lagen international etwa 150 solcher Längsschnittstudien zum Schriftspracherwerb aus unterschiedlichen Ländern und Orthografien vor, die sehr ähnliche Ergebnisse erbrachten (vgl. Übersicht bei Schneider und Stengard 2000). Aus allen verfügbaren Untersuchungen geht eindeutig hervor, dass Merkmale der phonologischen Informationsverarbeitung spätere Lese- und Rechtschreibkompetenzen weitaus besser als beispielsweise die allgemeine Intelligenz vorhersagen können. Sie zeigen weiterhin übereinstimmend, dass alle drei Komponenten der phonologischen Informationsverarbeitung (also die phonologische Bewusstheit, das sprachgebundene Arbeitsgedächtnis und die Benenngeschwindigkeit) bedeutsame Beiträge für die Prognose der späteren Lese- und Rechtschreibkompetenz liefern. Die konstatierten Zusammenhänge sind nicht nur signifikant, sondern auch praktisch bedeutsam.

Die oben dargestellten neueren Befunde belegen zusätzlich die These, dass für die Vorhersage des Lesens versus Rechtschreibens unterschiedliche Vorhersagemerkmale unterschiedlich relevant sind. Obwohl die Lese- und Rechtschreibkompetenzen im Grundschulalter und darüber hinaus signifikant korreliert sind, erweisen sich unterschiedliche Vorläufermerkmale für den weiteren Entwicklungsverlauf als bedeutsam. Nicht überraschend zeigte sich bei Ennemoser et al. (2012) wie auch in den meisten anderen korrelativen Längsschnittstudien die besondere Bedeutung der phonologischen Bewusstheit. Die zusätzliche Berücksichtigung der linguistischen Kompetenz bei Ennemoser et al. (2012) erwies sich insofern als relevant, als dieses Merkmal für die Vorhersage des Leseverständnisses besonders bedeutsam zu sein scheint. Hier wäre allerdings in Folgestudien zu prüfen, welche der einbezogenen Merkmale der linguistischen Kompetenz (Wortschatz, semantisches wie auch grammatikalisches Wissen) den größten Stellenwert hat.

Die Ergebnisse der Münchner LOGIK- und SCHOLASTIK-Studien (Schneider et al. 1997a) sowie der neueren Analysen von Ennemoser et al. (2012) zeigen weiterhin übereinstimmend, dass sich die oben beschriebenen Vorläufermerkmale insbesondere auf den frühen Schriftspracherwerb auswirken.

Will man die weitere Entwicklung vorhersagen, so genügt es völlig, die zu Schulbeginn festgestellten Leistungsunterschiede im Lesen bzw. Rechtschreiben als Prognosemerkmale für den weiteren Verlauf der Kompetenzentwicklung zu berücksichtigen. Frühe Unterschiede im Lesen und Schreiben erweisen sich als über die Zeit hinweg äußerst stabil (Schneider 2008b; Schneider et al. 1997a). Diejenigen Kinder, die zu Schulbeginn über gute phonologische Bewusstheit, ein gutes Arbeitsgedächtnis und schnelle Informationsverarbeitungsfähigkeit verfügen, haben in der Regel keine Probleme mit dem Schriftspracherwerb. Sowohl die Lese- als auch die Rechtschreibkompetenz scheint sich im Grundschulalter besonders schnell zu entwickeln, während die Zuwachswerte danach eher geringer sind (Lenhard 2013; Schneider et al. 1997a).

Die einschlägigen Untersuchungen dokumentieren aber auch die *Nachhaltigkeit* früher Leselernprozesse. Es ließ sich beispielsweise zeigen, dass die individuellen Unterschiede in der Lesekompetenz, die zu Beginn der Schulzeit bestehen, über die Jahre hinweg erhalten bleiben (z. B. Schneider und Näslund 1999; Skowronek und Marx 1989). Für das Rechtschreiben finden sich ähnliche Trends. So konnte etwa in der LOGIK-Studie gezeigt werden, dass die zu Beginn der Schulzeit (Ende der zweiten Klasse) vorfindbaren Unterschiede zwischen den Untersuchungsteilnehmern auch noch 15 Jahre später bei den nun jungen Erwachsenen in ähnlicher Weise existierten, obwohl die Probanden zwischenzeitlich unterschiedliche Schulformen besucht und unterschiedliche Schulabschlüsse erreicht hatten (Schneider 2008b). Diese Befunde verdeutlichen, dass unser Schulsystem es sehr wohl versteht, relevante Schriftsprachkompetenzen bei Schülerinnen und Schülern zu entwickeln, ohne jedoch bestehende Anfangsunterschiede in einem bedeutsamen Ausmaß ausgleichen zu können.

3.3 Welche empirischen Belege finden sich für die Relevanz vorschulischer Kompetenzen für das Lesen und Rechtschreiben in der Schule? Befunde aus Trainingsstudien im Kindergarten

Nachdem sich aus den mittlerweile zahlreich vorhandenen korrelativen Längsschnittstudien schließen lässt, dass insbesondere die oben beschriebenen und in der Vorschulzeit erhobenen Merkmale der phonologischen Informationsverarbeitung für die spätere Entwicklung der Lese- und Rechtschreibkompetenz bedeutsam sind, erscheint es durchaus sinnvoll, diese Vorläufermerkmale gezielt zu fördern (Schneider 1989). In der Tat wurden seit etwa Mitte der 1980er-Jahre zahlreiche Trainingsstudien mit Vorschulkindern durchgeführt, die meist auf die Förderung der phonologischen Bewusstheit abzielten. Um die Annahme einer kausalen Beziehung zwischen phonologischer Bewusstheit und dem späteren Schriftspracherwerb zu sichern, wurde in diesen Studien auch überprüft, dass zu Beginn des Trainings keinerlei Lese- und Rechtschreibkenntnisse vorlagen.

> ?
> Wie sind die Trainingsstudien zur phonologischen Bewusstheit konzipiert?

In einem Vortest wird das Ausmaß der phonologischen Bewusstheit im engeren und weiteren Sinne überprüft, und auch die frühen Schriftsprachkenntnisse werden abgefragt. Im nächsten Schritt werden dann Trainings- und Kontrollgruppen von Vorschulkindern gebildet, die vor Trainingsbeginn in möglichst vielen Ausgangsmerkmalen vergleichbar sein sollten. Danach beginnen für die Trainingsgruppen jeweils langfristig angelegte Förderperioden (meist in einem Zeitraum von 10 bis 20 Wochen), während die Kontrollgruppen in dieser Zeit am normalen Kindergartenprogramm teilnehmen. Unmittelbar nach Trainingsende werden dann Nachtests zur phonologischen Bewusstheit durchgeführt, die mit den Vortests identisch sind. Es lässt sich somit überprüfen, in welchem

Ausmaß sich die phonologische Bewusstheit im besagten Zeitraum in beiden Gruppen weiterentwickelt hat.

Vielfach wird einige Monate später zu Beginn der Schulzeit ein Nachtest (Follow-up-Test) zur phonologischen Bewusstheit durchgeführt, der nun andere, meist schwierigere Aufgaben enthält. Damit lässt sich etwa im Fall eines unmittelbaren Trainingserfolgs feststellen, ob der Vorteil der Trainingsgruppe auch wirklich nachhaltig geblieben ist, sich also Trainings- und Kontrollgruppe im Hinblick auf die phonologische Bewusstheit auch weiterhin deutlich unterscheiden.

Um schließlich überprüfen zu können, ob das Training auch einen positiven Transfer auf den Erwerb des Lesens und Rechtschreibens hat, wird im letzten Schritt der Studien die Lese- und Rechtschreibleistung zumindest in den Anfangsklassen der Grundschule erfasst. Für den Fall, dass die Trainingsgruppe auch hier einen bedeutsamen Vorsprung vor der Kontrollgruppe aufweist, kann angenommen werden, dass über die Trainingsmaßnahme der erhoffte Transfer auf den Schriftspracherwerb erfolgt ist. Während viele dieser Studien mit unausgelesenen („normalen") Kindergartenkindern durchgeführt wurden, konzentrierte sich eine Reihe von Untersuchungen auf die Förderung von sogenannten Risikokindern, also etwa solchen Kindern, die im letzten Kindergartenjahr weit unterdurchschnittliche Kompetenzen im Bereich der phonologischen Bewusstheit aufwiesen. Um das Risiko näher bestimmen zu können, wurde in diesen Studien in einem ersten Schritt ein Screeningverfahren durchgeführt, das sehr leichte Aufgaben zur phonologischen Bewusstheit enthielt. Wenn ein Kind die meisten dieser leichten Aufgaben nicht lösen konnte, wurde es vorab als Risikokind im Hinblick auf das spätere Lesen und Schreiben eingestuft. Im weiteren Verlauf der Studie wurde überprüft, in welchem Ausmaß die phonologischen Kompetenzen durch das vorschulische Training verbessert werden konnten.

Die erste klassische Trainingsstudie mit *unausgelesenen Stichproben* wurde von Lundberg et al. (1988) in Dänemark durchgeführt. Diese Untersuchung zeichnete sich dadurch aus, dass von Anfang an mit Trainings- und Kontrollgruppen gearbeitet wurde, die geografisch deutlich getrennt waren. Die Autoren wollten damit ausschließen, dass es Kommunikationskanäle und damit einen Austausch zwischen den Erzieherinnen in beiden Gruppen geben könnte. Während die Trainingsgruppe über einen Zeitraum von neun Monaten hinweg täglich etwa 15–20 min Übungen und Spiele im Bereich der phonologischen Bewusstheit absolvierte, folgte die Kontrollgruppe dem regulären Vorschulprogramm.

Über den Vergleich von Vor- und Nachtestwerten ließ sich absichern, dass die Förderung tatsächlich einen nachhaltigen spezifischen Effekt hatte (Abb. 3.2). Während sich die nicht spezifisch trainierte Buchstabenkenntnis zwischen beiden Gruppen in den Vor- und Nachtests nicht nennenswert unterschied, ergab sich für die geübten phonologischen Aufgaben (etwa Reimaufgaben, Silbenklatschen, Silbenzusammenziehen, Lautunterscheidung) ein klarer Trainingsgewinn.

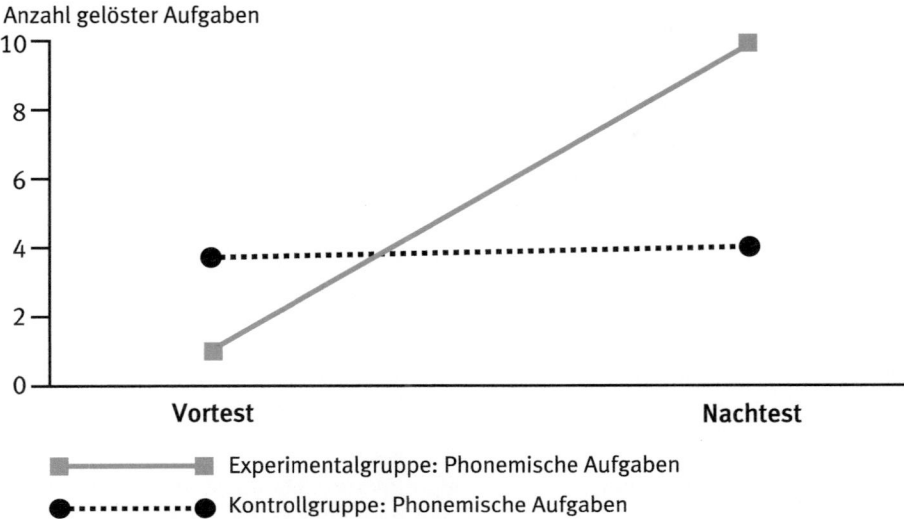

Abb. 3.2 Wirkungen eines Sprachtrainings im Kindergarten. (Nach Lundberg et al. 1988)

> Dieser Effekt ließ sich auch noch etwa drei Monate nach Abschluss des Trainings mit schwierigeren Aufgaben zur phonologischen Bewusstheit absichern. Im Hinblick auf den frühen Schriftspracherwerb konnte gezeigt werden, dass die Trainingsgruppe der Kontrollgruppe acht Monate nach Schulbeginn sowohl im Lesen als auch im Rechtschreiben signifikant überlegen war. Dieser Effekt ließ sich bis zum Ende der Grundschulzeit absichern. Demgegenüber gab es keine Beziehung zwischen Training und späteren Rechenleistungen, was anzeigt, dass sich der Trainingseffekt auf den Schriftspracherwerb beschränkt.

Die positiven Befunde der skandinavischen Studie von Lundberg et al. (1988) erzeugten international große Resonanz und stimulierten sowohl im englisch- als auch im deutschsprachigen Raum Folgeuntersuchungen. Seit 1991 wird von unserer Arbeitsgruppe in Würzburg das entsprechend konzipierte Förderprogramm „Hören, lauschen, lernen 1" (HLL 1; Küspert und Schneider 2006) beständig evaluiert und weiterentwickelt (Überblick bei Küspert et al. 2007; Schneider und Berger 2012; Souvignier 2009). Im Folgenden werden das Programm und mehrere Evaluationsstudien zu seiner Wirkung genauer beschrieben. Untersucht werden demnach Auswirkungen dieses Trainings der sprachlichen Bewusstheit auf den Schriftspracherwerb in der Schule. Einen Überblick zum Ablauf der zentralen Komponente des Trainingsprogramms gibt Tab. 3.1.

HLL 1 bietet vielseitige Übungen an, durch die Vorschulkinder in spielerischer Weise lernen, die lautliche Struktur der Sprache zu erkennen. HLL 1 setzt sich aus insgesamt 57 „Sprachspielen" zu sechs hierarchisch aufeinander aufbauenden Übungseinheiten zusammen, die von eher groben zu immer feineren Einheiten

Tab. 3.1 Aufbau des Würzburger Trainingsprogramms „Hören, lauschen, lernen 1". (Küspert und Schneider 2006)

Zeitpunkt der Einführung	Trainingseinheit	Inhalt
1. Woche	I. Lauschspiele, Flüsterspiele	Geräusche erkennen (genau zuhören)
2. Woche	II. Reimspiele	Reime nachsprechen Reimwörter finden
3. Woche	III. Satz und Wort	Zerlegen von Sätzen in Wörter Verbinden von Wörtern (z. B. Schnee-Mann)
4. Woche	IV. Silben	Silbenklatschen, -tanzen Zerlegen von Wörtern in Silben (Analyse) Zusammenfügen von Silben zu Wörtern (Synthese)
5. Woche	V. Anlaute	Identifikation/Manipulation des ersten Lautes im Wort (z. B. R-EIS)
6. Woche	VI. Phoneme	Zerlegen von Wörtern in Laute (Analyse) Zusammenfügen von Lauten zu Wörtern (Synthese)

führen. Zunächst lernen die Kinder, Geräusche in der Umgebung zu identifizieren. Dann wird das Konzept des Satzes und des Wortes erläutert. Im Anschluss daran geht es um das Erkennen und das Produzieren von Reimen. In den letzten drei Übungseinheiten steht die Kenntnis von Lauten im Mittelpunkt. Die Kinder lernen zunächst Anlaute kennen und dann Einzellaute in Wörtern zu identifizieren.

> ?
> Was soll mit dem Förderprogramm erreicht werden?

Mit dem Förderprogramm soll der Erwerb der Schriftsprache in der Schule erleichtert und Risiken für Lese- und Rechtschreibschwierigkeiten entgegengewirkt werden. Das Trainingsprogramm wird meist im letzten Halbjahr der Kindergartenzeit von den Erzieherinnen durchgeführt. Es erstreckt sich bei isolierter Durchführung über einen Zeitraum von 20 Wochen, wobei täglich Übungen von 15–20 min gemacht werden.

Der zweite Teil des Trainingsprogramms, HLL 2 (Plume und Schneider 2004), dient dem Einüben von Buchstaben-Laut-Verbindungen. Dahinter steht die Erkenntnis, dass es Kindern, die im Rahmen von HLL gelernt haben, einzelne Laute zu unterscheiden, relativ leicht fallen sollte, die Beziehung zwischen Lauten und Buchstaben zu erkennen. Wesentlich für HLL 2 ist dabei, dass nicht das gesamte Alphabet behandelt, sondern lediglich das zugrunde liegende Prinzip verdeutlicht wird. Deshalb kommen nur die häufigsten Buchstaben bzw. Laute A, E, M, I, O, R, U, S, L, B, T und N zur Anwendung. Die Vermittlung erfolgt über zwei Übungsformen: Buchstaben-Laut-Geschichten und Buchstaben-Bild-Geschichten. Die Buchstaben-Laut-Geschichten sind so aufgebaut, dass ein Laut oder ein Geräusch aus der Umgebung mit dem korrespondierenden Symbol verknüpft wird. So hören die Kinder z. B. die Geschichte eines Arztbesuchs und werden in der Erzählung aufgefordert, laut „aaah" zu sagen, um dem Arzt die Untersuchung zu ermöglichen. Die Buchstaben-Bild-Geschichten gehen noch darüber hinaus und verknüpfen den (visuellen) Buchstaben mit dem (akustischen) Anfangslaut eines Wortes. Es werden für die Kinder gängige und reizvolle Begriffe bzw. Anlaute der Wörter benutzt, z. B. „M" wie „Mond" oder „A" wie „Affe". Um die Buchstaben möglichst gut wissensmäßig zu verankern, besteht eine weitere Übung in dem „Buchstabenturnen": Dabei stellen die Kinder die gelernten Buchstaben mithilfe ihres Körpers dar und prägen sich diese so ein.

Beide Teile des Trainingsprogramms sind separat durchführbar, lassen sich aber auch gut miteinander kombinieren. Sollen beide Programmteile gekoppelt durchgeführt werden, wird HLL 1 bereits nach zehn Wochen beendet und durch den zweiten Programmbaustein HLL 2 ergänzt, der sich wiederum über zehn Wochen erstreckt. Somit beansprucht sowohl die isolierte Durchführung von HLL 1 als auch die Kopplung der beiden Programmbausteine insgesamt eine Trainingszeit von 20 Wochen. Die Übungen werden mit vielen Bildern, Bewegungs- und Singspielen ausgestaltet. Den exakten Ablauf des Programms regelt ein im Manual enthaltener Trainingsplan.

Seit den frühen 1990er-Jahren sind von der Würzburger Arbeitsgruppe zur Bewertung des HLL-Programms und seiner Erweiterung mehrere umfangreiche Längsschnittstudien durchgeführt worden, die in ihrem Aufbau sehr ähnlich waren (vgl. etwa Roth und Schneider 2002; Schneider et al. 1994, 1997b, 2000). In allen Studien wurden zur Beurteilung der Trainingseffekte sowohl Kindergärten einbezogen, in denen das Training durchgeführt wurde (Experimentalgruppe), als auch Kindergärten ohne Training (Kontrollgruppe). An den ersten beiden Studien nahmen alle Vorschulkinder der Experimentalgruppe ohne jegliche Vorauswahl am HLL-Programm teil. In beiden Studien verbesserte sich die phonologische Bewusstheit in der Experimentalgruppe deutlich stärker als in der Kontrollgruppe. Dieser unmittelbare Trainingseffekt spiegelte sich in der ersten Studie allerdings nur dann in den Lese- und Rechtschreibleistungen wider, wenn die Erzieherinnen das Training konsequent bis zum Ende durchgeführt hatten (Schneider et al. 1994). In der zweiten Studie, in der durch verbesserte Supervision ein konsequentes Training sichergestellt wurde, konnte auch für die Gesamtgruppe ein positiver Effekt auf die schriftsprachlichen Leistungen ermittelt werden (Schneider et al. 1997b). Eine wesentliche Voraussetzung für die Wirksamkeit bestand darin, dass das Programm entsprechend der Anweisungen im Manual durchgeführt wurde und die Erzieherinnen motiviert waren. Die Effekte der Förderung im Hinblick auf die phonologische Bewusstheit erwiesen sich als groß und als praktisch durchaus bedeutsam (der Vorsprung der Trainingsgruppen gegenüber den Kontrollgruppen betrug in der Regel etwas mehr als eine Standardabweichung). Die Effekte halbierten sich im Hinblick auf die spätere Entwicklung des Lesens und Rechtschreibens in der Grundschule, konnten aber immer noch als mittelgroß charakterisiert werden.

Es scheint uns in diesem Zusammenhang wichtig zu erwähnen, dass HLL auch von anderen Autorengruppen in Kindergärten evaluiert wurde und sich dabei ähnlich positive Befunde ergaben (vgl. etwa Rothe 2007). Komponenten des Förderprogramms wurden auch in einem phonologischen Bewusstheitstraining für das erste Schuljahr eingesetzt (vgl. Forster und Martschinke 2001). Die Ergebnisse einer aufwendigen Evaluationsstudie deuten jedoch darauf hin, dass ein solches Förderprogramm zu diesem späten Zeitpunkt nicht mehr ähnlich positive Effekte zeitigt, was von den Autoren damit erklärt wurde, dass auch die nicht speziell geförderten Kinder der Kontrollgruppe durch den systematischen schulischen Leselehrgang ähnlich gute phonologische Kompetenzen erwerben (vgl. Einsiedler et al. 2002).

> **?**
>
> Seit Veröffentlichung der ersten PISA-Studie im Jahr 2001 wurden in deutschen Kindergärten vermehrt Sprachförderprogramme durchgeführt. Glauben Sie, dass sich deshalb die vor 2000 gefundenen Fördereffekte im Bereich der phonologischen Bewusstheit bei Vergleich von Trainings- und Kontrollgruppen so nicht mehr finden lassen, weil die Kontrollgruppen besser geworden sind?

Damit war zwar nachgewiesen, dass unausgelesene Gruppen von Kindergartenkindern von einem Training der phonologischen Bewusstheit profitieren, jedoch noch nicht geklärt, ob alle Kinder gleichermaßen Nutzen aus den Übungen ziehen. Es ist durchaus denkbar, dass die leistungsstärkeren Kinder, also diejenigen Kinder, die schon mit einem beachtlichen Ausmaß an phonologischer Bewusstheit in die Förderung kommen, enorm zulegen, während die „schwächeren" Kinder, also diejenigen, die der Förderung am meisten bedürfen, kaum bis gar nicht profitieren. Eine Reanalyse der Daten aus der zweiten Langzeitstudie ergab erste Anhaltspunkte dafür, dass die Kinder aller Leistungsgruppen in vergleichbarem Ausmaß profitiert hatten (vgl. Schneider et al. 1998).

> Um die förderliche Wirkung des Trainingsprogramms jedoch noch differenzierter beurteilen zu können, wurden für eine dritte Studie von vornherein Risikokinder (s. oben) ermittelt, und es wurde geprüft, inwieweit diese Kinder, die zu Beginn der Studie nur über eine schwache phonologische Bewusstheit verfügten, von einer entsprechenden Förderung profitieren. Ein zweites wesentliches Ziel dieser Studie bestand in der Überprüfung der „phonologischen Verknüpfungshypothese" (Hatcher et al. 1994) für deutschsprachige Vorschulkinder. Hatcher und Kollegen hatten am Beispiel englischer Erstklässler nachweisen können, dass diejenigen Förderprogramme am effektivsten sind, die neben der phonologischen

Bewusstheit auch die Buchstabenkenntnis (Buchstaben-Laut-Zuordnung) trainieren.

Diese Studie (Schneider et al. 2000) hatte also Kinder im Fokus, denen ein erhöhtes Risiko für spätere Lese-/Rechtschreibstörung (LRS) zugeschrieben wurde. Ermittelt wurden diese Kinder anhand des Bielefelder Screenings (BISC; Jansen et al. 1999). Dieses Verfahren enthält sehr leichte Aufgaben zur phonologischen Bewusstheit und ermöglicht von daher die Erfassung von Kindern mit großen Problemen in diesem Bereich. Da zu diesem Zeitpunkt die grundsätzliche Wirksamkeit des Trainings nachgewiesen war, wurde aus ethischen Gründen auf eine Kontrollgruppe mit untrainierten Risikokindern verzichtet. Als Kontrollgruppe fungierten Kinder, die nicht hinsichtlich ihres Risikos getestet worden waren. Diese Entscheidung führte methodisch zu gewissen Komplikationen, da nun nicht wie sonst üblich nach Abschluss der Fördermaßnahme Unterschiede zwischen den Trainingsgruppen und der Kontrollgruppe erwartet und getestet werden konnten. Es wurde stattdessen davon ausgegangen, dass lediglich vor dem Training Unterschiede in dem Sinne zu beobachten sind, dass die Kontrollgruppe im Vortest signifikant besser abschneiden sollte als die verschiedenen Risikogruppen. Im Anschluss an das Trainingsprogramm sollte sich das Ergebnismuster insofern ändern, als nun die trainierten „Risikokinder" (insbesondere diejenigen aus der kombinierten Trainingsvariante) im Bereich der phonologischen Bewusstheit aufgeholt haben und im Nachtest Ergebnisse zeigen sollten, die mit denen der Kontrollgruppenkinder absolut kompatibel erscheinen. Für den Fall, dass ein solches Befundmuster beobachtet werden sollte, wurde angenommen, dass die trainierten Risikokinder auch beim Erwerb des Lesens und Rechtschreibens mit den „normalen" Kindern der Kontrollgruppe mithalten und in der überwiegenden Mehrzahl auch einigermaßen unauffällige Entwicklungsverläufe nehmen sollten. Das Ziel dieser Studie wäre also dann erreicht, wenn sich nach Trainingsabschluss möglichst geringe Gruppenunterschiede zeigen würden.

Obwohl die Ergebnisse aufgrund des ungewöhnlichen Untersuchungsplanes nicht ganz einfach zu interpretieren sind, können die klaren unmittelbaren Fördereffekte sowie der Befund, dass sich die aus Risikokindern bestehende Experimentalgruppe im Lesen und Rechtschreiben kaum von der unausgelesenen Kontrollgruppe unterschied, als Hinweise auf die Wirksamkeit des Trainings auch bei Risikokindern angesehen werden. Ein weiteres bedeutsames Ergebnis dieser Studie ergab sich durch den Vergleich verschiedener Trainingsvarianten. Kombinierte man das Training der phonologischen Bewusstheit (HLL 1) mit dem Training der Buchstaben-Laut-Zuordnung (HLL 2), so zeigten sich die besten Leistungen im Lesen und Rechtschreiben. Die Vorteile des kombinierten Trainings gegenüber einem reinen Training der phonologischen Bewusstheit bzw. einem reinen Training der Buchstaben-Laut-Zuordnung ließen sich jedoch statistisch nicht eindeutig absichern. Der Vergleich mit den Befunden der unausgelesenen Kontrollgruppe machte insgesamt deutlich, dass die geförderten Risikogruppen nach drei Schuljahren im Hinblick auf das Lesen im Durchschnitt ähnliche Leistungsniveaus aufwiesen, während im Hinblick auf das Rechtschreiben lediglich die kombiniert geförderte Gruppe Anschluss an die Kontrollgruppe halten konnte.

Insgesamt bestätigen die Befunde damit die phonologische Verknüpfungshypothese von Hatcher et al. (1994). Besonders bemerkenswert scheint, dass nur ein geringer Anteil der trainierten Risikokinder eine unterdurchschnittliche Leistung in den Lese- und Rechtschreibtests zeigte. In den ersten beiden Schuljahren lagen im Rechtschreibtest nach dem kombinierten Training weniger als 10 % der Kinder, im dritten Schuljahr 21 % der Kinder unter Prozentrang 25, also im untersten Quartil der Leistungsverteilung. In dieser Studie konnten somit Risikokinder, die mit dem BISC identifiziert worden waren, erfolgreich trainiert werden.

Spätere Längsschnittstudien der Würzburger Arbeitsgruppe wurden teilweise in Kooperation mit anderen Forschergruppen durchgeführt und betrafen vor allem Fragen der Wirksamkeit des Förderprogramms für Kinder mit anderen Problemschwerpunkten, etwa Kinder mit spezifischen Sprachentwicklungsstörungen und solche mit Migrationshintergrund. Belege für die Trainingseffektivität bei diesen Risikogruppen waren bis vor etwa zehn Jahren nur spärlich vorhanden (vgl. Schneider und Marx 2008).

In einer ersten umfassenderen Evaluationsstudie (Weber et al. 2007) wurden die Möglichkeiten des Würzburger Trainingsprogramms im Hinblick auf die Prävention schulischer Lese- und Rechtschreibprobleme bei Kindern mit gestörter Sprachentwicklung und solchen mit Migrationshintergrund überprüft. Diese Untersuchung sollte die Frage beantworten, ob auch Kinder mit Problemen im Bereich Grammatik bzw. Syntax von einem phonologischen Bewusstheitstraining profitieren können und ob sich eine mögliche Verbesserung im phonologischen Bereich auch auf das spätere Lesen- und Schreibenlernen auswirkt. Als zweite „besondere" Gruppe wurden Kinder mit nicht deutscher Muttersprache einbezogen, deren Defizite über Grammatik- und Syntaxprobleme hinausgehen. Es sollte weiterhin untersucht werden, welche Subgruppe von Kindern dabei nicht profitieren kann und ob sich das Training in besonderem Maße auf bestimmte Rechtschreibbereiche auswirkt.

Die Ergebnisse weisen das folgende Muster auf: In den verwendeten phonologischen Tests zeigte sich für alle Kinder ein Leistungsfortschritt, der jedoch in Abhängigkeit von der Gruppenzugehörigkeit unterschiedlich stark ausfiel. Insgesamt machten die Befunde der Studie deutlich, dass die kombinierte Trainingsversion (HLL 1 und HLL 2) bei den Migrantenkindern zu ausgesprochen positiven Effekten führte und diese Kinder (bei niedrigeren Ausgangswerten) ähnlich profitierten wie die Muttersprachler, insbesondere bei Aufgaben zur phonologischen Bewusstheit im weiteren Sinne. Die trainierten Kinder mit spezifischen Sprachentwicklungsstörungen verbesserten sich stärker als eine Kontrollgruppe untrainierter Kinder mit Sprachentwicklungsstörungen. Fortschritte zeigten sich vor allem bei den Reimaufgaben, beim Erkennen von Anlauten und bei der Phonemsynthese und -analyse, also bei der Unterscheidung von Lauten. Weiterhin gab es bei allen geförderten Kindern bedeutsame Verbesserungen in der Buchstabenkenntnis.

Weber et al. (2007) folgerten aus ihren Befunden, dass das phonologische Förderprogramm auch bei Kindern mit spezifischen Sprachentwicklungsstörungen zu Verbesserungen führt, auch wenn hier sicherlich besonderer Förderbedarf im Bereich von Syntax und Grammatik besteht. Im Hinblick auf Kinder mit Deutsch als Zweitsprache sahen die Autoren die Notwendigkeit von Förderprogrammen, die sowohl phonologische Kompetenzen im engeren und weiteren Sinne als auch grammatikalische/syntaktische Fertigkeiten verbessern können.

> ?
>
> Profitieren Kinder mit Migrationshintergrund mehr vom Training der phonologischen Bewusstheit im weiteren und vor allem auch im engeren Sinne, wenn zusätzlich die bereits genannten Schwachpunkte der Sprachkenntnisse trainiert werden?

Das von Penner (2003) entwickelte Kon-Lab-Programm wurde speziell für die sprachliche Frühförderung von Kindern mit Migrationshintergrund im Kindergarten eingesetzt und scheint von daher für die Untersuchung der genannten Fragestellung prinzipiell geeignet.

> In einem neueren Verbundprojekt der Universitäten Frankfurt a. M. und Würzburg (Pröscholdt et al. 2013) wurde ein Vergleich zwischen Kindern mit und ohne Migrationshintergrund vorgenommen. Kindergartenkinder mit und ohne Migrationshintergrund aus dem Raum Offenbach wurden ab dem vorletzten Kindergartenjahr über einen Zeitraum von ca. 16 Monaten im Hinblick auf grammatikalische und phonologische Kompetenzen gefördert. Eine Trainingsgruppe durchlief sukzessive die Förderprogramme Kon-Lab (Penner 2005) und HLL, während eine zweite Trainingsgruppe mit einer fusionierten Version beider Programme gefördert wurde. Die Kompetenzentwicklung im Verlauf der Kindergartenzeit wurde zu drei Messzeitpunkten (zu Beginn des vorletzten Kindergartenjahres und gegen Ende des vorletzten und letzten Kindergartenjahres) überprüft.
> Wie aus den Vorläuferstudien zu erwarten, ergaben sich für alle Kinder deutliche Leistungszuwächse über die Zeit. Auch die Kinder mit Migrationshintergrund verbesserten ihre phonologische Bewusstheit deutlich. Darüber hinaus ließ sich zeigen, dass eine „gemischte" Förderung (ab dem vorletzten Kindergartenjahr sowohl Kon-Lab als auch HLL) bei Kindern mit Migrationshintergrund besser wirkte als eine sukzessive Variante (erst Kon-Lab, dann HLL). Für Muttersprachler ergab sich kein Unterschied zwischen beiden Varianten. Im Hinblick auf die Wirksamkeit des spezifischen Sprachförderprogramms Kon-Lab fielen die Ergebnisse nicht eindeutig aus, da sich auch die untrainierte Kontrollgruppe in den untersuchten grammatikalischen Aspekten ähnlich gut entwickelte.

Im gleichen Verbundprojekt wurde auch überprüft, ob bei türkischen Kindergartenkindern die Vorgabe eines phonologischen Trainings in ihrer Muttersprache zu besseren Resultaten führen würde als das Würzburger Trainingsprogramm (Souvignier et al. 2012). In dieser Teilstudie wurde also die Wirkung zweier unterschiedlicher vorschulischer Förderprogramme der phonologischen Bewusstheit bei Kindern mit einem türkischen Sprachhintergrund überprüft: Eine Gruppe erhielt die Förderung in ihrer Muttersprache Türkisch, während eine zweite Gruppe in der Zweitsprache Deutsch gefördert wurde. Die Förderprogramme bewirkten ähnliche Verbesserungen in der phonologischen Bewusstheit in beiden Sprachen (Türkisch und Deutsch), unabhängig davon, welche Umgangssprache in den Familien der Kinder gesprochen wurde (nur Türkisch vs. Türkisch und Deutsch). Die Autoren folgerten aus diesem Ergebnis, dass für Kinder mit Migrationshintergrund keine Trainingsprogramme in der jeweiligen Muttersprache erforderlich sind, da die Förderung in der Zweitsprache schon zu guten Ergebnissen führt.

Ein weiteres Verbundprojekt an den Standorten Bamberg, Berlin und Würzburg beschäftigte sich u. a. mit der Frage, ob ein frühes Training musikalischer Fähigkeiten im vorletzten Kindergartenjahr positive Auswirkungen auf die Förderung phonologischer Bewusstheit im letzten Kindergartenjahr haben würde.

> In einer Längsschnittstudie (Kempert et al. 2015) wurden die Effekte eines ausschließlich phonologischen Trainings sowie die Effekte einer kombinierten Förderung aus phonologischem Training und einem vorhergehenden Training musikalischer Fähigkeiten auf die Entwicklung der phonologischen Bewusstheit bei etwa 400 Kindergartenkindern durch den Vergleich der Förder- mit einer Kontrollgruppe geprüft. Es konnte (erwartungsgemäß) nachgewiesen werden, dass sich die phonologischen Leistungen der Kinder durch das phonologische Training bedeutsam verbessern ließen. Demgegenüber zeigte die vorhergehende Förderung musikalischer Fähigkeiten für sich genommen wie auch in Kombination mit einem etablierten Training keinen zusätzlichen Effekt, und dies unabhängig von den sprachlichen Ausgangsniveaus der Kinder zu Beginn der Studie. Nachdem in der einschlägigen Literatur mehrfach eine Beziehung zwischen Musikalität und phonologischer Bewusstheit unterstellt und in einigen Studien (z. B. Degé und Schwarzer 2011) auch bestätigt worden war, schien dieser Befund erwartungswidrig und auch überraschend. Nach Auffassung der Autoren könnte eine Erklärung darin liegen, dass das musikalische Training zu wenige Einheiten enthielt und nicht völlig ausgeschlossen werden kann, dass auch die Kinder der Kontrollgruppe musikalische Förderung erhielten.

Die auch in dieser Studie für Kinder mit Migrationshintergrund belegten durchaus positiven Fördereffekte im Bereich der phonologischen Bewusstheit konnten in einem weiteren Verbundprojekt dieser Forschergruppe weitgehend bestätigt werden.

> An dieser Studie (Blatter et al. 2013; Schöppe et al. 2013) nahmen mehr als 500 Kindergartenkinder aus 45 Kindergärten teil. Die Effektivität des kombinierten Trainingsprogramms zur Förderung der phonologischen Bewusstheit und der Buchstabenkenntnis wurde für Vorschulkinder mit unterschiedlichem

Sprachhintergrund bestätigt. Der kurzfristige Trainingseffekt war bei Kindern deutscher Herkunftssprache im Hinblick auf die phonologische Bewusstheit im engeren Sinne am stärksten ausgeprägt. Dies ist aufgrund der Trainingsinhalte, die die phonologische Bewusstheit im engeren Sinne vermehrt ansprechen, ein erwartungskonformes Ergebnis. Für die Kinder nicht deutscher Herkunftssprache konnte für alle drei geprüften Bereiche (phonologische Bewusstheit im weiteren und im engeren Sinne sowie Buchstabenkenntnisse) ein signifikanter kurzfristiger Trainingseffekt nachgewiesen werden. Hierbei ist besonders erfreulich, dass die Kinder nicht deutscher Herkunftssprache unmittelbar nach der Teilnahme am Trainingsprogramm an das Leistungsniveau der Kinder deutscher Herkunftssprache der nicht explizit geförderten Kontrollgruppe anschließen konnten oder dieses sogar übertrafen. Die langfristige Wirkung des Förderprogramms am Ende des ersten Schuljahres konnte für Kinder nicht deutscher Herkunftssprache für alle erfassten Bereiche der Schriftsprachkompetenz (Rechtschreiben, Lesegeschwindigkeit, Leseverständnis) nachgewiesen werden, während für Kinder deutscher Herkunftssprache keine Transfereffekte gefunden wurden.

Dieser Befund entspricht nicht den üblichen Ergebnissen früherer Untersuchungen (s. oben), wenn auch schon in anderen Studien der Transfer des phonologischen Trainingsprogramms auf den Schriftspracherwerb ausgeblieben war. So fand Rothe (2007) zwar kurz- und langfristige Trainingseffekte auf die phonologische Bewusstheit, jedoch zeigten sich am Ende des ersten Schuljahres keine signifikanten Transfereffekte auf das Lesen und Schreiben. Rothe begründete das Ausbleiben der Transfereffekte damit, dass neben der phonologischen Bewusstheit auch weitere Aspekte, wie die familiäre und schulische Lernumwelt, für einen erfolgreichen Schriftspracherwerb wichtig sind.

> ?
>
> Kommt der phonologischen Bewusstheit tatsächlich die besondere Bedeutung für den Schriftspracherwerb zu, wie sie in vielen nationalen und internationalen Untersuchungen postuliert wurde?

Es lohnt sich, dieser Frage in einem separaten Abschnitt nachzugehen.

3.4 Ist die frühe phonologische Bewusstheit wirklich der entscheidende Faktor für den Schriftspracherwerb in der Schule?

Obwohl mittlerweile in vielen Forschungsarbeiten ein enger Zusammenhang zwischen der im Vorschulalter erhobenen phonologischen Bewusstheit und späteren Lese- und Rechtschreibleistungen nachgewiesen wurde, gibt es kontroverse Auffassungen darüber, ob der phonologischen Bewusstheit damit eine kausale Rolle zukommt oder ob sie eher als Konsequenz der Erfahrungen mit Schrift anzusehen ist. Die letztgenannte Position wurde etwa von Forschern vertreten, die in ihren Studien zeigen konnten, dass Analphabeten kaum dazu in der Lage sind, Aufgaben zur phonologischen Bewusstheit im engeren Sinne zu lösen (vgl. z. B. Morais et al. 1979). In der Tat gibt es zahlreiche Hinweise dafür, dass phonologische Bewusstheit im engeren Sinne im Vorschulalter noch nicht spontan beobachtbar ist, sondern erst durch gezielte Übungen und Spiele erworben wird.

In neuerer Zeit wurde das Konzept der phonologischen Bewusstheit insbesondere von Valtin (2010, 2012) kritisiert, die es aus sprachwissenschaftlicher Perspektive für unausgegoren hält und davon ausgeht, dass es sich bei diesem Konzept um ein Konglomerat unterschiedlicher Teilfähigkeiten handelt. Die Autorin wirft der einschlägigen Forschung vor, dass der Bezug der phonologischen Bewusstheit zum Schriftspracherwerb meist nur behauptet bzw. durch Korrelationen belegt wird. Da eine Korrelation nichts über eine kausale Beziehung aussagt, kann sie auch auf gemeinsamer Varianz in einem weiteren Merkmal, z. B. allgemeine Intelligenz, sprachliche Intelligenz, Deutschkenntnisse, Wortschatz, Hörverstehen, Aufmerksamkeit oder vorschulischer Lesefertigkeit, beruhen.

Valtin bestreitet auch die oben angeführten Belege für Effekte von vorschulischen und schulischen phonologischen Trainings auf die Lese- und Rechtschreibleistung. Ihre These, dass die Befunde der zahlreichen Trainingsstudien relativ uneinheitlich sind, wird durch die Ergebnisse neuerer Überblicksarbeiten teilweise bestätigt (vgl. Fischer und Pfost 2015; Wolf et al. 2016). Hier zeigt sich etwa, dass die Befunde zu einem Transfereffekt von vorschulischen Trainings auf spätere Schriftsprachleistungen nicht konsistent ausfallen. In einigen Studien finden sich kleinere, in anderen eher moderate Effekte, die mal nur im Lesen, mal stärker im Rechtschreiben auftraten. Wie bereits erwähnt, fand sich bei phonologischen Trainings im ersten Schuljahr wohl ein positiver Effekt auf die phonologische Bewusstheit, jedoch keine Überlegenheit der geförderten gegenüber nicht geförderten Kindern (vgl. Einsiedler et al. 2002). Dies mag durchaus daran liegen, dass durch traditionelle Leselehrmethoden, die Kinder direkt zum Begreifen des alphabetischen Prinzips anleiten, auch die phonemische Bewusstheit von Kindern mit anfänglich schwachen Leistungen geübt und verbessert wird. Valtin kommt von daher zu dem Fazit, dass ein vorschulisches isoliertes Training von Lautanalyse und -synthese, kombiniert mit einem Buchstabentraining, in begrenztem Umfang möglich ist und auch gelegentlich einen kleinen Effekt auf den Erfolg im Lesen und Rechtschreiben zeigt. Sie stellt hier jedoch die grundsätzliche Frage, ob sich Aufwand und Nutzen des Einsatzes kommerzieller Förderprogramme lohnen, zumal die Trainings ihrer Meinung nach häufig linguistisch fehlerhaft sind und die vorschulisch trainierten Kompetenzen in einem guten Erstunterricht im Lesen und Rechtschreiben in den ersten Schulmonaten ohnehin sinnvoll gefördert werden.

> **?**
> Ist die Kritik am Konzept der phonologischen Bewusstheit berechtigt?

Diese und andere Kritiken an der Nützlichkeit des theoretischen Konzepts der phonologischen Bewusstheit und am Ertrag der vorschulischen Förderprogramme sind durchaus ernst zu nehmen (vgl. Schneider 2012). Sie wurden unserer Würzburger Arbeitsgruppe schon in den 1990er-Jahren präsentiert, unabhängig davon, dass die Resonanz auf HLL 1 und HLL 2 insgesamt sehr positiv ausgefallen ist. Unsere Reaktion auf Gegenpositionen war immer dadurch geprägt, dass wir versucht haben, das phonologische Förderprogramm in Interaktion mit Kritikern und Ratgebern in einem fast ein Jahrzehnt währenden Entwicklungsprozess fortlaufend zu verbessern. Unseres Wissens gibt es im deutschsprachigen Raum kaum ein anderes Förderprogramm, das derart gründlich evaluiert wurde. Die Hauptkritik an HLL kann wie folgt zusammengefasst werden:

- HLL überfordert Vorschulkinder mit abstrakten Einheiten wie Wörtern oder Sätzen; die Überforderung der Kinder zeigt sich weiterhin in den letzten beiden schwierigen Einheiten (Anlauterkennung, Phonemanalyse). Diese Aufgaben können nur von Kindern mit Vorwissen gelöst werden.
- Durch die spezielle Förderung der phonologischen Bewusstheit werden andere schriftsprachrelevante Bereiche (etwa lexikalische oder grammatikalische Fähigkeiten) vernachlässigt.
- Die Erzieherinnen sind für die Durchführung der Förderung nicht hinreichend vorbereitet.
- Das Förderprogramm löst die Kinder aus dem vertrauten Gruppenkontext und hat wenig mit dem übrigen Geschehen im Kindergarten zu tun.

Unsere Stellungnahme zu diesen Kritikpunkten basiert auf neueren Forschungsergebnissen zum Schriftspracherwerb und bezieht auch die Ergebnisse unserer zahlreichen eigenen Evaluationsstudien mit ein. Was den Überforderungsaspekt angeht, so lernen die Vorschulkinder in der Tat mit abstrakten Einheiten wie Wörtern oder Sätzen umzugehen, jedoch nicht explizit (also etwa über formale Definitionen), sondern auf implizite und spielerische Weise. Die Erfahrung zeigt, dass den Kindern der implizite Gebrauch dieser Konzepte schnell und problemlos gelingt und dass man die Kompetenz von Vorschulkindern grundlegend unterschätzt, wenn ihnen diese Leistungen nicht zugetraut werden. Im Würzburger Trainingsprogramm üben die Kinder mit den kleinsten Einheiten der gesprochenen Sprache, den Lauten, umzugehen. Das Vorwissen dazu haben sie in den vorangehenden Übungseinheiten erhalten, in denen systematisch Analyse (Zerlegen) und Synthese (Zusammensetzen) an recht leicht zu verarbeitenden sprachlichen Einheiten (z. B. Reimen oder Silben, also bezüglich „phonologischer Bewusstheit im weiteren Sinne") eingeübt wurden. Es wird auf spielerische Weise ein Grundstock für den weiteren Ausbau der phonologischen Bewusstheit in der Schule gelegt.

Es ist an dieser Stelle aber auch wichtig zu betonen, dass die Förderung der phonologischen Bewusstheit lediglich *ein Baustein* innerhalb der Sprachförderung im Kindergarten ist – nicht mehr, aber auch nicht weniger. Somit ersetzt HLL keine sprachliche Förderung in Alltagssituationen und steht selbstverständlich auch nicht in Konkurrenz dazu. Nach gegenwärtigem Kenntnisstand erlaubt insbesondere die Förderung der phonologischen Bewusstheit im Vorschulalter die größtmögliche Kompensation bestehender Rückstände. Uns sind keine anderen Ansätze im Bereich sprachlicher Förderung bekannt, die ähnlich positive Effekte erbrachten.

Erzieherinnen sind durch ihre Ausbildung für die pädagogisch kompetente Förderung von Vorschulkindern qualifiziert und können somit auch unser Würzburger Trainingsprogramm Erfolg versprechend anwenden. Dies kann einmal aus den Befunden unserer Längsschnittuntersuchungen, zum anderen aber auch aus den Rückmeldungen von Lehrkräften gefolgert werden, die die geförderten Kinder nach der Einschulung übernommen hatten. Allerdings ergaben unsere Studien auch, dass das Programm nur dann optimale Effekte erzielt, wenn die Erzieherinnen motiviert sind und möglichst genau nach den Hinweisen im Manual vorgehen.

Unsere Erfahrungen haben gezeigt, dass die Kinder in der Regel das Training in separaten Gruppen als unproblematisch ansehen. Sie finden es eher spannend und motivierend, als Vorschulkinder eine besondere Behandlung zu erfahren. Daneben ist es nur positiv zu bewerten, wenn Erzieherinnen neue wissenschaftliche Erkenntnisse und ein darauf aufbauendes Förderprogramm nutzen, um sprachlich schwächere Kinder gezielt zu unterstützen und ihnen die mit späteren Lern- und Leistungsstörungen verbundenen schulischen Misserfolgserlebnisse und Ängste zu ersparen oder diese zumindest deutlich abzumildern. Andererseits steht es außer Frage, dass die formalen Vorgaben von HLL (also etwa die tägliche Durchführung) durchaus auch organisatorische Probleme für die Erzieherinnen bereiten können, zumal in den meisten Kindergärten auch noch andere Förderprogramme zum Einsatz kommen. Dennoch denken wir, dass sich dieser Einsatz unbedingt lohnt.

Nach den üblichen Kriterien kann eine kausale Rolle der phonologischen Bewusstheit für den Schriftspracherwerb dann unterstellt werden, wenn

- die phonologische Bewusstheit im weiteren Sinne bei Kindern ohne Schrifterfahrung spätere Lese- und Rechtschreibleistungen vorhersagt,
- Kinder mit Lese- und Rechtschreibschwierigkeiten in Aufgaben zur phonologischen Bewusstheit noch schwächer abschneiden als jüngere Kinder mit

vergleichbaren Schriftsprachkompetenzen (sodass die Defizite also nicht einfach als Folge der LRS erklärt werden können), und
- ein vorschulisches Training der phonologischen Bewusstheit zu einer Steigerung der späteren Lese- und Rechtschreibleistungen führt (vgl. P. Marx 2007).

Für alle diese Postulate finden sich in der einschlägigen Literatur belastbare empirische Belege (s. oben). Es ist demnach davon auszugehen, dass die phonologische Bewusstheit einerseits ein wichtiges Vorhersagemerkmal für die Entwicklung von Schriftsprachkompetenz darstellt, andererseits aber auch ein wechselseitiges Wirkungsmuster zwischen der phonologischen Bewusstheit und dem Schriftspracherwerb im schulischen Lernprozess besteht. Insgesamt sind die Effektstärken der beschriebenen Trainingsstudien nicht so überwältigend, dass man der phonologischen Bewusstheit im Hinblick auf die Entwicklung von Schriftsprachkompetenzen einen absolut dominanten kausalen Status zuschreiben muss. Es wurde schon im Zusammenhang mit der Ergebnisdarstellung zu den korrelativen Längsschnittstudien darauf verwiesen, dass neben der phonologischen Bewusstheit auch andere Merkmale der phonologischen Informationsverarbeitung wie etwa dem sprachlichen Arbeitsgedächtnis und der Benenngeschwindigkeit eine wichtige Rolle zukommt. Im Unterschied zur phonologischen Bewusstheit sind diese beiden Komponenten im Vorschulalter jedoch nur sehr eingeschränkt trainierbar. Es macht den besonderen Status der phonologischen Bewusstheit aus, dass sie effektiv trainiert werden kann.

Wenn auch bei der Lektüre dieses Abschnitts der Eindruck entstanden sein mag, dass der phonologischen Informationsverarbeitung zentrale Bedeutung für die Entwicklung des Lesens und Rechtschreibens in der Schule zukommt, so haben eine Reihe von neueren Studien gezeigt, dass es auch andere Formen der Sprachförderung im Kindergarten gibt, die im Wesentlichen *alltagsintegriert* ablaufen, also in den Kindergartenalltag integriert werden. Hier stellt sich die Frage, ob mit einem solchen Ansatz positive Ergebnisse erzielt werden können. Im Folgenden werden die Möglichkeiten und Probleme alltagsintegrierter Sprachförderung genauer erörtert.

3.5 Welche Perspektiven bietet alltagsintegrierte Sprachförderung im Kindergarten für den Schriftspracherwerb?

Seit der Jahrtausendwende finden sich in allen Bundesländern Bildungspläne für den Elementarbereich, in denen genauer beschrieben wird, wie Förderung im frühpädagogischen Bereich aussehen soll (Lisker 2010, 2011; Schründer-Lenzen 2013). Neben der Förderung mathematischer und naturwissenschaftlicher

Kompetenzen, musisch-ästhetischer Erfahrungen und Motorik werden immer auch die Sprache, Kommunikation und die Einführung in die Schriftkultur als wichtige Bildungsbereiche benannt. Der Begriff „Sprachförderung" wird häufig als Überbegriff verwendet und umfasst dann die Begriffe „sprachliche Bildung" und „Sprachförderung". Sowohl Sprachbildung als auch Sprachförderung sind Aufgaben in den Kindertageseinrichtungen, also Aufgaben von Erzieherinnen. Die sprachliche Bildung für alle Kinder wie auch die intensive Sprachförderung in Kleingruppen bedarf der systematischen Erfassung des kindlichen Sprachentwicklungsstandes. Diese Diagnostik sollte nicht nur objektive Tests als Sprachstandsverfahren einbeziehen, sondern auch alltagstaugliche Screenings zur Erfassung des sprachlichen Förderbedarfs sowie relativ wenig aufwendige Beobachtungsverfahren, die von Erzieherinnen durchgeführt und ausgewertet werden können.

> **?**
> **Wie wird der sprachliche Förderbedarf ermittelt?**

Zur Ermittlung des sprachlichen Förderbedarfs werden in den Bundesländern dabei zahlreiche Screeningverfahren zur Sprachstandsmessung eingesetzt, die meist verbindlich sind. Leider ermöglichen die meisten Screenings keine Präzisierung des Förderbedarfs, sodass aus der globalen Kenntnis über die Notwendigkeit einer Sprachförderung in der Regel eine unspezifische Förderung erfolgt, die Kinder werden also meist „irgendwie" gefördert (Schründer-Lenzen 2013).

Der Förderbedarf wird in den einzelnen Bundesländern dabei mit sehr unterschiedlichen Verfahren festgestellt, und auch die eingesetzten Förderprogramme und/oder -materialien unterscheiden sich (vgl. die Auflistungen bei Lisker 2010, 2011). Da in nur sehr wenigen Bundesländern standardisierte Testverfahren für die Überprüfung des sprachlichen Entwicklungsstandes verbindlich empfohlen werden, kann aus den Ergebnissen der Sprachstandsdiagnose nur unzureichend auf den spezifischen Förderbedarf der Kinder geschlossen werden. Ein systematischer inhaltlicher Bezug zwischen den diagnostischen Verfahren und den auf deren Ergebnisse abzustimmenden Sprachfördermaßnahmen lässt sich also kaum herstellen.

Da die Erzieherinnen bzw. das Fachpersonal den Sprachstand ermitteln und das Sprachbildungs- und Sprachförderangebot gestalten und durchführen sollen, muss das Fachpersonal über entsprechende Kompetenzen verfügen. Erzieherinnen müssen die Grenzen der alltäglichen Sprachbildung erkennen und, wenn ein Sprachförderbedarf vorliegt, die sprachliche Entwicklung der Kinder durch spezifische Sprachförderangebote oder auch -programme unterstützen. Wichtig ist, dass Erzieherinnen die Entwicklung des Deutschen sowohl bei einsprachigen Kindern wie auch bei mehrsprachigen Kindern vor dem Hintergrund der individuellen Entwicklungsbedingungen einschätzen können. In Bezug auf den Erwerb des Deutschen durch einsprachige Kinder heißt das, dass sie den familiären Hintergrund für den Spracherwerb hinsichtlich Inputqualität und -quantität bewerten können. In Bezug auf den Erwerb des Deutschen durch mehrsprachige Kinder heißt das, dass sie darüber hinaus relevante Aspekte wie Erwerbsbeginn und Erwerbsdauer in der Einschätzung des Spracherwerbs berücksichtigen können. Für Aufgaben dieser Art wurden sie eigentlich nicht ausgebildet, sodass hier auch konkreter Fortbildungsbedarf für Erzieherinnen besteht.

> ?
> Wie soll die sprachliche Förderung im Kita-Kontext aussehen?

In den Bildungsplänen der Länder werden sowohl sprachliche Bildung im Alltag der Kindertageseinrichtungen für alle Kinder als auch zusätzliche Sprachfördermaßnahmen für Kinder mit Sprachförderbedarf vorgesehen, insbesondere für Kinder im Alter ab fünf Jahren als Vorbereitung auf die Schule. In den Bildungsplänen finden sich zahlreiche Hinweise zur Gestaltung einer sprachförderlichen Umgebung in den Kindertageseinrichtungen. Diese beziehen sich in der Regel sowohl auf die Herstellung spezieller sprachförderlicher Situationen (z. B. Vorlesen, Rollenspiele) als auch auf eine (gezielte) Beachtung der Möglichkeiten einer Unterstützung der sprachlichen Bildung im gesamten Alltag in einer Kindertageseinrichtung. In der Praxis finden sich sehr unterschiedliche Vorgehensweisen. Einige Bundesländer bevorzugen eher ganzheitliche Maßnahmen, wobei Erzieherinnen Leitfäden für die Sprachförderung an die Hand gegeben werden, die sie alltagsintegriert einsetzen sollen (unspezifisches Förderkonzept). Andere Empfehlungen sind eher sprachstrukturiert ausgerichtet, beziehen sich also konkret auf umschriebene Sprachbereiche wie Wortschatz, Satzbildung oder phonologische Bewusstheit (spezifische Förderkonzepte). Das letztgenannte Konzept wird auch als „additive Sprachförderung" bezeichnet (Lisker 2011).

> ?
> Welche Erfahrungen wurden bislang mit alltagsintegrierten und additiven Ansätzen zur sprachlichen Förderung im Kindergarten gemacht?

Obwohl das Engagement der Bundesländer in der frühen diagnosebasierten Sprachförderung als beachtlich eingestuft werden kann, fällt die Bilanz eher ernüchternd aus. In den wenigen Fällen, in denen bisher aussagekräftige empirische Evaluationen zu den Wirkungen der ergriffenen Maßnahmen vorliegen, konnten die erhofften Erfolge nicht registriert werden (vgl. Lisker 2011; Schründer-Lenzen 2013).

Vergleichsweise umfassende Evaluationsstudien wurden in Baden-Württemberg und Brandenburg durchgeführt, die den üblichen wissenschaftlichen Anforderungen an wissenschaftliche Begleituntersuchungen voll genügen.

> In Baden-Württemberg wurde das Programm „Sag mal was – Sprachförderung für Vorschulkinder" von 2002 bis 2010 durchgeführt und von einem Heidelberger Wissenschaftlerteam evaluiert (EVAS; vgl. Roos et al. 2010). Für dieses Evaluationsprojekt war die Frage zentral, welche Effekte spezifische Sprachfördermaßnahmen im Vergleich zu unspezifischer Sprachförderung insbesondere bei Kindergartenkindern mit Migrationshintergrund haben. Evaluiert wurden dabei drei unterschiedliche Sprachförderansätze, die entweder eher an kommunikativen Kompetenzen, an Grammatik oder Semantik orientiert waren. Die Lernentwicklung von mehr als 500 Kindern wurde vom Beginn des Vorschuljahres bis zum Ende der zweiten Schulklasse längsschnittlich untersucht. Etwa die Hälfte der Kinder (alle mit Sprachförderbedarf) erhielt eine spezielle Sprachförderung. Die andere Hälfte der Stichprobe bestand aus Kindern mit Förderbedarf, die keine spezielle Förderung erhielten, sowie aus Kindern ohne Sprachförderbedarf.

Als insgesamt enttäuschendes Ergebnis wurde konstatiert, dass diejenigen Kinder, die spezifisch im Rahmen des Programms „Sag mal was" gefördert worden waren, gegen Ende des letzten Kindergartenjahres keine besseren sprachlichen Leistungen erzielten als diejenigen Kindern mit Förderbedarf, die keine Programmförderung erhalten hatten. Dies galt im Übrigen auch für die gegen Ende des zweiten Schuljahres erhobenen Schulleistungen. Leider blieben auch die erhofften kompensatorischen Wirkungen des Förderprogramms aus: Die Kinder mit Sprachförderbedarf erreichten zu keinem Zeitpunkt das Leistungsniveau der Kinder ohne Förderbedarf. Eine weitere umfangreich angelegte Begleitstudie zu diesem Programm mit mehr als 1000 Kindergartenkindern (Gasteiger-Klicpera et al. 2010) fand zwar geringe positive Effekte der spezifischen Sprachförderung auf das Satzgedächtnis der Kinder, bestätigte jedoch ansonsten die Ergebnisse von Roos et al. (2010).

> Weiterhin kann die Evaluation des in Brandenburg durchgeführten Modellprojekts „Handlung und Sprache" durch das Begleitprojekt EkoS („Evaluation der kompensatorischen Sprachförderung im Jahr vor der Einschulung"; Wolf et al. 2011) als vorbildlich gelten. Das von Häuser und Jülisch (2006) entwickelte Programm „Handlung und Sprache" zielt auf eine Erweiterung des aktiven Wortschatzes sowie auf eine Verbesserung der Sprachverarbeitung und -produktion von Kindergartenkindern hin. Zu Beginn des Projekts wurde zunächst im Rahmen einer kleinen Pilotstudie anhand von Erzieherurteilen und auf Basis von Testergebnissen für eine Teilstichprobe der Kinder ein spezifischer Sprachförderbedarf festgestellt. Die Sprachförderung erfolgte alltagsintegriert in Kleingruppen über einen Zeitraum von etwa zwölf Wochen. Anschließend wurde zur Förderung der phonologischen Bewusstheit das Würzburger Trainingsprogramm (Küspert und

> Schneider 2006) eingesetzt. Insgesamt ergaben sich hier insofern erste Hinweise für die Wirksamkeit einer solchen Förderstrategie, als sich der aktive Wortschatz der geförderten Kinder gegenüber dem der nicht geförderten Kinder besser entwickelte und auch das Risiko für LRS reduziert werden konnte.
> Aufgrund der relativ kleinen Untersuchungsstichprobe wurde dann in dem oben erwähnten, wesentlich größer angelegten und im Auftrag des Brandenburgischen Ministeriums für Bildung, Jugend und Sport von 2008 bis 2010 durchgeführten Folgeprojekt EkoS (Wolf et al. 2011) geprüft, inwieweit sich der Förderansatz auch unter Realbedingungen bewährt. Mehr als 900 Kinder aus 58 Kindertagesstätten wurden mit dem Testverfahren zur Erfassung des Sprachentwicklungsstandes (KISTE) und dem schon beschriebenen Bielefelder Screening untersucht und zwei Untersuchungsgruppen zugeordnet: In der Trainingsgruppe fand spezifische Sprachförderung anhand des Programms „Handlung und Sprache" durch qualifizierte Spracherzieherinnen statt, während die Kontrollgruppe kein besonderes Förderprogramm erhielt. Unmittelbar nach der Förderung konnten leichte positive Effekte des Programms in den Bereichen Satzbildung, Erkennen semantischer Inkonsistenzen sowie in der phonologischen Bewusstheit im engeren Sinne registriert werden. Dabei profitierten Kinder mit schwächeren Ausgangswerten, aus bildungsferneren Familien und aus Familien mit Migrationshintergrund am stärksten von der Fördermaßnahme. Gegen Ende des ersten Schuljahres musste dann jedoch konstatiert werden, dass es zwischen Förder- und Kontrollgruppe keine bedeutsamen Unterschiede im Lesen und den mathematischen Kompetenzen gab. Es ließen sich also keine Langzeitwirkungen der vorschulischen Fördermaßnahmen auf erste schulische Lernerfolge nachweisen.

Die Befunde der umfassenden Evaluationsstudien aus Baden-Württemberg und Brandenburg zur Sprachförderung im Kindergarten machen insgesamt deutlich, dass in diesem Bereich noch ein erheblicher Bedarf an Qualitätssicherung besteht. Es bleibt nach wie vor unklar, warum die verschiedenen Fördermaßnahmen insgesamt wenig effektiv geblieben sind. Auf empirischer Basis ist also wenig darüber bekannt, wie die Sprachbildung im Alltag der Kindertageseinrichtungen so umgesetzt werden kann, dass nachhaltige positive Effekte sichtbar werden.

Wenn auch die bislang erprobten Ansätze weder unmittelbar noch längerfristig günstige Auswirkungen auf die sprachliche Entwicklung der Kinder gezeigt haben, ist damit die Ausgangsfrage dieses Abschnitts, nämlich die nach der Perspektivität alltagsintegrierter Sprachförderung, nicht notwendigerweise negativ beantwortet. Es deutet viel darauf hin, dass das Ausbleiben positiver Effekte zumindest teilweise mit den hohen Anforderungen zu tun hat, die im Rahmen der Vorbereitung und Umsetzung komplexer linguistischer Programme an die verantwortlichen Erzieherinnen gestellt werden. Nach wie vor besteht auch eine Wissenslücke im Hinblick auf die Kompetenzen, die das pädagogische Fachpersonal für diese Sprachbildung besitzt bzw. besitzen sollte, und wie der Erwerb dieser Kompetenzen erfolgreich unterstützt werden kann.

In diesem Zusammenhang scheint ein neuerer Ansatz interessant, der alltagsintegrierte Sprachförderung in der Kinderkrippe dadurch verbessern will, dass für pädagogisches Fachpersonal ein sprachbasiertes Interaktionstraining angeboten wird. Im Rahmen des „Heidelberger Trainingsprogramms zur frühen Sprachförderung in Kindertagesstätten" wird von Buschmann und Jooss (2010) eine Fördermaßnahme angeboten, die das sprachliche Interaktionsverhalten von Erzieherinnen und pädagogischen Fachkräften verbessern und deren Sensibilität für den Umgang mit sprachauffälligen Kindern erhöhen soll. In einer ersten Trainingsevaluation (Buschmann und Jooss 2011) ließ sich anhand einer relativ kleinen Stichprobe sprachverzögerter Kinder, die im Alter von 21 Monaten für die Untersuchung rekrutiert worden waren, etwa neun Monate später zeigen, dass sie einen größeren Wortschatz aufwiesen und signifikant bessere Leistungen in einem Sprachentwicklungstest zeigten, wenn sie von entsprechend fortgebildeten Erzieherinnen betreut worden waren. Es bleibt allerdings noch offen, ob sich ähnliche Erfolge auch bei älteren Vorschulkindern erzielen lassen. Eine Erweiterung dieses Konzepts auf ältere Kindergartenkinder scheint in jedem Fall wichtig und interessant zu sein.

Fazit

Es wurden verschiedene Beispiele dafür gegeben, dass schon im Vorschulalter sprachliche Kompetenzen bestimmt werden können, die den Erwerb des Lesens und Rechtschreibens in der Schule vorhersagen. Der phonologischen Bewusstheit, dem sprachlichen Arbeitsgedächtnis und der sprachgebundenen Informationsverarbeitung kommt dabei besondere Bedeutung zu, doch sind auch der Wortschatz und das frühe Sprachverständnis für die Prognose der Schriftsprachkompetenz durchaus relevant, wie zahlreiche nationale und internationale Längsschnittstudien belegt haben. Will man früh erkennbare Defizite junger Kinder in der Sprachverarbeitung beheben, so sind Erfolge insbesondere im Bereich der phonologischen Bewusstheit nachgewiesen worden. Demgegenüber lassen sich Arbeitsgedächtnis und sprachliche Informationsverarbeitungsgeschwindigkeit weniger gut fördern. Während die Trainingsprogramme zur phonologischen Bewusstheit in der einschlägigen erziehungswissenschaftlichen Literatur vielfach deshalb kritisiert werden, weil sie als additive Maßnahmen zu verstehen sind und nicht so leicht in den Kindergartenalltag integriert werden können, muss andererseits aber auch konstatiert werden, dass eher ganzheitlich und integrierte Sprachfördermaßnahmen ihre Tauglichkeit noch nicht unter Beweis gestellt haben. Letzteres kann damit zu tun haben, dass es noch an geeigneten Fortbildungsmaßnahmen für das pädagogische Fachpersonal fehlt. Neuere Ansätze in diesem Bereich scheinen dazu geeignet zu sein, dieses Problem zu beheben.

Literatur

Blatter, K., Faust, V., Jäger, D., Schöppe, D., Artelt, C., Schneider, W., & Stanat, P. (2013). Vorschulische Förderung der phonologischen Bewusstheit und der Buchstaben-Laut-Zuordnung: Profitieren auch Kinder nichtdeutscher Herkunftssprache? In A. Redder & S. Weinert (Hrsg.), *Sprachförderung und Sprachdiagnostik – interdisziplinäre Perspektiven* (S. 218–239). Münster: Waxmann.

Buschmann, A., & Jooss, B. (2010). *„Heidelberger Trainingsprogramm zur frühen Sprachförderung" – Überblick über das Konzept.* Vortrag auf der Interdisziplinären Tagung über Sprachentwicklungsstörungen (ISES 6), Rostock, 11.–13. März 2010.

Buschmann, A., & Jooss, B. (2011). Alltagsintegrierte Sprachförderung in der Kinderkrippe. Effektivität eines sprachbasierten Interaktionstrainings für pädagogisches Fachpersonal. *Verhaltenstherapie und psychosoziale Praxis, 43*, 303–312.

Catts, H. W., Adlof, S., & Ellis Weismer, S. (2006). Language deficits in poor comprehenders: A case of for the simple view. *Journal of Speech, Language and Hearing Research, 49*, 278–293.

Coltheart, M. (1978). Lexical access in simple readings tasks. In G. Underwood (Hrsg.), *Strategies of information processing* (S. 151–216). London: Academic Press.

Degé, F., & Schwarzer, G. (2011). The effect of a music program on phonological awareness in preschoolers. *Frontiers in psychology, 2*, 1–7.

Einsiedler, W., Frank, A., Kirschhock, E.-M., Martschinke, S., & Treinies, G. (2002). Der Einfluss verschiedener Unterrichtsmethoden auf die phonologische Bewusstheit sowie auf Lese- und Rechtschreibleistungen im 1. Schuljahr. *Psychologie in Erziehung und Unterricht, 49*, 194–209.

Ennemoser, M., Marx, P., Weber, J., & Schneider, W. (2012). Spezifische Vorläuferfertigkeiten der Lesegeschwindigkeit, des Leseverständnisses und des Rechtschreibens. *Zeitschrift für Entwicklungspsychologie und Pädagogische Psychologie, 44*, 53–67.

Fischer, M. Y., & Pfost, M. (2015). Wie effektiv sind Maßnahmen zur Förderung der phonologischen Bewusstheit? Eine meta-analytische Untersuchung der Auswirkungen deutschsprachiger Trainingsprogramme auf den Schriftspracherwerb. *Zeitschrift für Entwicklungspsychologie und Pädagogische Psychologie, 47*, 35–51.

Forster, M., & Martschinke, S. (2001). *Leichter lesen und schreiben lernen mit der Hexe Susi. Übungen und Spiele zur Förderung der Phonologischen Bewusstheit.* Donauwörth: Auer.

Gasteiger-Klicpera, B., Knapp, W., & Kucharz, D. (2010). Abschlussbericht der Wissenschaftlichen Begleitung des Programms „Sag' mal was – Sprachförderung für Vorschulkinder". Weingarten: Pädagogische Hochschule. http://www.ph-weingarten.de/zep/Projekte/Abschlussbericht_Sprachfoerderung_Landesstiftung_PH_Weingarten.pdf

Gough, P. B., & Tunmer, W. E. (1986). Decoding, reading, and reading disability. *Remedial and Special Education, 7*, 6–10.

Grimm, H. (1995). Gestörter Sprachlernprozeß: Ursachen und schulische Folgen. In W. Niemeyer (Hrsg.), *Kommunikation und Lese-Rechtschreibschwäche* (S. 53–70). Bochum: Winkler.

Häuser, D., & Jülisch, B.-R. (2006). *Handlung und Sprache. Das Sprachförderprogramm.* Berlin: NIF.

Hatcher, P. J., Hulmes, C., & Ellis, A. W. (1994). Ameliorating early reading failure by integrating the teaching of reading and phonological skills: The phonological linkage hypothesis. *Child Development, 65,* 41–57.

Jansen, H., Mannhaupt, G., Marx, H., & Skowronek, H. (1999). *Bielefelder Screening zur Früherkennung von Lese-Rechtschreibschwierigkeiten (BISC).* Göttingen: Hogrefe.

Kempert, S., Tibken, C., Götz, R., Blatter, K., Stanat, P., Schneider, W., & Artelt, C. (2015). Die Entwicklung schriftsprachlicher Vorläuferfertigkeiten: Wie wirkt sich ein Training musikalischer Fähigkeiten aus? In A. Redder, J. Naumann & R. Tracy (Hrsg.), *Forschungsinitiative Sprachdiagnostik und Sprachförderung (FiSS) – Ergebnisse* (S. 155–176). Münster: Waxmann.

Küspert, P., & Schneider, W. (2006). *Hören, lauschen, lernen. Sprachspiele für Kinder im Vorschulalter.* Göttingen: Vandenhoeck & Ruprecht.

Küspert, P., Weber, J., Marx, P., & Schneider, W. (2007). Prävention von Lese-Rechtschreibschwierigkeiten. In W. von Suchodoletz (Hrsg.), *Prävention von Entwicklungsstörungen* (S. 81–96). Göttingen: Hogrefe.

Lenhard, W. (2013). *Leseverständnis und Lesekompetenz: Grundlagen – Diagnostik – Förderung.* Stuttgart: Kohlhammer.

Lisker, A. (2010). Sprachstandsfeststellung und Sprachförderung im Kindergarten sowie beim Übergang in die Schule – Expertise im Auftrag des Deutschen Jugendinstituts. http://cgi.dji.de/bibs/Expertise_Sprachstandserhebung_Lisker_2010.pdf

Lisker, A. (2011). Additive Maßnahmen zur Sprachförderung im Kindergarten – Eine Bestandsaufnahme in den Bundesländern. Expertise im Auftrag des Deutschen Jugendinstituts. München. http://www.dji.de/bibs/Expertise_Sprachfoerderung_Lisker_2011.pdf

Lundberg, I., Frost, J., & Petersen, O. P. (1988). Effects of an extensive program for stimulating phonological awareness in preschool children. *Reading Research Quarterly, 23,* 263–284.

Marx, P. (2007). *Lese- und Rechtschreiberwerb.* Paderborn: Schöningh (UTB).

Marx, H., & Jungmann, T. (2000). Abhängigkeit der Entwicklung des Leseverstehens von Hörverstehen und grundlegenden Lesefertigkeiten im Grundschulalter: Eine Prüfung des Simple View of Reading-Ansatzes. *Zeitschrift für Entwicklungspsychologie und Pädagogische Psychologie, 32,* 81–93.

Morais, J., Cary, L., Alegria, J., & Bertelson, P. (1979). Does awareness of speech as a sequence of phones arise spontaneously. *Cognition, 7,* 323–331.

Penner, Z. (2003). *Forschung für die Praxis: Neue Wege der sprachlichen Förderung von Migrantenkindern.* Berg: Kon-lab.

Penner, Z. (2005). *Auf dem Weg zur Sprachkompetenz: Neue Perspektiven der sprachlichen Frühförderung von Migrantenkindern. Ein Arbeitsbuch.* Frauenfeld: Kon-Lab.

Plume, E., & Schneider, W. (2004). *Hören, lauschen, lernen 2. Spiele mit Buchstaben und Lauten für Kinder im Vorschulalter. Würzburger Buchstaben-Laut-Training.* Göttingen: Vandenhoeck & Ruprecht.

Pröscholdt, M. V., Michalik, A., Schneider, W., Duzy, D., Glück, D., Souvignier, E., & Penner, Z. (2013). Effekte kombinierter Förderprogramme zur phonologischen Bewusstheit und zum Sprachverstehen auf die Entwicklung der phonologischen Bewusstheit von Kindergartenkindern mit und ohne Migrationshintergrund. *Frühe Bildung, 2*, 122–132.

Roos, J., Polotzek, S., & Schöler, H. (2010). Unmittelbare und längerfristige Wirkungen von Sprachförderungen in Mannheim und Heidelberg – Abschlussbericht. http://www.sagmalwas-bw.de/fileadmin/Mediendatenbank_DE/Sag_Mal_Was/EVAS_Abschlussbericht_mit-Anhang_und_Vorspann_und_Danksagung_21-04-2010.pdf

Roth, E., & Schneider, W. (2002). Langzeiteffekte einer Förderung der phonologischen Bewusstheit und der Buchstabenkenntnis auf den Schriftspracherwerb. *Zeitschrift für Pädagogische Psychologie, 16*, 99–108.

Rothe, E. (2007). Effekte eines vorschulischen und schulischen Trainings der phonologischen Bewusstheit auf den Schriftspracherwerb in der Schule: Vergleich der Trainingseffekte bei zwei verschiedenen Altersgruppen von Kindergartenkindern. Unveröffentlichte Dissertation, Friedrich-Schiller-Universität Jena.

Schneider, W. (1989). Möglichkeiten der frühen Vorhersage von Leseleistungen im Grundschulalter. *Zeitschrift für Pädagogische Psychologie, 3*, 157–168.

Schneider, W. (Hrsg.). (2008a). *Entwicklung von der frühen Kindheit bis zum frühen Erwachsenenalter*. Weinheim: Beltz.

Schneider, W. (2008b). Entwicklung der Schriftsprachkompetenz vom frühen Kindes- bis zum frühen Erwachsenenalter. In W. Schneider (Hrsg.), *Entwicklung von der Kindheit bis zum Erwachsenenalter – Befunde der Münchner Längsschnittstudie LOGIK* (S. 167–186). Weinheim: Beltz.

Schneider, W. (2012). Die Relevanz früher phonologischer Bewusstheit für den späteren Schriftspracherwerb. *Frühe Bildung, 1*, 220–225.

Schneider, W., & Berger, N. (2012). Möglichkeiten der Prävention und Intervention bei Lese- Rechtschreibstörungen. In T. Hellbrügge & B. Schneeweiß (Hrsg.), *Kinder im Schulalter: Verhaltensstörungen – Lernprobleme – Normabweichungen* (S. 84–105). Stuttgart: Klett-Cotta.

Schneider, W., & Marx, P. (2008). Früherkennung und Prävention von Lese-Rechtschreibschwierigkeiten. In F. Petermann & W. Schneider (Hrsg.), *Angewandte Entwicklungspsychologie* (Enzyklopädie der Psychologie, Serie Entwicklungspsychologie, Bd. 7, S. 237–273). Göttingen: Hogrefe.

Schneider, W., & Näslund, J. C. (1993). The impact of early metalinguistic competencies and capacity on reading and spelling in elementary school: Results of the Munich Longitudinal Study on the Genesis of Individual Competencies (LOGIC). *European Journal for Psychology of Education, 8*, 273–288.

Schneider, W., & Näslund, J. C. (1999). Impact of early phonological processing skills on reading and spelling in school: Evidence from the Munich Longitudinal Study. In F. E. Weinert & W. Schneider (Hrsg.), *Individual development from 3 to 12. Findings from the Munich Longitudinal Study* (S. 126–147). Cambridge: Cambridge University Press.

Schneider, W., & Stengard, C. (Hrsg.). (2000). *Inventory of European longitudinal studies on reading and spelling*. Brussels: European Commission.

Schneider, W., Visé, M., Reimers, P., & Blaesser, B. (1994). Auswirkungen eines Trainings der sprachlichen Bewußtheit auf den Schriftspracherwerb in der Schule. *Zeitschrift für Pädagogische Psychologie, 8*, 177–188.

Schneider, W., Stefanek, J., & Dotzler, H. (1997a). Erwerb des Lesens und des Rechtschreibens: Ergebnisse aus dem Scholastik-Projekt. In F. W. Weinert & A. Helmke (Hrsg.), *Entwicklung im Grundschulalter* (S. 113–129). München: Psychologie Verlags Union.

Schneider, W., Küspert, P., Roth, E., Visé, M., & Marx, H. (1997b). Short- and long-term effects of training phonological awareness in kindergarten: Evidence from two German studies. *Journal of Experimental Child Psychology, 66*, 311–340.

Schneider, W., Roth, E., Küspert, P., & Ennemoser, M. (1998). Kurz- und langfristige Effekte eines Trainings der sprachlichen (phonologischen) Bewusstheit bei unterschiedlichen Leistungsgruppen: Befunde einer Sekundäranalyse. *Zeitschrift für Entwicklungspsychologie und Pädagogische Psychologie, 30*, 26–39.

Schneider, W., Roth, E., & Ennemoser, M. (2000). Training phonological skills and letter knowledge in children at risk for dyslexia: A comparison of three kindergarten intervention programs. *Journal of Educational Psychology, 92*, 284–295.

Schöppe, D., Blatter, K., Faust, V., Jäger, D., Stanat, P., Artelt, C., & Schneider, W. (2013). Effekte eines Trainings der phonologischen Bewusstheit bei Vorschulkindern mit unterschiedlichem Sprachhintergrund. *Zeitschrift für Pädagogische Psychologie, 27*, 241–254.

Schründer-Lenzen, A. (2013). *Schriftspracherwerb* (4. Aufl.). Wiesbaden: Springer Fachmedien.

Skowronek, H., & Marx, H. (1989). Die Bielefelder Längsschnittstudie zur Früherkennung von Risiken der Lese-Rechtschreibschwäche: Theoretischer Hintergrund und erste Befunde. *Heilpädagogische Forschung, 15*, 38–49.

Souvignier, E. (2009). Hören, lauschen, lernen – Sprachspiele für Kinder im Vorschulalter. In H.-P. Langfeldt & G. Büttner (Hrsg.), *Trainingsprogramme zur Förderung von Kindern und Jugendlichen: Kompendium für die Praxis* (2. Aufl., S. 63–85). Weinheim: Beltz.

Souvignier, E., Duzy, D., Glück, D., Pröscholdt, M., & Schneider, W. (2012). Vorschulische Förderung der phonologischen Bewusstheit bei Kindern mit Deutsch als Zweitsprache – Effekte einer muttersprachlichen und einer deutschsprachigen Förderung. *Zeitschrift für Entwicklungspsychologie und Pädagogische Psychologie, 44*, 40–51. doi:10.1026/0049-8637/a000059.

Valtin, R. (2010). Phonologische Bewusstheit – eine notwendige Voraussetzung beim Lesen- und Schreibenlernen? www.leseforum.ch/myUploadData%5Cfiles%5C2010_2_Valtin_PDF.pdf

Valtin, R. (2012). Phonologische Bewusstheit: Ein kritischer Blick auf ein modisches Konstrukt. *Frühe Bildung, 1*, 223–225.

Vellutino, F. R., & Scanlon, D. M. (1987). Phonological coding, phonological awareness, and reading ability: Evidence from a longitudinal and experimental study. *Merrill-Palmer Quarterly, 33*, 321–363.

Wagner, R. K., & Torgesen, J. K. (1987). The nature of phonological processing and its causal role in the acquisition of reading skills. *Psychological Bulletin, 101*, 192–212.

Weber, J., Marx, P., & Schneider, W. (2007). Die Prävention von Lese-Rechtschreibschwierigkeiten bei Kindern mit nichtdeutscher Herkunftssprache durch ein Training der phonologischen Bewusstheit. *Zeitschrift für Pädagogische Psychologie, 21*, 65–76.

Weinert, F. E. (Hrsg.). (1998). *Entwicklung im Kindesalter*. Weinheim: Beltz.

Wimmer, H., Mayringer, H., & Landerl, K. (2000). The double deficit hypothesis and difficulties in learning to read a regular orthography. *Journal of Educational Psychology, 92*, 668–680.

Wolf, K. M., Stanat, P., & Wendt, W. (2011). *EkoS – Evaluation der kompensatorischen Sprachförderung (Abschlussbericht)*. Berlin: Institut für Schulqualität der Länder Berlin und Brandenburg e.V.

Wolf, K. M., Schroeders, U., & Kriegbaum, K. (2016). Metaanalyse zur Wirksamkeit einer Förderung der phonologischen Bewusstheit in der deutschen Sprache. *Zeitschrift für Pädagogische Psychologie, 30*, 9–33.

4

Wie entwickeln sich Lese- und Rechtschreibleistungen in der Schule, und welche Merkmale beeinflussen den Schriftspracherwerb?

Inhaltsverzeichnis

4.1	Was sind typische Entwicklungsmuster beim Erwerb des Lesens und Rechtschreibens?	73
4.2	Wie ändern sich Schriftsprachleistungen in der Schulzeit, und wie stabil sind frühe Unterschiede in der Lese- und Rechtschreibkompetenz?	83
4.3	Wie wichtig sind kognitive Fähigkeiten für den Schriftspracherwerb?	91
4.4	Welche Bedeutung haben Motivation, Geschlecht, Sozialschicht und Klassenzugehörigkeit für den Schriftspracherwerb?	94
Literatur		99

4.1 Was sind typische Entwicklungsmuster beim Erwerb des Lesens und Rechtschreibens?

Im Zusammenhang mit der Erörterung von Modellen des Schriftspracherwerbs (Kap. 2) wurde bereits darauf verwiesen, dass die ersten Schuljahre wesentliche Weichenstellungen für den Erwerb des Lesens und Rechtschreibens und damit auch für den Schulerfolg beinhalten. Gerade die Lesekompetenz wirkt sich auf die Leistungsentwicklung in fast allen Schulfächern aus, und auch die Rechtschreibkompetenz wird in ihrer gesellschaftlichen Relevanz immer noch hoch bewertet (vgl. etwa Kirschhock 2004; Schneider 2008a).

> ?
> Wie geht das Lesenlernen vor sich?

Aus den gängigen Stufenmodellen des Schriftspracherwerbs lässt sich ableiten, dass im Hinblick auf das Lesenlernen zu Schulbeginn die *alphabetische Stufe* dominiert: Die Kinder lesen anfangs lautorientiert, übersetzen also die Buchstabenfolgen eines Wortes in Lautfolgen. Im Sinne des Zwei-Wege-Modells von Coltheart (1978) stellt dieses alphabetische Lesen, also der Vorgang einer systematischen Phonem-Graphem-Zuordnung, die indirekte Route dar. Über die Lautwerte der Grapheme können auch bisher unbekannte Wörter gelesen werden. Der Erwerb der alphabetischen Lesestrategie scheint insofern nicht einfach, als sie die Fähigkeit zur Lautgliederung erfordert (Scheerer-Neumann 2015). Dennoch sind die meisten Kinder eines Altersjahrgangs noch vor Ende des ersten Schuljahres in der Lage, diesen Weg zu gehen und die alphabetische Strategie zu verwenden.

Die in der Folge einsetzende *orthografische Strategie* stellt den zweiten Teil des indirekten Weges der Worterkennung dar. Die Kinder können nun die orthografische Struktur von Wörtern besser nutzen und verstehen es auch, größere Einheiten wie Silben oder typische Wortendungen unmittelbar zu erkennen, ohne sie weiter lautieren zu müssen. Im Verlauf des Leselehrgangs und mit zunehmender Übung wird es den Kindern dann auch möglich, die von Coltheart beschriebene direkte Route zu nutzen und bestimmte Wörter, deren Buchstabenfolgen insgesamt bekannt sind, ohne weitere Durchgliederung unmittelbar in ihrer Bedeutung zu erkennen. Der im Langzeitgedächtnis gespeicherte *Sichtwortschatz* vergrößert sich im Verlauf der Grundschulzeit und danach beständig und führt zu immer schnellerem und flüssigerem Lesen. Die Lesegeschwindigkeit steigt im deutschsprachigen Raum insbesondere vom ersten zum zweiten Schuljahr stark an (vgl. Klicpera und Gasteiger-Klicpera 1998): Befunde zum Ein-Minuten-Leseflüssigkeitstest (Moll und Landerl 2014) deuten darauf hin, dass Schüler gegen Ende des ersten Schuljahres im Durchschnitt etwa 30 Wörter pro Minute lesen können, ein Jahr später sogar schon 50 Wörter pro Minute – bei allerdings sehr großer Leistungsvariation.

Streng genommen wird über solche Testungen nur die Dekodierfähigkeit, also die Fähigkeit zum schnellen und genauen Lesen sinnvoller Wörter überprüft. Das Konzept der „Leseflüssigkeit" meint noch etwas mehr: Das Kind muss dazu auch die Beziehungen zwischen Wörtern im Satz erkennen und auch Sätze richtig betonen können. Insofern ist das schnelle und automatisierte Wortlesen eine notwendige, jedoch keine hinreichende Bedingung für die Entwicklung der Wortflüssigkeit in der Grundschulzeit und darüber hinaus (vgl. Scheerer-Neumann 2015).

Es muss in diesem Zusammenhang weiterhin betont werden, dass sich die etwa von Klicpera und Gasteiger-Klicpera (1998) vorgefundenen Ausgangs- und Steigerungswerte im basalen Lesen (insbesondere in der Lesegeschwindigkeit) nur für relativ reguläre Orthografien ergeben. Das Deutsche gehört (etwa im Unterschied zum Englischen) zu den eher regulären bzw. lautgetreuen Orthografien, zumindest hinsichtlich des Lesens (Schneider 1997, 2008a). Unterschiedliche Orthografien unterscheiden sich teilweise beträchtlich in ihrer Regularität. Die schon in Kap. 2 erwähnte internationale Studie von Seymour et al. (2003) eignet

Tab. 4.1 Genauigkeit (%-korrekt) und Zeit (Sekunden pro Item) beim Lesen von Listen bekannter komplexer Wörter und komplexer Nichtwörter, geordnet für Erstklässler aus Ländern mit eher regulärer (oberflächlicher) und irregulärer (tiefer) Orthografie. (Nach Seymour et al. 2003)

		Land	Komplexe Wörter		Komplexe Nichtwörter	
	Oberflächlich		Prozent	Sekunden/Item	Prozent	Sekunden/Item
Komplexe Silbenstruktur		Österreich	97,47 (4,68)	1,08 (0,56)	91,91 (6,54)	1,57 (9,51)
		Deutschland	97,72 (4,34)	1,06 (0,66)	94,35 (4,99)	1,45 (0,56)
		Norwegen	91,81 (15,34)	1,92 (1,30)	90,76 (14,86)	2,40 (1,30)
		Island	94,07 (8,84)	2,12 (1,46)	86,49 (11,60)	2,31 (1,32)
		Schweden	95,11 (7,50)	2,01 (2,09)	87,67 (8,97)	3,11 (2,88)
		Niederlande	95,44 (6,71)	1,60 (0,87)	82,24 (16,72)	3,67 (1,50)
		Dänemark (1. Kl.)	71,07 (27,71)	1,85 (1,42)	53,72 (31,82)	4,58 (3,19)
		Dänemark (2. Kl.)	92,57 (11,74)	1,05 (1,09)	81,25 (19,14)	2,34 (2,51)
		Schottland (1. Kl.)	33,89 (24,97)	7,78 (6,19)	29,26 (29,40)	6,69 (3,78)
	Tief	Schottland (2. Kl.)	76,39 (19,27)	2,18 (1,41)	63,52 (25,53)	3,17 (1,77)

sich gut zur Verdeutlichung der Problematik. In dieser Untersuchung wurden die Lesegenauigkeit und Lesegeschwindigkeit für komplexe sinnvolle Wörter und Pseudowörter gegen Ende der ersten Klassenstufe überprüft. In Tab. 4.1 sind die wesentlichen Befunde für eher reguläre und eher irreguläre Orthografien gegenübergestellt. Es lässt sich daraus ablesen, dass diejenigen Kinder, die sich mit eher unregelmäßigen Orthografien wie etwa dem Dänischen oder dem Englischen auseinandersetzen mussten, mindestens ein Jahr länger brauchten, um den Kompetenzstand derjenigen Kinder zu erreichen, die eine eher reguläre Orthografie (z. B. Deutsch, Finnisch, Griechisch) erlernen mussten. Der Leselernvorgang stellte sich gerade für die englischsprachigen Leseanfänger angesichts einer sehr irregulären Orthografie als besonders schwierig dar, sodass in diesem Zusammenhang gerade für die Anfangsperiode durchaus von einem „linguistischen Ratespiel" gesprochen werden kann.

> ?
> Welche Faktoren bestimmen den Erwerb der basalen Lesefertigkeit?

Wir gehen davon aus, dass die in der alphabetischen Stufe erworbene und dann in der orthografischen Stufe weiter optimierte Dekodierfertigkeit einen dieser besonders bedeutsamen Faktoren darstellt. Weiterhin scheint schon in der frühen

Entwicklungsphase der Lesekompetenz der Erwerb orthografischen Wissens sehr relevant zu sein, insbesondere dann, wenn die Dekodierfertigkeit schon einigermaßen automatisiert eingesetzt werden kann. Ergebnisse internationaler empirischer Studien deuten darauf hin, dass die Beziehung zwischen der gesprochenen und der geschriebenen Form eines Wortes allmählich über implizite Lernvorgänge hergestellt wird, was allmählich dazu führt, dass sich das orthografische Wissen über Wörter und Wortformen beständig erweitert (Bosse 2015). Dabei scheinen Unterschiede in der visuellen Wahrnehmungsfähigkeit von jungen Lesern durchaus bedeutsam zu sein: Der Erwerb orthografischen Wissens verläuft schneller, wenn Kinder dazu imstande sind, die Buchstabenfolgen in Wörtern simultan zu erfassen, sich die visuelle Aufmerksamkeit also gleichzeitig auf alle Teilkomponenten eines gegebenen Wortes erstreckt. Der Erwerb orthografischen Wissens kann weiterhin dadurch positiv beeinflusst werden, dass gelesene Wörter auch gleich geschrieben werden, die Wortform also gleichzeitig motorisch im Langzeitgedächtnis verankert wird.

> ?
>
> Welche Rolle spielt die Lesefertigkeit für das Leseverständnis?

Der Erwerb der basalen Lesefertigkeit macht nur einen Baustein der Lesekompetenz aus. Es wurde schon darauf verwiesen, dass sich die psychologische Leseforschung lange Zeit zu sehr auf den Erwerb von *Lesefertigkeit*, also die Entwicklung der Lesegenauigkeit und Lesegeschwindigkeit/Leseflüssigkeit konzentriert hat. Damit ist die Entwicklung der Lesekompetenz jedoch noch nicht hinreichend beschrieben. Mit zunehmender Lesefertigkeit bildet sich auch ein immer besseres *Leseverständnis* heraus, das mit zunehmendem Alter der Kinder für die Bestimmung der Lesekompetenz immer bedeutsamer wird. Das von Gough und Tunmer (1986) entwickelte Simple-View-of-Reading-Modell ermöglicht einen sehr einfachen Blick auf das verstehende Lesen. In diesem Modell ist die Annahme zentral, dass gehörte und gelesene Informationen auf die gleiche Art verarbeitet werden, also sowohl beim Zuhören als auch beim Lesen (annähernd) identische Vorgänge für das Verständnis sorgen. Man geht davon aus, dass der Zusammenhang zwischen den Leistungen beim Verstehen gesprochener und geschriebener Sprache mit dem Alter der Kinder zunimmt und bei Erwachsenen fast perfekt ausfällt (Scheerer-Neumann 1997). Schwierigkeiten beim Verstehen von Texten können demnach entweder durch Defizite im Worterkennen oder im Hörverständnis hervorgerufen werden. Die Autoren nehmen an, dass beide Komponenten (Worterkennen und Hörverständnis) multiplikativ zusammenwirken, wenn sich das Leseverständnis entwickelt. Dabei verschiebt sich die Bedeutung beider Komponenten im Verlauf der Schulzeit: Während für Leseanfänger das Worterkennen die größte Hürde für das verstehende Lesen darstellt, stellt in den folgenden Jahren der Grundschulzeit das Hörverständnis die obere Grenze für das Leseverständnis dar, da das Worterkennen zunehmend automatisiert verläuft (vgl. Schneider und Marx, im Druck). Empirische Validierungsstudien zu diesem Modell konnten belegen, dass der Zusammenhang zwischen Sprach- und Leseverständnis mit zunehmender Leseerfahrung steigt (vgl. z. B. H. Marx und Jungmann 2000). Auch bei Schülerinnen und Schülern der Sekundarstufe ist die Lesegeschwindigkeit für das Leseverständnis noch von Bedeutung (P. Marx 2007).

Es gelingt Schulkindern mit zunehmendem Lebensalter immer besser, Aussagen eines Textes aktiv mit ihrem Vor-, Welt- und Sprachwissen zu verknüpfen. In diesem Zusammenhang ist es wichtig zu betonen, dass der Leser Texte nicht passiv verarbeitet, sondern für sich selbst aktiv Bedeutungen konstruiert. Der gleiche Text kann also von unterschiedlichen Lesern verschieden interpretiert werden. Ein gutes Leseverständnis setzt einen vergleichsweise großen Wortschatz und die Fähigkeit zur Analyse syntaktischer Strukturen und zum schlussfolgernden Denken voraus. Besteht der Text aus relativ komplexen und relativ langen Sätzen, kommen auch Gedächtniseigenschaften des Lesers ins Spiel. Kinder und Jugendliche mit einem ausgeprägt guten Arbeitsgedächtnis können die für das genauere Textverständnis relevanten Teilsätze länger verfügbar halten, was bei der Textverarbeitung klare Vorteile bringt (Lenhard 2013). Für das bessere Textverständnis sind auch kognitive und metakognitive Lesestrategien nützlich, die etwa Planungsvorgänge bei Beginn der Lektüre und die beständige Überprüfung der eigenen Verstehensleistung betreffen. Im Unterschied zum Dekodieren stellt die Entwicklung des Leseverständnisses also den wesentlich komplexeren Vorgang dar. Es verwundert von daher nicht, dass individuelle Unterschiede im Leseverständnis stärker mit der sprachlichen Intelligenz von Schülerinnen und Schülern korrespondieren als Unterschiede in der basalen Lesefertigkeit.

Auch wenn die Lesefertigkeit und das Leseverständnis nicht unabhängig voneinander zu sehen sind, korrelieren beide Komponenten der Lesekompetenz in der Regel nur mittelhoch miteinander (vgl. Artelt et al. 2001; Schneider 2008b). Insgesamt gilt, dass Lesekompetenz in der Endstufe ihrer Entwicklung (also etwa ab dem späten Jugendalter) wohl als relativ stabil anzusehen ist. Sie manifestiert sich in unterschiedlichen Lesesituationen in ähnlicher Weise. Individuelle Unterschiede in der Lesekompetenz werden durch unterschiedliche Merkmale bedingt. Diese können je nach Beschaffenheit des Textes, den jeweiligen Lesezielen, dem bereichsspezifischen Vorwissen und der Lesemotivation der Leserinnen und Leser variieren. Interindividuelle Unterschiede in der Lesekompetenz fallen auch noch im Erwachsenenalter bedeutsam aus.

> ?
>
> Wie lässt sich der Entwicklungsstand in basalen Lesefertigkeiten und im Leseverständnis zuverlässig und valide erfassen?

Lange Zeit standen Lehrkräften und Praktikern allgemein keine normierten und standardisierten Testverfahren zur Verfügung. Innerhalb der beiden letzten Jahrzehnte hat sich die Sachlage deutlich verändert. Als ökonomische und dennoch valide Erhebungsverfahren zum *basalen Lesen* (Geschwindigkeit und Genauigkeit) können etwa die „Würzburger Leise Leseprobe" (WLLP-R; Schneider et al. 2011) und das „Salzburger Lese-Screening für die Schulstufen 2–9" (SLS 2–9; Wimmer und Mayringer 2014) gelten. In der WLLP-R sollen die Kinder einzelne Wörter einer von vier Bildalternativen möglichst schnell zuordnen. Die falschen Alternativen können dabei dem Zielwort phonologisch oder semantisch ähnlich sein. Im SLS 2–9 werden demgegenüber kurze Sätze vorgegeben, die möglichst schnell gelesen und auf ihren Wahrheitsgehalt hin überprüft werden sollen. Auf Basis der korrekt beurteilten Sätze lässt sich ein Lesequotient ermitteln.

Beide Verfahren ermöglichen die Erfassung der Lesegenauigkeit und -geschwindigkeit. Die Lesegeschwindigkeit von Sekundarschülern kann weiterhin auch über den „Lesegeschwindigkeits- und -verständnistest für die Klassen 6–12" (LGVT 6–12; Schneider et al. 2008a) erfasst werden. Hier geht es im Wesentlichen darum, einen längeren Text möglichst schnell und akkurat zu lesen. Die Probanden sollen nach einer kurzen Testphase (4 min) markieren, wie weit sie gekommen sind. Im LGVT 6–12 wird der Tendenz zum Mogeln dabei entgegengewirkt, indem jeweils nach einigen Sätzen verschiedene Ergänzungsmöglichkeiten eines Satzes in Klammern angeboten werden, von denen die richtige unterstrichen werden muss. Auf diese Weise soll gewährleistet werden, dass der Text auch wirklich sinnhaft verarbeitet wird. Wie für die beiden anderen Verfahren gilt auch hier, dass der Test durchführungs- und auswertungsökonomisch ist und von den Lehrkräften unproblematisch eingesetzt werden kann.

Zur Erfassung des *Leseverständnisses* im Grundschulalter sind mehrere Verfahren verfügbar. Am umfassendsten ist wohl der von H. Marx (1998) konzipierte Test „Knuspels Leseaufgaben", der sowohl das Hörverstehen als auch die Fähigkeit zum Rekodieren (korrektes Wortlesen ohne Sinnentnahme), Dekodieren (Wortlesen mit Sinnentnahme) und das Leseverständnis misst. Dieses Verfahren kann ab Ende der ersten Klassenstufe bis zum Ende der Grundschulzeit eingesetzt werden. Für die fortgeschrittenen Grundschulklassen empfiehlt sich weiterhin der „Hamburger Lesetest für 3. und 4. Klassen" (HAMLET 3–4; Lehmann et al. 2006), der Worterkennung und Leseverständnis prüft, wie auch der „Lese- und Rechtschreibtest II" (SRLT II; Moll und Landerl 2014), der die Leseflüssigkeit und die Rechtschreibleistung erfasst. Im Hinblick auf unterschiedliche Aspekte der Lesekompetenz lässt sich der Leseverständnistest „ELFE 1–6" (Lenhard und Schneider 2006) einsetzen, der als Computertest und in Papierversion (für die Gruppentestung) zur Verfügung steht und über die Grundschule hinaus auch in den Eingangsklassen der Sekundarstufe (fünfte und sechste Klasse) durchführbar ist. Dieses Verfahren umfasst einen Wortverständnistest, einen Satzverständnistest (bei dem das jeweils fehlende Wort im Satz zu ergänzen ist) und einen Textverständnistest, der die Fähigkeit zum satzübergreifenden Lesen und zur Inferenzbildung erfasst. In der Computerfassung des ELFE-Tests wird weiterhin ein Lesegeschwindigkeitstest angeboten, der eine Schwellenmessung für die Worterkennungsgeschwindigkeit enthält.

Für den Einsatz zu Beginn der Sekundarstufe ist der „Frankfurter Leseverständnistest für 5. und 6. Klassen" (FLVT 5–6; Souvignier et al. 2008) gedacht, der sich theoretisch an dem bereits in Kap. 2 beschriebenen Modell des Textverstehens von van Dijk und Kintsch (1983) orientiert. Die Aufgabe der Schülerinnen und Schüler besteht hier darin, einen längeren Erzähltext und einen ähnlich langen Sachtext zu lesen und danach Fragen zu beiden Texten zu beantworten. Ähnlich konstruierte Testverfahren finden sich mit den Lesetests „LESEN 6–7" und „LESEN 8–9" (Bäuerlein et al. 2012a, b) für fortgeschrittene Schülerinnen und Schüler der Sekundarstufe. Auch bei diesen beiden Verfahren geht es darum, zunächst je einen Erzähl- und einen Sachtext zu lesen und dann Fragen zum Inhalt beider Texte zu beantworten.

Alle genannten Verfahren erfüllen die üblichen Gütekriterien, sind also als objektiv, zuverlässig und valide einzustufen. Sie sind weiterhin insofern ökonomisch, als sie im Rahmen einer Schulstunde durchführbar und leicht auszuwerten sind (vgl. Lenhard 2013; Lenhard und Schneider 2009). In diesem Zusammenhang scheint weiterhin erwähnenswert, dass mittlerweile auch über die Entwicklung mehrerer paralleler Lesetests Verfahren verfügbar sind, die sich gut für die Lernverlaufsdiagnostik im Rahmen eines Schuljahres eignen, also genauere Rückschlüsse über individuelle Unterschiede in der Entwicklung von Lesekompetenz erlauben (Walter 2013).

> ?
> Wie geht das Schreibenlernen vor sich?

Wie in Kap. 2 erwähnt, wird in Modellen zur Beschreibung und Erklärung des Rechtschreibvorgangs immer noch vielfach davon ausgegangen, dass es sich beim Lesen und Rechtschreiben um spiegelbildliche Prozesse handelt, dass also von einer engen Verschränkung von Lese- und Rechtschreibvorgängen auszugehen ist und der Erwerb des Rechtschreibens demnach ähnlichen Regeln folgt wie denen des Lesens (vgl. z. B. Scheerer-Neumann 2015). Genauere Analysen zum Rechtschreibvorgang und seiner Entwicklung führen jedoch zur Erkenntnis, dass das Rechtschreiben gerade im Deutschen für die Schülerinnen und Schüler eine weitaus größere Herausforderung darstellt als das Lesen. Die Anzahl der verfügbaren Phoneme ist im Deutschen beträchtlich größer als die Zahl der Grapheme. Rechtschreibprobleme ergeben sich daraus, dass verschiedene Buchstaben ein und denselben Laut und verschiedene Laute ein und denselben Buchstaben darstellen können, und dies auf eine Art und Weise, die sich in kein einheitliches Regelsystem bringen lässt (Schneider 1997). Während, wie schon erwähnt, die deutsche Orthografie im Hinblick auf das Lesen relativ regulär ist (der gleiche Buchstabe wird meist gleich lautiert), kann sie im Hinblick auf das Rechtschreiben als eher irregulär charakterisiert werden. Selbst bei Kenntnis aller Phonem-Graphem-Zuordnungsregeln lassen sich Fehler kaum vermeiden, da die Ausnahmen von der Regel überwiegen. In einer eigenen Computersimulationsstudie konnte ich beispielsweise zeigen, dass ein Computer, der über alle Rechtschreibregeln verfügt, allenfalls den Leistungsstand von Viertklässlern erreicht (Schneider 1980). Da auch ein sicheres Regelwissen für korrekte Schreibungen nicht hinreichend ist, wird beim Rechtschreiben das Gedächtnis für Wortbilder (Lernwörter) sehr bedeutsam.

Es steht demnach fest, dass Rechtschreibvorgänge über die phonemische Route wesentlich schwerer fallen als Leseprozesse, die den gleichen Weg benutzen. Die größere Einfachheit von Lesevorgängen im Vergleich zum Rechtschreiben lässt sich weiterhin daran veranschaulichen, dass hier (schnelle) Wiedererkennungsprozesse stattfinden, bei denen ein Wort lediglich auf der Grundlage einiger weniger markanter Buchstabenkonstellationen identifiziert werden kann, und es bei der Bedeutungsfindung auch nicht erforderlich wird, jedes Wort im Detail zu analysieren. Demgegenüber ist beim Rechtschreiben die genaue Reproduktion der Buchstabenfolge erforderlich, um korrekte Schreibungen zu erzielen. Die Fähigkeit zur Reproduktion von Wortbildern aus dem Langzeitgedächtnis wird hier besonders wichtig (Schneider 1997, 2014). Die beim Lesen eingesetzten Wiedererkennungsvorgänge sind im Vergleich zu den exakten seriellen Buchstabenreproduktionen beim Rechtschreiben ungleich einfacher. Zwischen Lese- und Rechtschreibvorgängen ist also keine einfache Umkehrbeziehung (Reziprozität) anzunehmen. Die Frage der richtigen Phonem-Graphem-Zuordnung stellt ein Kernproblem der Rechtschreibung dar.

Will man den Vorgang des Rechtschreibens besser verstehen, hilft es meist, sich die Anforderungen an den Lernenden klarzumachen. Wird einem Kind ein Wort oder ein Satz diktiert, so ist es zunächst wichtig, dass die vorgesprochene Information korrekt wahrgenommen und im Gedächtnis gespeichert wird. Der wahrgenommene „Lautstrom" wird dabei in die einzelnen Laute zerlegt, die dann mit den passenden Buchstaben in Verbindung gebracht werden. Für Wörter, die nicht lautgetreu verschriftet werden können, müssen die relevanten Rechtschreibregeln bekannt sein. Das Rechtschreiben fällt dabei leichter, wenn das Kind schon über einen Sichtwortschatz verfügt, also die Schreibweise von erkannten Wörtern unmittelbar aus dem Gedächtnis abrufen kann (P. Marx 2007; Schneider 1997).

Von Scheerer-Neumann (2015) wird ein Stufenmodell der basalen Rechtschreibentwicklung skizziert, das in Anlehnung an Coltheart (1978) den Erwerb von

Rechtschreibstrategien als indirekten Weg zur Rechtschreibkompetenz charakterisiert. Demgegenüber wird der Erwerb von Lernwörtern, also die Eintragung von Wortformen im orthografischen Lexikon, als direkter Weg gekennzeichnet. Die Autorin geht davon aus, dass wichtige Veränderungen in der Rechtschreibkompetenz in den ersten Grundschuljahren beobachtbar sind. In einer eigenen Längsschnittstudie stellte sie fest, dass schon zu Beginn des zweiten Schuljahres (also in der Phase der alphabetischen Strategie) etwa 70 % der Schreibungen phonologisch vollständig waren, wobei allerdings die Variationsbreite zwischen Leistungen schwacher und guter Rechtschreiber enorm war. Obwohl der Anteil phonologisch vollständiger Verschriftungen im dritten Schuljahr mehr als 80 % ausmachte, wiesen schwache Rechtschreiber in diesem Aspekt immer noch deutliche Rückstände auf. Ab diesem Zeitpunkt dominiert bei den meisten Schülerinnen und Schülern die orthografische Strategie, die schriftsprachliche Regelmäßigkeiten (z. B. Regeln zur Groß- und Kleinschreibung) nutzt. Damit wird der Erwerb wie auch der Abruf von Lernwörtern weiter erleichtert. Scheerer-Neumann (2015) führt den Fortschritt nicht nur auf den besseren Einblick in orthografische Strukturen zurück, sondern begründet dies auch mit der Entwicklung metakognitiver Strategien in der mittleren Kindheit. Allerdings zeigen sich auch in dieser Phase große Unterschiede zwischen schwachen und guten Rechtschreibern, was wohl teilweise damit zu tun hat, dass den schwachen Rechtschreibern der Übergang von der alphabetischen zur orthografischen Strategie nur langsam gelingt. Allgemein gilt, dass das Fundament für die Rechtschreibkompetenz gegen Ende der Grundschulzeit gelegt ist. Die Rechtschreibentwicklung geht aber auch noch nach dem Übertritt in die Sekundarstufe weiter und betrifft hier vor allem den Erwerb grammatisch bedingter Schreibungen und das Schreiben von Fremdwörtern.

> ?
> Wie lässt sich die Rechtschreibkompetenz erfassen?

Ab Ende des ersten Schuljahres kann die Rechtschreibkompetenz mit standardisierten Testverfahren erfasst werden. Nach der Rechtschreibreform aus dem Jahr 1996 sind vorhandene diagnostische Verfahren an die neue deutsche Rechtschreibung angepasst und eine Reihe neuer Verfahren entwickelt worden. Diese Tests genügen den üblichen Gütekriterien und verfügen meist über recht neue und repräsentative Normierungen, sodass sie als aktuell und absolut brauchbar eingestuft werden können. Es steht derzeit eine Vielzahl von Verfahren zur Diagnose der Rechtschreibkompetenz für die Schuleingangsphase zur Verfügung, die in der Regel in ähnlicher Weise als Lückentests konstruiert sind. Im Folgenden werden einige Verfahren kurz beschrieben, die für den Einsatz gerade in den ersten Schulklassen empfohlen werden können (umfassender Überblick bei H. Marx et al. 2008; Schneider 2014).

Das Grundprinzip der derzeitigen Fassung der „Hamburger Schreib-Probe" (HSP 1–10; May 2012) besteht darin, neben der Anzahl korrekter Schreibungen auch die Anzahl der „Graphemtreffer" (Anzahl der richtigen Grapheme) auszuwerten, was eine differenzierte Erfassung des Leistungsstandes gerade im unteren Leistungsbereich ermöglicht. Das Verfahren liegt in mehreren Versionen vor, die ab der Mitte der ersten Klassenstufe bis zum Ende der zehnten Klassenstufe eingesetzt werden können. Es unterscheidet sich von anderen Tests dadurch, dass der Grad der Beherrschung unterschiedlicher Rechtschreibstrategien beim Schreiben von einzelnen Wörtern und Sätzen abgeprüft wird. Die einheitliche Form der Aufgabenstellung sowie der Auswertung in den verschiedenen Versionen der HSP ermöglichen auch die Diagnose von Lernfortschritten. Das Verfahren korreliert dabei substanziell mit anderen Rechtschreibtests für vergleichbare Klassenstufen.

Die verfügbaren Verfahren unterscheiden sich durchaus im Format: Während in der HSP Wörter und diktierte Sätze zu Bildern eingetragen werden, sind in den *Diagnostischen Rechtschreibtests* (DRT 4; Grund et al. 2003) Wörter in Satzlücken zu schreiben. Die *Deutschen Rechtschreibtests* basieren demgegenüber weitgehend auf Fließtexten. Mit dem „Deutschen Rechtschreibtest für das erste und zweite Schuljahr" (DERET 1–2+; Stock und Schneider 2008a) und dem „Deutschen Rechtschreibtest für das dritte und vierte Schuljahr" (DERET 3–4+; Stock und Schneider 2008b) liegen seit einigen Jahren zwei Verfahren vor, die Rechtschreibkompetenzen von der ersten bis zur vierten Klassenstufe erfassen. Der DERET 1–2+ überprüft in der ersten Klassenstufe insbesondere die Schreibung lautgetreuer Wörter und baut auf der Analyse der Lehrpläne aller Bundesländer sowie der verfügbaren Grundwortschätze auf. Das sowohl als Einzel- als auch als Gruppentest einsetzbare Verfahren kombiniert die üblichen Lückentexte mit Fließtexten, über die sich etwa die frühe Beherrschung der Groß- und Kleinschreibung am Satzanfang erfassen lässt. Der DERET 3–4+ verfolgt das gleiche Prinzip für fortgeschrittene Grundschüler. Beide Verfahren erlauben neben der quantitativen Auswertung eine qualitative Fehleranalyse. Für beide Tests gilt, dass sie bedeutsam mit anderen Rechtschreibtests für vergleichbare Klassenstufen korrelieren. Schließlich ist als interessantes neueres Verfahren die Weiterentwicklung des „Salzburger Lese- und Rechtschreibtests" (SLRT-II; Moll und Landerl 2014) zu nennen, der neben dem Einsatz des schon erwähnten einminütigen Leseflüssigkeitstests eine ausführliche Diagnose der Rechtschreibkompetenz von Kindern der Klassenstufen 2 bis 5 ermöglicht.

Insgesamt ist die Situation im Bereich der Rechtschreibdiagnostik als sehr zufriedenstellend zu charakterisieren (vgl. die Beiträge bei Schneider et al. 2008b). Angesichts der Tatsache, dass im schulischen Alltag Bewertungen der Rechtschreibleistung erst im Verlauf der zweiten Klassenstufe erfolgen und von den Lehrkräften Rechtschreibprobleme üblicherweise erst relativ spät erkannt werden, scheint es wichtig, den Leistungsstand in diesem Bereich schon in der ersten Klassenstufe zuverlässig erfassen zu können, insbesondere weil gerade in der frühen Erwerbsphase Fehlentwicklungen noch wirkungsvoll und nachhaltig begegnet werden kann.

4.2 Wie ändern sich Schriftsprachleistungen in der Schulzeit, und wie stabil sind frühe Unterschiede in der Lese- und Rechtschreibkompetenz?

> **?**
> Welche Möglichkeiten gibt es, die Entwicklung der Lesekompetenz zu erfassen, und wie bedeutsam sind frühe Unterschiede für spätere Entwicklungen?

In einer Reihe von korrelativen Längsschnittstudien wurde im Verlauf der 1980er- und 1990er-Jahre versucht, die Bedeutung früher individueller Unterschiede in der *Lesekompetenz* für die weitere Entwicklung zu erkunden (vgl. z. B. Klicpera und Gasteiger-Klicpera 1998; Schneider und Näslund 1993, 1999). Diese Studien erfassten Lesekompetenzen in der Regel schon ab Ende der ersten Klassenstufe und analysierten die weitere Entwicklung mindestens bis zum Ende der Grundschulzeit – in einigen Fällen auch bis in die Sekundarstufe hinein.

> Eine der umfassendsten Übersichten über die Entwicklung der Lesefertigkeit bietet die Wiener Studie von Klicpera und Gasteiger-Klicpera (1998), deren wesentliche Befunde in Abb. 4.1 festgehalten sind. Als zentraler Indikator wurde in der Wiener Längsschnittstudie die *Lesegeschwindigkeit* ausgewählt, die Mitte der zweiten Klassenstufe erstmalig erfasst wurde. Gleichzeitig wurden schon in der zweiten Klassenstufe fünf verschiedene Leistungsgruppen gebildet, deren Fertigkeit auf einer Skala von „sehr schwach" bis „gut" variierte. In Abb. 4.1 sind die Verlaufsmuster der Lesegeschwindigkeit für diese Gruppen (insgesamt 120 Kinder) im Zeitraum zwischen der zweiten und achten Klassenstufe festgehalten. Diese belegen einen immensen Leistungsunterschied in der Lesegeschwindigkeit zwischen leistungsstarken versus -schwachen Schülerinnen und Schülern bereits zu diesem frühen Zeitpunkt. Wenn auch alle Gruppen in der Lesegeschwindigkeit zulegen konnten und sich kein bedeutsamer „Schereneffekt" in dem Sinne zeigte, dass die zu Beginn schnelleren Leser ihren Vorsprung gegenüber den langsameren Schülern über die untersuchte Zeitspanne hinweg ausbauten, so vergrößerten sich die Abstände zwischen den fünf Gruppen im Verlauf der Untersuchung doch insgesamt leicht. Es gab nur wenige Schüler, die ihre Gruppenzugehörigkeit im Verlauf der Studie bedeutsam ändern konnten. Die Leistungsstreuung war beachtlich. So wiesen etwa schwache Leser der vierten Klasse schon einen Leserückstand von etwa zwei Jahren im Vergleich zu normalen Lesern der gleichen Klassenstufe auf. Noch bedenklicher scheint

Lesen und Schreiben lernen

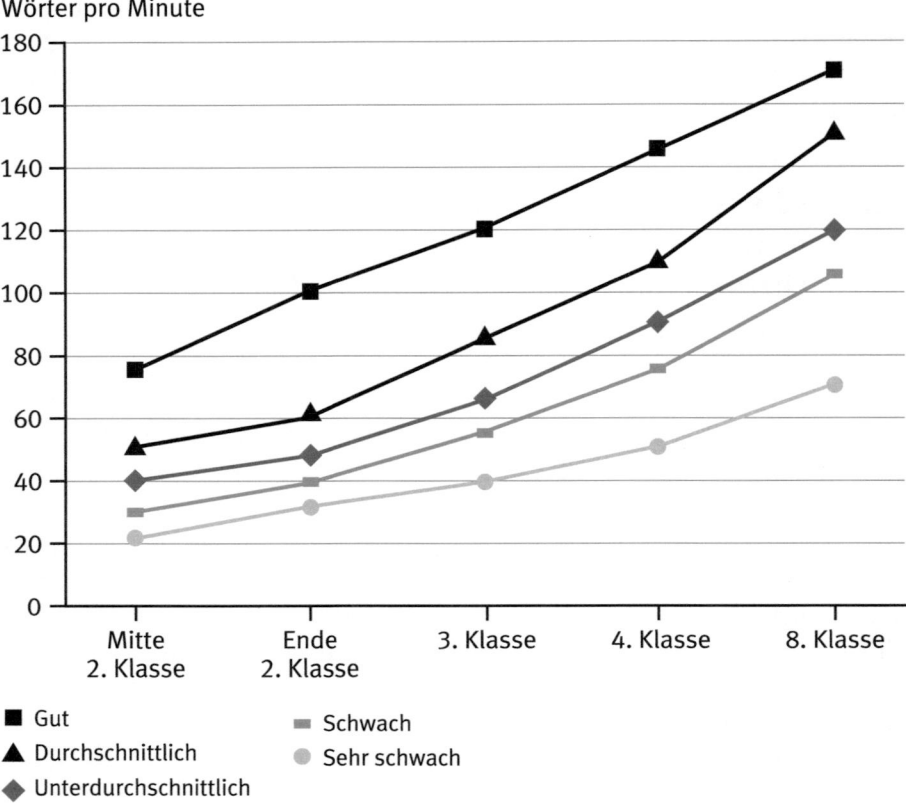

Abb. 4.1 Entwicklung der Lesegeschwindigkeit (Wörter pro Minute) von der zweiten bis zur achten Klasse von Kindern mit anfänglich unterschiedlichen Lesefähigkeiten. (Klicpera und Gasteiger-Klicpera 1998)

> der Befund, dass die Gruppe der sehr schwachen Leser auch nach achtjähriger Beschulung noch langsamer lasen als die Gruppe der guten Leser in der zweiten Klassenstufe. Umgekehrt galt für die Fehlerrate, dass sich zwar alle zu Beginn unterdurchschnittlichen Lesergruppen bedeutsam verbesserten, die schwachen Leser dennoch in der achten Klassenstufe noch mehr Fehler machten als die anfangs guten und durchschnittlichen Leser gegen Mitte der zweiten Klasse. Die schwächsten 15 % der achten Klasse lasen auf einem Niveau, das dem der normalen Leser gegen Ende der zweiten bzw. Anfang der dritten Klasse entsprach.

Die Studie konnte demnach die große Varianz von Leseleistungen in einer frühen Klassenstufe wie auch ihren Fortbestand über die Grundschulzeit hinweg sehr eindrucksvoll belegen. Sie zeigte weiterhin, dass sich die Lesegenauigkeit und die Lesegeschwindigkeit für bekannte Wörter, für unbekannte Wörter und für

Pseudowörter im Deutschen sehr unterschiedlich entwickeln. Während sich bei bekannten Wörtern bis gegen Mitte des ersten Schuljahres weder Lesegenauigkeit noch Lesegeschwindigkeit veränderten, stieg die Geschwindigkeit im folgenden Halbjahr deutlich (bis auf einen Wert von etwa 50 Wörtern pro Minute) an. Im Hinblick auf das Lesen unbekannter Wörter zeigte sich im Verlauf des ersten Schuljahres dagegen eine eher gleichförmige Verbesserung der Lesegeschwindigkeit. Während unbekannte Wörter und Pseudowörter nach etwa drei Monaten Unterricht vergleichbar schnell und genau gelesen werden konnten, nahm die Geschwindigkeit beim Lesen unbekannter Wörter im Vergleich zum Lesen von Pseudowörtern im Verlauf des ersten Schuljahres deutlicher zu. Auch bei schwachen Leserinnen und Lesern zeigten sich bis zum Ende der Grundschulzeit noch deutliche Zuwächse in der Lesegeschwindigkeit, was die Autoren damit begründeten, dass auch diese Gruppe allmählich von der alphabetischen auf die orthografische Strategie wechselt.

Was die *Stabilität individueller Unterschiede* angeht, so scheint diese von Beginn des formalen Leseunterrichts an recht hoch zu sein. Klicpera und Gasteiger-Klicpera (1998) fanden Retestkorrelationen zwischen Leistungen der ersten und zweiten Klasse, die im Hinblick auf Lesefehler etwa bei $r = .6$, im Hinblick auf die *Lesegeschwindigkeit* bei etwa $r = .7$ lagen (vgl. die ähnlichen Resultate bei Juel 1988; Schneider und Näslund 1993). Auch die Langzeitstabilitäten können durchaus hohe Werte annehmen. So fanden Klicpera und Gasteiger-Klicpera (1998) Sechsjahresstabilitäten von annähernd $r = .8$ für die Zeitspanne zwischen dem zweiten und achten Schuljahr, was belegt, dass sich bei einer von Anfang an großen Streubreite des Leistungsspektrums die Rangplatzpositionen der einzelnen Schülerinnen und Schüler in diesem langen Zeitraum kaum veränderten (vgl. auch Juel 1988). Ein einziger der zu Beginn als sehr schwach eingestuften Schüler erreichte in der achten Klassenstufe eine durchschnittliche Lesegeschwindigkeit, während umgekehrt kein einziges Kind aus der Gruppe der anfänglich guten Leser bis zur achten Klasse in die Gruppe der durchschnittlichen Leser zurückgestuft werden musste (Klicpera und Gasteiger-Klicpera 1998, S. 56). Dieser Befund verdeutlicht, dass die Kompensation unterschiedlicher Voraussetzungen in der Leseflüssigkeit im regulären Leseunterricht wohl nicht gelingt.

> ?
> Wie entwickelt sich das Leseverständnis im Verlauf der Grundschulzeit?

Um dies festzustellen, lassen sich die Normierungsdaten des „Leseverständnistests für Erst- bis Sechstklässler" (ELFE 1–6; Lenhard und Schneider 2006) heranziehen. Diese Daten basieren auf den Lesetestergebnissen von insgesamt 5080 Schulkindern aus zwölf Bundesländern. Da der ELFE-Test über die vier Grundschuljahre hinweg in unveränderter Fassung durchgeführt werden kann, lassen sich die Ergebnisse für die einzelnen Jahrgangsstufen unmittelbar vergleichen. Während die Erstklässler im Untertest „Textverständnis" durchschnittlich etwas mehr als vier (4,2) der insgesamt 20 Aufgaben in der Zeit von 7 min bearbeiten konnten, stiegen die entsprechenden Werte von 9,3 gegen Ende der zweiten auf 13,3 am Ende der dritten Klassenstufe. Gegen Ende der vierten Klasse wurden 15,5 der 20 Aufgaben durchschnittlich korrekt bearbeitet. Auch wenn diese Ergebnisse nicht im Sinne von Zugewinnen interpretiert werden dürfen, da es sich nicht um Längsschnittdaten handelt, deuten sie dennoch darauf hin, dass sich das Leseverständnis vom Schulanfang bis zum Ende der Grundschulzeit relativ kontinuierlich entwickelt und die meisten Viertklässler dazu imstande sind, sinnverstehend zu lesen (vgl. auch P. Marx 2007). In einer Reanalyse der ELFE-Normierungsdaten fand Lenhard (2013) heraus, dass sich im besagten Zeitraum das Textverständnis wie auch das Wort- und Satzverständnis in etwa um den Faktor 3 steigerten.

In der Münchner Längsschnittstudie LOGIK wurde das Leseverständnis der etwa 200 Kinder zunächst zwischen dem Beginn und dem Ende der zweiten Klassenstufe zweimal erhoben. Eine weitere Nacherhebung erfolgte etwa 15 Jahre später, als die Kinder zu jungen Erwachsenen gereift und im Durchschnitt etwa 23 Jahre alt waren. Die Korrelation zwischen den beiden Tests in der zweiten Klassenstufe fiel erwartungsgemäß hoch aus ($r = .79$). Besonders interessant schien, dass sich zwischen achtem und 23. Lebensjahr immer noch eine mittlere Korrelation der Leseverständniswerte von $r = .40$ ergab, obwohl sehr unterschiedliche Erhebungsinstrumente verwendet worden waren (vgl. Schneider 2008b).

> ?
>
> Welche Möglichkeiten gibt es, die Entwicklung der Rechtschreibkompetenz zu erfassen, und wie bedeutsam sind frühe Unterschiede für spätere Entwicklungen?

Die Entwicklung der Rechtschreibleistung war auch in den beiden Münchner Längsschnittstudien LOGIK und SCHOLASTIK von besonderem Interesse (vgl. Schneider 2008b; Schneider und Näslund 1993; Schneider et al. 1997). Ab dem zweiten Schuljahr wurden allen Kindern mindestens einmal jährlich Rechtschreibproben vorgegeben, die vom Autor in Zusammenarbeit mit den Lese- und Rechtschreibforschern Hans Brügelmann (damals Bremen) sowie Heiner Jansen, Gerd Mannhaupt, Harald Marx und Helmut Skowronek (damals Bielefeld) entwickelt worden waren. Während zu den beiden Testzeitpunkten des zweiten Schuljahres (teilweise überlappende) Wortdiktate vorgegeben wurden, handelte es sich bei den späteren Proben um Satzdiktate. Die Wortmaterialien waren mehrheitlich dem Bayerischen Grundwortschatz sowie dem Grundwortschatz der ehemaligen DDR entnommen. Eine Restgruppe schwieriger und unvertrauter Wörter (die über die Jahre hinweg in der SCHOLASTK-Studie bis zum vierten Schuljahr, in der LOGIK-Studie bis zum fünften Schuljahr immer wieder verwendet wurden) stammte aus einer Sammlung von Brügelmann (1986). In der LOGIK-Studie wurde die Rechtschreibkompetenz der Probanden im Alter von 18 und 23 Jahren dann über einen standardisierten Rechtschreibtest erhoben („Moselfahrt"; Althoff et al. 1974).

Da sowohl in der LOGIK- als auch in der SCHOLASTIK-Studie zu den einzelnen Messzeitpunkten unterschiedliche Erhebungsinstrumente eingesetzt wurden, ließ sich die Veränderung der Rechtschreibkompetenz nicht direkt erfassen. In der SCHOLASTIK-Studie wurde der Versuch gemacht, die Veränderungswerte im Verlauf der Grundschulzeit über ein spezielles statistisches Verfahren (HLM, Hierarchical Linear Modeling) abzuschätzen. Die resultierende Wachstumsfunktion ist in Abb. 4.2 wiedergegeben und deutet darauf hin, dass sich im Verlauf der zweiten Klassenstufe ein deutlicher Zuwachs in der Rechtschreibkompetenz abzeichnet, der dann in der Folge eher abgeflacht verläuft (vgl. Schneider et al. 1997). Die Daten bestätigten insgesamt die Annahme eines nicht linearen Wachstumsmodells mit anfangs großen und später moderaten Zuwachsraten in der Rechtschreibkompetenz. Befunde der LOGIK-Studie deuten darauf hin, dass sich der Kompetenzzuwachs in der Sekundarstufe weiter abflacht und sich zwischen dem späten Jugendalter und dem frühen Erwachsenenalter kaum noch Unterschiede finden (Schneider und Stefanek 2007).

Die Daten der LOGIK-Studie erlaubten einen Vergleich der für die 18- und 23-Jährigen ermittelten Ergebnisse eines standardisierten Rechtschreibtests („Moselfahrt"; Althoff et al. 1974) mit denen der 1968 im Rahmen der Normierung dieses Verfahrens erhobenen Daten. Es konnte demnach die Frage überprüft werden, ob sich die Rechtschreibkompetenz im Verlauf von etwa drei Jahrzehnten de facto verschlechtert hat. Die Befunde deuten in diese Richtung. Während die Normstichprobe bei diesem Diktat, bei dem 65 Wörter in einen Lückentext eingefügt werden mussten, je nach Altersstufe zwischen neun und elf Rechtschreibfehler produzierte, lagen die entsprechenden Werte bei den 18-Jährigen der LOGIK-Studie bei durchschnittlich 20 Fehlern, sechs Jahre später dann bei etwa 19 Fehlern (vgl. Schneider 2008b; Schneider und Stefanek 2007). Gemäß den Testnormen von 1968 hätten etwas mehr als die Hälfte der LOGIK-Probanden einen Prozentrang von 10 und weniger erzielt, was den gängigen Kriterien für eine Rechtschreibstörung entspricht. Diese Befunde entsprechen im Übrigen auch denen von Zehran-Hartung et al. (2002), die für eine größere Stichprobe von 592 Personen im Alter von 16 bis 30 Jahren einen Durchschnittswert von 19,8 Fehlern im gleichen Diktat ermittelten. Entsprechende Analysen von Klicpera und Gasteiger-Klicpera (1998) erbrachten für das Rechtschreiben ebenfalls Evidenz für eine Leistungsverschlechterung im besagten Zeitraum, während sich für die Lesekompetenz keine bedeutsamen Veränderungen nachweisen ließen.

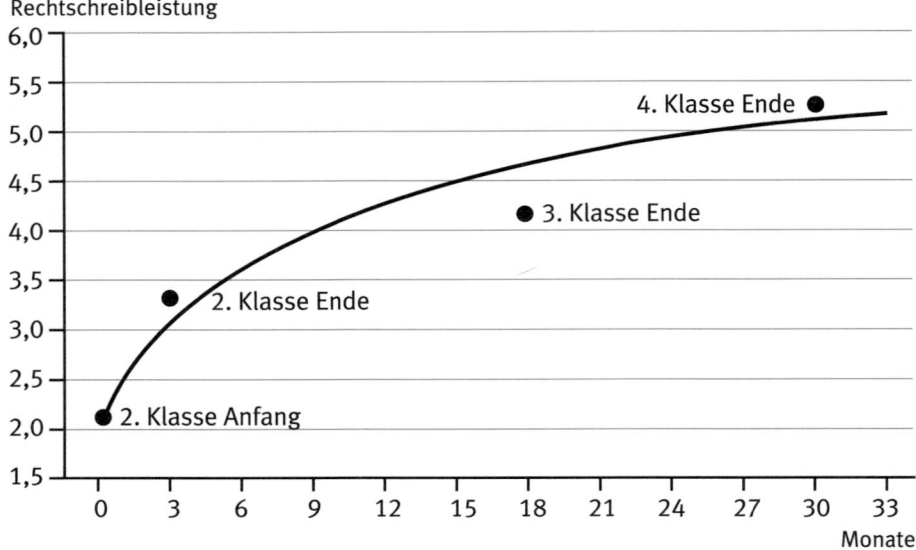

Abb. 4.2 Entwicklung der Rechtschreibleistung in der Grundschule. (Modifiziert nach Schneider et al. 1997)

> **?**
> Welche Faktoren könnten dafür verantwortlich sein, dass sich die Rechtschreibleistungen von Kindern und Jugendlichen im Verlauf der letzten Jahrzehnte verschlechtert haben?

Wenn auch darauf verwiesen werden muss, dass es sich bei der „Moselfahrt" um ein Diktat handelt, das bereits zur Zeit der Normierung aufgrund der selektiven Eichstichprobe (relativ viele Gymnasiasten) als sehr streng galt, scheint die LOGIK-Stichprobe hier durchaus vergleichbar. Auch diese setzte sich zu mehr als 40 % aus Gymnasiasten zusammen und schien im Hinblick auf ihre Zusammensetzung im Vergleich mit der Eichstichprobe ähnlich selektiv. Da die LOGIK-Stichprobe im Grundschulalter identische Diktate bearbeitete wie die mit ca. 1200 Schülerinnen und Schülern wesentlich umfangreichere SCHOLASTIK-Stichprobe, lässt sich aus den damaligen Vergleichen der LOGIK-Daten mit denen der größeren und repräsentativeren SCHOLASTIK-Stichprobe weiterhin der Schluss ziehen, dass die LOGIK-Probanden in Relation zur Alterskohorte der späten 1990er-Jahre durchaus normale und keineswegs unterdurchschnittliche Rechtschreibleistungen aufwiesen (vgl. Schneider et al. 1997).

Die Daten der LOGIK-Studie belegen weiterhin, dass schon zur Grundschulzeit signifikante und praktisch bedeutsame Leistungsunterschiede zwischen späteren Gymnasiasten und späteren Haupt- und Realschülern bestanden. Diese

Unterschiede betrugen ab der dritten Klassenstufe bis ins junge Erwachsenenalter hinein im Mittel etwa eine Standardabweichung, sind also als substanziell zu bezeichnen. Das Ausbleiben eines „Schereneffekts", also des Auseinanderdriftens der Leistungen von Hauptschülern und Gymnasiasten ab der fünften Klassenstufe, scheint dabei erstaunlich. Dieser Befund ist aber wohl nicht ohne Weiteres auf andere Inhaltsbereiche zu übertragen (vgl. Becker et al. 2006).

> ?
>
> Sind Rechtschreibleistungen über die Schulzeit hinweg stabil?

Die Ergebnisse der LOGIK-Studie zeigten, dass relativ stabile individuelle Unterschiede in den Rechtschreibleistungen schon ab Ende der zweiten Klassenstufe nachweisbar waren. Betrug die Retestkorrelation zwischen den zu Beginn und gegen Ende der zweiten Klasse erhobenen Rechtschreibleistungen noch $r = .51$ (vgl. Schneider und Näslund 1993), was auf einen mittelhohen Zusammenhang hindeutet, so fiel die Korrelation zwischen den gegen Ende der zweiten und Ende der vierten Klassenstufe erhobenen Leistungen mit $r = .74$ schon deutlich höher aus (und dies, obwohl zwischen der zweiten und dritten Klasse ein Lehrerwechsel stattgefunden hatte). Ab der dritten Klasse lagen die Stabilitätskennwerte für die Schulzeit über $r = .70$ und können damit als sehr hoch eingestuft werden. Individuelle Unterschiede in der Rechtschreibleistung ließen sich ab diesem Zeitpunkt relativ zuverlässig vorhersagen. Der Umstand, dass ähnlich hohe Stabilitäten auch für spätere Zeitpunkte gefunden wurden, weist darauf hin, dass der Besuch unterschiedlicher Schularten keinen sonderlich bedeutsamen Einfluss auf das Korrelationsmuster hatte: Probanden mit schon in der Grundschulzeit besseren Rechtschreibleistungen gehörten in der Regel auch noch im Jugend- sowie im jungen Erwachsenenalter zu der Gruppe mit höherer Rechtschreibkompetenz (und umgekehrt). Die für den Zeitraum zwischen 10 und 17 Jahren ermittelte Langzeitstabilität betrug $r = .74$, die entsprechende Stabilität der Rechtschreibleistungen zwischen 17 und 23 Jahren fiel sogar noch etwas höher aus ($r = .82$) Diese Werte belegen, dass es auch in der späten Untersuchungsphase der LOGIK-Studie keine nennenswerten Verschiebungen in der Rangfolge von Rechtschreibkompetenzen gab.

Die große individuelle Stabilität der Rechtschreibleistung über die Zeit hinweg kann auch aus den Ergebnissen einer schrittweisen multiplen Regression mit dem Kriterium Rechtschreibleistung im Alter von 23 Jahren abgelesen werden, die als Vorhersagemerkmale das Geschlecht, das Alter, die Intelligenz, die Sozialschicht, das Einschulungsjahr, die Schulart und die Rechtschreibleistung in der vierten Klassenstufe enthielten. Der Löwenanteil der Leistungsunterschiede im Kriterium wurde durch die Rechtschreibleistung der LOGIK-Kinder im Grundschulalter vorhergesagt. Die übrigen Prognosemerkmale lieferten mit

Ausnahme der Sozialschicht zwar einen signifikanten Beitrag, spielten jedoch eine vergleichsweise untergeordnete Rolle (Schneider und Stefanek 2007).

Interessanterweise lagen die entsprechenden Stabilitätskennwerte für die wesentlich größere Stichprobe der SCHOLASTIK-Studie ($N = 1200$) im Grundschulbereich etwas niedriger. So ergab sich für den Zweijahreszeitraum zwischen der zweiten und vierten Klassenstufe eine Korrelation von $r = .55$. Weiterhin erwies sich auch in dieser Studie eine anfangs schwache Rechtschreibleistung nicht unbedingt als zeitstabil: Immerhin ca. 30 % der anfangs schwachen Rechtschreiber wechselte im Verlauf der Untersuchung in den normalen Leistungsbereich. Im Unterschied zu den Befunden der Wiener Längsschnittstudie von Klicpera und Gasteiger-Klicpera (1998) ließ sich hier also ein anfänglich schwaches Abschneiden später durchaus noch nach oben korrigieren.

> ?
> Wie hängen Lesen und Rechtschreiben in den unterschiedlichen Entwicklungsphasen zusammen?

Die bisherigen Ausführungen zur Entwicklung von Lese- und Rechtschreibkompetenzen legen den Schluss nahe, dass es sowohl in der Anfangsphase des Schriftspracherwerbs als auch zu späteren Zeitpunkten systematische Zusammenhänge zwischen beiden Merkmalen geben sollte, wenn auch nicht unbedingt sehr enge Beziehungen. Diese Einschätzung wurde mittlerweile in zahlreichen Untersuchungen belegt. Je nach verwendetem Test und in Abhängigkeit von der Altersstufe liegt der Zusammenhang zwischen $r = .40$ und $r = .70$ (vgl. P. Marx 2007). Dornheim (2008) fand in ihrer Längsschnittstudie einen korrelativen Zusammenhang von $r = .54$ zwischen den Lese- und Rechtschreibkompetenzen von Zweitklässlern. Die entsprechenden Werte für die Münchner LOGIK-Studie lagen etwas niedriger ($r = .35$); die Korrelationsbefunde für die Beziehung zwischen Leseverständnis und Rechtschreibleistung in der wesentlich umfangreicheren SCHOLASTIK-Studie waren dagegen direkt mit denen der Dornheim-Studie vergleichbar ($r = .53$; vgl. Schneider et al. 1997).

> ?
> Ist die Beziehung zwischen Lese- und Rechtschreibkompetenz abhängig von der Regularität der Orthografie?

Es lässt sich also festhalten, dass der Zusammenhang zwischen Lesen und Rechtschreiben zwar systematisch ausfällt, jedoch nicht besonders hoch ist. Wenn es sich beim Lesen und Rechtschreiben auch sicherlich um verwandte Prozesse handelt, so kann nicht einfach unterstellt werden, dass es sich beim Rechtschreiben um eine Folgefertigkeit des Lesens handelt. So wurden in mehreren Längsschnittstudien zum Schriftspracherwerb relativ viele Kinder identifiziert, die keine Leseprobleme aufwiesen, jedoch mit gravierenden Rechtschreibproblemen zu kämpfen hatten (vgl. Moll et al. 2008). Es lässt sich daraus ableiten, dass deutschsprachigen Schulanfängern der Erwerb des Rechtschreibens üblicherweise schwerer fällt als der des Lesens.

4.3 Wie wichtig sind kognitive Fähigkeiten für den Schriftspracherwerb?

Den kognitiven Fähigkeiten wie etwa Intelligenz, phonologische Bewusstheit, Arbeitsgedächtnis und sprachbezogene Informationsverarbeitungsgeschwindigkeit wird in der einschlägigen Literatur eine relative große Bedeutung zugemessen, wenn es um die Vorhersage von Schulleistungen geht. Sie nehmen auch in umfassenden Überblicksarbeiten einen vorderen Platz ein, wenn die Rangfolge der Einflussstärke bestimmt werden soll (vgl. Helmke und Weinert 1997). Insbesondere der allgemeinen Intelligenz kommt hier besondere Bedeutung zu, über die sich etwa 25–45 % der Schulleistungsvarianz aufklären lässt. Dieser Zusammenhang scheint relativ hoch, doch nicht unbedingt sehr eng zu sein.

Werden statt mittleren Schulleistungskennwerten fachspezifische Leistungen, also etwa die Lese- und Rechtschreibleistungen, mit der allgemeinen Intelligenz in Beziehung gesetzt, so ergeben sich in den meisten Studien vergleichsweise etwas geringere Zusammenhänge. Im Bereich der Schriftsprache werden maximal Korrelationen mittlerer Ausprägung erreicht (vgl. Klicpera und Gasteiger-Klicpera 1998; Roos und Schöler 2009; Schneider 1997).

In der Heidelberger EVES-Studie, an der mehr als 1200 Schülerinnen und Schüler teilnahmen, wurden die Korrelationen zwischen verschiedenen Intelligenztestwerten sowie den Lese- und Rechtschreibleistungen bei Kindern der ersten bis vierten Klassenstufe genauer analysiert (Zöllner und Roos 2009). Im Hinblick auf die Beziehung zwischen der nicht sprachlichen Intelligenz und der Lesegeschwindigkeit ergaben sich moderate Korrelationen, die zwischen 0,27 und 0,38 variierten. Für den Gesamt-IQ fielen die Zusammenhänge jedoch höher aus und variierten sowohl für die Lesegeschwindigkeit als auch für die Rechtschreibleistung zwischen 0,50 und 0,55, wobei sich allerdings keine eindeutigen Entwicklungstrends feststellen ließen (ähnliche Befunde bei Dummert et al. 2014).

Die Autoren folgerten aus ihren längsschnittlichen Befunden, dass die Lese- und Rechtschreibleistungen von Grundschülern von Beginn an bedeutsam von deren intellektuellen Fähigkeiten beeinflusst werden: Je höher die Intelligenz ist, desto besser sind die Leistungen in Lese- und/oder Rechtschreibtests. Diese Bewertung wird auch durch die Befunde internationaler Vergleichsuntersuchungen gestützt.

Im Rahmen der repräsentativen Grundschulstudie IGLU-E fanden sich für die deutschen Viertklässler Korrelationen zwischen Intelligenz und Deutschnote von $r = -.42$ sowie Korrelationen zwischen Intelligenz und Rechtschreibnote von $r = -.38$ (Valtin et al. 2003). Auch diese Werte legen den Schluss nahe, dass Schülerinnen und Schüler mit höheren Intelligenztestwerten in der Regel schneller und besser lesen und schreiben lernen. Da es sich bei der Intelligenz um eine relativ stabile Fähigkeit handelt, bleiben frühe Vorteile der intelligenteren Schüler beim Schriftspracherwerb demnach auch über längere Zeit erhalten. Dies belegen auch Befunde der deutschen PISA-Erweiterungsstudie, die noch für 15-jährige Neunt- oder Zehntklässler relativ enge Zusammenhänge ($r = .50$) zwischen dem Leseverständnis und der Intelligenz registrierte (Artelt et al. 2004).

Allerdings ist es nicht so, dass Intelligenzunterschiede die Entwicklung der Lese- und Rechtschreibkompetenz völlig bestimmen. Die eher moderaten bis mittelhohen Korrelationen legen den Schluss nahe, dass noch andere Faktoren diesen Entwicklungsprozess beeinflussen.

> ?
> Um welche „anderen Faktoren" könnte es sich handeln?

In Kap. 2 wurde darauf hingewiesen, dass die Komponenten der *phonologischen Informationsverarbeitung* für die Prognose späterer Leistungen im Lesen und Rechtschreiben relevant sind. Aus den Befunden mehrerer Längsschnittstudien lässt sich ableiten, dass die *phonologische Bewusstheit* insbesondere im frühen Stadium des Schriftspracherwerbs bedeutsam wird und individuelle Unterschiede in der Lese- wie auch Rechtschreibkompetenz gut vorhersagen kann (vgl. z. B. Ennemoser et al. 2012; Landerl und Wimmer 2008). Die Beziehung zwischen der phonologischen Bewusstheit und Schriftsprachleistungen ist aber auch zu späteren Zeitpunkten noch relativ eng.

Mit dem Test „Basiskompetenzen für Lese-Rechtschreibleistungen" (BAKO 1–4; Stock et al. 2003) lässt sich die phonologische Bewusstheit im engeren Sinne in allen vier Grundschuljahrgängen erfassen. Für die Normstichprobe ergaben sich bedeutsame Korrelationen zwischen der phonologischen Bewusstheit und der Lesegeschwindigkeit, die im Durchschnitt bei etwa $r = .45$ lagen und über die Jahrgangsstufen hinweg kaum variierten. Die entsprechenden Korrelationen mit Rechtschreibtests lagen im Mittel etwas höher ($r = .60$) bei etwas größerer Bandbreite. Insgesamt lässt sich also festhalten, dass die phonologische Bewusstheit im Verlauf der Grundschulzeit kaum an Bedeutung verliert, auch wenn sie als Prognosemerkmal in der frühen Phase besonders relevant scheint. Während andere sprachliche Ebenen zu späteren Zeitpunkten die Vorreiterrolle zu übernehmen scheinen, verschwindet der Einfluss der phonologischen Bewusstheit keinesfalls (vgl. Schnitzler 2008). Letztere nimmt den Status einer notwendigen, nicht jedoch hinreichenden Bedingung für den Schriftspracherwerb ein. Gerade für lese- und rechtschreibschwache Schüler lässt sich zeigen, dass ihre

4 Wie entwickeln sich Lese- und Rechtschreibleistungen in der Schule?

phonologischen Kompetenzen auch noch im fortgeschrittenen Grundschulalter defizitär sind, hier also gewisse Korrespondenzen zwischen phonologischen und Schriftsprachdefiziten bestehen (vgl. Stock et al. 2003).

Die Beziehung zwischen dem *Arbeitsgedächtnis* und Schriftsprachleistungen wurde in mehreren Studien ebenfalls als bedeutsam herausgestellt (vgl. Schneider und Näslund 1993). Man orientiert sich dabei vorwiegend am Modell des Arbeitsgedächtnisses nach Baddeley (1986), das ein System aus drei Komponenten unterstellt. Eine „zentrale Exekutive" steuert und koordiniert dabei zwei untergeordnete Systeme, nämlich die für sprachliche Informationsverarbeitung zuständige „phonologische Schleife" und ein für visuelle Verarbeitungsvorgänge verantwortliches „visuell-räumliches Subsystem". Während letzteres für Lese- und Rechtschreibvorgänge kaum von Bedeutung zu sein scheint, kommt der zentralen Exekutive sowie der phonologischen Schleife eine besondere Bedeutung zu. In frühen Stadien des Lese- und Rechtschreiberwerbs, also etwa bei Verwendung der alphabetischen Strategie, müssen die Buchstaben- bzw. Lautfolgen in korrekter Abfolge in der phonologischen Schleife bereitgehalten werden. Verfügt ein Kind hier nur über eine geringe Arbeitsgedächtniskapazität, hat es beispielsweise beim mühsamen und langsamen Erlesen eines längeren Wortes am Ende des Vorgangs meist vergessen, was am Anfang war. Verstehendes Lesen wird unter diesen Umständen kaum möglich sein.

Es gibt Hinweise darauf, dass das Arbeitsgedächtnis junger Kinder die frühen Lese- und Rechtschreibleistungen besser vorhersagen kann als die Intelligenz (Preßler et al. 2014). Da sich für das sprachgebundene Arbeitsgedächtnis durchaus inhaltliche Überlappungen mit Merkmalen der phonologischen Bewusstheit ergeben, fällt es nicht leicht, den spezifischen Beitrag des Arbeitsgedächtnisses genauer zu bestimmen. Eine klare Abgrenzung von phonologischer Bewusstheit und sprachgebundenem Arbeitsgedächtnis ist insofern schwierig, als beide Konzepte auf dem gleichen Verarbeitungsprozess, nämlich dem phonologischen Einspeichern sprachlicher Information, aufbauen. Nach Schnitzler (2008) lassen sich Hinweise auf Einschränkungen im verbalen Arbeitsgedächtnis dadurch erkennen, dass Leistungen in Aufgaben zur phonologischen Bewusstheit mit oder ohne Bildunterstützung (und damit unterschiedlicher Gedächtnisbelastung) verglichen werden. Wenn die Probleme eines Kindes primär im Bereich der phonologischen Bewusstheit liegen, sollte die Aufgabenvariation keinen Effekt haben. Ist jedoch speziell das Arbeitsgedächtnis betroffen, so sollte die Leistung bei der Aufgabe mit Bildunterstützung deutlich besser ausfallen. Unabhängig von dieser Problematik deuten viele Studien darauf hin, dass das verbale Arbeitsgedächtnis sowohl in frühen als auch in späteren Phasen des Schriftspracherwerbs bedeutsam ist (vgl. Schnitzler 2008; P. Marx 2007).

Ähnlich kann die Bedeutung der dritten Komponente der phonologischen Informationsverarbeitung, nämlich die der sprachgebundenen *Informations-*

verarbeitungsgeschwindigkeit, eingestuft werden. Diese Fähigkeit bezieht sich etwa beim Lesen darauf, wie schnell eine Buchstabenfolge verarbeitet und das Ergebnis mit verfügbaren Informationen im inneren „semantischen Lexikon" des Langzeitgedächtnisses abgeglichen werden kann, das den Wortschatz beinhaltet. Während diese Fähigkeit bei Vorschulkindern mit Aufgaben überprüft wird, die das schnelle Benennen von bekannten Objekten oder Farben erfordern, wird sie bei Schulkindern häufig mit Aufgaben erfasst, die eine (möglichst schnelle) Entscheidung darüber verlangen, ob es sich bei einer vorgegebenen Buchstabenfolge um ein sinnvolles Wort oder ein Pseudowort handelt, das nicht bedeutungshaltig ist. Die für das schnelle Benennen vorliegenden Befunde deuten darauf hin, dass diese Komponente mit dem Arbeitsgedächtnis korreliert und sich weiterhin auch gut zur Vorhersage der Lese-Rechtschreibentwicklung eignet (Schneider und Näslund 1993; Skowronek und Marx 1989).

4.4 Welche Bedeutung haben Motivation, Geschlecht, Sozialschicht und Klassenzugehörigkeit für den Schriftspracherwerb?

Rein theoretisch betrachtet sollten Unterschiede in der Lern- und Leistungsmotivation die Entwicklung des Lesens und Rechtschreibens bedeutsam beeinflussen, und dies insbesondere in späteren Phasen der Schulzeit. Man geht allgemein davon aus, dass die meisten Schülerinnen und Schüler den Schulbeginn als sehr motivierend erleben und sich auch anfangs sehr stark engagieren. Im Verlauf der Grundschulzeit ändert sich das Bild insofern, als die eigene Leistungsbeurteilung immer besser gelingt und auch Erfolge wie Misserfolge deutlicher sichtbar werden (Helmke und Weinert 1997). Interessanterweise wird diese Alltagsbeobachtung durch die Ergebnisse empirischer Studien nicht immer gedeckt. Zöllner und Roos (2009) gingen in der Heidelberger Längsschnittstudie der Frage nach, inwieweit die Lernzielorientierung, also das Streben der Schülerinnen und Schüler nach Erweiterung ihrer Kenntnisse und Fähigkeiten, mit den Testleistungen im Lesen und Schreiben am Ende der dritten und vierten Klassenstufe korreliert. Obwohl sich aufgrund der großen Stichprobe statistisch signifikante korrelative Zusammenhänge ergaben, fielen diese numerisch betrachtet jedoch sowohl für das Lesen als auch das Rechtschreiben sehr niedrig aus und variierten lediglich zwischen $r = .1$ und $r = .2$. Während die Zielorientierungen der Schüler auch nur sehr niedrig mit den Leistungseinschätzungen durch die Lehrkräfte korrelierten, fand sich für die Korrelation zwischen der durch die Lehrkräfte eingeschätzten Motivation der Schülerinnen und Schüler und deren Lese- wie Rechtschreibleistungen ein deutlich engerer Zusammenhang, und dies sowohl für die Deutschnoten als auch für die Testleistungen. Die Korrelationen mit der Deutschnote fielen dabei am höchsten aus ($r = .48$), die mit den Tests waren niedriger und variierten zwischen $r = .30$ und $r = .40$.

> **?**
> Warum sind die Unterschiede zwischen den Motivationskennwerten der Schüler und den entsprechenden Einschätzungen durch die Lehrkräfte so groß?

In der SCHOLASTIK-Studie (Schneider et al. 1997) wurde der Einfluss der Motivation auf die Lese- und Rechtschreibentwicklung über das Merkmal der von der Lehrkraft beurteilten Lernfreude erfasst. Es ergab sich kein Haupteffekt der Lernfreude auf die Entwicklung des Leseverständnisses, allerdings eine Wechselwirkung der Lernfreude mit dem IQ. Dieser Befund ist so zu interpretieren, dass intelligentere und gleichzeitig lernfreudigere Schülerinnen und Schüler insgesamt besser abschnitten als weniger intelligente und weniger lernfreudige Kinder. Demgegenüber zeigte sich ein statistisch signifikanter Haupteffekt der Lernfreude für das Rechtschreiben. Hier schnitten lernfreudige Kinder zu allen Messzeitpunkten besser ab als weniger lernfreudige. Die reliable Wechselwirkung zwischen Messzeitpunkt und Lernfreude zeigt weiterhin an, dass Schülerinnen und Schüler mit schon zu Beginn höherer Lernfreude im Verlauf der Studie deutlich größere Lernfortschritte im Rechtschreiben machten als die anfangs weniger lernfreudigen Kinder. Insgesamt deuten die Befunde der EVES- und SCHOLASTIK-Studien darauf hin, dass die durch Lehrkräfte beurteilte Motivation der Kinder einen positiven Zusammenhang zur Leistungsentwicklung aufweist, während die Schülereinschätzungen weniger günstige Befunde erbringen.

In vielen Längsschnittstudien zur Entwicklung der Lese- und Rechtschreibkompetenz haben sich *Geschlechtseffekte*, also Leistungsunterschiede zwischen Jungen und Mädchen, gezeigt. In der Regel erwiesen sich Mädchen den Jungen gegenüber sowohl beim Lesen als auch beim Rechtschreiben überlegen.

> **?**
> Ab wann zeigen sich diese Geschlechtsunterschiede?

In der Münchner Längsschnittstudie LOGIK fanden sich beispielsweise im Kindergarten noch keine Unterschiede zwischen Jungen und Mädchen im Bielefelder Screening und anderen schriftnahen Vorläufermerkmalen (etwa der Buchstabenkenntnis; vgl. Schneider 1994). Mädchen schnitten allerdings etwas besser ab, wenn es darum ging, Wörter zu schreiben, und auch etwa ein Drittel mehr Mädchen als Jungen konnten zu Schulbeginn schon lesen. Zu Beginn der Schulzeit scheinen die Unterschiede zwischen den Geschlechtern gerade im Hinblick auf die Lesegeschwindigkeit und das Leseverständnis ebenfalls noch nicht sonderlich ausgeprägt zu sein. So fanden Zöllner und Roos (2009) in der Heidelberger EVES-Studie für beide Schriftsprachkomponenten zwar leichte Vorteile der Mädchen über die gesamte Grundschulzeit hinweg, die aufgrund der großen Stichprobe auch statistisch signifikant ausfielen. Die Geschlechtseffekte sind jedoch als recht klein einzustufen. Dieser Befund wird auch durch Ergebnisse der IGLU-Studie bestätigt, in der sich in der vierten Klassenstufe ebenfalls Leistungsunterschiede zugunsten der Mädchen zeigten. Diese fielen allerdings sehr gering aus und waren als eher unbedeutend anzusehen (vgl. Hornberg et al. 2007).

Im Hinblick auf das Leseverständnis scheinen die Unterschiede jedoch im Verlauf der Sekundarstufe zuzunehmen. So wurden in der PISA-Studie in allen Untersuchungszyklen seit 2000 deutliche Vorteile der weiblichen Teilnehmenden registriert, die zwischen einer halben und einer drittel Standardabweichung variierten und demnach als durchaus bedeutsam einzustufen sind. Wie Naumann et al. (2010) zeigen konnten, blieben die Geschlechtsunterschiede der deutschen Stichproben zwischen 2000 und 2009 relativ konstant bei etwa 35 bis 40 Punkten auf der PISA-Skala (Mittelwert 500; Streuung 100). Dabei finden sich in den höheren Kompetenzstufen deutlich mehr Mädchen, in den niedrigen Kompetenzstufen vergleichsweise mehr Jungen. Die Geschlechtsunterschiede in den Leistungskennwerten dürften mit ähnlich gelagerten Unterschieden in der Lesemotivation zusammenhängen: Wesentlich mehr Jungen als Mädchen gaben in der PISA-Studie an, nicht zum Vergnügen zu lesen.

Für die Rechtschreibleistungen scheinen die Ergebnisse aus verschiedenen Längsschnittstudien nicht ganz konsistent. So fanden Zöllner und Roos (2009) von der ersten bis zur vierten Klassenstufe signifikante Vorteile der Mädchen im Rechtschreiben, die sie trotz etwas größerer Effektstärken (im Vergleich zum Lesen) als immer noch wenig substanziell einordneten. In den Münchner LOGIK- und SCHOLASTIK-Studien fand sich dagegen mit steigendem Umfang der Diktatproben (in der zweiten Klassenstufe Wortdiktate, ab der dritten Klassenstufe Satzdiktate) ein Anstieg in den Geschlechtsunterschieden, die gegen Ende der Grundschulzeit durchaus bedeutsam schienen (Schneider 1994). Diese Befunde stimmen auch mit denen von Richter (1994) und Schneider (1980) überein, wonach erst im Verlauf der Grundschulzeit größere Leistungsdifferenzen zwischen Jungen und Mädchen entstehen.

Der Einfluss von Unterschieden in der *sozialen Schichtzugehörigkeit* (SöS, sozioökonomischer Status) auf die Entwicklung des Lesens und Schreibens wurde schon in vielen einschlägigen Untersuchungen demonstriert und insbesondere in den verschiedenen Zyklen der PISA-Studie immer wieder illustriert. Die Befunde aus den PISA-Erhebungen legen dabei den Schluss nahe, dass sich insbesondere in Deutschland sehr große Leistungsunterschiede zwischen Jugendlichen aus bildungsfernen und bildungsnahen Schichten zeigen (vgl. z. B. Naumann et al.

2010). Wie die Befunde der Heidelberger EVES-Studie dokumentieren, lässt sich der Einfluss der Schichtzugehörigkeit auf die Leistung im Lesen und Rechtschreiben schon zu einem früheren Zeitpunkt nachweisen: Der SöS hatte über die ersten vier Schuljahre hinweg einen bedeutsamen Einfluss auf die Schriftsprachentwicklung der Kinder. Sowohl für die Lesegeschwindigkeit als auch für das Leseverständnis und das Rechtschreiben fanden sich substanzielle Leistungsunterschiede zwischen Kindern mit niedrigem und hohem SöS. Diese Unterschiede waren bereits in der ersten Klassenstufe vorhanden und vergrößerten sich in den folgenden Schuljahren stetig (vgl. Zöllner und Roos 2009).

Die Befunde dieser und anderer Längsschnittstudien (z. B. Dummert et al. 2014) belegen die Relevanz des SöS für den Schulerfolg sehr eindeutig. In der Studie von Dummert et al. (2014) wurde die Rechtschreibleistung schon gegen Ende der zweiten Klasse durch die Prädiktoren IQ, Geschlecht und SöS signifikant vorhergesagt. Die Güte der Vorhersage verbesserte sich deutlich bis zur vierten Klassenstufe, wobei etwa 40 % der Varianz in der Rechtschreibleistung durch die genannten Prädiktoren sowie die Rechtschreibleistung in der zweiten Klasse aufgeklärt werden konnten. Im vorliegenden Zusammenhang scheint interessant, dass sich der Vorhersagewert des SöS von der zweiten zur vierten Klassenstufe hin deutlich verbesserte. Wurde zusätzlich der Migrationsstatus als weiteres Vorhersagemerkmal einbezogen, änderte sich am Ergebnis nur wenig. Dies könnte damit zusammenhängen, dass SöS und Migrationsstatus eng miteinander verknüpft waren. Insgesamt legen die Befunde nahe, dass der Schulerfolg im Allgemeinen und der Schriftspracherwerb im Speziellen schon ab der frühen Grundschulzeit durch sozioökonomische Merkmale stark mitbestimmt werden. Es gelingt der Schule weder zu diesem frühen Zeitpunkt noch in späteren Entwicklungsphasen, den Einfluss der sozialen Schichtzugehörigkeit auf Lernergebnisse in den genannten Bereichen nennenswert zu reduzieren.

> ?
>
> Welchen Stellenwert hat der Klassenkontext für die Entwicklung der Schriftsprache?

Die Vermutung, dass die *Zusammensetzung der Schülerschaft* die Lernentwicklung beeinflusst, wurde in verschiedenen Untersuchungen bestätigt. In der Heidelberger EVES-Studie ließ sich beispielsweise zeigen, dass eine durchschnittlich intelligentere Schulklasse auch einen größeren Lernzuwachs im Rechtschreiben verzeichnete (Treutlein und Schöler 2009). Weiterhin variierte das Leistungsniveau der einzelnen Klassen bedeutsam in Abhängigkeit von dem durchschnittlichen SöS: Je höher der sozioökonomische Hintergrund war, desto besser fiel die durchschnittliche Testleistung im Rechtschreiben aus. Während die Korrelation des Klassen-IQ mit den Testleistungen im Lesen und Rechtschreiben in der ersten Klassenstufe noch relativ hoch ausfiel ($r = .46$), lag sie in der vierten Klassenstufe deutlich niedriger ($r = .28$). Für den Zusammenhang zwischen der mittleren Schichtzugehörigkeit ergab sich demgegenüber kein Entwicklungstrend. Die Korrelationskennwerte waren für beide Schriftsprachmerkmale und in allen Klassenstufen vergleichbar hoch ausgeprägt (durchschnittliches $r = .60$). Für den Aspekt der *Klassengröße* ergab sich keine bedeutsame Korrelation mit der Entwicklung von Lese- und Rechtschreibleistungen.

Die Autoren konnten interessanterweise auch belegen, dass sich zwischen Parallelklassen aus derselben Schule trotz identischen Einzugsgebiets deutliche Leistungsunterschiede zeigten. Wenn es auch generell schwierig ist, die Gründe für solche Leistungsunterschiede im Einzelfall zu klären, so haben eigene Beobachtungen gezeigt, dass „pädagogene" Einflüsse bedeutsam sein können (Schneider 1980). Im Rahmen einer empirischen Untersuchung zum Thema Lese-/Rechtschreibstörung (LRS) führte ich Rechtschreib- und Intelligenztests in zwei Parallelklassen durch, deren Klassenlehrerinnen sich sehr deutlich in ihrer Einstellung zum Rechtschreiben unterschieden. Während das Rechtschreiben bei der älteren Lehrerin nach eigener Aussage einen sehr hohen Stellenwert hatte, gab die jüngere Lehrerin zu Protokoll, dass sie der Rechtschreibleistung vergleichsweise wenig Bedeutung zumessen würde. Entsprechend fielen auch die Ergebnisse des Rechtschreibtests aus. Während sich in der Klasse der älteren Lehrerin kein einziges Kind im Sinne der üblichen Kriterien als rechtschreibschwach erwies, erfüllten fast 50 % der anderen Klasse das gängige Legastheniekriterium, und dies bei in beiden Klassen völlig vergleichbarer Intelligenz.

Damit wird deutlich, dass neben Merkmalen der Zusammensetzung von Klassen und Unterschieden in den Lehrkonzepten (Kap. 5) Einstellungen von Lehrkräften zu den einzelnen Komponenten der Schriftsprache den Lernerfolg der Schülerinnen und Schüler nachhaltig beeinflussen können. Aus den Ergebnissen der SCHOLASTIK-Studie lässt sich weiterhin ablesen, dass sich Klassen mit anfänglich überdurchschnittlichen Rechtschreibleistungen auch weiterhin im Verlauf der Grundschulzeit als überdurchschnittlich erfolgreich erwiesen, insbesondere dann, wenn die Aufmerksamkeitskennwerte der Klassen und das Selbstkonzept der Schüler im Fach Deutsch überdurchschnittlich gut ausfielen (Schneider et al. 1997).

Fazit

Für die Entwicklung des Lesens und Rechtschreibens lässt sich festhalten, dass gerade in den ersten Jahren der Grundschulzeit generell starke Leistungszuwächse zu beobachten sind. Für beide Kompetenzbereiche gilt allerdings auch, dass die Leistungsbandbreite von Beginn an beträchtlich ausfällt und sich in späteren Phasen kaum reduziert. Die hohen Stabilitätskennwerte deuten darauf hin, dass Anfangsunterschiede in Schriftsprachkompetenzen über längere Zeiträume beibehalten werden, und dies relativ unabhängig von unterschiedlichen schulischen Erfahrungen. Lese- wie auch Rechtschreibleistungen verbessern sich bis zum späten Jugendalter. Danach sind kaum noch Kompetenzzuwächse zu verzeichnen.

In den letzten Jahrzehnten hat sich im Hinblick auf die Diagnostik von Lese- und Rechtschreibleistungen die Situation deutlich verbessert. Es stehen mittlerweile für jeden der oben beschriebenen Teilbereiche ökonomische, verlässliche und inhaltsgültige Testverfahren zur Verfügung, die auch von Lehrkräften problemlos eingesetzt werden können. Will man die Entwicklung von Schriftsprachleistungen frühzeitig vorhersagen, so empfiehlt es sich, neben der Intelligenz auch Merkmale der phonologischen Informationsverarbeitung heranzuziehen, also die phonologische Bewusstheit, das Arbeitsgedächtnis und die Geschwindigkeit beim Zugriff auf das semantische Lexikon. Obwohl über diese Merkmale ein relativ großer Prozentsatz der individuellen Unterschiede in den Leistungskennwerten erklärt werden kann, bietet der Einbezug des Geschlechts, der sozialen Schichtzugehörigkeit (SöS) und von Merkmalen des Klassenkontexts die Möglichkeit, weitere Leistungsvarianz aufzuklären. Nach wie vor gilt, dass SöS-Unterschiede für die Entwicklung der Schriftsprachkompetenz im Besonderen und generell auch für die Vorhersage des Schulerfolgs bedeutsam sind.

Literatur

Althoff, K., Greif, S., Henning, G., Hess, R., & Röber, J. (1974). *Rechtschreibungstests (R-T). Allgemeine Handanweisung für die Diktate C, D, E* (2. Aufl.). Göttingen: Hogrefe.

Artelt, C., Schiefele, U., & Schneider, W. (2001). Predictors of reading literacy. *European Journal of Psychology of Education, 16*, 363–383.

Artelt, C., Stanat, P., Schneider, W., Schiefele, U., & Lehmann, R. (2004). Die PISA-Studie zur Lesekompetenz: Überblick und weiterführende Analysen. In U. Schiefele, C. Artelt, W. Schneider & P. Stanat (Hrsg.), *Struktur, Entwicklung und Förderung von Lesekompetenz: Vertiefende Analysen im Rahmen von PISA 2000* (S. 139–168). Wiesbaden: VS.

Baddeley, A. (1986). *Working memory*. Oxford: Clarendon Press.

Bäuerlein, K., Lenhard, W., & Schneider, W. (2012a). *LESEN 6–7: Lesebatterie für die Klassenstufen 6–7*. Göttingen: Hogrefe.

Bäuerlein, K., Lenhard, W., & Schneider, W. (2012b). *LESEN 8–9: Lesebatterie für die Klassenstufen 8–9*. Göttingen: Hogrefe.

Becker, M., Lüdtke, O., Trautwein, U., & Baumert, J. (2006). Leistungszuwachs in Mathematik: Evidenz für einen Schereneffekt im mehrgliedrigen Schulsystem. *Zeitschrift für Pädagogische Psychologie, 20*, 233–242.

Bosse, M.-L. (2015). Learning to read and spell: How children acquire word orthographic knowledge. *Child Development Perspectives, 9*, 222–226.

Brügelmann, H. (1986). *Lese- und Schreibaufgaben für Schulanfänger*. Universität Bremen: Studiengang Primarstufe.

Coltheart, M. (1978). Lexical access in simple readings tasks. In G. Underwood (Hrsg.), *Strategies of information processing* (S. 151–216). London: Academic Press.

van Dijk, T. A., & Kintsch, W. (1983). *Strategies of discourse comprehension.* New York: Academic Press.

Dornheim, D. (2008). *Prädiktion von Rechenleistung und Rechenschwäche: Der Beitrag von Zahlen-Vorwissen und allgemein-kognitiven Fähigkeiten.* Berlin: Logos.

Dummert, F., Endlich, D., Schneider, W., & Schwenck, C. (2014). Entwicklung schriftsprachlicher und mathematischer Leistungen bei Kindern mit und ohne Migrationshintergrund. *Zeitschrift für Entwicklungspsychologie und Pädagogische Psychologie, 46,* 115–132.

Ennemoser, M., Marx, P., Weber, J., & Schneider, W. (2012). Spezifische Vorläuferfertigkeiten der Lesegeschwindigkeit, des Leseverständnisses und des Rechtschreibens: Evidenz aus Längsschnittstudien vom Kindergarten bis zur 4. Klasse. *Zeitschrift für Entwicklungspsychologie und Pädagogische Psychologie, 44,* 53–67.

Gough, P. B., & Tunmer, W. E. (1986). Decoding, reading, and reading disability. *Remedial and Special Education, 7,* 6–10.

Grund, M., Haug, G., & Naumann, C. L. (2003). *Diagnostischer Rechtschreibtest für 4. Klassen (DRT 4).* Weinheim: Beltz.

Helmke, A., & Weinert, F. E. (1997). Bedingungsfaktoren schulischer Leistungen. In F. E. Weinert (Hrsg.), *Psychologie des Unterrichts und der Schule* (s. Beispiel S. 69) (Enzyklopädie der Psychologie, Serie Pädagogische Psychologie, Bd. 3, S. 71–121). Göttingen: Hogrefe.

Hornberg, S., Valtin, R., Potthoff, B., Schwippert, K., & Schulz-Zander, R. (2007). Lesekompetenzen von Jungen und Mädchen im internationalen Vergleich. In W. Bos, S. Hornberg, K.-H. Arnold, G. Faust, L. Fried, E.-M. Lankes, K. Schwippert & R. Valtin (Hrsg.), *IGLU 2006 – Lesekompetenzen von Grundschulkindern in Deutschland im internationalen Vergleich* (S. 195–223). Münster: Waxmann.

Juel, C. (1988). Learning to read and write: A longitudinal study of 54 children from first through fourth grade. *Journal of Educational Psychology, 80,* 437–447.

Kirschhock, E.-M. (2004). *Entwicklung schriftsprachlicher Kompetenzen im Anfangsunterricht.* Bad Heilbrunn: Klinkhardt.

Klicpera, C., & Gasteiger-Klicpera, B. (1998). *Lesen und Schreiben. Entwicklung und Schwierigkeiten* (2. Aufl.). Bern: Huber.

Landerl, K., & Wimmer, H. (2008). Development of word reading fluency and spelling in a consistent orthography: An 8-year follow-up. *Journal of Educational Psychology, 100,* 150–161.

Lehmann, R. H., Peek, R., & Poerschke, J. (2006). *Hamburger Lesetest für 3. und 4. Klassen (HAMLET 3–4).* Göttingen: Hogrefe.

Lenhard, W. (2013). *Leseverständnis und Lesekompetenz: Grundlagen – Diagnostik – Förderung.* Stuttgart: Kohlhammer.

Lenhard, W., & Schneider, W. (2006). *ELFE 1–6. Ein Leseverständnistest für Erst- bis Sechstklässler.* Göttingen: Hogrefe.

Lenhard, W., & Schneider, W. (Hrsg.). (2009). *Diagnostik und Förderung des Leseverständnisses* (Tests und Trends, N.F., Bd. 7). Göttingen: Hogrefe.

Marx, H. (1998). *Knuspels Leseaufgaben.* Göttingen: Hogrefe.
Marx, P. (2007). *Lese- und Rechtschreiberwerb.* Paderborn: Schöningh (UTB).
Marx, H., & Jungmann, T. (2000). Abhängigkeit der Entwicklung des Leseverstehens von Hörverstehen und grundlegenden Lesefertigkeiten im Grundschulalter: Eine Prüfung des Simple View of Reading-Ansatzes. *Zeitschrift für Entwicklungspsychologie und Pädagogische Psychologie, 32,* 81–93.
Marx, H., Hasselhorn, M., Opitz-Karig, & Schneider, W. (2008). Deutschsprachige Tests zur Erfassung der Rechtschreibleistung bei Kindern und Jugendlichen. In W. Schneider, H. Marx & M. Hasselhorn (Hrsg.), *Diagnostik von Rechtschreibleistungen und -kompetenz* (Tests und Trends, N.F., Bd. 6, S. 211–224). Göttingen: Hogrefe.
May, P. (2012). *Hamburger Schreib-Probe 1–10 (HSP 1–10).* Stuttgart: Klett.
Moll, K., & Landerl, K. (2014). *SLRT-II. Lese- und Rechtschreibtest. Weiterentwicklung des Salzburger Lese- und Rechtschreibtests (SLRT).* Bern: Huber.
Moll, K., Landerl, K., & Kain, W. (2008). Der Rechtschreibteil des SLRT. In W. Schneider, H. Marx & M. Hasselhorn (Hrsg.), *Diagnostik von Rechtschreibleistungen und -kompetenz* (Tests und Trends, N.F., Bd. 6, S. 129–143). Göttingen: Hogrefe.
Naumann, J., Artelt, C., Schneider, W., & Stanat, P. (2010). Lesekompetenz von PISA 2000 bis PISA 2009. In E. Klieme, C. Artelt, J. Hartig, N. Jude, O. Köller, M. Prenzel, W. Schneider & P. Stanat (Hrsg.), *PISA 2009 – Bilanz nach einem Jahrzehnt* (S. 23–72). Münster: Waxmann.
Preßler, A.-L., Könen, T., Hasselhorn, M., & Krajewski, K. (2014). Cognitive preconditions of early reading and spelling: A latent-variable approach with longitudinal data. *Reading and Writing: An Interdisciplinary Journal, 27,* 383–406.
Richter, S. (1994). Geschlechterunterschiede in der Rechtschreibentwicklung von Kindern der 1. bis 5. Klasse. In S. Richter & H. Brügelmann (Hrsg.), *Mädchen lernen anders lernen Jungen* (S. 51–65). Konstanz: Libelle.
Roos, J., & Schöler, H. (Hrsg.). (2009). *Entwicklung des Schriftspracherwerbs in der Grundschule – Längsschnittanalyse zweier Kohorten über die Grundschulzeit.* Wiesbaden: VS.
Scheerer-Neumann, G. (1997). Lesen und Leseschwierigkeiten. In F. E. Weinert (Hrsg.), *Psychologie des Unterrichts und der Schule* Enzyklopädie der Psychologie (Serie Pädagogische Psychologie, Bd. 3, S. 279–325). Göttingen: Hogrefe.
Scheerer-Neumann, G. (2015). *Lese- Rechtschreibschwäche und Legasthenie – Grundlagen, Diagnostik und Förderung.* Stuttgart: Kohlhammer.
Schneider, W. (1980). *Bedingungsanalysen des Recht-Schreibens.* Bern: Huber.
Schneider, W. (1994). Geschlechtsunterschiede beim Schriftspracherwerb: Befunde aus den Münchner Längsschnittstudien LOGIK und Scholastik. In S. Richter & H. Brügelmann (Hrsg.), *Mädchen lernen anders lernen Jungen* (S. 71–82). Konstanz: Libelle.
Schneider, W. (1997). Rechtschreiben und Rechtschreibschwierigkeiten. In F. E. Weinert (Hrsg.), *Psychologie des Unterrichts und der Schule* (Enzyklopädie der Psychologie. Serie Pädagogische Psychologie, Bd. 3, S. 327–363). Göttingen: Hogrefe.
Schneider, W. (2008a). Entwicklung, Diagnose und Förderung der Lesekompetenz im Kindes- und Jugendalter. In C. Fischer, F. Mönks & U. Westphal (Hrsg.), *Begabung und Persönlichkeit* (S. 131–168). Münster: LIT.

Schneider, W. (2008b). Entwicklung der Schriftsprachkompetenz vom frühen Kindes- bis zum frühen Erwachsenenalter. In W. Schneider (Hrsg.), *Entwicklung von der Kindheit bis zum Erwachsenenalter – Befunde der Münchner Längsschnittstudie LOGIK* (S. 167–186). Weinheim: Beltz.

Schneider, W. (2014). Kindzentrierte Förderung im Bereich des Lesens und Rechtschreibens. In A. Lohaus & M. Glüer (Hrsg.), *Entwicklungsförderung im Kindesalter* (S. 183–201). Göttingen: Hogrefe.

Schneider, W. & Marx, P. (im Druck). Lesenlernen. In D.H. Rost (Hrsg.), Handwörterbuch Pädagogische Psychologie (7. Aufl.). Weinheim: Beltz.

Schneider, W., & Näslund, J. (1993). The impact of early metalinguistic competencies and memory capacity on reading and spelling in elementary school: Results of the Munich Longitudinal Study on the Genesis of Individual Competencies (LOGIC). *European Journal of Psychology of Education, 8*, 273–288.

Schneider, W., & Näslund, J. C. (1999). The early prediction of reading and spelling: Problems and perspectives. In F. E. Weinert & W. Schneider (Hrsg.), *Individual development from 3 to 12: Findings from the Munich Longitudinal Study* (S. 126–147). Cambridge: Cambridge University Press.

Schneider, W., & Stefanek, J. (2007). Entwicklung der Rechtschreibleistung vom frühen Schul- bis zum frühen Erwachsenenalter: Längsschnittliche Befunde der Münchner LOGIK-Studie. *Zeitschrift für Pädagogische Psychologie, 21*, 77–82.

Schneider, W., Stefanek, J., & Dotzler, H. (1997). Der Erwerb des Lesens und Rechtschreibens in der Grundschulzeit. Ergebnisse aus dem SCHOLASTIK-Projekt. In F. E. Weinert & A. Helmke (Hrsg.), *Entwicklung im Grundschulalter* (S. 113–129). Weinheim: Beltz.

Schneider, W., Schlagmüller, M., & Ennemoser, M. (2008a). *Lesegeschwindigkeits- und -verständnistest für die Klassen 6–12 (LGVT 6–12)*. Göttingen: Hogrefe.

Schneider, W., Marx, H., & Hasselhorn, M. (Hrsg.). (2008b). *Diagnostik von Rechtschreibleistungen und -kompetenz*. Tests und Trends, N.F., Bd. 6. Göttingen: Hogrefe.

Schneider, W., Blanke, I., Faust, V., & Küspert, P. (2011). *Würzburger Leise Leseprobe Revision (WLLP-R)*. Göttingen: Hogrefe.

Schnitzler, C. (2008). *Phonologische Bewusstheit und Schriftspracherwerb*. Stuttgart: Thieme.

Seymour, P. H. K., Aro, M., & Erskine, J. M. (2003). Foundation literacy acquisition in European orthographies. *British Journal of Psychology, 94*, 143–174.

Skowronek, H., & Marx, H. (1989). The Bielefeld longitudinal study on early identification of risks in learning to read and write. Theoretical background and first results. In M. Brambring, F. Lösel & H. Skowronek (Hrsg.), *Children at risk: Assessment, longitudinal research, and intervention* (S. 268–294). New York: De Gruyter.

Souvignier, E., Trenk-Hinterberger, I., Adam-Schwebe, A., & Gold, A. (2008). *Frankfurter Leseverständnistest für 5. und 6. Klassen (FLVT 5–6)*. Göttingen: Hogrefe.

Stock, C., & Schneider (2008a). *Deutscher Rechtschreibtest für das erste und zweite Schuljahr (DERET 1–2+)*. Göttingen: Hogrefe.

Stock, C., & Schneider (2008b). *Deutscher Rechtschreibtest für das dritte und vierte Schuljahr (DERET 3–4+)*. Göttingen: Hogrefe.

Stock, C., Marx, P., & Schneider, W. (2003). *Basiskompetenzen für Lese- Rechtschreibleistungen (BAKO 1–4)*. Göttingen: Hogrefe.
Treutlein, A., & Schöler, J. (2009). Zum Einfluss der schulischen Lernumwelt auf die Schulleistung. In J. Roos & H. Schöler (Hrsg.), *Entwicklung des Schriftspracherwerbs in der Grundschule. Längsschnittanalyse zweier Kohorten über die Grundschulzeit* (S. 109–144). Wiesbaden: VS.
Valtin, R., Badel, I., Löffler, I., Meyer-Schepers, U., & Voss, A. (2003). Orthographische Kompetenzen von Schülerinnen und Schülern der vierten Klasse. In W. Bos et al. (Hrsg.), *Erste Ergebnisse aus IGLU – Schülerleistungen am Ende der vierten Jahrgangsstufe im internationalen Vergleich* (S. 227–264). Münster: Waxmann.
Walter, J. (2013). *VSL. Verlaufsdiagnostik sinnerfassenden Lesens*. Göttingen: Hogrefe.
Wimmer, H., & Mayringer, H. (2014). *Salzburger Lese-Screening für die Schulstufen 2–9*. Bern: Huber.
Zehran-Hartung, C., Strehlow, U., Haffner, J., Pfüller, U., Parzer, P., & Resch, F. (2002). Normverschiebungen bei Rechtschreibleistung und sprachfreier Intelligenz. *Praxis der Kinderpsychologie und Kinderpsychiatrie, 51*, 281–297.
Zöllner, I., & Roos, J. (2009). Einfluss individueller Merkmale und familiärer Faktoren auf den Schriftspracherwerb. In J. Roos & H. Schöler (Hrsg.), *Entwicklung des Schriftspracherwerbs in der Grundschule – Längsschnittanalyse zweier Kohorten über die Grundschulzeit* (S. 47–108). Wiesbaden: VS.

5

Gibt es bessere und schlechtere Unterrichtsmethoden für den Schriftspracherwerb? – Der Methodenstreit im Licht neuerer Erkenntnisse

Inhaltsverzeichnis

5.1 Was kann man über Kinder aussagen, die das Lesen schon vor der Schule lernen? 105
5.2 Welche aktuellen methodisch-didaktischen Ansätze des Schriftspracherwerbs im deutschsprachigen Raum gibt es? 108
5.3 Wie relevant erweist sich der Methodenstreit aus der Perspektive empirischer Untersuchungen? 117
Literatur. 124

5.1 Was kann man über Kinder aussagen, die das Lesen schon vor der Schule lernen?

Wenn wir uns im Folgenden mit der Frage beschäftigen, welche formalen Lese- und Schreibmethoden besonders gut für den Anfangsunterricht geeignet sind, gehen wir implizit davon aus, dass Lese- und Rechtschreibkompetenzen im schulischen Kontext erworben werden. Während dies für das Rechtschreiben im Wesentlichen zutrifft, muss für das Lesen konstatiert werden, dass die Entwicklung in gewissem Umfang auch durch Anregungen des Elternhauses beeinflusst wird. Kinder unterscheiden sich schon ab der frühen Schulzeit in erheblichem Ausmaß in ihren außerschulischen Lesegewohnheiten und -aktivitäten. In der einschlägigen Forschung finden sich viele Belege dafür, dass die Familie die wichtigste Vermittlerin und Vorbereiterin von Lesekompetenz ist (vgl. z. B. Hurrelmann 2009; Kap. 6). Lesesozialisation beginnt demnach schon im Kleinkindalter, längst ehe der Leselernprozess im engeren Sinne einsetzt. Während in der vorschulischen Phase meist die Voraussetzungen für den Erwerb der Lesekompetenz im schulischen Kontext geschaffen werden, finden sich jedoch einige Vorschulkinder, die bei Schuleintritt schon lesen können. In der Literatur zur Lesesozialisation wird häufig die Frage gestellt, auf welche Weise diese Kinder lesen lernten, und welche Fähigkeiten Kinder mitbringen müssen, damit sie zu Frühlesern werden.

Studien zur frühen Lesesozialisation legen den Schluss nahe, dass es sich bei den Frühlesern um meist hochbegabte Kinder aus bildungsnahen Schichten handelt, die von zahlreichen kulturellen Anregungen des Elternhauses profitieren (z. B. Wieler 1997). Beispiele berühmter Frühleser wie etwa Marie Curie, René Descartes, Sören Kierkegaard oder Adalbert Stifter stützen die Annahme, dass hohe Intelligenz mit dem frühen Leseerwerb in Beziehung steht. Neuere Untersuchungen zu höchstbegabten Kindern wie etwa Michael Kearney, der mit vier Monaten zu sprechen begann, im Alter von 15 Monaten lesen konnte, mit sechs Jahren das College besuchte und mit zehn Jahren ein Universitätsstudium begann (vgl. Kearney und Kearney 1995), scheinen die Hypothese des Zusammenhangs zwischen Hochbegabung und frühen Lesekompetenzen weiter zu unterstreichen. Systematische Studien zum Phänomen des Frühlesens können diesen Eindruck jedoch nicht ohne Weiteres bestätigen (vgl. Neuhaus-Siemon 1993; Stamm 2004). Diese Studien verdeutlichen, dass es sich bei Frühlesern um eine durchaus heterogene Klientel handelt und sich kein eindeutiges Beziehungsgefüge zwischen Hochbegabung und Frühlesen ergibt.

> Die Längsschnittstudie von Stamm (2004) erscheint in diesem Zusammenhang besonders aussagekräftig, da sie den langfristigen Schulerfolg und die Stabilität der schulischen Leistungen von Frühlesern und Kindern mit zu Schulbeginn ausgeprägten mathematischen Kompetenzen (Frührechner) erfasste.
>
> Die Studie wurde mit 180 Klassen und mehr als 2500 Kindern unmittelbar nach deren Schuleintritt begonnen. In der für die zentralen Fragestellung besonders interessanten Untersuchungsgruppe befanden sich Kinder, die entweder als Frühleser (N = 59), Frührechner (N = 60) und kombinierte Frühleser und -rechner (N = 66) charakterisiert werden konnten. Jedem dieser Kinder wurde ein Vergleichsgruppenkind gleichen Geschlechts gegenübergestellt, das zu Schulbeginn weder lesen noch rechnen konnte. Erhebungen zu den Schulleistungen dieser Kinder, ihrer intellektuellen Begabung und ihrer Persönlichkeitsentwicklung fanden zu vier weiteren Zeitpunkten (gegen Mitte der ersten Klasse, in der dritten, fünften und achten Klasse) statt. Im Hinblick auf die Frage, ob Schulneulinge mit deutlichen Kenntnisvorsprüngen im Lesen und/oder Rechnen besonders begabt sind, ließ sich nachweisen, dass die meisten dieser Kinder überdurchschnittlich intelligent, jedoch keineswegs in allen Fällen hochbegabt waren. Lediglich für die Gruppe der kombinierten Frühleser und -rechner konnte gezeigt werden, dass sie mit einem Durchschnitts-IQ von 124 relativ nahe an das übliche Hochbegabungskriterium (IQ = 130+) herankam. Bei den beiden anderen Gruppen (Frühleser oder -rechner) lagen die entsprechenden Kennwerte bei etwa 115 bzw. 116, deuten also ebenfalls auf überdurchschnittliche Intelligenz hin.

Ein wichtiges Teilergebnis der Studie ist also darin zu sehen, dass nur die Kombination von *eigenmotiviertem* vorschulischen Lesen- und Rechnenlernen als Indiz für deutlich überdurchschnittliche intellektuelle Fähigkeiten gelten kann. Die kombinierte Gruppe der Frühleser und -rechner hatte auch insofern einen Sonderstatus, als sie sich vorwiegend aus Kindern der oberen Mittel- und Oberschicht rekrutierte. Für die beiden anderen Gruppen der Frühleser und Frührechner traf dies so nicht zu, da alle Sozialschichten repräsentiert waren.

Als weiterer wichtiger Befund dieser Studie kann das Ergebnis gelten, dass sich die Untersuchungsgruppe von der Vergleichsgruppe auch noch nach acht Schuljahren statistisch signifikant durch ihre höheren intellektuellen Fähigkeiten und klar besseren Schulnoten in Deutsch und Mathematik unterschied, nicht jedoch in ihrer schulischen und außerschulischen Anpassung und ihren Sozialkompetenzen. Die Längsschnittstudie von Stamm erhärtet damit auch die These, dass früh (zu Schulbeginn) bestehende Kenntnisunterschiede in zentralen Lernfächern durch spätere Unterrichtserfahrungen nicht wesentlich verändert werden (vgl. auch Klicpera und Klicpera-Gasteiger 1998).

Wie bereits angedeutet, können die Frühleser auch nicht als homogene Gruppe gesehen werden. So finden sich Kinder, die sich früh für Buchstaben interessieren und das Lesen selbstständig erlernen. Andere Vorschulkinder beobachten die Mutter bei Leseübungen mit älteren Geschwistern sehr genau und kommen auf diesem Weg zu frühen Lesekompetenzen. Schließlich gibt es auch Fälle, in denen die Mutter dem Vorschulkind das Lesen beibringt, etwa weil sie befürchtet, dass das Kind in der Schule ähnliche Schwierigkeiten bekommen wird wie ein älteres Geschwister. In jedem Fall lehren uns diese Fallbeispiele, dass es schon vor Schulbeginn unterschiedliche Möglichkeiten gibt, sich das Lesen beizubringen, und dies ohne formale Leselehrgänge.

Wenn damit auch feststeht, dass sich junge Kinder schon vor Schuleintritt auf unterschiedliche Art und Weise das Lesen beibringen können, betrifft dies jedoch nur eine sehr kleine Minderheit. Die überwiegende Mehrheit der Kinder tritt mit einem basalen Buchstabenwissen in die Schule ein, muss dann aber den Schritt zum Lesen erst noch leisten. Wie in Kap. 1 ausgeführt wurde, waren sich die Lesedidaktiker seit dem Mittelalter bis etwa Ende des 19. Jahrhunderts uneins darüber, wie der Leseunterricht optimal gestaltet werden kann. Im Folgenden soll geprüft werden, ob sich die Situation in der Neuzeit (ab dem vergangenen Jahrhundert) wesentlich geändert hat.

5.2 Welche aktuelleren methodisch-didaktischen Ansätze des Schriftspracherwerbs im deutschsprachigen Raum gibt es?

Wie in Kap. 1 erwähnt, ließ sich zu Beginn des 20. Jahrhunderts die Methodenvielfalt im Erstleseunterricht auf drei zentrale Verfahren reduzieren: das synthetische, das analytisch-synthetische und das ganzheitliche Verfahren. Im Folgenden werden typische Charakteristika dieser methodischen Ansätze näher beschrieben.

> **?**
> Wie lässt sich die Ganzheitsmethode beschreiben?

Die gerade in der ersten Hälfte des 20. Jahrhunderts recht populäre Ganzheitsmethode war von dem Reformpädagogen Georg Kerschensteiner aus Amerika nach Deutschland importiert worden. Sie war ähnlich wie die schon von Gedike (1779) beschriebene ganzheitliche Lesemethode dadurch charakterisiert, dass beim Lesenlernen zunächst von dem ganzen Wort oder Satz ausgegangen wurde und erst danach eine Erarbeitung der Buchstaben-Laut-Verknüpfungen und das selbstständige Lesen erfolgten. Dieses Leseverfahren war von Grundzügen der Gestaltpsychologie geprägt, sah also eine Phase ganzheitlich-naiven Lesens als wichtige Voraussetzung für den späteren Erwerb gegliederter „Wortgestalten" an. Sehr einflussreich bei der Verbreitung dieser Leselernmethode waren die Gebrüder Kern (1937). Diese sahen im Lesevorgang kein summatives Aneinanderreihen einzelner Laute zu Silben und Wörtern, sondern stellten den einmaligen ganzheitlichen Wahrnehmungsvorgang, also die Betrachtung und Verarbeitung der „Wortgestalt", in den Mittelpunkt der Betrachtung.

Die Ganzheitsmethode wurde im Unterricht so eingeführt, dass die Kinder zunächst durch Umstellen von Sätzen lernten, dass diese aus Wörtern bestehen. Durch den visuellen Vergleich von verschiedenen Wörtern, also über einen optischen Analysevorgang, erfuhren die Kinder dann, dass diese gleiche Buchstaben enthielten. Erst später erfolgte die akustische Analyse, bei der Wörter und Buchstaben auditiv verglichen wurden, um Laute zu erkennen. Die Ganzheitsmethode erfuhr in der Nachkriegszeit besondere Beachtung und war in Deutschland bis in die 1960er-Jahre hinein sehr populär.

Der ganzheitliche (analytische) Ansatz führt dazu, dass die Schulanfänger zunächst einen „Merkwortbestand" (Schründer-Lenzen 2013) erarbeiten und diesen regelrecht auswendig lernen. Dieser Ansatz betont den semantischen Aspekt der geschriebenen Sprache, also den Umstand, dass der Sinn des Gelesenen den Ausgangspunkt des kindlichen Lernprozesses darstellen soll. Nach Auffassung der Befürworter sollten sich über das ganzheitliche Lesen „Wortbilder" unmittelbar einprägen, was sowohl korrektes Lesen als auch richtiges Schreiben erleichtert. Wenn auch die ganzheitlichen Verfahren von der prinzipiell richtigen Beobachtung ausgehen, dass der erste Zugang junger Kinder zum Lesen meist ein logografischer ist (Kap. 1), so scheint es dennoch nicht produktiv, die eigentlich recht kurze logografische Phase durch diesen Ansatz künstlich zu verlängern (Scheerer-Neumann 1997). Nachteilig macht sich auch oft bemerkbar, dass die Kinder über eine solche Lesestrategie zum Raten verführt werden. Während die Gebrüder Kern der festen Überzeugung waren, dass der Aufbau von „Wortbildern" für den Leseerwerb zentral ist und sie bei den analytisch-synthetischen Leseverfahren das Problem sahen, dass diese zu früh den „Gestaltzerfall" des Wortbildes herbeiführen, kann diese Wortbildtheorie heute als empirisch weitgehend widerlegt gelten.

> ?
> Wodurch ist die synthetische Methode charakterisiert?

Die historische Entwicklung der synthetisch konzipierten Erstlesedidaktik wurde schon kurz in Kap. 1 erörtert. Der Leselehrgang ist hier so aufgebaut, dass zunächst einzelne Buchstaben mit ihrem Buchstaben- oder Lautnamen gelernt und anschließend zu größeren Einheiten (Silben oder Wörtern) zusammengefügt werden. Die Methode verfolgt also über diese Prozedur des Zusammensetzens von Lauten und Buchstaben zu Silben und Wörtern eine Synthese. Der Ablauf erfolgt meist so, dass zu Beginn des Lehrgangs einzelne Laute identifiziert, diese dann miteinander zu größeren Einheiten verschmolzen werden und im letzten Schritt die Stufe des zusammenfassenden Lesens erreicht wird. Zur Lautgewinnung wurde vielfach die zuerst von Jordan (1533) entwickelte und auch heute noch übliche Anlautmethode (Lautgewinnung durch Identifikation der Anlaute eines Wortes) oder die auf Ickelsamer und Comenius zurückgehende Naturlautmethode verwendet, bei der die Buchstaben beispielsweise über Tierlaute eingeführt werden. Die Lautverschmelzung wurde dadurch erreicht, dass die Kinder einzelne Laute möglichst schnell hintereinander aussprechen sollten. Auf der letzten Stufe des Lesens sollten die Kinder dann dazu gebracht werden, das gesamte Wort und seine Bedeutung zu erfassen.

> ?
> Was sind typische Merkmale der silbenanalytischen Methode?

Dieser von Röber (2009) entwickelte Ansatz unterscheidet sich von anderen Lese- und Schreiblehrgängen dadurch, dass nicht Buchstaben und ihre Beziehungen zu Einzellauten, sondern Silben im Mittelpunkt der Betrachtung stehen. Die Autorin geht davon aus, dass Silben (nicht Laute und auch nicht Wörter) die kleinsten spontan zu äußernden Einheiten der Sprache sind und dass der Zugang zur Schrift

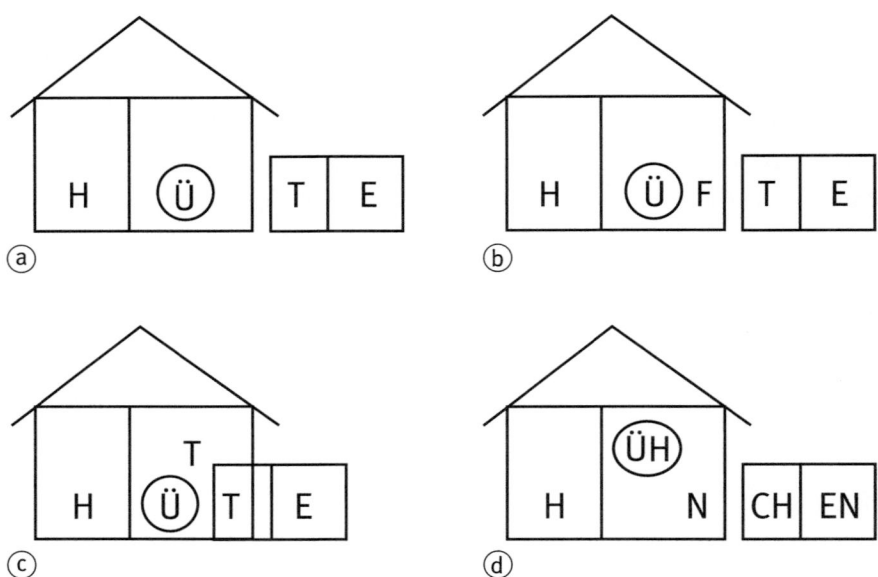

Abb. 5.1 Worthäuser. (Nach Rautenberg 2012)

über Silben den Wahrnehmungskategorien von Schulanfängern entgegenkommt. Um das bei den jungen Kindern verfügbare Sprach- und Schriftwissen optimal nutzen zu können, sollte der Anfangsunterricht vor allem die prosodische Analyse der Sprache dadurch berücksichtigen, dass zwischen betonten und unbetonten Silben unterschieden wird. Im Lehrgang werden zunächst nur prototypische Wortschreibungen berücksichtigt, wobei trochäische Zweisilber (also zweisilbige Wörter mit betonter und reduzierter Silbe, etwa „Hü-te", „Ka-tze") zentrale Bedeutung haben. Erst später werden mehrsilbige Wörter eingeführt.

Über sog. Worthäuser (Abb. 5.1) wird das Schriftwissen der Kinder aufgebaut. Das „Haus" steht dabei für die betonte Silbe, die „Garage" für die Reduktionssilbe. Über diese Häusersymbole sollen die Kinder strukturelle Unterschiede zwischen den Wort- und Silbentypen entdecken. So lernen sie durch das Eintragen von Wörtern in das erste Häuserbild (Abb. 5.1a), dass bei Wörtern mit offener Silbe und losem Anschluss an den Folgekonsonanten im zweiten „Zimmer" immer Vokalbuchstaben und im ersten „Zimmer" immer Konsonantenbuchstaben „wohnen". Sie erkennen weiterhin, dass im zweiten „Zimmer" der Garage (der unbetonten Silbe) immer der Vokalbuchstabe <e> „wohnt", der die Verschriftung des Reduktionsvokals „Schwa" darstellt.

Abb. 5.1b zeigt ein Beispiel für eine geschlossene betonte Silbe mit festem Abschluss zum Folgekonsonanten („Hüf-te"). Hier findet sich die Besonderheit, dass ein Konsonantenbuchstabe im zweiten Zimmer des Hauses wohnt.

In Abb. 5.1c wird am Wort „Hütte" illustriert, dass bei solchen Schärfungswörtern auf den Vokal der betonten Silbe unmittelbar ein Konsonant folgt. Die Besonderheit besteht darin, dass der Konsonant für den festen Anschluss nicht Teil derselben Silbe ist, sondern den Anfangsrand der Reduktionssilbe bildet (Röber 2009). Schärfungswörter sind nicht syllabierbar, was sich orthografisch in der Verdopplung des Konsonantenbuchstabens ausdrückt. Wie die Abbildung zeigt, wird die feste Verbindung beider Silben dadurch zum Ausdruck gebracht, dass die „Garage" ins „Haus" rückt.

Schließlich (Abb. 5.1d) wird für Wörter mit geschlossener betonter Silbe mit losem Anschluss an den Folgekonsonanten am Beispiel von „Hühnchen" gezeigt, dass ein Vokal, der ähnlich wie bei „Hü-te" klingt, am Silbenendrand von einem Konsonanten gefolgt wird. Dieser Konsonant muss anders notiert werden als beim Beispiel „Hüf-te", was die Kinder etwa über das Einfügen eines „Kellers" im Haus lösen. Es scheint in diesem Zusammenhang wichtig, dass das Buchstabenlernen stets in die Arbeit mit den verschiedenen Wortgestalten eingebunden ist, die durch die Häusergestalten symbolisiert werden (Röber 2009).

> ?
>
> Wie muss man sich das kombinierte Verfahren vorstellen, wie es in modernen Fibeln umgesetzt wird?

Die meisten modernen Fibeln basieren auf einer Kombination analytischer und synthetischer Verfahren, die schon gegen Mitte des 19. Jahrhunderts Einfluss gewann (Kap. 1). Die meisten dieser Fibellehrgänge entstanden etwa um 1970 und sind auch heute noch populär. Für die modernen Lehrgänge ist dabei typisch, dass die in der Fibel vorgegebene Reihenfolge der Buchstabenanordnung und der Wortbestand genauso auch in den Begleitmaterialien zu finden sind (vgl. Schründer-Lenzen 2009). Die Kinder erlernen zunächst die Abfolge der einzelnen Laute eines gesprochenen Wortes, ordnen dann den analysierten Lauten Buchstaben zu (stellen also Phonem-Graphem-Korrespondenzen her), um dann abschließend das betreffende Wort schriftlich anhand der Buchstaben wieder zusammenzusetzen. Diese Lesemethode ist analytisch, da vom Wortganzen und seiner Bedeutung ausgegangen wird, und insofern synthetisch, als Buchstabenfolgen in einzelne Sprachlautfolgen aufgeteilt und zusammengesetzt werden.

Die Fibellehrgänge verbinden dabei (wie schon von den Didaktikern des Mittelalters empfohlen) von Anfang an den Lese- und Schreibvorgang: Was in den Fibeln gelesen wird, ist auch immer Gegenstand des Schreiblehrgangs. Dies hat zur Folge, dass beim Leselehrgang zunächst sehr langsam vorgegangen wird und die ersten Fibelseiten auch wenig Text enthalten (vgl. Schründer-Lenzen 2009, 2013). Für die meisten Fibellehrgänge gilt, dass sie mit dem Lesenlernen beginnen und durch das Prinzip der Klein- und Gleichschrittigkeit charakterisiert sind. Sie sind linear angelegt und hierarchisch konzipiert, d. h., dass von den Buchstaben zum Wort und damit vom Leichteren zum Schwereren fortgeschritten wird. Die Einführung von Buchstaben folgt linguistischen und schreibtechnischen Überlegungen, indem darauf geachtet wird, dass die zunächst eingeführten Buchstaben relativ leicht geschrieben werden können, und man mit ihnen möglichst viele neue Wörter aufbauen kann. Dies führt dazu, dass die ersten Fibelseiten zwangsläufig etwas stereotypisches Vokabular aufweisen. Den Fibellehrgängen ist weiterhin gemeinsam, dass sie im Hinblick auf die Durchführung wenig Flexibilität aufweisen und zumeist im Rahmen eines Frontalunterrichts umgesetzt werden.

Allerdings ist für die heutige Situation anzumerken, dass es Fibellehrgänge in „Reinform" nicht mehr gibt, was wohl auf die zunehmende Ablehnung starrer Lehrgangsformate durch das pädagogische Fachpersonal zurückzuführen ist. Häufig genannte Kritikpunkte betrafen den anfangs sehr eingeschränkten Wortschatz der Fibeltexte, die Präferenz für einfach strukturierte Wörter und damit wenig Rücksicht auf sinnvolle Inhalte sowie das Ignorieren unterschiedlicher Vorkenntnisse bei Schulbeginn und die Vernachlässigung unterschiedlicher Lerngeschwindigkeiten beim üblicherweise gleichschrittigen Vorgehen (Brügelmann 1983; Scheerer-Neumann 1997). Für neuere Fibelleselehrgänge gelten diese Kritikpunkte nicht mehr uneingeschränkt, da sie vielfach ein großes Materialangebot bereitstellen und damit Individualisierungsmöglichkeiten bieten.

> **?**
> Was versteht man unter dem „Spracherfahrungsansatz"?

Es fällt nicht leicht, diese Methode des Schriftspracherwerbs klar zu beschreiben, da sie sich seit den Anfängen etwa ab 1980 immer weiter ausdifferenziert hat (vgl. Schründer-Lenzen 2013). Allgemein lässt sich festhalten, dass der Spracherfahrungsansatz reformpädagogische Züge trägt und auf dem in den USA verbreiteten „Language Experience Approach" aufbaut. Der Spracherfahrungsansatz propagiert keinen lehrgangs-, sondern einen lernwegorientierten Unterricht. Die Methode wurde vor allem von Pionieren „offener" Unterrichtsmethoden wie Hans Brügelmann und Erika Brinkmann (1998) initiiert und kontinuierlich weiterentwickelt. Eine besondere Rolle spielte Brügelmanns (1983) Projekt und Buch *Kinder auf dem Weg zur Schrift*, das ein fachdidaktisches Konzept für den Anfangsunterricht im Lesen und Schreiben beschrieb. Als zentrale Leitidee des Spracherfahrungsansatzes kann die Position gelten, dass der Schriftspracherwerb als Entwicklungsprozess zu betrachten ist, der dem primären Spracherwerb im Hinblick auf kognitive Vorgänge, sprachliche Anforderungen und interaktive Aspekte prinzipiell vergleichbar ist. Bei der Beschreibung des Spracherfahrungsansatzes wird von den Autoren betont, dass möglichst an den individuellen Erfahrungen der Kinder mit (Schrift-)Sprache angeknüpft werden soll: Lesen und Schreiben sollten als soziale Handlungen möglichst viele Aktivitäten im Klassenzimmer bestimmen. Die Kinder sind aufgefordert, schreibend Erfahrungen aus ihrer eigenen Lebenswelt festzuhalten, wobei es zumindest anfangs keine Rolle spielt, ob die Verschriftung der Wörter korrekt ausfällt. Die Beherrschung der Normsprache sollte Ziel eines längeren Prozesses sein, in dem sich die Kinder schrittweise der korrekten Schriftsprache annähern. Rechtschreibfehler werden in diesem Verlauf als entwicklungspsychologische Notwendigkeit eingestuft.

Um den Spracherfahrungsansatz in der pädagogischen Praxis zu verankern, wurden in der Folge konkrete Unterrichtshilfen auf den Markt gebracht, die den Lehrkräften dabei helfen sollten, geeignete offene Unterrichtssituationen zu konzipieren und zu strukturieren. Im Unterschied zur beschriebenen Linearität der Fibellehrgänge wird im Spracherfahrungsansatz eine flexible Organisationsform des Unterrichts realisiert. Brügelmann (1989) hat im Entwurf einer „didaktischen Landkarte" insgesamt acht Lernfelder definiert, die nicht in einer festen Schrittfolge zu durchlaufen sind, sondern als Lernspirale gedacht sind, die Kinder immer wieder auf unterschiedlichen Fertigkeitsniveaus durchlaufen. Über die Lernfelder dieser Landkarte sollen alle wesentlichen Aspekte des Schriftspracherwerbs abgedeckt werden (Abb. 5.2). Diese Teilbereiche können im Rahmen einer Groberhebung zu Schulbeginn abgeprüft werden, um die Lernausgangslage der Erstklässler genauer zu bestimmen. So wird etwa im Lernfeld „Zeichenverständnis" geprüft, ob die Kinder schon wissen, dass Bilder, Piktogramme oder Buchstaben Zeichen für etwas sind, also Symbolcharakter aufweisen. Im Lernfeld „Aufbau der Schrift" wird erhoben, was Kinder über die Korrespondenz von Schriftzeichen und Lauten wissen. Mit „Gliederung in Bausteine" ist gemeint, dass Wörter in Teile wie Silben oder Buchstabengruppen untergliedert werden können.

Im Unterschied zu Fibellehrgängen sind die Lernangebote in den einzelnen Lernfeldern nicht nach dem Schwierigkeitsgrad geordnet. Je nach Lernausgangslage sollen die Kinder solche Aufgaben auswählen, die ihnen wichtig oder interessant erscheinen. Diese Aufgaben sind etwa in einer „Ideenkiste" gesammelt, die für jedes Lernfeld mehrere Vorschläge mit Varianten und weiterführenden Arbeitsaufträgen enthält. Es wird dabei auf einen festgelegten Lehrgang verzichtet und den Kindern ein individueller Zugang zur Schriftsprache ermöglicht. Die Prozesse des Lesen- und Schreibenlernens werden als selbstgesteuerte Denkentwicklungen angesehen. Brügelmann und Brinkmann (1998) haben ihre Vorstel-

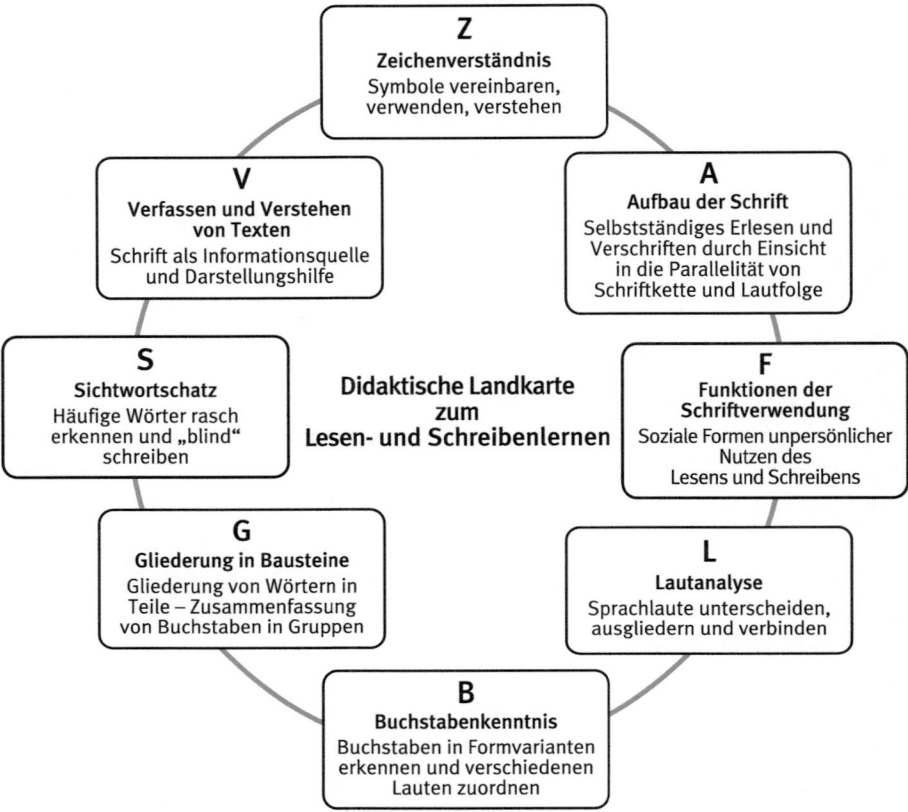

Abb. 5.2 Lehrerinnen und Lehrer in mehrsprachigen Klassen sollten die Zusammenarbeit mit Kolleginnen und Kollegen anderer Muttersprachen suchen, um Aspekte aus deren Sprachen kennenzulernen, die das Lesen und Schreiben beeinflussen. (Modifiziert nach Schründer-Lenzen 2009, S. 119)

lungen vom Erstleseunterricht in einem Vier-Säulen-Modell konkretisiert, das die folgenden Schwerpunkte umfasst:

1. Freies Schreiben zu Texten zu persönlich wichtigen Themen.
2. Vorlesen anspruchsvoller Geschichten in der Gruppe sowie individuelles Lesen.
3. Erklären und Modellieren grundlegender Umgangsweisen mit Schrift, um Lese- und Rechtschreibstrategien weiterzuentwickeln.
4. Übungen mit einem begrenzten Wortschatz an besonders häufigen und persönlich wichtigen Wörtern.

Betont wird das Wechselspiel zwischen individuellen und Gruppenaktivitäten, das sich im Hinblick auf den Lernfortschritt als besonders produktiv erweisen sollte. Neuere Materialien (etwa die von Brinkmann zuletzt 2013 überarbeitete

ABC-Lernlandschaft) sollen den Lehrkräften die Öffnung ihres Anfangsunterrichts erleichtern.

Kontroverse Beurteilungen dieses Ansatzes wurden einmal durch die Frage ausgelöst, welchen Stellenwert das Lehren im Spracherfahrungsansatz eigentlich einnimmt bzw. einnehmen sollte. Die Lehrkräfte fungieren eher als Modelle und geben Rückmeldungen. Das System der Schrift soll von den Kindern möglichst eigenaktiv, also ohne spezifische Hilfestellung der Lehrkraft, entdeckt werden. Die Lehrkraft moderiert demnach den Unterricht, Kinder wählen Lernangebote aus und verfassen eigene Texte. Kritiker des Spracherfahrungsansatzes vermissen hier den systematischen Einbezug der Lehrperson und betonen die Gefahr eines Laissez-faire-Unterrichts. Die diagnostische Kompetenz der Lehrkraft könnte bei diesem Ansatz wichtiger sein als beim herkömmlichen Fibelunterricht. Es wird weiterhin von Kritikern hinterfragt, ob das im Spracherfahrungsansatz als hilfreich propagierte und von Anfang an in den Schreibunterricht integrierte freie Schreiben gerade für lernschwächere Schülerinnen und Schüler sowie für Kinder mit Migrationshintergrund wirklich gut geeignet ist. Diese Kinder benötigen möglicherweise gezieltere Vorgaben, um die Schriftsprache zu erwerben.

Das von dem Schweizer Pädagogen Jürgen Reichen entwickelte Verfahren *Lesen durch Schreiben* (LdS) basiert auf Prinzipien des Spracherfahrungsansatzes, nimmt jedoch eine Sonderstellung ein. Das freie Schreiben und nicht das Lesen wird an den Beginn des Schriftspracherwerbs gesetzt. Obwohl auch bei den bislang beschriebenen Konzepten des Spracherfahrungsansatzes Anlauttabellen verwendet werden, stellt diese bei Reichen das zentrale Arbeitsmittel dar, mit dessen Hilfe die Kinder frei schreiben lernen sollen. Wie in Kap. 1 gezeigt wurde, kam die Anlauttabelle als Gedächtnisstütze für Phonem-Graphem-Verbindungen schon in mittelalterlichen Unterrichtsformen vor, und die Idee, den Schriftspracherwerb mit dem Schreiben einzuführen, wurde bereits vorher von amerikanischen Didaktikern realisiert (vgl. Chomsky 1971).

Neu an der Reichen-Methode ist nun aber der Aspekt, dass beim Schreiben nicht weiter auf die rechtschriftliche Überarbeitung gemäß den Rechtschreibnormen geachtet wird. Der Einsatz von Anlauttabellen wird mit den oben erörterten, für den Spracherfahrungsansatz charakteristischen Methoden zur Öffnung des Unterrichts kombiniert: Die Organisationsform des „Werkstattunterrichts" wurde mit dem fachdidaktischen Vorgehen mit einer Anlauttabelle für das Schreiben vermischt. Reichen (1982) erwartete, dass sich die Kinder mithilfe eines solchen Ansatzes auch das Lesen beibringen können. Die allgemeine Zielsetzung des Werkstattunterrichts wurde vom Autor darin gesehen, kommunikatives und selbstgesteuertes Lernen im Unterricht zu ermöglichen. Rein formal betrachtet ist der Werkstattunterricht wie der Spracherfahrungsansatz materialgeleitet, setzt also auf eine Vielzahl von Aufgaben, Spielen und Leseheften. Im Unterschied zum Ansatz von Brügelmann und Brinkmann wird jedoch das Üben von Reichen prinzipiell abgelehnt. Lernen erfolgt seiner Auffassung nach intuitiv und eher zufällig, und Kinder sollten umso mehr lernen, je weniger sie belehrt werden. Didaktik ist demnach unnötig und kontraproduktiv (Reichen 2001). Deshalb werden die Buchstaben auch nicht systematisch eingeführt, und übendes Lesen wird völlig abgelehnt. Reichen geht davon aus, dass Kinder durch beständiges Verschriften von Wörtern aus ihrer Lebenswelt das Lesen „automatisch" bzw. „plötzlich" und absolut selbstständig lernen. Eine solch radikale Position wird von Vertretern des Spracherfahrungsansatzes strikt zurückgewiesen (z. B. Brügelmann und Brinkmann 1998). Eine korrekte Rechtschreibung wird im ersten Schuljahr nicht verlangt. Reichen (2001) behauptet in diesem Zusammenhang sogar, dass Kindern im Rechtschreiben umso schlechter werden, je mehr man sie trainiert.

> **?**
>
> Zu welchen Problemen kann es kommen, wenn die Lehrkraft nach der Reichen-Methode vorgeht, d. h. mit Anlauttabellen arbeitet?

Die Lehrerin möchte, dass der Wochentag „Donnerstag" an die Tafel geschrieben wird (ausführliche Version bei Hüttis-Graf 1997, S. 49).

Lehrerin (L):	Hör doch mal eben zu! Denis, hör doch mal ganz genau hin: Ddonnerstag. Was hörst du am Anfang?
Kind (K):	Ein N.
L:	Dann wäre es ja Nnonnerstag. Ddonnerstag, hör mal zu Ddenis, Ddonnerstag.
K:	So wie Domina.
L:	Richtig, was kommt danach? Pscht, ihr müsst jetzt ... Anke, Anke! Das kriegt man nur raus, wenn man ganz doll reinhört und sich das überlegt. Donnerstag, Kai.
K:	O, O wie Opa.
L:	Wie geht's weiter? Thomas? (Kai meldet sich ab jetzt bei jedem Buchstaben).
K:	N, N wie Nuss.
L:	Was kommt danach? Donn:erstag, Kai?
K:	Ein A.
L:	Ne, ich glaub du musst noch mal ein bisschen nachdenken. Donn:, hör mal zu, Donn:er.
K:	R.
L:	Marion?
K:	Ä wie Ente.
L:	Ja, pass mal auf. Wir nehmen vorher, da sind zwei N, Zwillinge, die drücken nämlich das O so doll zusammen, wisst ihr ja, nicht?
K:	Weiß ich nicht.(...)

Die Lehrerin hat sich hier in die ungute Situation gebracht, dass auch bei richtiger Anlaut-Lautierung der Kinder am Ende ein nicht lautgetreues Wort an der Tafel gestanden und von den Kindern als „richtiges" Lernergebnis registriert worden wäre. Es macht wohl mehr Sinn, sich beim Einsatz der Anlauttabelle auf lautgetreue Wörter zu beschränken.

Die inhaltliche Kritik an der Reichen-Methode orientiert sich an unterschiedlichen Problempunkten. Einmal wird kritisiert, dass die Kinder beim Lesenlernen nicht hinreichend unterstützt werden. Es wird bezweifelt, dass Kinder „plötzlich" lesen lernen, nachdem in den schon dargestellten Modellen des Leseerwerbs gerade die schrittweise, allmähliche Annäherung an diese Kompetenz besonders betont wurde. Weiterhin wird von den Kritikern bemängelt, dass auf die nachweislich fruchtbare Interaktion zwischen Leselern- und Schreiblernvorgängen verzichtet wird. Zudem wird kritisiert, dass die alleinige Berücksichtigung der Anlauttabelle vielen Kindern den Schriftspracherwerb nicht hinreichend ermöglicht. Gerade leistungsschwächere Kinder und solche mit Migrationshintergrund könnten durch einen Ansatz, der kein systematisches Üben beinhaltet und kein Fortschreiten vom Einfachen zum Schwereren vorsieht, möglicherweise überfordert sein.

Schließlich wird kritisch angemerkt, dass bei der Reichen-Methode der kommunikative Aspekt des Schreibens unterbunden wird, da die „Eigentexte" der Kinder für die anderen Schüler nicht lesbar sind. Aus gedächtnispsychologischer Sicht scheint das von Reichen (und von Vertretern des Spracherfahrungsansatzes) favorisierte freie Schreiben insofern problematisch, als nicht korrigiertes Falschschreiben dazu führen kann, dass das für das Rechtschreiben so zentrale Wiedererkennen der einzig richtigen Lösung misslingt, da die Kinder unter verschiedenen im Gedächtnis repräsentierten Varianten auswählen müssen. Die Identifikation der korrekten Wortform dürfte gerade für lernschwache Schülerinnen und Schüler ein größeres Hindernis darstellen. Obwohl die eklatanten Mängel im theoretischen Ansatz von Reichen mittlerweile vielfach kritisiert wurden (vgl. z. B. Kirschhock 2004; Schründer-Lenzen 2013), erfreut sich die Reichen-Methode in der Grundschulpraxis immer noch großer Beliebtheit.

5.3 Wie relevant erweist sich der Methodenstreit aus der Perspektive empirischer Untersuchungen?

In Kap. 1 wurde ausgeführt, dass es seit dem Mittelalter leidenschaftliche Kontroversen um die richtige Methode des Schriftspracherwerbs gegeben hat. Im 20. Jahrhundert setzte sich der Streit sowohl im deutschsprachigen als auch im angloamerikanischen Raum fort (vgl. Kirschhock 2004; Pressley 1998). Die zeitlich frühere Auseinandersetzung bezog sich auf die Frage, ob nun die synthetische oder die ganzheitliche Leselernmethode zu besseren Ergebnissen führt. Gegen Ende des vorigen Jahrhunderts ging es dann vornehmlich darum, die Vor- bzw. Nachteile des Fibelunterrichts im Vergleich zu neueren Methoden des Schriftspracherwerbs zu erfassen. Einige dieser Studien verglichen den silbenanalytischen Ansatz von Röber mit traditionellen Leselehrgängen, während die meisten anderen Untersuchungen die Fibellehrmethode und den Spracherfahrungsansatz gegenüberstellten. Die wesentlichen Befunde dieser empirischen Untersuchungen werden im Folgenden zusammengefasst.

> ?
>
> Was erbringt der Vergleich von ganzheitlichen versus synthetischen Lehrmethoden?

Die Kontroverse zwischen den Vertretern der Ganzheitsmethode und des synthetischen Ansatzes wurde zwischen 1920 und 1970 erbittert geführt. Während zunächst theoretische Argumente und Gegenargumente in der emotional aufgeladenen Auseinandersetzung dominierten, wurden in den 1960er-Jahren und zu Beginn der 1970er-Jahre drei umfassendere empirische Studien zu dieser Thematik durchgeführt (Ferdinand 1972; Müller 1964; Schmalohr 1961). Diese Studien erlangten im deutschsprachigen Raum einen großen Bekanntheitsgrad, nicht zuletzt auch deshalb, weil sie in ihren Ergebnissen weitgehend übereinstimmten. Das Fazit dieses Methodenvergleichs bestand darin, dass im ersten Schuljahr eine kurzfristige Überlegenheit synthetisch unterrichteter Schüler konstatiert wurde, die jedoch ab dem zweiten Schuljahr zunehmend geringer ausfiel und im vierten Schuljahr nicht mehr nachweisbar war. Allerdings schien die synthetische Methode für leistungsschwächere Schüler insgesamt besser geeignet zu sein (Müller 1964). Sieht man einmal von diesem Teilergebnis ab, so endete dieser Methodenvergleich in einer Pattsituation: Der Streit hatte keinen Sieger. Wie von Kirschhock (2004) herausgestellt wurde, ist dieser Befund eigentlich erwartungsgemäß, da die anfangs ganzheitlichen Ansätze später intensive Syntheseübungen enthalten und umgekehrt.

Die konsistenten Befunde dieser empirischen Untersuchungen führten ab Anfang der 1970er-Jahre dazu, dass dieser Methodenstreit beigelegt wurde und beide Ansätze in einem „methodenintegrativen" Lehrgang (analytisch-synthetisches Verfahren) zusammengeführt wurden. Rein synthetische bzw. weitgehend ganzheitliche Ansätze wurden in der Folge von Mischverfahren verdrängt. Die Überwindung dieses Methodenstreits führte zu einer kurzen Ruhepause, was Auseinandersetzungen um den besten Anfangsunterricht im Lesen und Schreiben anging. Dies änderte sich dann aber etwa ab Beginn der 1980er-Jahre mit der Einführung alternativer Leselernmethoden wie etwa dem silbenanalytischen Ansatz und dem Spracherfahrungsansatz.

5 Gibt es bessere und schlechtere Unterrichtsmethoden?

> **?**
>
> Wie schneidet ein silbenanalytischer Unterricht, der die prosodischen Strukturen der Sprache berücksichtigt, im Vergleich zu einem Fibelunterricht, der den Schwerpunkt auf die Vermittlung von Graphem-Phonem-Korrespondenzen legt, im Hinblick auf die Entwicklung von Lese- und Rechtschreibkompetenzen ab?

> Um die Frage zu überprüfen, führte Weinhold (2009) eine Längsschnittstudie durch. Ab der ersten bis zur vierten Klassenstufe wurde die Entwicklung der Lese- und Rechtschreibleistungen von vier silbenanalytisch unterrichteten Klassen und sechs Fibelklassen vergleichend untersucht. Im Hinblick auf das Lesen (erfasst über einen normierten Leseverständnistest) zeigte sich gegen Ende der zweiten Klasse ein Vorteil der silbenanalytisch unterrichteten Kinder, der sich gegen Ende der vierten Klasse auch dadurch ausdrückte, dass es vergleichsweise weniger schwache Leser gab. Was das Rechtschreiben anging, so fand sich nur ein geringer Methodeneffekt gegen Ende der zweiten und vierten Klassenstufe, wobei die Fibelmethode insgesamt etwas weniger schwache Rechtschreiber produzierte.
>
> Insgesamt gesehen ergab sich gegen Ende der Grundschulzeit unabhängig von der Unterrichtsmethode eine erhebliche Streuung der schriftsprachlichen Leistungen, was die Autorin so interpretierte, dass es dem Anfangsunterricht in keiner der beiden Gruppen gelungen war, allen Schülerinnen und Schülern eine sichere orthografische Basis zu vermitteln. Die Interpretation der Ergebnisse dieser Studie wird allerdings dadurch erschwert, dass die statistischen Analysen nur ungenau berichtet wurden und nicht immer deutlich wird, ob die registrierten Methodenunterschiede tatsächlich auch signifikant blieben (vgl. auch die Kritik bei Rautenberg 2012).

Eine komplexer angelegte Längsschnittstudie wurde von Rautenberg (2012) durchgeführt. Es ging der Autorin zum einen um den Zusammenhang zwischen allgemeinen kognitiven Fähigkeiten, musikalischen Fähigkeiten und Merkmalen des sozialen Hintergrunds mit der Entwicklung von Schriftsprachleistungen und zum anderen um den Einfluss unterschiedlicher didaktischer Konzepte auf die Entwicklung der schriftsprachlichen Kompetenzen von Grundschulkindern.

> Im ersten Schuljahr wurden innerhalb jedes Leselehrgangs (silbenanalytische Methode vs. Fibellehrgang) drei Subgruppen gebildet, wobei zwei kleinere Gruppen in einem Zeitraum von etwa neun Monaten entweder eine musikalische Förderung (Klavierunterricht) oder Kunstunterricht erhielten, während die dritte Gruppe in beiden Aspekten nicht gefördert wurde.
>
> An der Untersuchung nahmen insgesamt 159 Kinder teil, deren Lese- und Rechtschreibleistungen sowohl vor der Interventionsphase (also Mitte der ersten Klasse) als auch unmittelbar danach (Mitte der zweiten Klasse) erfasst wurden. Das Leseverständnis wurde ein weiteres Mal in der dritten Klasse untersucht. Die Studie lieferte eine Reihe nennenswerter Erkenntnisse, etwa dass die musikalischen Fähigkeiten positiv mit den Leseleistungen des Nachtests korrelierten,

> sich jedoch kein Effekt des musikalischen Trainings auf das Leseverständnis und die Rechtschreibleistungen ergab. Für die hier zentrale Fragestellung schien es jedoch wesentlich interessanter, dass die mit der silbenanalytischen Methode unterrichteten Kinder im Hinblick auf das Leseverständnis und die Rechtschreibleistung insgesamt signifikant besser abschnitten als die mit der Fibelmethode unterrichteten Kinder.

Allerdings handelte es sich wohl um einen kombinierten Effekt von Förderung und Methode: Die nicht zusätzlich geförderten Kinder der silbenanalytisch und mit Fibellehrgang unterrichteten Lerngruppen unterschieden sich weder in den Leseverständnis- noch in den Rechtschreibkennwerten bedeutsam, wiesen dabei sowohl vergleichbare Vor- als auch Nachtestwerte auf. Bezieht man sich also nur auf diese beiden für den reinen Methodenvergleich relevanten Subgruppen, so findet sich entgegen der Schlussfolgerung der Autorin kein Effekt der Unterrichtsmethode auf den Schriftspracherwerb.

> **?**
> Wie effektiv ist der Spracherfahrungsansatz im Vergleich mit dem traditionellen Fibelunterricht?

Eine von Herff (1993) durchgeführte Totalerhebung der im Regierungsbezirk Köln verwendeten Leselernmethoden in mehr als 1300 Klassen und etwa 29.000 Schülerinnen und Schülern ergab, dass der Spracherfahrungsansatz damals in der pädagogischen Praxis noch kaum vorkam. Dies änderte sich jedoch im Verlauf weniger Jahre im Kölner Raum und auch ansonsten in der bundesdeutschen Landschaft sehr deutlich (Hanke 1997; Schründer-Lenzen 2009). Deshalb macht es Sinn, empirische Ergebnisse zum Vergleich des Spracherfahrungsansatzes mit dem Fibellehrgang genauer zu betrachten. Die meisten dieser Vergleiche betrafen mit dem Ansatz des freien Schreibens einen Kernaspekt der Reichen-Methode, der jedoch auch von Brügelmann und Brinkmann (1998) durchaus positiv gesehen wurde. So stellten etwa Brinkmann et al. (2006) im Rahmen eines Förderprojekts, das in Kooperation mit dem Transferzentrum für Neurowissenschaften und Lernen der Universität Ulm durchgeführt wurde, abschließend fest, dass zusätzliche Fördermaßnahmen im Sinne der Reichen-Methode bei schwachen Rechtschreibern im Vergleich zu einer nicht behandelten Kontrollgruppe zu positiven Effekten führte. Die Autoren räumen hier allerdings völlig zu Recht ein, dass ihre Studie nichts dazu aussagen kann, ob ihr Förderkonzept erfolgreicher ist als andere alternativ mögliche Konzepte.

Mittlerweile liegen mehrere Längsschnittuntersuchungen vor, die den Einfluss unterschiedlicher Lehrmethoden auf den Schriftspracherwerb überprüfen und dabei auch den Reichen-Ansatz (Lesen durch Schreiben, LdS) in die Evaluation aufnahmen. Bezieht man sich nur auf die forschungsmethodisch angemessenen und publizierten Studien, so lässt sich konstatieren, dass die Reichen-Methode insgesamt nicht sonderlich gut abschneidet. Einige dieser Studien wurden in Hamburg durchgeführt.

> Peter May erhob 1994 die Rechtschreibleistungen in 190 vierten Schulklassen, von denen 80 % zuvor mit einer Fibel und 20 % ohne Fibel unterrichtet worden waren. Ein wichtiger Befund dieser Studie bestand darin, dass diejenigen Lehrer, die im Anfangsunterricht keine Fibel eingesetzt hatten, weniger Wert auf die Rechtschreibung legten als die anderen Lehrkräfte. Dementsprechend wiesen die Fibelklassen im vierten Schuljahr bessere Rechtschreibleistungen und einen geringeren Anteil rechtschreibschwacher Kinder auf. Es zeigte sich allerdings auch, dass die Leistungsunterschiede zwischen Klassen innerhalb einer Unterrichtsmethode größer ausfielen als die Unterschiede zwischen den Unterrichtsmethoden.

Diese Untersuchung fungierte als Voruntersuchung für ein umfangreiches Forschungsvorhaben zur Förderung und Evaluation schriftsprachlicher Leistungen, nämlich das in Hamburg flächendeckend durchgeführte Projekt „Lesen und Schreiben für alle" (PLUS; vgl. May 1999, 2001). Die Förderung der Schülerinnen und Schüler mit unterschiedlichen Maßnahmen setzte bereits in der ersten Klasse ein. Die längsschnittliche Konzeption der Studie ermöglichte den Vergleich der Rechtschreibentwicklung in den unterschiedlichen Klassen, insbesondere aber auch den Vergleich von Fibelklassen und den mit LdS unterrichteten Klassen im Anfangsunterricht. Hier zeigten sich keine Methodeneffekte zwischen Klassen mit hohem versus niedrigem Lernzuwachs, sehr wohl aber Unterschiede im Hinblick auf den Lernzuwachs rechtschreibschwacher Kinder. Während der Lernzuwachs dieser Kinder durch den Fibelunterricht positiv beeinflusst werden konnte, zeigte sich für den LdS-Ansatz ein umgekehrt negativer Effekt. Klassen mit hohem Lernerfolg bearbeiteten im Verlauf des ersten Schuljahres mehr lehrergesteuerte als freie Schreibaufgaben. Daraus lässt sich der Schluss ableiten, dass im Anfangsunterricht diejenigen Lehrer lernförderlich wirken, die die Schreibaufgaben für die Kinder stärker vorstrukturierten (Schründer-Lenzen 2009).

May (2001) bewertete seine Befunde insgesamt so, dass die Rolle der Lehrkraft für den Unterricht wichtiger sein kann als die Unterrichtsmethode. Zu diesem Fazit passt auch der Befund von Poerschke (1999), der insgesamt 15 erste Klassen in Hamburg untersuchte, von denen sechs mit LdS und neun mit der Fibelmethode unterrichtet wurden. Während sich für die Fibelklassen insgesamt gute Fortschritte feststellen ließen, variierte der Lernerfolg in den LdS-Klassen sehr stark: Während sich für zwei dieser Klassen sehr gute Unterrichtsqualität feststellen ließ, fiel diese in den übrigen LdS-Klassen eher mäßig aus. Poerschke folgerte aus seinem Befund, dass offen (also im Sinne von Reichen) unterrichtete

Klassen anfälliger für schlechte Unterrichtsqualität sind als frontal unterrichtete (Fibel-)Klassen.

Hinweise auf unterschiedliche Effekte von Methoden des Schriftspracherwerbs können auch aus dem BLK-(Bund-Länder-Kommission-)Modellversuch „Elementare Schriftkultur als Prävention von Lese-/Rechtschreibschwierigkeiten und Analphabetismus bei Grundschulkindern" (Hüttis-Graf 1997, 2005) abgeleitet werden. Von den 20 Klassen des Modellversuchs wurden sieben mit einem Fibellehrgang und sechs nach dem LdS-Prinzip unterrichtet. Ein wesentliches Ziel des Modellversuchs bestand darin, die Zahl der Zweitklässler mit schwachen Lese- und Rechtschreibleistungen zu reduzieren. Auch in dieser Studie schnitten die mit der Reichen-Methode unterrichteten Kinder nicht gut ab: Sechs der sieben schwachen Klassen wurden nach diesem Prinzip unterrichtet. Insgesamt legte der Modellversuch den Schluss nahe, dass insbesondere nur dann geringe Fortschritte registriert wurden, wenn erst in der zweiten Klassenstufe das Rechtschreiben ins Blickfeld der Kinder gerückt wurde. Allerdings zeigte sich auch in dieser Untersuchung die große Bedeutung der Lehrperson für den Unterrichtserfolg, nicht zuletzt etwa daran, dass sich sowohl die schlechteste als auch die beste Klasse des Modellversuchs an derselben Schule befand.

Schließlich sei in diesem Zusammenhang noch die vierjährige Berliner Längsschnittstudie „Belesen" (Schründer-Lenzen und Merkens 2006) erwähnt, die sich mit der Lese- und Rechtschreibentwicklung von Kindern aus sozialen Brennpunkten beschäftigte.

> An dieser Studie nahmen 26 Berliner Grundschulen mit 59 Klassen und 1250 Kindern teil, von denen ca. 70 % einen Migrationshintergrund aufwiesen. In diesen Klassen wurden unterschiedliche Lernmethoden eingesetzt, die u. a. Fibellehrgänge, Kombinationen von Fibellehrgängen und fibelunabhängigen Materialien (methodenintegrierte Ansätze) sowie die Reichen-Methode beinhalteten. Die wichtigsten Ergebnisse der Längsschnittstudie lassen sich wie folgt zusammenfassen: Unterschiede in der Lernausgangslage, also den Eingangsvoraussetzungen der Kinder hatten einen substanziellen Einfluss auf ihre Schriftsprachentwicklung im Verlauf der Grundschulphase. Im Hinblick auf das Lesen spielte der Migrationshintergrund eine wichtige Rolle, wobei Methodeneffekte erst im zweiten Schuljahr beobachtet wurden. Methodenintegrierende Verfahren schnitten sowohl beim basalen Lesen als auch beim Leseverständnis vergleichsweise am besten ab, die LdS-Methode am schlechtesten. Was die Entwicklung der Rechtschreibleistung anging, so erwiesen sich Sprachstand und kognitives Fähigkeitsniveau als wichtigste Einflussgrößen. Interessanterweise spielte hier der Migrationsstatus keine besondere Rolle. Die mit einem Fibellehrgang gestarteten Kinder erzielten im Verlauf des ersten Schuljahrs die größten Lernzuwächse, ein Ergebnis, das auch für die Folgejahre Gültigkeit hatte.

Die Autoren interpretierten ihre Befunde so, dass sich für Kinder mit Migrationshintergrund die lehrgangsgebundene Form des Schriftspracherwerbs besser eignet als die Reichen-Methode. Hier wie in anderen Studien fällt auf, dass die LdS-Klassen vielfach ab der zweiten Klassenstufe einen Rückschlag im Rechtschreiben erleiden, was damit zusammenhängen kann, dass zu diesem Zeitpunkt korrekte Schreibungen gefordert werden und sich das lautgetreue Verschriften als nicht mehr zielführend erweist. Gerade lernschwächere Kinder dürfte der nun geforderte Umbau des Rechtschreibkonzepts eher verwirren.

Fazit

Hatte schon die erste Welle der methodenvergleichenden Untersuchungen in den 1960er-Jahren eine Pattsituation ergeben und in der Folge zu integrierenden Maßnahmen und zu einer Befriedung geführt, so kann dies auch für die zweite Welle ähnlich gesehen werden. Die meisten Vergleichsstudien der neueren Zeit haben belegt, dass sich für den Anfangsunterricht gerade in der ersten Klasse kaum große Unterschiede zwischen lehrgangsgebundenen Fibelansätzen und eher öffnenden Verfahren im Sinne des Spracherfahrungsansatzes ergeben. Für die Gesamtgruppen der hier relevanten Längsschnittstudien ergaben sich auch in den Folgejahren der Grundschulzeit keine sehr großen Leistungsunterschiede in Abhängigkeit von der Unterrichtsmethode, auch wenn konstatiert werden muss, dass so gut wie nie ein Vorteil der Reichen-Methode resultierte. Insgesamt betrachtet scheint allerdings ein lernförderlicher Anfangsunterricht von systematischer Instruktion zu profitieren (Schründer-Lenzen 2013). Betrachtet man gezielt die Subgruppen lernschwächerer Schüler oder Schüler mit Migrationshintergrund, so wird deutlich, dass stärker strukturierte und lehrerzentrierte Ansätze für diese Klientel insgesamt nützlicher scheinen.

Insgesamt kann man heute aber mit Metze (1995) von einer „Scheindebatte" sprechen. Moderne Fibellehrwerke basieren meist auf einem Baukastensystem unterschiedlicher Materialien, die flexibel eingesetzt werden können. Konzepte des Spracherfahrungsansatzes haben vielfach auch Eingang in die Gestaltung von Fibellehrgängen gefunden und umgekehrt. Schaut man sich neuere Fibelwerke an, so gewinnt man den Eindruck, dass es durchaus möglich ist, Fibel und Anlauttabelle sowie andere Elemente aus dem Spracherfahrungsansatz zusammenzubringen. Wie Schründer-Lenzen (2013) betont und mit Beispielen belegt, sind heutige Fibeln professionell gestaltete Kinderbücher, die zum Lernen motivieren und einen gemeinsamen Erlebnisrahmen für eine Klasse bilden. Die vielfältigen Lernmaterialien lassen sich sehr gut für individuelle Förderung nutzen. Eine Methodenintegration scheint also gut möglich. Es kann von daher leicht nachvollzogen werden, dass sich der Methodenstreit der 1980er- und 1990er-Jahre mittlerweile weitgehend entschärft hat.

Wie mehrfach erwähnt, haben die unterschiedlichen Vergleichsstudien übereinstimmend die besondere Rolle der Lehrperson und der Qualität des Unterrichts für den Lernerfolg der Schülerinnen und Schüler herausgearbeitet. Dies gilt auch für den angloamerikanischen Raum, wie Arbeiten von Pressley (1998, 2001) verdeutlicht haben. Unterschiede in der diagnostischen Kompetenz von Lehrkräften, ihrer Handlungskompetenz im Hinblick auf die Organisation von Lernprozessen und ihre Fähigkeit zum effektiven Classroom Management spielen für den Lernerfolg unabhängig von der eingesetzten Lernmethode eine zentrale Rolle. Ist der Unterricht qualitativ hochwertig und effektiv, wirken sich Fördermaßnahmen langfristig positiv aus, unabhängig davon, ob eher lehrgangsorientierte oder offene Unterrichtsmaßnahmen dominieren.

Literatur

Brinkmann, E. (2013). *ABC-Lernlandschaft 1 und 2*. Seelze: Lernbuch-Verlag Friedrich.

Brinkmann, E., Rackwitz, R.-P., & Wespel, M. (2006). Freies Schreiben fördert die Rechtschreibentwicklung: Effekte eine Kurzförderung nach dem Spracherfahrungsansatz. In B. Hofmann & A. Sasse (Hrsg.), *Legasthenie – Lese-Rechtschreibstörungen oder Lese-Rechtschreibschwierigkeiten?* (S. 150–163). Berlin: Deutsche Gesellschaft für Lesen und Schreiben.

Brügelmann, H. (1983). *Kinder auf dem Weg zur Schrift. Eine Fibel für Lehrer und Laien*. Konstanz: Libelle.

Brügelmann, H. (1989). Gezinktes Memory – Lese- und Schreibaufgaben für Schulanfänger – Eine Beobachtungshilfe für Lehrer/innen. In K. B. Günther (Hrsg.), *Ontogenese, Entwicklungsprozess und Störungen beim Schriftspracherwerb* (S. 124–134). Heidelberg: Edition Schindele.

Brügelmann, H., & Brinkmann, E. (1998). *Die Schrift erfinden – Beobachtungshilfen und methodische Ideen für einen offenen Anfangsunterricht im Lesen und Schreiben*. Lengwil: Libelle.

Chomsky, C. (1971). Write first, read later. *Childhood Education, 47*, 296–300.

Ferdinand, W. (1972). Über die Erfolge des ganzheitlichen und synthetischen Schreib-(Lese)Unterrichts in der Grundschule. *Zeitschrift für Entwicklungspsychologie und Pädagogische Psychologie, 4*, 105–117.

Gedike, F. (1779). *Aristoteles und Basedow oder Fragmente über Erziehung und Schulwesen bei den Alten und Neueren*. Berlin.

Hanke, P. (1997). Schrifterwerbsprozesse von Kindern nach verschiedenen didaktisch-methodischen Ansätzen des Anfangsunterrichts. In E. Glumpler & S. Luchtenberg (Hrsg.), *Jahrbuch Grundschulforschung* (Bd. 1, S. 233–250). Weinheim: Deutscher Studien Verlag.

Herff, I. M. (1993). *Die Gestaltung des Leselernprozesses als elementare Aufgabe der Grundschule – Neuere Entwicklungen und gegenwärtige Situation an den Grundschulen des Regierungsbezirks Köln. Ein Beitrag zur grundschulpädagogischen Tatsachenforschung. Inaugural-Dissertation*. Köln: SDK Systemdruck.

Hurrelmann, B. (2009). Sozialhistorische Rahmenbedingungen von Lesekompetenz sowie soziale und personale Einflussfaktoren. In N. Groeben & B. Hurrelmann (Hrsg.), *Lesekompetenz – Bedingungen, Dimensionen, Funktionen* (S. 123–149). Weinheim: Juventa.

Hüttis-Graff, P. (1997). Schriftorientierung im Unterricht. Rechtschreiblernen unter den Bedingungen von Mehrsprachigkeit. *Die Grundschulzeitschrift, 107*, 48–53.

Hüttis-Graff, P. (2005). Prävention von Schwierigkeiten beim Lesen- und Schreibenlernen. *Die Grundschulzeitschrift, 11*, 35–47.

Jordan, P. (1533). *Leyenschul*. Mainz.

Kearney, K., & Kearney, C. (1995). *Accidental genius*. Murfreesboro: Woodshed.

Kern, A. (1937). *Lesen und Lesenlernen. Eine psychologisch-didaktische Darstellung*. Freiburg: Herder.

Kirschhock, E.-M. (2004). *Entwicklung schriftsprachlicher Kompetenzen im Anfangsunterricht.* Bad Heilbrunn: Klinkhardt.

Klicpera, C., & Klicpera-Gasteiger, B. (1998). *Lesen und Schreiben – Entwicklung und Schwierigkeiten* (2. Aufl.). Bern: Huber.

May, P. (1994). *Rechtschreibfähigkeit und Unterricht. Rechtschreibleistungen Hamburger Schüler/innen im vierten Schuljahr im Zusammenhang mit Merkmalen schulischen Unterrichts. Ergebnisse der Voruntersuchung zum Projekt Lesen und Schreiben für alle (PLUS).* Hamburg: Behörde für Schule, Jugend und Berufsbildung.

May, P. (1999). Merkmale des (Förder-) Unterrichts und Lernerfolg im Rechtschreiben. Vergleich verschiedener Formen des Klassen- und Förderunterrichts. In H. Giest & G. Scheerer-Neumann (Hrsg.), *Jahrbuch Grundschulforschung* (Bd. 2, S. 266–283). Weinheim: Deutscher Studien Verlag.

May, P. (2001). *Lernförderlicher Unterricht. Teil 1: Untersuchung zur Wirksamkeit von Unterricht und Förderunterricht für den schriftsprachlichen Lernerfolg. Ergebnisse der Evaluation des Projekts „Lesen und Schreiben für alle" (PLUS).* Hamburg: Peter Lang.

Metze, W. (1995). Schluss mit einer Scheindebatte! In H. Brügelmann, H. Balhorn & I. Füssenich (Hrsg.), *Am Rande der Schrift* (S. 57–64). Lengwil: Libelle.

Müller, H. (1964). *Methoden des Erstleseunterrichts und ihre Ergebnisse.* Hain: Meisenheim am Glan.

Neuhaus-Siemon, E. (1993). *Frühleser in der Grundschule.* Bad Heilbrunn: Klinkhardt.

Poerschke, J. (1999). *Anfangsunterricht und Lesefähigkeit.* Münster: Waxmann.

Pressley, M. (1998). *Reading instruction that works: The case for balanced teaching.* New York: Guilford.

Pressley, M. (2001). *Effective beginning reading instruction.* Chicago: National Reading Conference.

Rautenberg, I. (2012). *Musik und Sprache – Eine Längsschnittstudie zu Effekten musikalischer Förderung auf die schriftsprachlichen Leistungen von GrundschülerInnen.* Baltmannsweiler: Schneider Verlag Hohengehren.

Reichen, J. (1982). *Lesen durch Schreiben, Wie Kinder selbstgesteuert lesen lernen (Lehrerheft 1).* Zürich: Sabe.

Reichen, J. (2001). *Hannah hat Kino im Kopf. Die Reichen-Methode Lesen durch Schreiben und ihre Hintergründe.* Hamburg: Heinevetter.

Röber, C. (2009). *Die Leistungen der Kinder beim Lesen- und Schreibenlernen – Grundlagen der Silbenanalytischen Methode.* Baltmannsweiler: Schneider Verlag Hohengehren.

Scheerer-Neumann, G. (1997). Lesen und Leseschwierigkeiten. In F. E. Weinert (Hrsg.), *Psychologie des Unterrichts und der Schule* (s. S. 69) (Enzyklopädie der Psychologie. Serie Pädagogische Psychologie, Bd. 3, S. 279–325). Göttingen: Hogrefe.

Schmalohr, E. (1961). *Psychologie des Erstlese- und Schreibunterrichts.* München: Ernst Reinhardt.

Schründer-Lenzen, A. (2009). *Schriftspracherwerb im Unterricht – Bausteine professionellen Handlungswissens* (3. Aufl.). Wiesbaden: VS.

Schründer-Lenzen, A. (2013). *Schriftspracherwerb* (4. Aufl.). Wiesbaden: Springer VS.

Schründer-Lenzen, A., & Merkens, H. (2006). Differenzen schriftsprachlicher Kompetenzentwicklung bei Kindern mit und ohne Migrationshintergrund. In A. Schründer-Lenzen (Hrsg.), *Risikofaktoren kindlicher Entwicklung – Migration, Leistungsangst und Schulübergang* (S. 15–42). Wiesbaden: VS.

Stamm, M. (2004). Lernentwicklungen von Frühlesern und Frührechnerinnen. *Zeitschrift für Erziehungswissenschaft, 7*, 395–415.

Weinhold, S. (2009). Effekte fachdidaktischer Ansätze auf den Schriftspracherwerb in der Grundschule. *Didaktik Deutsch, 27*, 53–75.

Wieler, P. (1997). *Vorlesen in der Familie – Fallstudien zur literarisch-kulturellen Sozialisation von Vierjährigen*. Weinheim: Juventa.

6

Welchen Einfluss haben Familie, Fernsehen und neue Medien auf den Schriftspracherwerb?

Inhaltsverzeichnis
6.1 Wie hängen Schichtzugehörigkeit, Bildungsniveau der Eltern und Schriftspracherwerb zusammen? – Klassischer Ansatz 127
6.2 Welche Rolle spielt die familiäre Lernumwelt für den Schriftspracherwerb? – Neuere Zugangswege. 134
6.3 Welchen Einfluss hat der Fernsehkonsum auf die Entwicklung der Schriftsprache? – Versuch der Klärung einer emotionsbeladenen Thematik 140
6.4 Welche Rolle spielen die neuen Medien für den Schriftspracherwerb?. 146
Literatur. 151

6.1 Wie hängen Schichtzugehörigkeit, Bildungsniveau der Eltern und Schriftspracherwerb zusammen? – Klassischer Ansatz

Die Rolle der Schichtzugehörigkeit für das schulische Lernen ist seit den 1960er-Jahren des vergangenen Jahrhunderts intensiv untersucht worden. In den klassischen Instrumenten (etwa dem Ansatz von Kleining und Moore 1968) bildeten soziale Selbsteinstufungen die Grundlage der Klassifikation. In einer Erhebung von Kleining und Moore (1968) wurde den (erwachsenen) Teilnehmern die Aufgabe gestellt, insgesamt 70 Berufe auf einer sechsstufigen Skala nach ihrem Prestige zu ordnen. Auf Rang 1 landete der Universitätsprofessor, gefolgt vom Präsidenten der Bundesbahn, im Mittelfeld landeten Volksschullehrer, Förster und Lokomotivführer, und ganz unten am Ende der Liste rangierten Straßenreiniger und Zeitungsausträger. Die Autoren leiteten aus diesen Befunden dann ein hierarchisch aufgebautes Modell von Sozialschichten auf, das insgesamt sieben Stufen enthielt, die von der Oberschicht über die Unterschicht bis zur Schicht der „sozial Verachteten" reichten. Letztere enthielt die Endpositionen der beschriebenen Berufeliste und würde heute sicherlich anders bezeichnet. Ungeachtet dieser Besonderheit wurden Varianten dieses Stufenmodells in zahlreichen Untersuchungen der 1970er- und 1980er-Jahre zur Bestimmung des Zusammenhangs zwischen Sozialschicht und Schulerfolg eingesetzt. Relativ häufig verwendet wurden Berufsprestigeskalen, wie sie etwa von Wegener (1988) entwickelt worden waren, und in denen ähnlich wie bei Kleining und Moore (1968) versucht wurde, das soziale Ansehen von Berufen in eine hierarchische Ordnung zu bringen.

Weiterhin wurden Ansätze zur Bestimmung der sozialen Schichtzugehörigkeit eingesetzt, die insbesondere das Bildungsniveau der Eltern in den Fokus stellten. Beide Aspekte (Beruf und Bildung) wurden später in internationalen Forschungsarbeiten kombiniert. So kann der ISEI-Index (International Index of Occupational Status; Ganzeboom et al. 1992) zwar als primär berufsbezogener Sozialschichtindex gelten, doch basiert er auch auf Informationen zu Einkommen und Bildungsniveau.

Der ISEI-Index wird vorwiegend in umfassenden internationalen Schulvergleichsstudien wie IGLU oder PISA eingesetzt. Er baut auf internationalen Daten zu Einkommen und Bildungsniveau von Angehörigen unterschiedlicher Berufe auf. Bei der Skalenkonstruktion spielte die Überlegung eine Rolle, dass jede berufliche Tätigkeit einen bestimmten Bildungsgrad erfordert und durch ein bestimmtes Lohnniveau gekennzeichnet ist. Ausgangspunkt waren Daten aus Schülerfragebögen, in denen die Schüler offene Fragen zur Berufstätigkeit ihrer Eltern beantworteten. Geschulte Coderinnen und Coder nutzten diese Angaben zur Klassifizierung der Berufe, wobei relativ ähnliche Berufe zu einer gemeinsamen Kategorie zusammengefasst wurden. Die für diese Berufe erforderlichen Qualifikationen (Skills) wurden hierarchisch geordnet. Für die Einstufung der Fertigkeiten spielte dabei auch eine Rolle, wie viele Ausbildungsjahre für den Erwerb anzusetzen waren. Auf dieser Basis wurden die ISEI-Werte berechnet, die zwischen 16 (landwirtschaftliche Hilfskräfte, Reinigungskräfte) und 90 (Richter) variieren.

?

Inwiefern lässt sich ein Zusammenhang zwischen der sozialen Schichtzugehörigkeit und dem Schulerfolg sowie dem Schriftspracherwerb nachweisen?

Unabhängig von der Art der Messmethode ließ sich sowohl in frühen als auch späteren Arbeiten allgemein ein bedeutsamer und systematischer Zusammenhang zwischen der sozialen Schichtzugehörigkeit und dem Schulerfolg in dem

Sinne nachweisen, dass sich das Leistungsniveau mit zunehmendem Sozialschichtindex steigerte. Dies galt auch für die Relation zwischen Sozialschicht und dem Schriftspracherwerb. Für die deutschen Stichproben der IGLU- und PISA-Studien ließ sich immer wieder zeigen, dass der Erwerb der Lesekompetenz in der Grundschule und das Leseverständnis von Schülerinnen und Schülern der Sekundarstufe bedeutsam mit den ISEI-Kennwerten korrelierten, wobei über die Jahre hinweg kaum eine Veränderung registriert wurde (vgl. Bos et al. 2007; Naumann et al. 2010). Bei IGLU 2006 zeigten sich auch große Schichtunterschiede in der Wahrnehmung des Leistungspotenzials eines Kindes. Während Eltern der oberen Mittelschicht ihr Kind auch schon bei einem durchschnittlichen Lesekompetenzwert für gymnasialfähig hielten, war dies bei Eltern aus benachteiligten Schichten erst dann der Fall, wenn der gemessene Lesekompetenzwert deutlich über Normalniveau lag. Es kann davon ausgegangen werden, dass die Wahrscheinlichkeit dafür, dass – bei vergleichbaren Lesekompetenzwerten der Kinder – die Eltern aus bildungsnahen Schichten ihr Kind im Gymnasium anmelden, etwa fünf- bis zehnmal höher liegt als bei Eltern aus bildungsfernen Schichten. Zweifellos trägt dieses Phänomen zur bestehenden Bildungsungerechtigkeit bei.

Es lässt sich auch in neueren Studien zum Thema zeigen, dass die Leistungskennwerte der Schülerinnen und Schüler systematisch mit dem Bildungsniveau zusammenhängen. Die Befunde aus den PISA-Erhebungen legen dabei den Schluss nahe, dass sich insbesondere in Deutschland sehr große Leistungsunterschiede zwischen Jugendlichen aus bildungsfernen und bildungsnahen Schichten auftun (vgl. z. B. Naumann et al. 2010). Deutschland gehört also zu den Ländern, in denen der Zusammenhang zwischen sozialer Herkunft und Leistung bei Jugendlichen am höchsten ist. Wie die Befunde der Heidelberger EVES-Studie dokumentieren, lässt sich der Einfluss der Schichtzugehörigkeit auf die Leistung im Lesen und Rechtschreiben nicht erst in der Sekundarstufe, sondern auch schon zu einem früheren Zeitpunkt nachweisen: Der sozioökonomische Status (SöS) hatte hier über die ersten vier Schuljahre hinweg einen bedeutsamen Einfluss auf die Schriftsprachentwicklung der Kinder. Dabei fanden sich sowohl für die Lesegeschwindigkeit als auch für das Leseverständnis und das Rechtschreiben substanzielle Leistungsunterschiede zwischen Kindern mit niedrigem und hohem SöS. Diese Unterschiede waren bereits in der ersten Klassenstufe vorhanden und vergrößerten sich in den folgenden Schuljahren stetig (vgl. Zöllner und Roos 2009). Empirische Studien zum Zusammenhang zwischen Sozialschicht und Schulleistung deuten demnach darauf hin, dass deutsche Kinder aus wohlsituierten Familien praktisch vom ersten Schultag an leistungsmäßig besser abschneiden als solche aus benachteiligten Schichten, wobei sich diese Privilegierung über die gesamte Schulzeit hinweg zunehmend verstärkt fortsetzt (Hurrelmann et al. 2010).

Für den Grundschulbereich belegte auch die neuere Längsschnittstudie von Dummert et al. (2014) die zunehmende Relevanz der Schichtzugehörigkeit für den Erfolg im Lesen und Rechtschreiben sehr eindeutig, und dies relativ unabhängig vom Migrationsstatus der Kinder. Wenn etwa die Rechtschreibleistung gegen Ende der Grundschulzeit aus den früheren Erhebungen vorhergesagt werden sollte, so stieg der prognostische Wert der Sozialschicht von der zweiten auf die vierte Klassenstufe deutlich an. Wurde zusätzlich der Migrationsstatus als Vorhersagemerkmal einbezogen, änderte sich am Ergebnis nur wenig. Dieser auf den ersten Blick überraschende Befund kann damit erklärt werden, dass Sozialschicht und Migrationsstatus miteinander konfundiert sind, also viele Angehörige benachteiligter Sozialschichten auch Migrationsstatus aufweisen.

Die bislang aufgeführten Studien zeigen übereinstimmend die große Bedeutung der sozialen Schichtzugehörigkeit für den Schriftspracherwerb, wobei diese Beziehung schon ab der frühen Grundschulphase nachzuweisen ist (Helmke und Weinert 1997). Eine Besonderheit der Hamburger Längsschnittstudie „Lernausgangslage und Leistungsentwicklung" (LAU; z. B. Lehmann et al. 2002) ist darin zu sehen, dass diese Relation nicht wie sonst üblich in einer relativ überschaubaren Stichprobe von Schülerinnen und Schülern, sondern in einer Grundgesamtheit untersucht wurde; in diesem Fall wurden alle Hamburger Schüler eines bestimmten Jahrgangs berücksichtigt, die von der Grundschule in weiterführende Schulen wechselten.

Auch für diese Grundgesamtheit ließ sich zeigen, dass die Bildungsnähe des Elternhauses bedeutsam mit dem Leistungsstand und der Leistungsentwicklung der Schüler korreliert. In dieser Längsschnittstudie, in der die schulische Entwicklung von der fünften bis zur elften Klassenstufe aufwendig erfasst wurde, fand sich über alle Schulformen und Kursniveaus hinweg eine Korrelation von $r = .40$ zwischen dem Bildungsabschluss des Vaters oder der Mutter und der allgemeinen Fachleistung ihrer Kinder. Aus den Befunden der LAU-Studie lässt sich weiterhin ableiten, dass Kinder aus eher bildungsfernen Familien bessere Leistungen erbringen müssen als Kinder aus bildungsnahen Familien, um die Empfehlung für den Übertritt auf das Gymnasium zu erhalten.

Diejenigen Schüler, deren Eltern über einen höheren Schulabschluss verfügten, erzielten im Mittel signifikant bessere Leistungen als Schüler, deren Eltern die Schule nach der Pflichtschulzeit verlassen hatten. Die Autoren folgerten aus ihren Längsschnittdaten, dass der Bildungshintergrund der Eltern von Beginn der Sekundarstufe an einen deutlichen eigenständigen Einfluss auf die weitere Bildungslaufbahn der Kinder ausübte, und zwar in noch stärkerem Ausmaß als die kognitiven Lernvoraussetzungen der Kinder.

> In diesem Zusammenhang erscheint eine Studie von Steinig et al. (2009) interessant, in der die Schreibkompetenzen von Viertklässlern der Jahre 1972 und 2002 anhand von zahlreichen Texten verglichen wurde. Damit wurde eine systematische Betrachtung der Schreibkompetenzen von Schülerinnen und Schülern, die kurz vor dem Übergang in weiterführende Schulen standen, über eine längere Zeitstrecke hinweg ermöglicht.
> Die Ergebnisse belegen insgesamt, dass sich sowohl eher erfreuliche als auch eher unerfreuliche Tendenzen finden lassen. So konnten für die Bereiche Wortschatz und Textgestaltung über die Jahre hinweg beachtliche Leistungssteigerungen registriert werden, während sich die Rechtschreibkompetenz im Verlauf der 40 Jahre offenbar deutlich verschlechtert hatte. Im hier interessierenden Kontext schien es bemerkenswert, dass die soziale Schichtzugehörigkeit im Jahr 2002 einen wesentlich engeren Bezug zu den schriftsprachlichen Leistungen aufwies als noch 40 Jahre zuvor. Besonders positive Entwicklungen wurden für Kinder aus der oberen Mittelschicht registriert, während Kinder aus benachteiligten Schichten mit einer Hauptschulempfehlung im Jahr 2002 deutlich schlechtere Leistungen zeigten als im Jahr 1972. Die Autoren folgerten aus diesem Befund, dass Risikoschüler der heutigen Zeit den Anschluss nicht aufgrund ihres Migrationshintergrunds, sondern aufgrund ihrer sozialen Herkunft verlieren.

Insgesamt betrachtet legen die Befunde älterer und neuerer Studien den Schluss nahe, dass der Schulerfolg im Allgemeinen und der Schriftspracherwerb im Speziellen schon ab der frühen Grundschulzeit durch sozioökonomische Merkmale stark mitbestimmt werden. Es gelingt der Schule weder zu diesem frühen Zeitpunkt noch in späteren Entwicklungsphasen, den Einfluss der sozialen Schichtzugehörigkeit auf Lernergebnisse in den genannten Bereichen nennenswert zu reduzieren.

> ?
> Inwiefern erzeugt die soziale Schichtzugehörigkeit Leistungsunterschiede?

Schon gegen Ende der 1950er-Jahre wurde die Annahme vertreten, dass es schichtspezifische Unterschiede in der *familiären Sozialisation* gibt, die frühzeitig einsetzen und den weiteren Lebensweg von Kindern bedeutsam beeinflussen. Insbesondere der Ansatz des britischen Soziologen Basil Bernstein fand nicht nur in der Linguistik breite Beachtung, sondern wurde damals auch in der deutschen sozial- und erziehungswissenschaftlichen wie auch psychologischen Forschung rezipiert (vgl. z. B. Ammon 1972; Bock 1975; Oevermann 1968).

Bernstein ging davon aus, dass Menschen sozialen Schichten zugeordnet werden können, die sich im Hinblick auf das gesellschaftliche Ansehen unterscheiden. Diese Schichten sind durch unterschiedliche Lebensstile und Verhaltensweisen charakterisiert, in die das Kind hineinwächst und in deren Rahmen es erzogen wird. Hinsichtlich der sozial besonders benachteiligten Unterschicht ging Bernstein von einem sprachlichen Defizit gegenüber der Mittel- und Oberschicht aus, das in einem *restringierten Code* zum Ausdruck kommt.

> **Restringierter Code**
>
> Der restringierte Code ist durch kurze, grammatisch einfache Sätze und außerdem durch eingeschränkten Gebrauch von Adjektiven und Adverbien geprägt, was persönliche Aussagemöglichkeiten beschränkt. Es kommt schließlich zu häufigeren Verwendungen von Tatsachenfeststellungen, die sich im Erziehungsprozess als kurze und nicht weiter begründete Befehle artikulieren können. Der restringierte Code ist weitgehend vorhersagbar, da er auf einer überschaubaren Menge syntaktischer Alternativen beruht und der Wortschatz eher gering ist.

Während Sprecher eines restringierten Codes ihre Erfahrungen nur teilweise angemessen verbalisieren können, insbesondere wenn die Verständigung über Ideen präzise Formulierungen erfordert, gelingt dies den Sprechern eines *elaborierten Codes* ohne Weiteres, und sie können dabei auch zwischenmenschliche Beziehungen differenziert artikulieren.

> **Elaborierter Code**
>
> Der elaborierte Code steht für weiter entwickeltes sprachliches Niveau, einen größeren Wortschatz und komplexere Syntax. Satzbau und Wortschatz sind bei der Sprachproduktion nicht von vornherein festgelegt; es kann aus einer großen Anzahl von Alternativen ausgewählt werden.

Bernstein ging davon aus, dass die frühe sprachliche Entwicklung für die spätere Begriffsbildung entscheidend ist. Die Form des Spracherwerbs in unterschiedlichen Sozialschichten spielt bei der Entwicklung von Unterschieden dabei eine bedeutsame Rolle. Die von Bernstein herangezogene ältere Literatur belegte klar, dass Mittelschichtmütter früher und häufiger mit ihren Kindern sprechen als Mütter der Unterschicht, dass sie deutlicher artikulieren und auch unzureichende Äußerungen des Kindes korrigieren. Ihre Kommunikation mit dem Kind hat von früh an stützenden und lehrenden Charakter. Demgegenüber sprechen Unterschichtmütter insgesamt weniger mit ihren Kindern. Die Zuwendung ist eher emotional und bedient sich anderer Ausdrucksmittel. Korrekturen des sprachlichen Ausdrucks der Kinder finden vergleichsweise selten statt. Geht man davon aus, dass regionalspezifische Dialekte in bildungsfernen Schichten eher verbreitet sind als in bildungsnahen Schichten, so kommt beim Übergang von der gesprochenen auf die Schriftsprache für Kinder aus benachteiligten Schichten ein weiteres schulisches Problem hinzu, das in der einschlägigen Forschung leider noch immer zu wenig Beachtung gefunden hat (vgl. Röber-Siekmeyer und Spiekermann 2000).

Auch die unterschiedlichen Wertorientierungen in Unter- und Mittelschicht sind für die kindliche Entwicklung bedeutsam. Während die Erziehung der

Mittelschichtkinder meist auf die Zukunft bezogen ist und das Kind lernt, gegenwärtige Wünsche zugunsten von wichtigeren ferneren Zielen zurückzustellen (*delay of gratification*), ist die Erziehung von Kindern der sozialen Unterschicht eher gegenwartsorientiert (Bock 1975; Mollenhauer 1968). Diese Unterschiede haben durchaus Bedeutung für die spätere schulische Entwicklung. Schichtspezifische Wertorientierungen und Schulerfolg korrelieren bedeutsam, wie mehrere empirische Untersuchungen belegen konnten (vgl. Fend et al. 1976; Mollenhauer 1968). Unterschiedsverstärkend kommt hinzu, dass der Schuleintritt für Kinder aus der Mittelschicht keinen gravierenden Einschnitt bedeutet: Die Lehrkraft spricht ihre Sprache und teilt die Wertvorstellungen ihrer Familien. Demgegenüber empfinden Kinder aus der sozialen Unterschicht den Schuleintritt vielfach als traumatisierendes Erlebnis. Ihre Sprache wird von der Lehrkraft nicht verstanden und akzeptiert, insbesondere wenn sie dialektgefärbt ist. Die Diskrepanz der schulischen Situation zum gewohnten Milieu und dem Elternhaus wird von den Kindern bewusst erlebt und als Belastung empfunden. Während Kinder der Unterschicht in ihrer normalen Umwelt mit ihren Ausdrucksmöglichkeiten zurechtkommen, belasten die sprachlichen Anforderungen der Schule und führen zu permanenten Misserfolgserlebnissen.

Bernstein und andere Forscher haben diese Annahmen seit Ende der 1950er-Jahre immer wieder überprüft und dabei sehr viel stützende Evidenz gefunden (Überblick bei Bock 1975). Gerade im Hinblick auf den gestörten Schriftspracherwerb fanden sich schon früh empirische, durchaus repräsentative Untersuchungen, denen zufolge die überwiegende Mehrzahl lese- und rechtschreibschwacher Schülerinnen und Schüler aus bildungsfernen Schichten stammten (z. B. Niemeyer 1974; Schneider 1980). Auch in neuerer Zeit lassen sich zahlreiche empirische Belege für die Relevanz der schichtspezifischen Sozialisation in ihren Implikationen für die schulische Laufbahn von Kindern finden. Im Hinblick auf den Schriftspracherwerb fällt nach wie vor auf, dass sprachliche Defizite von Kindern aus benachteiligten Schichten vielfach mit Problemen beim Lesen und/oder Rechtschreiben assoziiert sind.

Wie Kesselring und Leitner (2007) herausstellen, lassen sich in dieser Situation prinzipiell zwei Wege einschlagen:

- Man hält an dem etablierten Bildungssystem fest und spricht von Sozialisationsdefiziten in den betroffenen Familien.
- Man sucht nach vorschulischen Kompensationsmöglichkeiten, die dabei helfen können, bestehende Ungleichheit zu reduzieren.

Ein neueres Forschungsfeld hat sich in diesem Zusammenhang mit dem Veränderungspotenzial in der häuslichen Lernumgebung auseinandergesetzt. Wesentliche Befunde dieses Ansatzes werden im folgenden Abschnitt vorgestellt.

6.2 Welche Rolle spielt die familiäre Lernumwelt für den Schriftspracherwerb? – Neuere Zugangswege

Der Einfluss der familiären Lernumwelt auf die Entwicklung von jungen Kindern hinsichtlich ihrer schriftsprachlichen Vorläuferfertigkeiten (z. B. der phonologischen Bewusstheit und der Buchstabenkenntnis) sowie auf ihre Sprachkompetenz (z. B. Wortschatz und Sprachverständnis) wurde ab Ende der 1990er-Jahre in zahlreichen Studien insbesondere aus dem angloamerikanischen Sprachraum untersucht (z. B. Aikens und Barbarin 2008; Sénéchal und LeFevre 2002; Whitehurst und Lonigan 1998). Es zeigte sich übereinstimmend, dass eine anregungsreiche familiäre Lernumwelt, in der viele Bücher im Haushalt verfügbar waren und den Kindern häufig vorgelesen wurde, mit einem vergleichsweise größeren Wortschatz, einem größerem Allgemeinwissen und besseren basalen Lesefähigkeiten der Kinder (auch schon im Kindergarten) positiv korrelierte (Überblick bei Niklas 2014).

Entsprechende Untersuchungen in Deutschland waren lange rar. Niklas und Schneider (2010) rekrutierten eine deutsche Stichprobe von Kindergartenkindern, um die Bedeutung der familiären Lernumwelt für die Ausbildung von schulrelevanten Vorläufermerkmalen zu explorieren. Die Autoren analysierten dabei die Zusammenhänge der familiären Lernumwelt mit der Sprachkompetenz, relevanten schriftsprachlichen Vorläuferfertigkeiten sowie mathematischen Basisfertigkeiten bei Kindern im Alter von knapp fünf Jahren. Als wesentliches Ergebnis ließ sich festhalten, dass die familiäre Lernumwelt sich als bedeutsamer Faktor für die Varianzaufklärung aller Leistungsmaße erwies, insbesondere für die Sprachkompetenz und die schriftsprachlichen Vorläuferfertigkeiten.

Die Erkenntnisse von Niklas und Schneider (2010) basierten auf einer Querschnittstudie, die keinerlei Informationen für weitere Entwicklungen beinhaltete. In den erwähnten angloamerikanischen Längsschnittstudien, die in der Kindergartenphase einsetzten und den Einfluss der familiären Lernumwelt über einen längeren Zeitraum auf die spätere Lesekompetenz untersuchten, fanden sich Hinweise dafür, dass die familiäre Lernumwelt auch Einfluss auf spätere Leseleistungen nimmt (vgl. Aikens und Barbarin 2008; Sénéchal und LeFevre 2002).

In der Studie von Aikens und Barbarin (2008), die die Leseentwicklung der Kinder vom Kindergarten bis zum Ende der dritten Klasse begleitete und den Einfluss der verschiedenen Lebensumwelten der Kinder (Familie, Nachbarschaft, Schule) untersuchte, war die familiäre Lernumwelt für die Leseausgangsleistungen bei Schuleintritt bedeutsam. In der Metaanalyse von Bus et al. (1995) konnte die Häufigkeit des Vorlesens in der Vorschulzeit etwa 8 % der Varianz bei verschiedenen Sprachmaßen und den Leseleistungen aufklären. Allerdings wurde die Bedeutung des gemeinsamen Lesens in der Vorschulzeit für spätere Lesekompetenzen mit steigenden Fähigkeiten der Kinder geringer.

Einzelne Studien konnten auch Einflüsse der familiären Lernumwelt auf Sprachleistungen über den Schuleintritt hinaus zeigen (z. B. de Jong und Leseman 2001; Sénéchal und LeFevre 2002). In der fünfjährigen Längsschnittstudie von Sénéchal und LeFevre (2002) wurde der Einfluss der vorschulischen familiären Lernumwelt vom Kindergartenalter bis zur dritten Klasse untersucht. Als wesentlicher Befund stellte sich heraus, dass die inhaltliche Beschäftigung mit der Schriftsprache (z. B. Vorlesen) einen positiven Einfluss auf die rezeptive Sprache (Wortschatz und Hörverständnis) hatte und dadurch indirekt die Leseleistung beeinflusste. Weiterhin förderte die vorschulische Auseinandersetzung mit Buchstaben spätere Schriftsprachkenntnisse und förderte den frühen Lesekompetenzerwerb.

Insgesamt unterstützen die Befunde die Annahme, dass die Vorschulzeit als „sensible" Phase begriffen werden kann. Das frühe Lesen und die Beschäftigung mit Schriftsprachlichkeit sind in dieser Phase für Umwelteinflüsse besonders sensibel (Schneider 1997; vgl. auch Ennemoser und Schneider 2004). Die familiäre Lernumwelt nimmt dabei eine Vermittlerrolle zwischen strukturellen Herkunftsmerkmalen und schriftsprachlichen Kompetenzen ein. Es kann etwa durchaus sein, dass sich bei gleicher sozialer Ausgangslage in Abhängigkeit vom Stimulationsgehalt der familiären Lernumwelt unterschiedliche Perspektiven für die schulische Leistungsentwicklung eröffnen. In diesem Zusammenhang ist jedoch noch wenig darüber bekannt, wie der Migrationshintergrund den Zusammenhang zwischen Sozialschicht und Leistungsentwicklung moderiert.

Im Hinblick auf die Rolle der frühen familiären Lernumwelt im Zusammenhang mit dem Migrationshintergrund der Familien gab es in Deutschland lange Zeit nur wenige Erkenntnisse (vgl. Hurrelmann 2006). Die einschlägige Lesesozialisationsforschung klammerte diesen Aspekt meist aus. Erste Aufschlüsse bot die Studie von Niklas und Schneider (2010), die den Migrationshintergrund zusätzlich berücksichtigte und zeigen konnte, dass die familiäre Lernumwelt unter dieser Bedingung deutlich weniger Leistungsvarianz in den schriftsprachlichen Vorläuferfertigkeiten und der Sprachkompetenz aufklären konnte. Familien mit Migrationshintergrund wiesen in dieser Studie häufig weniger förderliche Lernumwelten auf. Niklas und Schneider folgerten aus ihren Befunden, dass die familiäre Lernumwelt somit auch als Mediator zwischen Migrationshintergrund und den sprachlichen und schriftsprachlichen Kompetenzen fungiert (vgl. auch Roos und Schöler 2009).

In einer Folgestudie (Niklas et al. 2013) wurde diese Thematik auch längsschnittlich untersucht. Es ging insbesondere um die Klärung der Frage, inwieweit die früh (im Kindergartenalter) erfasste familiäre Lernumwelt spätere Leseleistungen zu Beginn der Grundschulzeit unter Berücksichtigung wichtiger Kontrollvariablen (etwa IQ, Alter und Geschlecht) vorhersagen kann und welche vermittelnde Prozesse (Mediatoren) dabei eine Rolle spielen. Dies erscheint umso relevanter, als für den Zeitraum vom Ende des Kindergartens bis in die Grundschule hinein die größten Effekte der familiären Lernumwelt zu erwarten sind (vgl. Schneider 1997; Hood et al. 2008). Es wurde von den Autoren angenommen, dass eine anregungsreichere vorschulische Lernumwelt, in der viele Bücher vorhanden sind (kulturelles Kapital) und in der häufiger gelesen und vorgelesen wird (kulturelle Praxis), auch nach Kontrolle von Intelligenz, Alter und Geschlecht mit besseren Leseleistungen Ende der ersten Klasse einhergeht. Weiterhin wurde vermutet, dass dieser Zusammenhang über den Wortschatz und die phonologische Bewusstheit der Kinder vermittelt ist. Schließlich gingen Niklas et al. (2013) davon aus, dass die familiäre Lernumwelt selbst als Vermittlungsinstanz zwischen der Sozialschicht und dem Migrationshintergrund auf der einen Seite und den Vorläuferfertigkeiten bzw. der Leseleistung auf der anderen Seite fungiert.

> Die Überprüfung dieser Annahmen erfolgte auf Basis einer umfangreichen Stichprobe von annähernd 500 Grundschulkindern. Auf Basis der vorliegenden Forschungsergebnisse wurde ein theoretisches Strukturgleichungsmodell formuliert, das in Abb. 6.1a dargestellt ist. Das aus der Datenanalyse resultierende Kausalmodell findet sich in Abb. 6.1b. In diesem Kausalmodell beeinflussen der Migrationshintergrund und der sozioökonomische Status als strukturelle Herkunftsmerkmale die frühe familiäre Lernumwelt und damit die beiden oben erwähnten Aspekte „kulturelles Kapital" und „kulturelle Praxis". Der Migrationshintergrund nimmt zusätzlich Einfluss auf die Ausprägung der Schichtzugehörigkeit und auf den Wortschatz der Kinder. Die sprachlichen und schriftsprachlichen Vorläuferfertigkeiten, also der Wortschatz und die phonologische Bewusstheit, werden durch den Anregungsgehalt beider Aspekte der familiären Lernumwelt vorhergesagt. Wortschatz und phonologische Bewusstheit beeinflussen dann auch die basalen Leistungen im Lesen am Ende der ersten Klasse. Im Modell wird also einerseits davon ausgegangen, dass der Einfluss von Sozialschicht und Migrationshintergrund über die familiäre Lernumwelt vermittelt wird, andererseits sollte der Einfluss der familiären Lernumwelt auf die Leseleistungen über die sprachlichen und schriftsprachlichen Vorläuferfertigkeiten moderiert werden. Als Kontrollvariablen wurden zusätzlich die nonverbale Intelligenz sowie das Geschlecht in das theoretische Kausalmodell aufgenommen.

Die Datenanalysen zum Modell (Abb. 6.1b) zeigen, dass Migrationshintergrund und sozioökonomischer Status signifikant miteinander in Beziehung stehen, dass der Migrationshintergrund jedoch den Wortschatz nicht bedeutsam vorhersagt, während der Sozialstatus einen über das kulturelle Kapitel vermittelten indirekten Effekt hat. Migrationshintergrund und Sozialstatus weisen direkte Effekte auf die beiden erfassten Aspekte der häuslichen Lernumwelt (kulturelles Kapital und kulturelle Praxis) auf, die wiederum beide den Wortschatz und die phonologische Bewusstheit direkt und die Lesekompetenz indirekt beeinflussen. Wie erwartet weisen Wortschatz und phonologische Bewusstheit einen unmittelbaren Einfluss auf die Lesefähigkeit auf.

6 Welchen Einfluss haben Familie, Fernsehen und neue Medien? 137

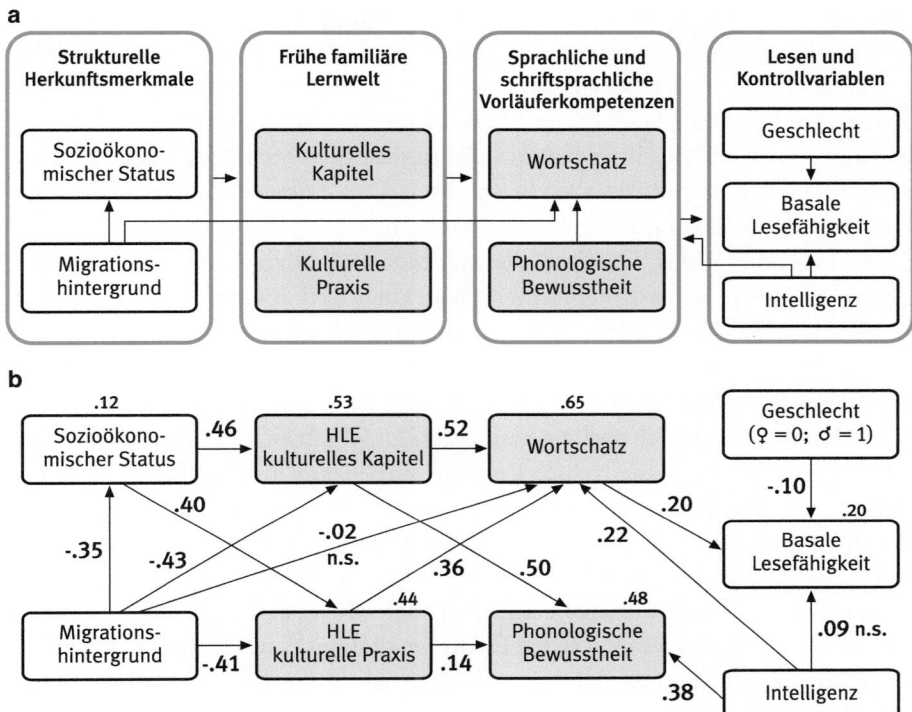

Abb. 6.1 Kausalmodell zur Beschreibung der Zusammenhänge zwischen strukturellen Herkunftsmerkmalen, der frühen familiären Lernumwelt (HLE), schriftsprachlichen Vorläuferfertigkeiten und der basalen Lesefähigkeit am Ende der ersten Klasse (unter Kontrolle von Geschlecht und Intelligenz). a Theoretisches Strukturgleichungsmodell. b Empirisches Strukturgleichungsmodell

Das Modell verdeutlicht schließlich, dass auch das Geschlecht einen geringen Effekt auf die Lesekompetenz ausübt, während die Intelligenz lediglich mit Wortschatz und phonologischer Bewusstheit, nicht aber direkt mit der Lesekompetenz assoziiert ist. Die Autoren sahen in diesen Befunden eine Bestätigung ihrer Annahmen und folgerten daraus, dass Unterschiede in der (vorschulischen) familiären Lernumwelt bedeutsame Auswirkungen auf den Schriftspracherwerb haben können, auch wenn der absolute Prozentsatz der durch die familiäre Lernumwelt zusätzlich an den Leseleistungen aufgeklärten Varianz mit etwa 4 % relativ gering ausfiel.

Die Untersuchung machte weiterhin enge Bezüge zwischen Migrationsstatus und sozialer Schichtzugehörigkeit deutlich, bestätigte also die Befunde früherer Studien (Niklas und Schneider 2010; Wieler 1997), denen zufolge Familien mit Migrationshintergrund häufig weniger förderliche Lernumwelten aufweisen. Insgesamt wird deutlich, dass die Familie sowohl hinsichtlich struktureller Merkmale als auch hinsichtlich bestimmter Prozessmerkmale und damit der Lernumwelt eine wichtige Rolle bei der Lesekompetenzentwicklung der Kinder spielt.

Ein interessanter Aspekt der Forschungsarbeiten zur Rolle der familiären Lernumwelt ist darin zu sehen, dass Maßnahmen zur Verbesserung der Ausgangsbedingungen durchaus Erfolg versprechend scheinen. Mehrere angloamerikanische Interventionsstudien haben beispielsweise den Ansatz verfolgt, die Eltern in die Technik des „dialogischen Lesens" einzuführen (vgl. Hargrave und Sénéchal 2000; Huebner 2000). Die Besonderheit dieser Maßnahme ist darin zu sehen, dass den Kindern beim gemeinsamen Lesen eines Bilderbuches sehr viele Fragen gestellt werden, die Erwachsenen sich eher zurücknehmen und darauf achten, dass die Kinder sehr viel kommunizieren und sich damit im Hinblick auf ihre expressive Sprachkompetenz verbessern. Wie Sénéchal und Young (2008) im Rahmen einer Übersichtsarbeit herausstellten, ergab sich bei der statistischen Metaanalyse zu insgesamt 16 Interventionsstudien eine mittlere Effektstärke von $d = .65$, was belegt, dass sich über einen solchen Förderansatz die linguistische Kompetenz von Vorschulkindern bedeutsam steigern lässt. Das Engagement der Eltern hatte hier also eine nachweislich positive Wirkung.

Ähnlich positive Resultate berichteten auch Mol et al. (2008) auf Grundlage von Studien, die ausschließlich den Effekt des dialogischen Lesens auf den Wortschatz untersucht hatten. Allerdings finden sich in der Literatur auch weniger günstige Ergebnisse. Van Steensel et al. (2011) bezogen eine noch größere Zahl von Interventionsstudien in ihre Analysen ein und fanden lediglich einen kleinen positiven Effekt der Fördermaßnahme.

Allen in die Literaturübersichten einbezogenen Interventionsstudien ist gemeinsam, dass sie sehr aufwendig konzipiert waren und sich über viele Wochen und Monate hinzogen, was eine Implementierung dieser Maßnahmen im Alltag schwierig macht.

> ?
>
> Kann die Qualität der häuslichen Lernumwelt bereits durch eine weniger aufwendige Intervention verbessert werden und somit zu einer besseren sprachlichen Entwicklung der Kinder führen?

> In einer neueren Arbeit (Niklas und Schneider 2015) wurde geprüft, ob sich auch eine wesentlich weniger aufwendige Fördermaßnahme, die durchaus im Alltag realisiert werden kann, als effektiv und praktisch bedeutsam erweist. Es wurden Eltern von Kindern in die Untersuchung einbezogen, die sich zu Beginn der Studie am Anfang des letzten Kindergartenjahrs befanden. Im Rahmen eines Elternabends wurden die Eltern der Trainingsgruppe in die Forschungslage zur Bedeutung der häuslichen Lernumwelt eingeführt und über ihre besondere Rolle im Hinblick auf die sprachliche Entwicklung ihrer Kinder informiert. Es wurden weiterhin spezifische Hinweise darüber gegeben, wie die Eltern etwa

6 Welchen Einfluss haben Familie, Fernsehen und neue Medien?

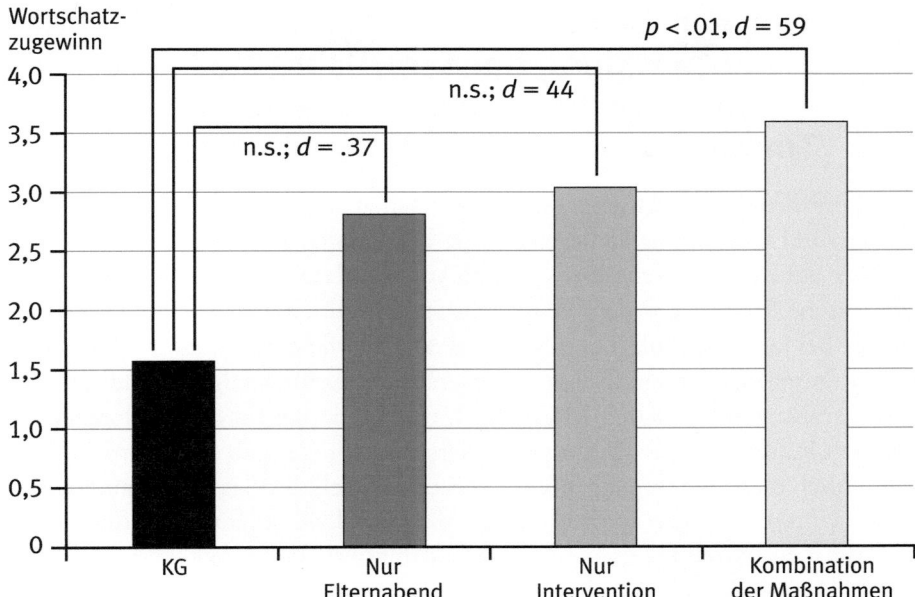

Abb. 6.2 Wortschatzzugewinn zwischen den beiden Messzeitpunkten der Untersuchung – separat für die vier Untersuchungsgruppen. n. s. = nicht signifikant. (Nach Niklas und Schneider 2015)

über lesebezogene Aktivitäten (z. B. dialogisches Vorlesen), sprach- und lesebezogene Spiele die sprachliche Entwicklung ihrer Kinder positiv beeinflussen können.

Der zweite Teil der Intervention fand dann im häuslichen Rahmen statt. Wissenschaftliche Mitarbeiterinnen und Mitarbeiter der Projektgruppe führten die Eltern in relevante Techniken des dialogischen Vorlesens ein, beobachteten die Eltern-Kind-Interaktionen und machten Verbesserungsvorschläge. Es wurden neben einer Kontrollgruppe, die weder den Elternabend besucht noch die häusliche Intervention erlebt hatte, drei weitere Gruppen installiert, die entweder die Kombination beider Maßnahmen oder jeweils nur eine Maßnahme erfahren hatten.

Als wichtigster Befund dieser Studie ließ sich festhalten, dass sich für die kombiniert geförderte Gruppe der größte Zuwachs im Wortschatz ergab, gefolgt von der Gruppe, die die Intervention erfahren hatte, ohne am Elternabend teilgenommen zu haben. Wie aus Abb. 6.2 hervorgeht, fand sich lediglich für die kombiniert geförderten Gruppen ein statistisch bedeutsamer Vorteil gegenüber der unbehandelten Kontrollgruppe. In jedem Fall kann aus den Ergebnissen dieser Studie der Schluss gezogen werden, dass schon wenig intensive Fördermaßnahmen im Elternhaus positive Auswirkungen auf die sprachliche Entwicklung der Kinder haben können.

6.3 Welchen Einfluss hat der Fernsehkonsum auf die Entwicklung der Schriftsprache? – Versuch der Klärung einer emotionsbeladenen Thematik

Die Einführung des Fernsehens in den deutschen Alltag erfolgte in den 1950er-Jahren, und von Anfang an bestanden Befürchtungen, dass sich dieses Medium negativ auf die schulische Entwicklung von Kindern auswirken könnte. Erste empirische Studien aus dem deutschen Sprachraum belegten, dass Fernsehen gerade bei jungen Schulkindern sehr viel Anklang fand, was aber insofern noch wenig dramatisch schien, als Fernsehprogramme nur für wenige Stunden am Tag ausgestrahlt wurden (Koch 1954). Auch wenn sich dies für den angloamerikanischen Raum zu dieser Zeit etwas anders darstellte (es gab dort damals schon wesentlich mehr Fernsehangebote), erbrachten auch die klassischen amerikanischen Untersuchungen zunächst keine stützende Evidenz für die Befürchtung, dass die Kulturtechnik Lesen durch neue, attraktivere und möglicherweise leichter zu konsumierende Medien in den Hintergrund gedrängt werden könnte. Für so manchen Medienkritiker genügten bereits erste Mutmaßungen über eine Verdrängung des Buches, um ein Klagelied über den Niedergang der Lesekultur anzustimmen (Postman 1986). Es dominierten sog. Hemmungshypothesen, die unterschiedliche Formen annahmen und dabei recht diffuse Vorstellungen darüber beinhalteten, wo dieser hemmende Einfluss des Fernsehkonsums eigentlich ansetzen sollte.

Es ließen sich vier verschiedene Hemmungshypothesen ausmachen:

1. *Verdrängungshypothese*: Die wohl populärste Hypothese ging davon aus, dass die mit Fernsehen zugebrachte Zeit dazu führt, dass weniger gelesen wird. Im ursprünglichen Sinne dieser Hypothese galt die Besorgnis zunächst der „Tätigkeit Lesen" an sich, die in unserer Gesellschaft als wertvolle Freizeitbeschäftigung erachtet wird. In der Mehrzahl der Fälle wurden jedoch eher negative Auswirkungen auf die Lese*fähigkeit* befürchtet. Unter diesem Blickwinkel bezeichnet die Verdrängungshypothese also einen potenziellen Hemmungsmechanismus, dem zufolge sich das Fernsehen negativ auf Lesekompetenz auswirkt, indem es die für deren Entwicklung notwendigen Leseaktivitäten verdrängt (Beentjes und van der Voort 1988).
2. *Passivitätshypothese*: Diese Hypothese nahm an, dass das Fernsehen bei Kindern zu eher niedrigen Aktivierungsniveaus führt, die sich im ungünstigen Fall auch auf Leseaktivitäten übertragen können und dann zu niedrigeren Lernleistungen führen (vgl. Salomon 1984).
3. *Konzentrationsabbauhypothese*: Sie ging davon aus, dass die für Fernsehsendungen typischen schnellen Wechsel, Schnitte und rapiden Kontextwechsel

die Konzentrationsfähigkeit von Kindern und somit den Erwerb der Schriftsprache negativ beeinflussen können.

4. *Leseabwertungshypothese*: Im Rahmen dieser Hypothese wurde vermutet, dass die generell wohl angenehmen Erfahrungen der Kinder mit Fernsehunterhaltungssendungen ihre Bereitschaft senken sollten, im schulischen Kontext Motivation und Energie in Leseaktivitäten zu investieren. Bücher sollten also im Vergleich zum Fernsehen an Wert einbüßen (vgl. Koolstra et al. 1997).

Eine Minderheit von Forschern ging davon aus, dass das Fernsehen im Hinblick auf das Lesenlernen auch positive Effekte haben könnte. Im Rahmen dieser Erleichterungshypothese wurde vermutet, dass Bücher zu beliebten Fernsehserien verstärkt gekauft und gelesen werden könnten (*Book-Promotion-Hypothese*). In einer anderen Variante der Erleichterungshypothese wurde vermutet, dass Untertitel in Fernsehsendungen die Kinder dazu herausfordern, schnell und gründlich zu lesen, was die Entwicklung ihrer Lesekompetenz positiv beeinflussen sollte (*On-Screen-Reading-Hypothese*).

> ?
> Wie sieht die empirische Evidenz zu diesen Annahmen aus?

Nachdem quasiexperimentelle Ansätze, also Vergleiche von Kindern mit versus ohne Fernseherfahrung, aufgrund der rasanten Verbreitung des Mediums sehr bald kaum noch verwirklicht werden konnten, war der Forschungsverlauf in der Folge von unzähligen Korrelationsstudien geprägt, deren Befunde in der Gesamtschau ein eher inkonsistentes Bild ergaben. Im Allgemeinen sprachen die Ergebnisse für einen negativen, allerdings sehr schwach ausgeprägten Zusammenhang zwischen dem Fernsehkonsum von Kindern und ihren Lesekompetenzen (Überblick bei Ennemoser 2003). Angesichts dieser Befundlage wundert es nicht, dass einige Autoren von einem Nulleffekt ausgingen und die Forderung aussprachen, die Forschungsbemühungen einzustellen (Morgan 1993).

Andere hingegen postulierten, dass die schwach ausgeprägten Beziehungen lediglich auf falschen Grundannahmen über die Art des Zusammenhangs beruhen, und belegten ihre These mit Befunden, denen zufolge ein geringer Fernsehkonsum zunächst sogar mit leicht besseren Leistungen einhergeht (z. B. Neuman 1988). Erst ab einem kritischen Grenzwert, der häufig mit 3–4 h täglicher Sehdauer beziffert wurde, sollte der Fernsehkonsum mit substanziellen Leistungseinbußen im Schriftsprachbereich verbunden sein. Demnach könnten die üblicherweise beobachteten geringen Korrelationen also daraus resultieren, dass sich positive und negative Effekte teilweise aufheben.

Einer Metaanalyse von Razel (2001) zufolge variiert die Art des Zusammenhangs zudem systematisch mit dem Alter. Dabei soll ein eher kurvilinearer Verlauf der Beziehung zwischen Fernsehkonsum und Lesekompetenzentwicklung (eher günstige Entwicklung bei „normalem" Fernsehkonsum) bei jüngeren Kindern besonders deutlich ausgeprägt sein und bis zum frühen Erwachsenenalter zunehmend in einen linear negativen Zusammenhang übergehen. Die Befunde legen insgesamt den Schluss nahe, dass sog. Vielseher besonders gefährdet sind, wobei allerdings die Grenzwerte für das Vielsehen von Land zu Land variieren können. So werden die für die USA angegebenen Werte (5–6 h pro Tag) im deutschsprachigen Raum von Kindern im Vor- und Grundschulalter, die vergleichsweise viel fernsehen, sehr selten erreicht (Feierabend und Simon 2000).

Auch wenn sich innerhalb der letzten 20 Jahre die Frage nach Ursachen und Wirkung über Längsschnittstudien methodisch angemessener angehen ließ, scheint die Bestimmung der Kausalrichtung nach wie vor nur schwer möglich zu sein. So kann es beispielsweise sein, dass es sich bei den beobachteten Korrelationen zwischen Fernsehkonsum und Leseleistung um Scheinzusammenhänge handelt, die in Wirklichkeit durch Drittvariablen wie etwa die soziale Schichtzugehörigkeit verursacht werden, die nicht nur mit dem Fernsehkonsum, sondern auch mit der Lesekompetenz von Kindern in Beziehung steht. Die schwächeren Leseleistungen von Vielseherkindern könnten demnach weniger dadurch bedingt sein, dass diese Kinder besonders viel fernsehen, sondern dass es sich vor allem um Kinder aus sozial schwächeren Schichten handelt, deren schwächere Schulleistungen vielfach dokumentiert sind.

Es ist demnach nicht klar, wie die negativen Korrelationen zwischen Fernsehkonsum und Leseleistung zu interpretieren sind (vgl. z. B. Ennemoser 2003; Ennemoser und Schneider 2007). Problematisch erscheint vor allem, dass die absolute Mehrzahl der verfügbaren Studien auf Fragebogenmaße zur Erfassung des Fernsehkonsums zurückgreifen, die sich in verschiedenen Untersuchungen als nicht hinreichend zuverlässig erwiesen haben. Zudem lässt die Validität dieser Fragebogenverfahren besonders bei jüngeren Kindern zu wünschen übrig, also genau in jenen Altersgruppen, für die in der Literatur keine konsistent negativen Zusammenhänge berichtet werden.

Angesichts dieser Probleme wurde am Würzburger Institut für Psychologie zu Beginn des neuen Jahrtausends eine umfassende Längsschnittstudie („Würzburger Längsschnittstudie") durchgeführt, in der einerseits die Schwächen der traditionellen Fernsehforschung vermieden und andererseits die Erkenntnisse der neueren Lese- und Rechtschreibforschung angemessen berücksichtigt werden sollten (Ennemoser 2003; Ennemoser und Schneider 2004, 2007; Schiffer et al. 2002). Um möglichst zuverlässige Aussagen über die Beziehung zwischen Medienkonsum und Lesekompetenzen zu ermöglichen, wurden vergleichsweise valide Erfassungsmethoden eingesetzt. Über die Berücksichtigung relevanter Drittvariablen wie Sozialschicht, Intelligenz und Alter der Kinder und die längsschnittliche Konzeption der Studie sollten günstige Voraussetzungen für die

> Überprüfung kausaler Effekte geschaffen werden. Aufgrund der großen Bedeutung der Ausgangslage vor Schuleintritt sollte die Studie bereits im Kindergarten ansetzen. Dabei wurden nicht nur kognitive Vorläufer der (in der Regel noch nicht vorhandenen) Lesekompetenzen erfasst, sondern es fanden auch Vorläufer eigenständigen Lesens (elterliches Vorlesen, Anschauen von Bilderbüchern) sowie diesbezügliche medienspezifische Präferenzen Berücksichtigung. Dies erschien insofern relevant, als dem Vorlesen nicht nur eine stimulierende Wirkung auf das spätere Leseverhalten (Leseman und de Jong 2001), sondern auch ein förderliches Potenzial im Hinblick auf spätere schriftsprachliche Kompetenzen zugeschrieben wird (Bus et al. 1995; Niklas und Schneider 2010).
>
> Die im Folgenden dargestellten Ergebnisse beziehen sich auf eine Stichprobe von insgesamt 332 Kindern, die über vier Jahre hinweg mehrfach untersucht wurden. Etwa die Hälfte der Kinder ($n = 165$) absolvierte zu Beginn der Studie gerade das letzte Kindergartenjahr, während die andere Hälfte ($n = 167$) bereits die zweite Klasse besuchte. Da einfache Befragungen zum täglichen Fernsehkonsum häufig nicht unbedingt zu den richtigen Antworten führen (es besteht hier eine Tendenz zur Beschönigung des eigenen Verhaltens), wurde der Medienkonsum der Kinder anhand eines Tagebuchverfahrens und weiterhin anhand von Fernsehchecklisten ermittelt, über die geprüft werden konnte, welche Programme in welcher Intensität konsumiert worden waren. Diese Informationen wurden zusammen mit anderen schriftsprachrelevanten Merkmalen (u. a. phonologische Bewusstheit, IQ, SöS, Lesemotivation, Lesefertigkeit) im Verlauf der vierjährigen Studie in jeder Kohorte insgesamt sechsmal erhoben.

Die längsschnittlichen Ergebnisse erbrachten Hinweise auf einen saisonalen Trend in dem Sinne, dass im Winter mehr ferngesehen wurde als im Sommer. Es fand sich auch insofern ein Einfluss der Sozialschicht, als in Familien mit höherem sozialen Status insgesamt weniger ferngesehen wurde. Im Hinblick auf die wesentlichen Hypothesen der Studie scheint interessant, dass in beiden Kohorten zu allen Messzeitpunkten höherer Fernsehkonsum mit schlechterem Wortschatz sowie niedrigeren Werten in der phonologischen Bewusstheit einherging. Weiterhin zeigten sich niedrige negative Zusammenhänge zwischen dem Ausmaß des Fernsehkonsums (Unterhaltungssendungen) und der Lesefertigkeit. Die Unterteilung in Sehergruppen (Viel-, Normal- und Wenigseher) zum ersten Messzeitpunkt erwies sich dabei als sinnvoll. Sie belegte zum einen eine große Zeitstabilität der Gruppenzugehörigkeit, zum anderen aber auch, dass früher Fernsehkonsum insbesondere in der Vielseher-Gruppe negative Auswirkungen auf den Schriftspracherwerb hatte, während sich für die beiden anderen Gruppen kein systematischer Zusammenhang ergab.

In Abb. 6.3 ist die Entwicklung der Lesegeschwindigkeit vom Ende der ersten bis zum Ende der dritten Klasse für die jüngste Kohorte dargestellt. Statistische Analysen bestätigten zunächst, dass die Kinder in diesem Zeitraum einen erwartungsgemäßen Leistungsanstieg zu verzeichnen hatten. Wie der Abbildung zu entnehmen ist, zeigten dabei Kinder, die im Verlauf des ersten Schuljahres einen konsistent erhöhten Fernsehkonsum zu verzeichnen hatten, am Ende der ersten

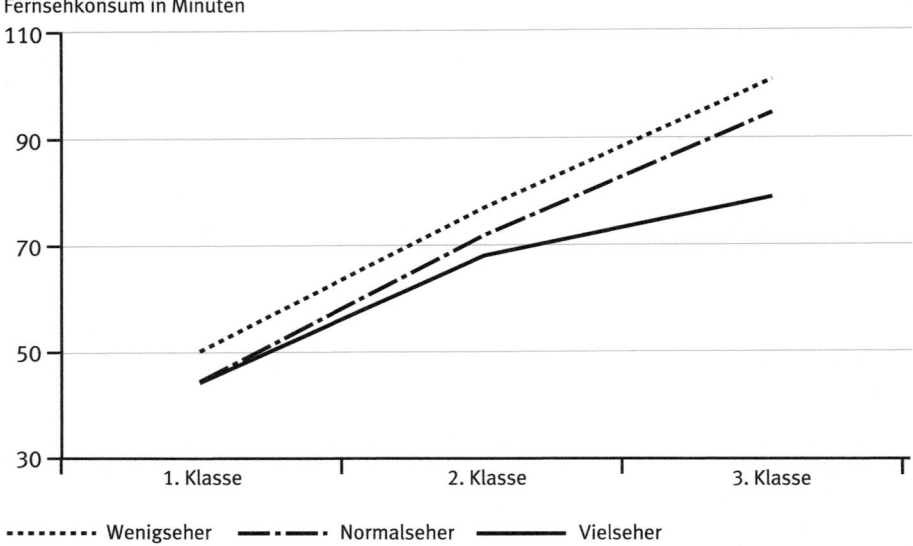

Abb. 6.3 Die Leistungsentwicklung in der Lesegeschwindigkeit von der ersten bis zur dritten Klasse in Abhängigkeit des Fernsehkonsums. (Nach Ennemoser und Schneider 2007)

Klasse noch durchaus vergleichbare Leistungen wie Normal- und Wenigseher. Allerdings drifteten die Leistungen bis zum Ende der dritten Klasse zunehmend auseinander. So konnten die Vielseher im Verlauf der zweiten und dritten Klasse nicht die gleichen Leistungszuwächse erzielen wie Kinder, die weniger fernsahen. Dieser Befund ist auch insofern interessant, als der zu einem früheren Zeitpunkt erfasste Fernsehkonsum (erhoben zwischen Kindergarten und Ende der ersten Klasse) eine zukünftig ungünstigere Leistungsentwicklung (zwischen erster und dritter Klasse) prognostizierte. Das Risiko für eine ungünstige Entwicklung im Lesebereich war dann besonders groß, wenn die Kinder schon im Vorschulalter in ihrem Zimmer auf einen eigenen Fernseher zugreifen konnten und ihr Fernsehverhalten von den Eltern nicht weiter kontrolliert wurde.

Die entsprechenden Analysen für die ältere Kohorte ergaben keinen Hinweis darauf, dass die Leistungsschere bis zum Ende der Grundschulzeit weiter aufgeht, sich also die Leistungsnachteile der Vielseher gegenüber den Normal- und Wenigsehern weiter vergrößern. In dieser Kohorte waren die Leistungsnachteile der Vielseher gegenüber den beiden anderen Gruppen bereits am Ende der zweiten Klassenstufe nachweisbar und blieben im weiteren Untersuchungszeitraum unvermindert bestehen.

Insgesamt bestätigte diese Studie demnach den in amerikanischen Untersuchungen konstatierten negativen Effekt exzessiven Fernsehkonsums auf den

Schriftspracherwerb und andere schulische Leistungen. Allerdings erscheint in diesem Zusammenhang interessant, dass die kleine Gruppe der deutschen Vielseher (ca. 15 % der Altersstichprobe) in den USA zu den Normalsehern zählen würde. Für die Negativentwicklung scheinen also nicht *absolute* Sehzeiten entscheidend zu sein, sondern der Fernsehkonsum *relativ* zu dem der Bezugsgruppe. Im Unterschied zu den amerikanischen Untersuchungen, die gerade bei jüngeren Kindern durchaus positive Effekte des Konsums pädagogisch intendierter Sendungen auf den Schriftspracherwerb konstatieren (Überblick z. B. bei Moses 2008), fanden sich in der Würzburger Studie nur schwache Tendenzen in diese Richtung. Dies mag daran liegen, dass der Anteil pädagogisch orientierter Sendungen im deutschen Fernsehen immer noch vergleichsweise klein ist. Weiterhin dürfte es einen Nachteil darstellen, dass es im deutschen Fernsehen sehr wenige Sendungen mit Untertiteln gibt. Gerade die niederländischen Untersuchungen zu dieser Thematik (vgl. z. B. Koolstra et al. 1997) haben positive Effekte dieses Sendungstyps auf die Lesekompetenzentwicklung bestätigt. Damit verbunden sind gerade bei Kindern aus dem skandinavischen Raum und aus den Niederlanden positive Einflüsse auf das Erlernen der (meist englischen) Fremdsprache, die zusätzlich wahrgenommen wird und sinnvoll verarbeitet werden kann.

> **?**
>
> Welche Schlussfolgerungen lassen sich aus den Ergebnissen im Hinblick auf die Gültigkeit der oben dargestellten Hemmungshypothesen ziehen?

Die Befunde sprechen dafür, dass hemmende Einflüsse des Fernsehens vor allem in der frühen Phase des Leseerwerbs zum Tragen kommen, insbesondere dann, wenn der Schwerpunkt auf Unterhaltungssendungen liegt. Dies entspricht auch der Erkenntnis der Lese-/Rechtschreibforschung, die besagt, dass sich Lesekompetenzen im Allgemeinen und Leseprobleme im Besonderen bereits sehr früh stabilisieren und in der Folge selbst durch gezielte Interventionsmaßnahmen nur schwer beeinflussbar sind (Schneider 2008). Es scheint demnach so, dass hemmende wie förderliche Einflüsse am ehesten in dieser frühen Phase ihre Wirksamkeit entfalten können. Gegen Ende der Grundschulzeit lassen sich lediglich wechselseitige Effekte in dem Sinne ausmachen, dass (nun bereits stabilisierte) Probleme im Bereich der Lesekompetenzen zu einer verstärkten Nutzung des Fernsehens führten. In Anbetracht des Umstands, dass ein Kind mit Leseschwierigkeiten relativ wenig Freude am Lesen haben dürfte, erscheint dieser Befund relativ trivial.

Die schon bei Koolstra et al. (1997) belegte Verdrängungshypothese konnte auch in der Würzburger Studie tendenziell bestätigt werden. So wurden etwa das Ausmaß elterlicher Vorleseaktivitäten und auch das Freizeitlesen der Kinder bei großem Fernsehkonsum eingeschränkt. Allerdings erwies sich dieser Effekt als relativ schwach, und Evidenz für die Leseabwertungshypothese ließ sich ebenso wenig finden wie für die Konzentrationsabbauhypothese. Die Einstellung zum Lesen wies keinerlei Beziehung zum Fernsehkonsum der Kinder auf, und für die drei nach der Intensität ihres Fernsehkonsums unterteilten Gruppen ergaben sich keine großen Unterschiede in der Konzentrationsfähigkeit.

Der letztgenannte Befund erscheint insofern erwartungswidrig, als er den Alltagsbeobachtungen und auch Lehrerrückmeldungen widerspricht. Demzufolge sind Vielseher häufig dadurch charakterisiert, dass sie unaufmerksam scheinen und oftmals Probleme damit haben, sich auf das Unterrichtsgeschehen zu konzentrieren.

> In einer Studie von Schittenhelm et al. (2010) wurde insbesondere die Rolle von Aufmerksamkeit/Konzentration als vermittelnder Faktor (Mediator) zwischen Fernsehkonsum und Schriftsprachleistung überprüft. Weiterhin ging es darum, neben der Fernsehdauer auch die Bedeutung des Umschaltverhaltens (Zapping) der Kinder zu explorieren. Insgesamt 60 Viertklässler bearbeiteten Tests zur Erfassung von Intelligenz, Konzentration sowie Lese- und Rechtschreibleistungen. Das Umschaltverhalten der Kinder wurde zu Hause mit einem speziell konstruierten Messgerät registriert. Der häusliche Fernsehkonsum, die Fernsehgewohnheiten der Kinder sowie ihre von Eltern und Lehrkräften wahrgenommene Aufmerksamkeit wurden über Fragebögen und Checklisten erfasst.
>
> Die Befunde stützen die Konzentrationsabbauhypothese insofern, als die negative Beziehung zwischen Fernsehkonsum und schriftsprachlichen Leistungen durch die im Schulkontext beobachtbare Aufmerksamkeit vermittelt wird. Andere ADHS-Merkmale (Impulsivität/Hyperaktivität) waren nicht mit dem Fernsehkonsum assoziiert. Das Zapping-Verhalten stand mit dem Fernsehkonsum in positiver Beziehung, wies jedoch keinen direkten Zusammenhang mit den Schriftsprachleistungen auf. Allerdings wurden die sowohl als „Vielseher" als auch „Vielzapper" klassifizierten Schüler von ihren Eltern als besonders unaufmerksam und konzentrationsschwach beschrieben. Ein gravierendes Problem dieser Kinder, die zu Hause im Verlauf einer Stunde bis zu 50-mal den Fernsehkanal wechseln, ist im schulischen Kontext darin zu sehen, dass sie im Rahmen einer Schulstunde dazu gezwungen sind, einem einzigen Programm folgen zu müssen.

6.4 Welche Rolle spielen die neuen Medien für den Schriftspracherwerb?

Nachdem in den letzten Jahren das lange zentrale Medium Fernsehen durch eine Serie neuer digitaler Medien wie Laptop, Tablet und Smartphone ergänzt und in seiner ursprünglichen Bedeutung für Kinder und Jugendliche wohl leicht reduziert worden ist, stellt sich natürlich die Frage, inwieweit die für das Fernsehen lange so typische Debatte im Zusammenhang mit den neuen Medien wiederholt wird.

6 Welchen Einfluss haben Familie, Fernsehen und neue Medien? 147

> **?**
>
> Kann man davon ausgehen, dass das Aufkommen der neuen Medien, im Fachjargon auch als informations- und kommunikationstechnische Medien (ICT) bezeichnet, eher negative Konsequenzen für den Schriftspracherwerb in der Schule hat?

In der Tat finden sich immer wieder provokative Thesen und Darstellungen subjektiver Überzeugungen zu dieser Frage, die sehr viel Ähnlichkeit mit der alten Fernsehdebatte aufweisen und zur Schwarz-Weiß-Malerei tendieren. Ein schönes Beispiel dafür stellt das Buch *Digitale Demenz* von Spitzer (2012) dar, das bewusst provozierend auf Gefahren des täglichen Umgangs von Kindern mit Computern und Smartphones aufmerksam macht. Spitzer geht davon aus, dass diese Tätigkeit zu langfristigen Schäden für Körper und Geist, insbesondere für Gedächtnis und Lernfähigkeit führt. Er vermutet, dass bei Kindern und Jugendlichen durch den täglichen Konsum von Bildschirmmedien Lese- und Aufmerksamkeitsstörungen, Ängste, Schlafstörungen und Depressionen resultieren, Kinder Übergewicht entwickeln und Gewaltbereitschaft zeigen.

Um es vorwegzunehmen: Die hier pauschal formulierte Annahme, dass der Computer per se schädlich für die kindliche Entwicklung ist, kann aufgrund der verfügbaren Forschungsliteratur in dieser Form nicht bestätigt werden. Dennoch macht es Sinn danach zu fragen, welche Klientel in welchem Umfang durch häufigen Konsum der neuen Medien computer- oder smartphonesüchtig wird und wie sich die neuere Entwicklung in diesen Aspekten darstellt. Wurde beispielsweise in empirischen Studien zum Fernsehkonsum festgestellt, dass sich etwa 10–15 % der Kinder eines Altersjahrgangs zu Vielsehern entwickeln, die dann in der Folge auch schulisch abbauen, wäre es interessant zu wissen, in welchem Ausmaß sich bei Kindern und Jugendlichen Merkmale von Computersucht feststellen lassen und wie sich dieses Phänomen auf die schulische Entwicklung auswirkt. Da bislang konkrete Zahlen weitgehend fehlen, kann über dieses Problem derzeit nur spekuliert werden.

Eine von Kritikern des intensiven Computergebrauchs durch Kinder häufig geäußerte Erwartung, der zufolge die Leselust auf der Strecke bleiben sollte, kann durch entsprechende Erhebungen der Stiftung Lesen (vgl. z. B. Franzmann und Hasemann 2001) sowie der KIM-Studie 2014 (mpfs 2015a) und JIM-Studie 2014 (mpfs 2015b) des Medienpädagogischen Forschungsverbunds Südwest zur Erfassung des Medienverhaltens von Kindern und Jugendlichen nicht bestätigt werden. So zeigte es sich immer wieder, dass diejenigen Kinder und Jugendlichen, die Internet und Computer häufiger nutzen, auch im Durchschnitt mehr lesen als ihre Altersgenossen. Es hat also nicht den Anschein, dass sich beide Tätigkeiten gegenseitig stören oder der Computergebrauch zulasten des Buchlesens erfolgt. Offensichtlich gibt es eine bestimmte Anzahl von Kindern, Jugendlichen und jungen Erwachsenen, von Franzmann und Hasemann (2001) als „Informationselite" bezeichnet, die unterschiedliche Medien in ähnlichem Ausmaß zur Weiterbildung nutzen.

> **?**
>
> Welche Konsequenzen hat die zunehmende Nutzung neuer Medien für schulische Leistungen?

Es steht außer Frage, dass die Nutzung neuer Medien innerhalb des letzten Jahrzehnts deutlich zugenommen hat. Wie die neueren KIM- und JIM-Studien (mpfs 2015a, 2015b) belegen, verfügen mittlerweile etwa 60–70 % der 6- bis 13-Jährigen und ca. 85–90 % der 14- bis 19-Jährigen über Computer oder Laptop. Die Zugangszahlen zeigen also, dass neue Medien in fast alle Haushalten (unabhängig von der sozialen Schichtzugehörigkeit) verfügbar sind und regelmäßig benutzt werden. Allerdings finden sich kaum Informationen darüber, in welchem Umfang exzessiver Gebrauch gemacht wird und welche Folgen dies hat. Die Durchschnittswerte lassen eher darauf schließen, dass es sich hier ähnlich wie beim Fernsehkonsum verhält und nur eine relativ kleine Gruppe von Nutzern computersuchtgefährdet scheint. Es wäre allerdings hilfreich, wenn zur Beurteilung dieses Problems präzisere Daten zur Verfügung stehen würden.

Aus entwicklungspsychologischer Sicht werden durchaus positive Konsequenzen der frühen Medienerfahrung berichtet. Die verfügbare wissenschaftliche Forschung kann nachweisen, dass heute schon Vorschulkinder „mediale Zeichenkompetenz" erwerben, also Charakteristika medialer Zeichensysteme schon früh verstehen, was durchaus positiv mit der weiteren kognitiven Entwicklung korreliert (Nieding und Ohler 2012). Somit verstehen Kinder schon früh, dass es bei Filmen Rückblenden und Schnitte gibt, und sie können etwa unterschiedliche Fernsehprogrammformate unterscheiden. Sie verstehen sehr bald auch die Symbolkonfiguration auf der Computertastatur und können selbstständig Programme in Gang setzen. Es spricht vieles dafür, dass „gute", also pädagogisch sinnvolle Computerspiele den Erwerb räumlicher Kognitionen sowie Denk- und Problemlöseprozesse fördern. Der Erwerb von Medienkompetenz stellt demnach einen immer wichtigeren Bestandteil der kindlichen Entwicklung und Erziehung dar.

Im Zusammenhang mit dem schulischen Lernen wurde vielfach zu Beginn die Erwartung geäußert, dass der Einsatz neuen Medien sich in diesem Feld sehr positiv auswirkt. Die Auswertung der bislang vorliegenden Studien ergibt allerdings, dass die Wirkungen neuer Medien kontextabhängig zu diskutieren sind und nicht davon ausgegangen werden kann, dass neue Medien per se dem traditionellen Unterricht überlegen sind. Werden im Unterricht „Multimedia" eingesetzt, also etwa Kombinationen von Computer- und Videoanwendungen eingeführt und Informationsverarbeitung über unterschiedliche Sinneskanäle stimuliert, so führen diese audiovisuellen Präsentationen zu höherem Lernerfolg, wenn sie sich an dem Vorwissen der Schüler orientieren und die Fähigkeit zur Selbststeuerung positiv beeinflussen können, also selbstorganisiertes Lernen begünstigen (vgl. Hasebrook 2010; Leutner et al. 2014). Unter diesen Bedingungen erhöht sich nicht nur die Medienkompetenz der Schülerinnen und Schüler, sondern auch ihre Lernmotivation. Motivationale Effekte können allerdings dann zeitlich begrenzt sein, wenn sie als Novitätseffekte charakterisierbar sind und sich lediglich auf den Umgang mit dem Gerät (der Hardware) beschränken. Macht die Software, also das spezifische Programm den besonderen Reiz aus, sind längerfristige positive Effekte zu erwarten.

Wenn es auch schwer ist, die Wirkung digitaler Medienangebote exakt abzuschätzen, so weisen die Befunde von Überblicksarbeiten und statistischer Metaanalysen darauf hin, dass der Effekt allgemein wohl nur schwach positiv ausgeprägt ist (vgl. Hattie 2009). Computernutzung und Multimedia machen den Unterricht also nicht automatisch besser. Dies geht auch aus der Studie ICILS (International Computer and Information Literacy Study; Bos et al. 2014) hervor, in der erstmalig im internationalen Vergleich informations- und computerbezogene Kompetenzen von Jugendlichen in der achten Klassenstufe gemessen sowie die schulischen und außerschulischen Rahmenbedingungen ihres Erwerbs empirisch elaboriert erfasst wurden. Ein durchaus überraschender Befund der Studie ist darin zu sehen, dass Schüler, die Internet und Computer besonders häufig nutzen, deshalb nicht besser damit umgehen können. Der Zusammenhang zwischen Computernutzung und schulischen Leistungen scheint demnach viel komplizierter zu sein, als es Kritiker und Befürworter sehen. Interessant scheint auch der Befund der ICILS-Studie, dass Schüler aus bildungsfernen Schichten die neuen Medien nicht seltener nutzten als diejenigen aus bildungsnahen Schichten und dennoch im Hinblick auf die Entwicklung der Lese- und mathematischen Kompetenz vergleichsweise schlechter abschnitten. Die Computernutzung kann demnach die mehrfach nachgewiesene und schon oben diskutierte Chancenungleichheit innerhalb unseres Bildungssystems nicht nennenswert reduzieren.

Geht es um den Einsatz von Fördermaterialien, sind positive Effekte computerunterstützter Maßnahmen jedoch schon wiederholt nachgewiesen worden. Neuere Trainingsmaterialien im Bereich des Lesens und Rechtschreibens sind computergestützt und dabei durchaus wirksam (ein Überblick zu gängigen Verfahren findet sich in Kap. 8). Es steht allerdings noch der Nachweis aus, dass sie im Vergleich mit konventionellen Ansätzen wirklich besser abschneiden.

Wenn wir die verfügbaren Befunde zum Einsatz neuer Medien in der schulischen Praxis und ihren Wirkungen in ihrer Gesamtheit betrachten, so finden sich kaum Anhaltspunkte dafür, dass bei Kindern und Jugendlichen in diesem Kontext „digitale Demenz" erzeugt wird. Es lassen sich im Bereich des schulischen

Lernens eine Reihe positiver Erfahrungen ausmachen, ohne dass dem neuen Medium an sich eine besonders große Bedeutung zugemessen werden kann. Es schadet in den wenigsten Fällen und kann unter günstigen Kontextbedingungen durchaus lernförderlich sein.

Es sollte allerdings beachtet werden, dass die vorliegende Übersicht die Wirkung neuer Medien im schulisch-pädagogischen Kontext untersucht hat. Die Wirkung von Computerspielen wurde nicht explizit geprüft. Hier können sich negative Effekte ergeben, die bei einer übergreifenden Diskussion nicht ausgeblendet werden sollten. So zeigte sich etwa in mehreren Studien ein systematischer positiver Zusammenhang zwischen der häufigen Beschäftigung mit gewalthaltigen Computerspielen und erhöhten Aggressionswerten bei Kindern und Jugendlichen. Die negative Wirkung gewalthaltiger Programmformate ist wissenschaftlich nicht nur für das Fernsehen, sondern auch für Computerspiele eindeutig gesichert (vgl. Paik und Comstock 1994; Nieding und Ohler 2012).

Allgemein wird der Computerspielsucht bei Kindern und Jugendlichen zunehmend mehr Beachtung geschenkt. Suchtartiges Computerspielverhalten, insbesondere auch im Zusammenhang mit Online-Rollenspielen, wird seit einigen Jahren zunehmend beobachtet (vgl. etwa Wölfling et al. 2008). Ergebnisse empirischer Studien deuten darauf hin, dass dieses Phänomen mittlerweile für etwa 15–20 % der Jugendlichen zwischen zwölf und 18 Jahren zutrifft, während die Quote mit ca. 8–10 % für Kinder im Alter von zehn bis 13 Jahren noch etwas niedriger liegt. Das neuere internationale Klassifikationssystem psychischer Störungen DSM-5 (Diagnostic and Statistical Manual of Mental Disorders) beinhaltet „Internet Gaming Disorder" als Forschungsdiagnose. Es wird neuerdings daran gearbeitet, Symptome der Computerspielsucht genauer zu spezifizieren, um gezielte Diagnosen zu ermöglichen und psychologisch-therapeutische Maßnahmen einleiten zu können. Diese Problematik darf nicht ausgeklammert werden, wenn wir mögliche Folgen der Nutzung neuer Medien diskutieren.

Fazit

Seit mehreren Jahrzehnten sind Einflüsse der sozialen Schichtzugehörigkeit auf die schulische Leistung in dem Sinne demonstriert worden, dass Kinder aus bildungsnahen Schichten von Beginn an Vorteile aufweisen, die sich im Verlauf der Beschulung weiter verstärken. Obwohl im besagten Zeitraum ein sozialer Wandel stattgefunden hat und die ursprünglichen Berufsklassifikationssysteme so nicht mehr übernommen werden können, kann aus den neueren internationalen Schulvergleichsstudien der Schluss abgeleitet werden, dass soziale Schichtmerkmale den Bildungserfolg deutscher Kinder und Jugendlicher maßgeblich bestimmen. Sprachliche Unterschiede zwischen den Sozialschichten sind früh erkennbar und beeinflussen individuelle Leistungsunterschiede in unterschiedlichen Bereichen. Die Effekte der Sozialschicht auf den Erwerb der Schriftsprache scheinen besonders ausgeprägt.

Neuere Forschungsarbeiten zur Bedeutung der familiären Lernumwelt für die sprachliche und schriftsprachliche Entwicklung decken Mechanismen auf, über die sich die erwähnten Unterschiede manifestieren. Sie zeigen aber auch Wege dafür auf, wie sich die Ausgangsbedingungen für den Schriftspracherwerb in eher bildungsfernen Familien verbessern lassen. Familien haben es außerdem prinzipiell in der Hand, den Fernsehkonsum ihrer Kinder zu steuern. Die Forschungsarbeiten zum Zusammenhang zwischen Fernsehkonsum und der Entwicklung von Lesekompetenz belegen, dass es für die meisten Kinder (und Familien) keinen Anhaltspunkt dafür gibt, hier gravierende Probleme zu sehen. Lediglich für eine relativ kleine Gruppe von Vielsehern lässt sich ein nachhaltiger negativer Zusammenhang in dem Sinne erkennen, dass sich der Fernsehkonsum hemmend auf die Entwicklung der Lesekompetenz auswirkt.

Nachdem Fernsehen kein neues Medium mehr darstellt, fragt man sich mittlerweile, inwieweit Computer, Internet und Smartphone auf den Schriftspracherwerb wirken. Summa summarum gibt es hier Hinweise auf einen leicht positiven Effekt, auch wenn die Ergebnisse stark kontextabhängig sind. Es kann in jedem Fall ausgeschlossen werden, dass ein Computereinsatz in der Schule zu problematischen Entwicklungen der Schülerinnen und Schüler im kognitiven, motivationalen und emotionalen Bereich führt. Allerdings bieten gerade Computerspiele die Basis für Suchtverhalten bei Kindern und Jugendlichen, was sich derzeit ausweitet und künftig noch zu einem größeren Problem werden könnte.

Literatur

Aikens, N. L., & Barbarin, O. (2008). Socioeconomic differences in reading trajectories: The contribution of family, neighborhood, and school contexts. *Journal of Educational Psychology, 100*(2), 235–251.

Ammon, U. (1972). *Dialekt, soziale Ungleichheit und Schule*. Weinheim: Beltz.

Beentjes, J. W. J., & van der Voort, T. H. A. (1988). Televisions impact on childrens reading sills: A review of research. *Reading Research Quarterly, 23*, 389–413.

Bock, I. (1975). *Das Phänomen der schichtenspezifischen Sprache als pädagogisches Problem*. Darmstadt: Wissenschaftliche Buchgesellschaft.

Bos, W., Hornberg, S., Arnold, K. H., Faust, G., Fried, L., Lankes, E.-M. et al. (2007). *IGLU 2006. Lesekompetenzen von Grundschulkindern in Deutschland im internationalen Vergleich*. Münster: Waxmann.

Bos, W., Eickelmann, B., Gerick, J., Goldhammer, F., Schaumburg, H., Schwippert, K., Senkbeil, M., Schulz-Zander, R., & Wendt, H. (2014). *ICILS 2013 – Computer- und informationsbezogene Kompetenzen von Schülerinnen und Schülern in der 8. Jahrgangsstufe im internationalen Vergleich*. Münster: Waxmann.

Bus, A. G., van IJzendoorn, M. H., & Pellegrini, A. D. (1995). Joint book reading makes for success in learning to read: A meta-analysis on intergenerational transmission of literacy. *Review of Educational Research, 65*, 1–21.

Dummert, F., Endlich, D., Schneider, W., & Schwenck, C. (2014). Entwicklung schriftsprachlicher und mathematischer Leistungen bei Kindern mit und ohne Migrationshintergrund. *Zeitschrift für Entwicklungspsychologie und Pädagogische Psychologie, 46*, 115–132.

Ennemoser, M. (2003). *Der Einfluss des Fernsehens auf die Entwicklung von Lesekompetenzen: Eine Längsschnittstudie vom Vorschulalter bis zur dritten Klasse.* Hamburg: Dr. Kovač.

Ennemoser, M., & Schneider, W. (2004). Entwicklung von Lesekompetenz – Hemmende Einflüsse des medialen Umfeldes. In N. Groeben & B. Hurrelmann (Hrsg.), *Lesesozialisation in der Mediengesellschaft. Ein Forschungsüberblick* (S. 375–401). Weinheim: Juventa.

Ennemoser, M., & Schneider, W. (2007). Relations of television viewing and reading: Findings from a 4-year longitudinal study. *Journal of Educational Psychology, 99,* 349–368.

Feierabend, S., & Simon, E. (2000). Eine Analyse der Fernsehnutzung 1999 von drei- bis 13-Jährigen: Was Kinder sehen. *Media Perspektiven, 3,* 159–170.

Fend, H., Knörzer, W., Nagl, W., Specht, W., & Väth-Szusdziara, R. (1976). *Sozialisationseffekte der Schule.* Weinheim: Beltz.

Franzmann, B., & Hasemann, K. (2001). *Handbuch Lesen.* München: Saur.

Ganzeboom, H., De Graaf, P., & Treiman, D. (1992). A standard international socioeconomic index of occupational status. *Social Science Research, 21,* 1–56.

Hargrave, A. C., & Sénéchal, M. (2000). A book reading intervention with preschool children who have limited vocabularies: The benefits of regular reading and dialogic reading. *Early Childhood Research Quarterly, 15,* 75–90.

Hasebrook, J. (2010). Multi-Media. In D. Rost (Hrsg.), *Handwörterbuch Pädagogische Psychologie* 6. Aufl., S. 584–590. Weinheim: Beltz.

Hattie, J. (2009). *Visible learning: A synthesis of over 800 meta-analyses relating to achievement.* London: Routledge.

Helmke, A., & Weinert, F. E. (1997). Bedingungsfaktoren schulischer Leistungen. In F. E. Weinert (Hrsg.), *Psychologie des Unterrichts und der Schule* (s. S. 69) (Enzyklopädie der Psychologie, Serie Pädagogische Psychologie, Bd. 3, S. 71–121). Göttingen: Hogrefe.

Hood, M., Conlon, E., & Andrews, G. (2008). Preschool home literacy practices and children's literacy development: A longitudinal analysis. *Journal of Educational Psychology, 100,* 252–271.

Huebner, C. E. (2000). Promoting toddlers' language development through community-based intervention. *Journal of Applied Developmental Psychology, 21,* 513–535.

Hurrelmann, B. (2006). Ein erweitertes Konzept von Lesekompetenz und Konsequenzen für die Leseförderung. In G. Auernheimer (Hrsg.), *Schieflagen im Bildungssystem – Die Benachteiligung der Migrantenkinder* (S. 161–176). Wiesbaden: VS.

Hurrelmann, K., Erhart, M., & Ravens-Sieberer, U. (2010). Sozalisation. In I. D. Rost (Hrsg.), *Handwörterbuch Pädagogische Psychologie* (4. Aufl., S. 807–819). Weinheim: Beltz.

de Jong, P. F., & Leseman, P. M. (2001). Lasting effects of home literacy on reading achievement in school. *Journal of School Psychology, 39*(5), 389–414.

Kesselring, A., & Leitner, M. (2007). Soziale Herkunft und Schulerfolg. In I. Erler (Hrsg.), *Keine Chance für Lisa Simpson? Soziale Ungleichheit im Bildungssystem* (S. 90–107). Wien: Mandelbaum.

Kleining, G., & Moore, H. (1968). Soziale Selbsteinschätzung (SSE): Ein Instrument zur Messung sozialer Schichten. *Kölner Zeitschrift für Soziologie und Sozialpsychologie, 20,* 502–552.

Koch, M. (1954). Fernsehen als neuer Umweltfaktor. *Psychologische Rundschau, 5,* 22–35.

Koolstra, C. M., van der Voort, T. H. A., & van der Kamp, L. J. T. (1997). Television's impact on children's reading comprehension and decoding skills: A 3-year panel study. *Reading Research Quarterly, 32,* 128–152.

Lehmann, R. H., Peek, R., Gänsfuß, R., & Husfeld, V. (2002). *Aspekte der Lernausgangslage und der Lernentwicklung – Klassenstufe 9.* Hamburg: Behörde für Bildung und Sport.

Leseman, P. P. M., & de Jong, P. (2001). How important is home literacy for acquiring literacy in school? In L. Verhoeven & C. E. Snoew (Hrsg.), *Literacy and motivation* (S. 71–94). Mahwah, NJ: Erlbaum.

Leutner, D., Opfermann, M., & Schmeck, A. (2014). Lernen mit Meiden. In T. Seidel & A. Krapp (Hrsg.), *Pädagogische Psychologie* (S. 297–322). Weinheim: Beltz.

Mol, S. E., Bus, A. G., de Jong, M. T., & Smeets, D. J. H. (2008). Added value of dialogic parent-child book readings: A meta-analysis. *Early Education and Development, 19,* 7–26.

Mollenhauer, K. (1968). Sozialisation und Schulerfolg. In H. Roth (Hrsg.), *Begabung und Lernen – Ergebnisse und Folgerungen neuerer Forschung* (S. 269–296). Stuttgart: Klett.

Morgan, M. (1993). Television and school performance. *Adolescent Medicine: State of the Art Reviews, 4,* 607–622.

Moses, A. M. (2008). Impacts of television viewing on young children's literacy development in the USA: A review of the literature. *Journal of Early Childhood Literacy, 8,* 67–102.

mpfs (Medienpädagogischer Forschungsverbund Südwest) (2015a). *JIM-Studie 2014 – Jugend, Information, (Multi-)Media.* Stuttgart: Medienpädagogischer Forschungsverbund Südwest.

mpfs (Medienpädagogischer Forschungsverbund Südwest) (2015b). *KIM-Studie 2014 – Kinder + Medien, Computer + Internet.* Stuttgart: Medienpädagogischer Forschungsverbund Südwest.

Naumann, J., Artelt, C., Schneider, W., & Stanat, P. (2010). Lesekompetenz von PISA 2000 bis PISA 2009. In E. Klieme, C. Artelt, J. Hartig, N. Jude, O. Köller, M. Prenzel, W. Schneider & P. Stanat (Hrsg.), *PISA 2009 – Bilanz nach einem Jahrzehnt* (S. 23–72). Münster: Waxmann.

Neuman, S. B. (1988). The displacement effect: Assessing the relation between television viewing and reading performance. *Reading Research Quarterly, 23,* 414–440.

Nieding, G., & Ohler, P. (2012). Medien und Entwicklung. In W. Schneider & U. Lindenberger (Hrsg.), *Lehrbuch Entwicklungspsychologie* (7. Aufl., S. 705–718). Weinheim: Beltz.

Niemeyer, W. (1974). *Legasthenie und Milieu.* Hannover: Schroedel.

Niklas, F. (2014). *Mit Würfelspiel und Vorlesebuch – Welchen Einfluss hat die familiäre Lernumwelt auf die kindliche Entwicklung?* Berlin: Springer-Spektrum.

Niklas, F., & Schneider, W. (2010). Der Zusammenhang von familiärer Lernumwelt mit schulrelevanten Kompetenzen im Vorschulalter. *Zeitschrift für Soziologie der Erziehung und Sozialisation, 30*(2), 148–164.

Niklas, F., & Schneider, W. (2015). With a little help: improving kindergarten children's vocabulary by enhancing the home literacy environment. *Reading and Writing: An Interdisciplinary Journal, 28,* 491–508.

Niklas, F., Möllers, K., & Schneider, W. (2013). Die frühe familiäre Lernumwelt als Mediator zwischen strukturellen Herkunftsmerkmalen und der basalen Lesefähigkeit am Ende der ersten Klasse. *Psychologie in Erziehung und Unterricht, 60,* 94–111.

Oevermann, U. (1968). Schichtenspezifische Formen des Sprachverhaltens und ihr Einfluss auf die kognitiven Prozesse. In H. Roth (Hrsg.), *Begabung und Lernen – Ergebnisse und Folgerungen neuerer Forschung* (S. 297–356). Stuttgart: Klett.

Paik, H., & Comstock, G. (1994). The effects of television violence on antisocial behavior: A meta-analyis. *Communication Research, 21,* 516–546.

Postman, N. (1986). *The disappearance of childhood.* New York: Vintage.

Razel, M. (2001). The complex model of television viewing and educational achievement. *Journal of Educational Research, 94,* 371–379.

Röber-Siekmeyer, C., & Spiekermann, H. (2000). Die Ignorierung der Linguistik in der Theorie und Praxis des Schriftspracherwerbs. *Zeitschrift für Pädagogik, 46,* 753–771.

Roos, J., & Schöler, H. (Hrsg.). (2009). *Entwicklung des Schriftspracherwerbs in der Grundschule – Längsschnittanalyse zweier Kohorten über die Grundschulzeit.* Wiesbaden: VS.

Salomon, G. (1984). Television is „easy" and print is „tough": The differential investment of mental effort in learning as a function of perception and attributions. *Journal of Educational Psychology, 76,* 647–658.

Schiffer, K., Ennemoser, M., & Schneider, W. (2002). Die Beziehung zwischen dem Fernsehkonsum und der Entwicklung von Sprach- und Lesekompetenzen im Grundschulalter in Abhängigkeit von der Intelligenz. *Zeitschrift für Medienpsychologie, 14,* 2–13.

Schittenhelm, R., Ennemoser, M., & Schneider, W. (2010). Zusammenhänge zwischen Konzentration, Fernsehkonsum und schulischer Leistung bei Grundschulkindern. *Zeitschrift für Entwicklungspsychologie und Pädagogische Psychologie, 42,* 154–166.

Schneider, W. (1980). *Bedingungsanalysen des Recht-Schreibens.* Bern: Huber.

Schneider, W. (1997). Rechtschreiben und Rechtschreibschwierigkeiten. In F. E. Weinert (Hrsg.), *Psychologie des Unterrichts und der Schule* (Enzyklopädie der Psychologie. Serie Pädagogische Psychologie, Bd. 3, S. 327–363). Göttingen: Hogrefe.

Schneider, W. (2008). Entwicklung der Schriftsprachkompetenz vom frühen Kindes- bis zum frühen Erwachsenenalter. In W. Schneider (Hrsg.), *Entwicklung von der Kindheit bis zum Erwachsenenalter – Befunde der Münchner Längsschnittstudie LOGIK* (S. 167–186). Weinheim: Beltz.

Spitzer, M. (2012). *Digitale Demenz. Wie wir uns und unsere Kinder um den Verstand bringen.* München: Knaur-Droemer.

van Steensel, R., McElvany, N., Kurvers, J., & Herppich, S. (2011). How effective are family literacy programs? Results of a meta-analysis. *Review of Educational Research, 81*(1), 69–96.

Steinig, W., Betzel, D., Geider, F.-J., & Herbold, D. (2009). *Schreiben von Kindern im diachronen Vergleich – Texte von Viertklässlern aus den Jahren 1972 und 2002*. Münster: Waxmann.

Sénéchal, M., & LeFevre, J.-A. (2002). Parental involvement in the development of children's reading skill: A five-year longitudinal study. *Child Development, 73*(2), 445–460.

Sénéchal, M., & Young, L. (2008). The effect of family literacy interventions on children's acquisition of reading from kindergarten to Grade 3: A meta-analytic review. *Review of Educational Research, 78*(4), 880–907.

Wegener, B. (1988). *Kritik des Prestiges*. Opladen: Westdeutscher Verlag.

Whitehurst, G. J., & Lonigan, C. J. (1998). Child development and emergent literacy. *Child Development, 69*(3), 848–872.

Wieler, P. (1997). *Vorlesen in der Familie. Fallstudien zur literarisch-kulturellen Sozialisation von Vierjährigen*. Weinheim: Juventa.

Wölfling, K., Thalemann, R., & Grüsser-Sinopoli, S. (2008). Computerspielsucht: Ein psychopathologischer Symptomkomplex im Jugendalter. *Psychiatrische Praxis, 35*, 226–232.

Zöllner, I., & Roos, J. (2009). Einfluss individueller Merkmale und familiärer Faktoren auf den Schriftspracherwerb. In J. Roos & H. Schöler (Hrsg.), *Entwicklung des Schriftspracherwerbs in der Grundschule – Längsschnittanalyse zweier Kohorten über die Grundschulzeit* (S. 47–108). Wiesbaden: VS.

7

Das Phänomen der Lese-/Rechtschreibstörung: Welche Einflussfaktoren sind wirklich relevant?

Inhaltsverzeichnis

7.1 Welche Probleme sind mit Fragen der Definition und Begriffswahl verbunden? 157
7.2 Welchen Einfluss haben Genetik, Geschlecht, kognitive Merkmale und motivationale Aspekte auf den gestörten Schriftspracherwerb? – Auf der Suche nach Ursachenfaktoren 161
7.3 Wie lassen sich Lese-/Rechtschreibstörungen diagnostizieren? 169
7.4 Lässt sich die Problematik ohne Behandlung überwinden? – Längsschnittliche Befunde zum Verlauf der Lese-/Rechtschreibstörung im Kindes- und Jugendalter 175
Literatur. 178

7.1 Welche Probleme sind mit Fragen der Definition und Begriffswahl verbunden?

Wenn es auch nicht sonderlich schwerfällt, Kinder und Jugendliche zu identifizieren, die Probleme mit dem Lesen und/oder Rechtschreiben haben, so verwirrt doch die Vielzahl unterschiedlicher Begriffe und Definitionen, die mit diesem Phänomen in Verbindung gebracht werden. Allgemein spricht man von *Lernstörungen*, wenn besondere Schwierigkeiten beim Lesen, Rechtschreiben oder Rechnen nicht gleichzeitig mit einer Intelligenzminderung einhergehen (Gold 2011). Im Bereich des *gestörten Schriftspracherwerbs* finden sich die Begriffe Legasthenie, Dyslexie, spezifische (isolierte) Lese-/Rechtschreibstörung, allgemeine Lese-/Rechtschreibschwäche oder Lese-/Rechtschreibschwierigkeiten (LRS). Obwohl diese Termini vielfach synonym verwendet werden, sind einige Bedeutungsunterschiede zu beachten.

Der Begriff der *Legasthenie* wurde zu Beginn des 20. Jahrhunderts von Ranschburg (1916) eingeführt und bezeichnete damals im Wesentlichen eine Leseschwäche. Heute wird er breiter gefasst und bezieht sich wie *Dyslexie* und *spezifische Lese-/Rechtschreibstörung* auf Probleme beim Erlernen des Lesens und Rechtschreibens, die im Wesentlichen durch Faktoren aufseiten des Kinders verursacht werden. Davon abgegrenzt wird die *allgemeine Lese-/Rechtschreibschwäche*, bei der zwar auch interne Probleme des Kinders vermutet werden, jedoch gezeigt werden kann, dass diese nicht spezifisch für den Schriftsprachbereich und demnach auch für schwächere Leistungen in anderen Schulfächern mitverantwortlich sind (vgl. P. Marx 2007).

Neuere wissenschaftliche Erkenntnisse spiegeln sich leider nur bedingt in den Erlassen, Schulgesetzen und Mitteilungen der deutschen Kultusministerien wider. Wie Gold (2016) sorgfältig herausgearbeitet hat, variieren die Begriffe und Definitionsversuche von Bundesland zu Bundesland teilweise erheblich. Im „Legasthenie-Erlass" von Schleswig-Holstein ist etwa die Lese-/Rechtschreibschwäche das, was in Bayern und im Saarland unter Lese-/Rechtschreibstörung verstanden wird. Da sich auch die Ausführungen zur Diagnostik in den einzelnen Bundesländern unterscheiden, macht es Sinn, den wissenschaftlichen Erkenntnisstand zu Begrifflichkeit und Diagnose in einem eigenen Kapitel darzustellen und damit für Interessierte und Betroffene einen besseren Orientierungsrahmen zu bieten.

Nach dem internationalen Klassifikationsschema ICD-10 der Weltgesundheitsorganisation (WHO) ist eine umschriebene (spezifische) Lese- und Rechtschreibstörung vorhanden, wenn anhaltende und eindeutige Schwächen im Bereich des Lesens und der Rechtschreibung nicht auf das Entwicklungsalter, eine unterdurchschnittliche Intelligenz, fehlende Beschulung, psychische Erkrankungen oder Hirnschädigungen zurückzuführen sind. Im ICD-10 wird zwischen einer Lese- und Rechtschreibstörung (F81.0) und einer isolierten Rechtschreibstörung (F81.1) unterschieden (WHO 2005). Als Hauptmerkmal der Lese- und Rechtschreibstörung nennt das ICD-10 die Beeinträchtigung der Lesefertigkeiten, was damit zusammenhängen dürfte, dass international betrachtet, gerade im angloamerikanischen Sprachraum, Leistungsdefizite im Bereich der Leseflüssigkeit und des Leseverständnisses dominant sind. Allerdings wird auch betont, dass die Lesestörung meist gemeinsam mit einer Rechtschreibstörung auftritt. Die *isolierte Rechtschreibstörung* zeigt sich nach ICD-10 vor allem durch Leistungsdefizite in der korrekten Wortschreibung. In der Tat lässt sich bei einigen Kindern beobachten, dass die Beeinträchtigung im Rechtschreiben auch unabhängig und ohne beobachtbare Schwächen im Lesen isoliert auftreten kann.

Kürzlich haben verschiedene Fachgesellschaften unter Federführung der Deutschen Gesellschaft für Kinder- und Jugendpsychiatrie, Psychosomatik und Psychotherapie (DGKJP) eine „evidenz- und konsensbasierte Leitlinie zur Diagnostik und Behandlung von Kindern und Jugendlichen mit einer Lese- und/ oder Rechtschreibstörung" herausgegeben (DGKJP 2015). Diese im Bereich der Medizin und des Gesundheitswesens üblichen Leitlinien sind nach ihrem Verbindlichkeitsgrad (S1 bis S3) abgestuft, wobei S3 die höchste Qualitätsstufe anzeigt und darauf verweist, dass nicht nur eine systematische Evidenzrecherche stattgefunden hat, sondern alle Elemente einer systematischen Entwicklung (Bewertung) durchlaufen wurden. In der neuen S3-Leitlinie zu Lese-/Rechtschreibschwierigkeiten, die Handlungsanweisungen für den schulischen und außerschulischen Bereich bereitstellen soll, wird auch die Begriffsproblematik aufgegriffen. Alle Empfehlungen dieser Leitlinie beziehen sich gleichermaßen auf Kinder und Jugendliche, bei denen eine Lese-/Rechtschreibstörung, isolierte Lesestörung oder isolierte Rechtschreibstörung (gemäß ICD-10 F81.0; F81.1) vorliegt.

In der Leitlinie wird betont, dass Kinder und Jugendliche, die erhebliche Probleme beim Erlernen des Lesens und/oder Rechtschreibens haben, möglichst frühzeitig eine Diagnostik erhalten sollen. Zusätzlich zu den in dieser Leitlinie genannten diagnostischen Verfahren (Lese- und Rechtschreibtests) sollen Methoden zur Diagnosestellung eingesetzt werden, die es erlauben, die psychische, soziale und körperliche Entwicklung des Kindes und des Jugendlichen mit einer Lese-/Rechtschreibstörung, isolierten Lesestörung oder isolierten Rechtschreibstörung festzustellen. Bei der Diagnostik der Lese-/Rechtschreibstörung, der isolierten Rechtschreibstörung oder isolierten Lesestörung ist auszuschließen, dass die Symptome Folge von intellektuellen Einschränkungen, einer allgemeinen Entwicklungsverzögerung, nicht korrigierten Seh- oder Hörstörungen, unzureichender Beschulung sowie psychischen, neurologischen oder motorischen Störungen sind.

Nicht alle in die Entwicklung dieser Leitlinie einbezogenen Fachverbände haben der Leitlinie letztendlich zugestimmt. Insbesondere das in der Leitlinie weiterhin verankerte „IQ-Diskrepanzkriterium" ist seit Jahren in der pädagogisch-psychologischen Forschung sehr umstritten. Mit diesem Kriterium ist gemeint, dass eine relativ große Differenz zwischen einer normalen bis überdurchschnittlichen Intelligenz und Minderleistungen im Lesen und/oder Rechtschreiben registriert werden muss, damit von einer spezifischen Lese-/Rechtschreibstörung gesprochen werden kann. Eine solche Störung liegt demnach vor, wenn die Lese-/Rechtschreibleistung deutlich unterhalb des Niveaus liegt, das aufgrund der Intelligenz zu erwarten wäre. Wenn etwa die Diskrepanz zwischen dem (normalen) IQ und der Lese- und/oder Rechtschreibleistung mehr als eine Standardabweichung beträgt, wird von einer spezifischen Lese-/Rechtschreibstörung ausgegangen. Gleiches trifft zu, wenn die Schriftsprachleistung deutlich unter dem Niveau liegt, das aufgrund der Alters- oder Klassennorm zu erwarten wäre. Bei einem Unterschied von etwa 1,5 Standardabweichungen zwischen diesen Merkmalen kann davon ausgegangen werden, dass die betroffene Schülerin oder der betroffene Schüler zu den schwächsten 7 % des jeweiligen Jahrgangs gehört, also zweifellos eine gravierende Lernstörung aufweist.

Während der Vergleich mit der Alters- oder Klassennorm sinnvoll erscheint, gilt dies für das IQ-Diskrepanzkriterium nicht. So liegen mittlerweile zahlreiche Befunde vor, denen zufolge es weder im Hinblick auf die Ursachen schulischer Minderleistungen noch im Hinblick auf die Wirksamkeit schulischer wie auch außerschulischer Fördermaßnahmen einer Orientierung an der individuellen IQ-Diskrepanz bedarf (vgl. z. B. Gold 2011, 2016; Scheerer-Neumann 1997, 2015; Schneider 1997; Steinbrink und Lachmann 2014). Dies geht im Übrigen auch aus dem evidenzbasierten Literaturüberblick hervor, dem die Entwicklung der Leitlinie zugrunde liegt. Es lassen sich darin keine Studien entdecken, denen zufolge intelligentere Kinder mit einem Lese-/Rechtschreibproblem bei Fördermaßnahmen erheblich besser abschneiden als weniger intelligente Kinder mit ähnlichen Minderleistungen im Schriftsprachbereich. Ebenso wenig finden sich Untersuchungen, die qualitativ andersartige Ursachenmerkmale für das Entstehen des Lese-/Rechtschreibproblems in beiden Teilgruppen identifizieren könnten.

Ein weiterer wesentlicher Kritikpunkt an der IQ-Diskrepanzdefinition besteht darin, dass sie auf der Ansicht beruht, es gäbe einen engen Zusammenhang zwischen IQ und Schriftsprachleistung. Nur unter dieser Voraussetzung kann von einem „erwartungswidrigen" Rechtschreibversagen bei ansonsten normaler Intelligenz gesprochen werden. Eine Vielzahl empirischer Studien hat jedoch belegen können, dass es sich allenfalls um einen mittleren Zusammenhang handelt, es also durchaus erwartungsgemäß Fälle von Lese-/Rechtschreibversagen bei hoher Intelligenz und normalen Lese-/Rechtschreibkompetenzen bei vergleichsweise niedriger Intelligenz gibt (H. Marx 1997; Schneider 1997; Weber und Marx 2008). Das Festhalten an der IQ-Diskrepanzdefinition scheint nicht mehr zeitgemäß und kann etwa gerade dann schwer nachvollziehbare Folgen haben, wenn beispielsweise einem hochbegabten Kind mit durchaus normalen Lese-/Rechtschreibleistungen aufgrund der belegbaren IQ-Schriftsprachdiskrepanz eine Legasthenie zugeschrieben wird.

> ?
>
> Was könnten Gründe dafür sein, dass trotz vielfach negativer Evidenz gerade im medizinischen Bereich immer noch hartnäckig am IQ-Diskrepanzkriterium festgehalten wird, während es in der Psychologie und der Erziehungswissenschaft weitgehend ignoriert wird?

Aus pädagogisch-psychologischer Sicht sind Ansätze, die mit Diskrepanzkriterien operieren, mit dem Problem konfrontiert, dass es keine klar abgrenzbaren, von „normalen" Kindern qualitativ eindeutig unterscheidbaren Gruppen von Kindern mit einer Lese-/Rechtschreibstörung gibt. Die in den psychiatrischen

Klassifikationssystemen ICD-10 oder DSM-IV vorgenommenen willkürlichen Abgrenzungskriterien haben sich in der Praxis als wenig brauchbar erwiesen. Aus diesem Sachverhalt haben deutsche Psychologen und Pädagogen die Forderung abgeleitet, die IQ-Diskrepanzdefinition aufzugeben (z. B. P. Marx et al. 2001; Valtin 2001). Auch in der internationalen Diskussion wird die Diskrepanzdefinition abgelehnt, nicht nur wegen der mangelnden Validität einer derartigen Differenzierung, sondern auch mit dem Verweis auf viele Studien, die zeigen, dass sich zwischen intelligenten und weniger intelligenten Kindern mit schwachen Lese- und/oder Rechtschreibleistungen keine Unterschiede in den Leseproblemen, in grundlegenden Funktionen wie dem Arbeitsgedächtnis sowie in den Therapieerfolgen zeigen (P. Marx 2007). In der neuen fünften Fassung des „Diagnostic and Statistical Manual of Mental Disorder" (DSM V) der American Psychological Association, auf die sich auch die Leitlinie beruft, wurde das IQ-Diskrepanzkriterium mittlerweile aufgegeben (Schulte-Körne 2015).

Die Lese-/Rechtschreibstörung kann durchaus mit anderen (komorbiden) Störungen, etwa mit einer Rechenschwäche (*Dyskalkulie*) einhergehen. Dazu liegen mittlerweile relativ konsistente Daten vor (vgl. Moll und Landerl 2009; Schwenck und Schneider 2003). Man kann demnach davon ausgehen, dass bei etwa 30–40 % der lese-/rechtschreibschwachen Kinder auch eine Rechenschwäche vorliegt. Weiterhin weisen lese-/rechtschreibschwache Kinder häufig auch eine *spezifische Sprachentwicklungsstörung* (SSES) auf. Der Anteil der Kinder, die sowohl eine LRS als auch eine SSES aufweisen, wird auf 30–50 % geschätzt. Umgekehrt entwickeln etwa 50 % der Kinder mit SSES, die im Vorschulalter als „späte Sprecher" (*late talkers*) eingestuft werden, später Probleme beim Schriftspracherwerb (Grimm 2012; Scheerer-Neumann 2015). Bei der Differenzialdiagnose empfiehlt es sich, interdisziplinär vorzugehen und schulische wie auch außerschulische Fachleute zu beteiligen. Die Familien und auch das soziale Umfeld sollen ebenfalls in den Diagnosevorgang (wie auch die Therapie) eingebunden sein. Unterstützungen für die Eltern und/oder das soziale Umfeld können notwendig sein, um die Ressourcen der Familie zu stärken.

7.2 Welchen Einfluss haben Genetik, Geschlecht, kognitive Merkmale und motivationale Aspekte auf den gestörten Schriftspracherwerb? – Auf der Suche nach Ursachenfaktoren

Lese-/Rechtschreibschwierigkeiten stellen kein einheitliches Störungsbild dar. Im Verlauf einer mehr als 100-jährigen Forschungsgeschichte zu Lese-/Rechtschreibschwierigkeiten bei Kindern und Jugendlichen haben sich verschiedene

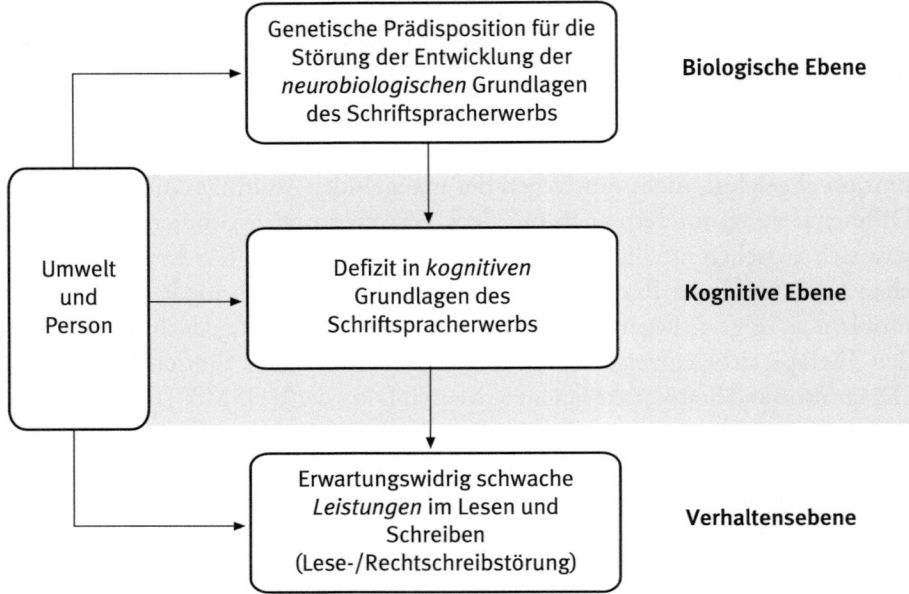

Abb. 7.1 Grafische Darstellung des Drei-Ebenen-Rahmenmodells. (Modifiziert nach Frith 2001)

Disziplinen mit dem Problem befasst und seine Vielschichtigkeit dokumentiert. Schon Ranschburg (1916) interessierte sich für die Analyse der Lese- und Schreibprobleme langsamer Lerner und führte dazu auch eine Reihe interessanter Experimente durch. In der Folge wurde auch immer wieder die Erblichkeit der Störung diskutiert, was etwa im Begriff der „kongenitalen Legasthenie" zum Ausdruck kam.

> ?
>
> Wird die Lese-/Rechtschreibstörung vererbt? Welche Rolle spielt die Genetik?

Für diese Position ließen sich zunächst jedoch kaum empirische Belege finden (Angermaier 1974; Schneider 1980). Neuere Studien ergaben allerdings ein etwas differenzierteres Bild, wie die folgenden Ausführungen zeigen.

Zur Klärung von möglichen *genetischen Ursachen* stehen mittlerweile anspruchsvollere Prüfverfahren zur Verfügung. Heute findet sich relativ breiter Konsens im Hinblick darauf, dass bei der Entwicklung einer Lese-/Rechtschreibstörung auch genetische und neurobiologische Wirkfaktoren zu beachten sind. Dabei wird aber immer auch von engen Beziehungen zwischen Umwelt- und Erbfaktoren ausgegangen (Steinbrink und Lachmann 2014). Ein sinnvoller theoretischer Rahmen kann in dem *Drei-Ebenen-Rahmenmodell* von Frith (2001) gesehen werden, das in Abb. 7.1 genauer dargestellt ist.

In diesem Modell wird angenommen, dass die Relation zwischen Faktoren der biologischen Ebene und dem Syndrom einer Lese-/Rechtschreibstörung auf jeder der drei einbezogenen Ebenen einer intensiven Interaktion mit Umwelteinflüssen unterliegt. Damit ist es auch nicht zwingend gegeben, dass eine genetisch bedingte, neurobiologische Beeinträchtigung zwangsläufig zu einer Störungsmanifestierung auf der Verhaltensebene führt (Steinbrink und Lachmann 2014). Nach Auffassung von Frith (2001) kommt der kognitiven Ebene eine wichtige Brückenfunktion zu: Sie kann dazu beitragen, dass Merkmale der Person und solche der Umwelt, die mit der Verhaltensebene in Zusammenhang stehen, sich entweder problemverstärkend oder -mindernd auswirken.

Wie Steinbrink und Lachmann (2014) treffend anmerken, kann es für Kulturtechniken wie Lesen und Schreiben, die sich erst vor wenigen tausend Jahren entwickelt haben (Kap. 1), keine spezifischen Gene geben. Allerdings ist nicht auszuschließen, dass verschiedene Hirnregionen auf verschiedenen Chromosomen Gene enthalten, die mit Lese-/Rechtschreibstörungen assoziiert sind (vgl. Schulte-Körne et al. 2006). Wenn demnach auch bestimmte Konstellationen unterschiedlicher Gene für die Entstehung einer Lese-/Rechtschreibstörung mitverantwortlich zu sein scheinen, bleibt nach wie vor unklar, wie genau und auf welchem Wege solche Genvariationen zum gestörten Schriftspracherwerb führen.

> Evidenz für die Bedeutsamkeit genetischer Faktoren kommt auch aus verhaltensgenetischen Studien. In der „Colorado Family Reading Study" (DeFries und Baker 1983; Pennington und Olson 2007) wurden in den 1970er-Jahren insgesamt 133 Kinder mit Lese-/Rechtschreibstörung sowie deren Eltern und Geschwister im Hinblick auf ihre kognitiven Fähigkeiten und Lesekompetenzen längsschnittlich untersucht und mit 125 Kontrollgruppenkindern (ohne LRS-Probleme) verglichen.
> Als eines der wesentlichen Ergebnisse dieser Studie ließ sich zeigen, dass die Wahrscheinlichkeit eines lese-/rechtschreibschwachen Kindes, lese-/rechtschreibschwache Eltern zu haben, gegenüber nicht von LRS betroffenen Kindern deutlich erhöht war. Ein Zwillingsvergleich innerhalb des gleichen Projekts deutete ebenfalls auf die Erblichkeit der Störung hin: Nur bei 38 % der zweieiigen, jedoch bei 68 % der eineiigen Zwillinge waren beide Zwillinge von einer Lese-/Rechtschreibstörung betroffen.

In einer ähnlich gelagerten und mit deutschen Probanden durchgeführten Studie haben Schulte-Körne et al. (1996) zeigen können, dass etwa ein Drittel der Eltern und die Hälfte der Geschwister von lese-/rechtschreibschwachen Kindern ebenfalls Lese- und/oder Rechtschreibprobleme aufwiesen. Die Risiken von Geschwisterkindern schienen dann besonders hoch, wenn in den betroffenen Familien die Lese-/Rechtschreibprobleme sehr ausgeprägt waren (Schulte-Körne et al.

2006). Wenn in diesem Zusammenhang sicherlich auch kritisch einzuwenden ist, dass in Familienstudien zwei mögliche Ursachenfaktoren, nämlich die Gene und ähnliche Umwelterfahrungen, konfundiert werden, deuten diese Befunde zusammen mit den erwähnten Zwillingsstudien doch darauf hin, dass es einen genetischen Einfluss auf die Lese-/Rechtschreibstörung gibt.

> Diese Annahme wird auch durch die außergewöhnliche finnische prospektive Längsschnittstudie „Jyväskylä Longitudinal Study of Dyslexia" (JLD) zur Dyslexie (vgl. Lyytinen et al. 2008; Torppa et al. 2010) erhärtet, bei der 100 Kinder aus Familien mit legasthenen Eltern von Geburt an im Hinblick auf ihre sprachliche Entwicklung und den Erwerb der Schriftsprache hin untersucht wurden. Als Vergleichsgruppe dienten 100 Kinder aus Familien ohne Dyslexie-Hintergrund.
> Diese Studie scheint deshalb so bedeutsam, weil die Forschergruppe einen enormen Aufwand trieb, um die Kernstichprobe zusammenzustellen (mehr als 8000 Familien wurden in diesem Zusammenhang untersucht). Der Wert der Studie ist aber auch darin zu sehen, dass vom Säuglingsalter bis weit in die Sekundarstufe hinein regelmäßig und in relativ geringen Abständen Untersuchungen stattfanden, die u. a. die frühe Sprachwahrnehmung, Wortschatz und andere sprachliche Fertigkeiten, phonologische Informationsverarbeitung sowie Eltern-Kind-Interaktionen erfassten. Dieser Versuchsplan, insbesondere der Vergleich von Kindern aus Familien mit oder ohne LRS-Hintergrund ermöglichte es den Autoren, Unterschiede zwischen den Kindern aus beiden Gruppen schon zu einem sehr frühen Zeitpunkt zu ermitteln, wobei davon auszugehen ist, dass Unterschiede etwa in der frühen Sprachwahrnehmung wohl relativ wenig mit Unterschieden in Umwelteinflüssen zu tun haben.

Frühe neurobiologische Analysen innerhalb der JLD-Studie ergaben, dass sich die Kinder aus beiden Gruppen schon im Säuglingsalter im Hinblick auf Aspekte ihrer Sprachwahrnehmung unterschieden. So differenzierten die Säuglinge aus der Risikogruppe akustisch dargebotene Sprachreize stärker in der rechten als in der linken Hirnhälfte, während das Ergebnismuster für die Kinder der Kontrollgruppe genau umgekehrt ausfiel.

In späteren Untersuchungsphasen fanden sich bei der Risikogruppe Verzögerungen in der sprachlichen Entwicklung, insbesondere im Wortschatz und in Aspekten der grammatikalischen Entwicklung. Die verzögerte Sprachentwicklung im Alter von etwa drei bis vier Jahren stellte zusammen mit Rückständen in der phonologischen Entwicklung ein wichtiges Vorhersagemerkmal für spätere Schriftsprachprobleme dar. Ab dem Alter von dreieinhalb Jahren schnitten die Kinder der Risikogruppe im Bereich der phonologischen Bewusstheit deutlich schlechter ab als die Vergleichsgruppe. Als weiteres (und in den meisten Studien zur Dyslexie weniger beachtetes) Vorhersagemerkmal für spätere Lese-/Rechtschreibprobleme stellten sich Verzögerungen in der (fein- und grob-)motorischen Entwicklung heraus. In beiden Untersuchungsgruppen erwies sich das Ausmaß des Symbolspieles im frühen Vorschulalter sowie das dialogische Vorlesen der

Eltern als wichtiges Vorläufermerkmal für die sprachliche Entwicklung, war dann auch in der Folge mit weniger Problemen im Schriftspracherwerb assoziiert. Insgesamt etwa 50 % der Kinder aus der Risikogruppe entwickelten ab Schulbeginn Leseprobleme. Das übliche Dyslexiekriterium erfüllten jedoch nur etwa 33 % der Risikogruppe und 9 % der Kontrollgruppe – ein Befundmuster, das auch zu dem anderer angloamerikanischer Studien passt (z. B. Pennington und Levly 2001). Während sich damit bestätigte, dass die Prävalenz (Vorkommenshäufigkeit) von Lese-/Rechtschreibstörungen in der Risikogruppe deutlich über dem Wert der Vergleichsgruppe lag, zeigte die differenzierte Auswertung aber auch sehr unterschiedliche Entwicklungsmuster bei Kindern von LRS-belasteten Eltern. Immerhin ließ sich in der Hälfte der beobachteten Fälle kein Risiko für einen verzögerten Schriftspracherwerb feststellen.

> ?
> Sind Jungen und Mädchen in gleichem Ausmaß von LRS betroffen?

Wie von Scheerer-Neumann (2015) herausgestellt, nimmt die *Geschlechtszugehörigkeit* eine Zwischenstellung zwischen biologischen und soziokulturellen Faktoren ein: Während einerseits vermutet wird, dass die bei Jungen vergleichsweise höhere Vorkommenshäufigkeit von Sprachentwicklungsstörungen eher biologische Ursachen hat, steht andererseits außer Zweifel, dass Mädchen vom frühen Grundschulalter an häufiger und lieber lesen als Jungen, was vielfach mit dem sozialen Rollenverhalten von Mädchen begründet wird und dazu führt, dass Mädchen gegenüber Jungen einen motivationalen Vorteil und auch einen Übungsvorteil haben (Stanat und Kunter 2001). Dieser Unterschied ist in den letzten Jahren relativ konsistent nachgewiesen worden, wie etwa die repräsentativen Umfrageergebnisse der KIM- und JIM-Studien belegen.

Es verwundert deshalb nicht, dass sich in groß angelegten Studien immer wieder weniger Mädchen als Jungen im untersten Leistungsbereich fanden. Bei den lese-/rechtschreibschwachen Kindern findet sich ein Zahlenverhältnis von etwa 1:3 zugunsten der Mädchen. Bei den isolierten Rechtschreibstörungen (2:1) und bei den Leseverständnisproblemen sieht es bei den Jungen vergleichsweise etwas günstiger aus (Scheerer-Neumann 2015). Während in der IGLU-Studie lediglich ein geringer Vorteil der Mädchen bei den leseschwachen Kindern (ca. 1,2:1) festgestellt wurde, lag die Relation bei den 15-Jährigen in PISA 2000 bei ca. 2:1 (Stanat und Kunter 2001). Während sich in PISA 2009 belegen ließ, dass sich der Anteil der sehr leseschwachen Jugendlichen gegenüber 2000 reduziert hatte, betrug das Verhältnis der leseschwachen Jungen zu leseschwachen Mädchen nun etwa 3:1 (vgl. Naumann et al. 2010). Auch wenn die Befunde insgesamt nicht absolut konsistent erscheinen, so geht aus den Geschlechtsvergleichen für unterschiedliche Altersgruppen dennoch übereinstimmend hervor, dass in den Gruppen lese-/rechtschwacher Kinder immer mehr Jungen als Mädchen vertreten sind.

> **?**
> Welche Rolle spielen kognitive Merkmale beim gestörten Schriftspracherwerb?

In der klassischen Legasthenieforschung der 1960er- und 1970er-Jahre wurde lange Zeit davon ausgegangen, dass Schwächen in der visuellen Wahrnehmung, etwa Raumorientierungsstörungen im Sinne einer „Raum-Lage-Labilität", für Lese-/Rechtschreibstörungen verantwortlich sein könnten. Vielfach wurde in älteren Studien auch eine visuelle Gedächtnisstörung vermutet, die man auf die fehlende Dominanz der linken Hirnhemisphäre zurückführte. Mit diesem Problem wurde auch die bei einigen lese-/rechtschreibschwachen Kindern beobachtete Tendenz erklärt, formidentische Buchstaben (etwa d und b) zu verwechseln (vgl. Schneider 1980). Diese Vermutungen haben sich in internationalen Studien jedoch nicht bestätigt, auch wenn es durchaus einige wenige Legastheniker gibt, deren Hauptproblem in der visuellen Wahrnehmung zu liegen scheint (Scheerer-Neumann 1997).

In neuerer Zeit gilt das Augenmerk dem sprachlichen Bereich, und hier insbesondere der *phonologischen Informationsverarbeitung* (vgl. P. Marx 2007; Steinbrink und Lachmann 2014). Defizite von Legasthenikern im phonologischen Bereich wurden in einer Vielzahl nationaler wie auch internationaler Studien nachgewiesen. Rückstände der lese-/rechtschreibschwachen Kinder in diesem Bereich betreffen nicht nur die phonologische Bewusstheit im weiteren Sinne, etwa die Fähigkeit, Reime in Wörtern zu erkennen oder Wörter in ihre Silben zu zerlegen, sondern auch Aufgaben, die die phonologische Bewusstheit im engeren Sinne betreffen. So zeigen vor allem jüngere leistungsschwache Leser und Rechtschreiber eindeutig niedrigere Leistungen als ihre leistungsstarken Klassenkameraden in solchen Aufgaben, die eine systematische Lautanalyse erfordern und bei denen beispielsweise angegeben werden soll, wie viele unterschiedliche Laute in einem vorgesprochenen Wort erkannt werden können (Phonemanalyse). Werden diese Aufgaben zu einem sehr frühen Zeitpunkt (etwa gegen Ende der Kindergartenperiode oder zu Schulbeginn) vorgegeben, erweisen sie sich für die weitere Prognose der späteren Lese- und Rechtschreibentwicklung als sehr einflussreich.

Probleme von Legasthenikern sind nicht nur auf den Bereich der akustischen (auditiven) Sprachwahrnehmung begrenzt. Sie zeigen sich auch in Aufgaben, bei denen die gesprochene Sprache kodiert und behalten werden muss (Scheerer-Neumann 1997). So bereitet das Nachsprechen längerer sinnhafter und sinnloser Wörter den lese-/rechtschreibschwachen Kindern wesentlich größere Schwierigkeiten als solchen Kindern, die die Schriftsprache normal erwerben. Es hat also den Anschein, dass bei Kindern mit Lese-/Rechtschreibstörungen neben der phonologischen Bewusstheit auch das phonologische Arbeitsgedächtnis beeinträchtigt ist.

Schließlich scheint auch die sprachliche Informationsverarbeitung verlangsamt abzulaufen: Legt man Legasthenikern etwa Bilder mit allgemein bekannten Objekten vor, so dauert es vergleichsweise lange, bis die Objektnamen gefunden sind. Diese Kinder machen dabei außerdem mehr Fehler beim Benennen von Bildern oder Gegenständen als ihre im Hinblick auf die Schriftsprache normal entwickelten Altersgenossen, auch wenn ihnen die untersuchten Begriffe prinzipiell bekannt sind. In der einschlägigen Forschung spricht man in diesem Zusammenhang von einem „doppelten Defizit", d. h., dass Defizite im phonologischen Bereich und in der Benenngeschwindigkeit unabhängig voneinander zur Entwicklung von Lese-/Rechtschreibschwierigkeiten beitragen (P. Marx 2007). Gerade im Hinblick auf das Lesen scheint eine langsame Verarbeitungsgeschwindigkeit schwacher Leser das Vergessen gerade kodierter und im Kurzzeitgedächtnis gehaltener Informationen zu begünstigen. So kann es etwa vorkommen, dass ein schwacher Schüler beim Lesen eines längeren, mehrsilbigen Wortes am Ende angekommen schon vergessen hat, wie das Wort anfing.

Es hat den Anschein, dass sich lese-/rechtschreibschwache Kinder bereits bei einfachen schriftsprachlichen Aufgaben wesentlich mehr anstrengen müssen als normale Leser und Rechtschreiber. So fand etwa Warnke (1992) in EEG-Untersuchungen systematische Unterschiede zwischen beiden Gruppen bei zunehmender Aufgabenschwierigkeit. Mit steigendem Niveau der Informationsbelastung fand sich für LRS-Kinder ein schnellerer Anstieg in der Vigilanz, was darauf hindeutet, dass eine Tendenz zur maximalen hirnelektrischen Aktivierung bei noch relativ geringem Schwierigkeitsniveau besteht. Nur bei den normalen Lesern und Rechtschreibern schien die hirnelektrische Aktivierung beim Übergang vom mittleren zum maximalen Schwierigkeitsniveau noch steigerungsfähig zu sein. Dieser Befund kann so interpretiert werden, dass sich LRS-Kinder schon bei relativ leichten Problemstellungen maximal konzentrieren müssen, weil die Verarbeitung von Buchstabenfolgen nicht in gleichem Maß automatisiert ist wie bei normalen Lesern und Rechtschreibern. Der Automatisierungsvorgang verläuft bei den schwachen Lesern und Rechtschreibern vergleichsweise langsam, was dazu beiträgt, dass sich die Leistungsschere zwischen beiden Gruppen kontinuierlich vergrößert.

Die Befunde aus unterschiedlichen Studien sprechen insgesamt dafür, dass es einen „phonologischen Typus" lese-/rechtschreibschwacher Kinder gibt, die Probleme vieler Legastheniker also im Bereich der phonologischen Informationsverarbeitung liegen. Darüber hinaus gibt es jedoch auch eine größere Zahl von sprachentwicklungsgestörten Kindern, die später Lese-/Rechtschreibstörungen, insbesondere Probleme im Bereich des Leseverständnisses, entwickeln. Man geht von einer mittleren Überlappung von etwa 50 % zwischen beiden Störungen aus. Bislang ist jedoch noch relativ unklar, ob Sprachstörungen als Ursache von Lese-/Rechtschreibstörungen zu deuten sind oder ob beide Störungsbilder gemeinsame

Ursachen haben, etwa Defizite im phonologischen Arbeitsgedächtnis oder auch in der Sprachwahrnehmung (Weber und Marx 2008). In jedem Fall lässt sich festhalten, dass die Defizite von Kindern mit Sprachentwicklungsstörungen weniger im phonologischen Bereich als vielmehr in Aspekten der Grammatik und Syntax liegen (Grimm 2012). Die heterogene Symptomatik legt unterschiedliche Ursachen für das gleiche Problem nahe. Es deutet viel darauf hin, dass das gleiche ungünstige Ergebnis (Lese-/Rechtschreibstörung) durch unterschiedliche kognitive Einflussfaktoren bedingt sein kann.

> **?**
>
> Wie wirken sich motivationale Aspekte auf den gestörten Schriftspracherwerb aus?

Zusätzlich zu den beschriebenen spezifischen Einflussfaktoren sind auch eher unspezifische Wirkfaktoren zu beachten. Lese-/Rechtschreibstörungen treten demnach nicht ausschließlich als Folge unzureichend ausgeprägter Vorläufermerkmale auf, sondern können auch mit Beeinträchtigungen zusammenhängen, die eher unspezifisch sind und auch andere Leistungsbereiche betreffen. Zu diesen *unspezifischen Wirkfaktoren* werden neben einer niedrigen intellektuellen Fähigkeit Defizite im Bereich der Aufmerksamkeit und Motivation gezählt. Letztere können theoretisch die Entwicklung einer Lese-/Rechtschreibstörung beeinflussen, durchaus aber auch Folge von frustrierenden Erlebnissen im Lese- und Rechtschreibunterricht sein und das Problem im Sinne einer *Sekundärsymptomatik* weiter verstärken. Man kann sich beispielsweise leicht vorstellen, dass ein normal begabter Grundschüler mit guten Leistungen außerhalb des Faches Deutsch ins Grübeln kommt, wenn er mit permanentem Misserfolg bei Diktaten und offensichtlichen Defiziten beim Lesen konfrontiert wird. Darunter leidet sein Selbstkonzept der eigenen Fähigkeit in diesem Bereich, und er wird sich nach einiger Zeit im Deutschunterricht nicht mehr sonderlich engagieren. Es kann dann sehr schnell passieren, dass der Leistungsabstand im Hinblick auf das Lesen und Rechtschreiben zu den übrigen Klassenkameraden weiter wächst und sich das Problem der Lese-/Rechtschreibstörung aufgrund der gesunkenen Lernmotivation weiter verschärft. In diesem Zusammenhang ist nicht ausgeschlossen, dass es bei dem Kind zu Verhaltensauffälligkeiten kommt (Gold 2011).

> **?**
>
> Gibt es weitere Faktoren, die sich ungünstig auf den Schriftspracherwerb auswirken?

Auch ungünstige soziale Bedingungen (etwa das Aufwachsen in eher bildungsfernen Familienstrukturen und/oder in Familien mit Migrationshintergrund) können einen frühen Rückstand der betroffenen Kinder im Lesen und Schreiben verursachen und die Problemsymptomatik verschärfen. Schon zu Blütezeiten der klassischen Legasthenieforschung, also in den 1960er- und 1970er-Jahren, wurde auf die Bedeutung des sozialen Milieus für die Störung hingewiesen. Anhand einer repräsentativen Stichprobe von etwa 2000 Zweitklässlern konnte beispielsweise Niemeyer (1974) aufzeigen, dass von den 159 Legasthenikern immerhin 114 (also 72 %) aus der unteren Sozialschicht stammten. In neueren Studien ließ sich zwischen dem sozioökonomischen Status und den Leistungen im Lesen und Rechtschreiben ein mittlerer korrelativer Zusammenhang von $r = .30$ nachweisen (Weber und Marx 2008).

Schließlich kann ein mangelhafter schulischer Unterricht sowohl Schwierigkeiten beim Schriftspracherwerb hervorrufen als auch den Verlauf und Schweregrad bestehender Probleme beeinflussen. Der Einfluss eines qualitativ unterschiedlichen Lese- und Rechtschreibunterrichts dokumentiert sich in großen Leistungsunterschieden zwischen Schulklassen. Wie bereits in Kap. 5 beschrieben, können unterschiedliche Bewertungen der Relevanz von Rechtschreibunterricht durch Lehrkräfte dazu führen, dass in Abhängigkeit von der Klassenzugehörigkeit unterschiedlich viele Kinder gravierende Lese- und Rechtschreibprobleme entwickeln. In diesem Fall ist von einem ungünstigen „pädagogenen" Effekt auszugehen (Schneider 1997).

> **?**
> Wann lassen sich Lese-/Rechtschreibprobleme erkennen?

Lese- und Rechtschreibprobleme von Grundschulkindern zeigen sich sehr häufig bereits in den beiden ersten Schuljahren. Immerhin sind davon etwa 5–8 % der Kinder eines Altersjahrgangs betroffen, womit die Lese-/Rechtschreibstörung als eine der häufigsten schulischen Entwicklungsstörungen gelten kann (Landerl und Moll 2010). Wird das Problem nicht frühzeitig erkannt, können die negativen Folgen beträchtlich sein. Lese- und Rechtschreibschwierigkeiten können zum einen die Leistungen nicht nur in Deutsch, sondern auch in anderen Schulfächern beeinflussen, negative Auswirkungen auf die gesamte Schullaufbahn haben und zu ungünstigen beruflichen Entwicklungen führen.

7.3 Wie lassen sich Lese-/Rechtschreibstörungen diagnostizieren?

Diagnostische Maßnahmen sollten möglichst früh, spätestens gegen Ende der zweiten Klasse, eingeleitet werden, wenn sich unterdurchschnittliche Leistungen im Schriftspracherwerb wiederholt dokumentiert haben. Aufgrund unterschiedlicher konzeptioneller Vorgehensweisen beim Lese- und Rechtschreibunterricht lassen sich Lese- und Rechtschreibkompetenzen zu einem früheren Zeitpunkt kaum zuverlässig erfassen. Wird ein Kind mit Verdacht auf LRS in einer Beratungsstelle oder beim Schulpsychologen vorgestellt, sollte zu Beginn eine Anamnese, also ein ausführliches Gespräch zwischen den Eltern und der pädagogischen bzw. psychologischen Fachkraft, stattfinden, in dem der Entwicklungsstand im Lesen und Rechtschreiben dargestellt sowie die Dauer und die Art der Problematik genauer erörtert werden (Landerl 2009). So gilt es beispielsweise zu klären, ob das Kind schon im Vorschulalter von einer spezifischen Sprachentwicklungsstörung (SSES) betroffen war, also auch schon im Kindergarten als „später Sprecher" eingestuft wurde und mit Sprachproblemen zu kämpfen hatte. Weiterhin ist es für die Einschätzung des Störungsverlaufs wichtig zu erfahren, ob ein ausgeprägtes Defizit im Erwerb des Lesens und Rechtschreibens bereits kurz nach Schulbeginn registriert wurde oder sich erst in einer späteren Phase herausgestellt hat. Im Hinblick auf das oben schon näher beschriebene genetische Risiko sollte auch die familiäre Situation näher beleuchtet, also etwa erfragt werden, ob es im engeren Familienumfeld noch weitere Fälle mit LRS gibt.

> ?
> **Wie kann die genaue Art der Schwierigkeiten erfasst werden?**

Zur Abklärung der Schwierigkeiten sind standardisierte Testverfahren notwendig, für die es verbindliche Vergleichsnormen gibt, die anhand großer, repräsentativer Stichproben gewonnen worden sind. Über den Vergleich mit solchen Normwerten ist es möglich, die Leistungen einzelner Kinder genauer einzuordnen. Es werden also Aussagen darüber möglich, ob ein individueller Testwert im normalen Bereich liegt oder aber eine Störung im Schriftsprachbereich anzeigt. Über die Ermittlung von Prozenträngen oder T-Werten kann dann die genaue Diagnose erfolgen.

Am Beispiel eines Drittklässlers mit Problemen im Rechtschreiben soll die Aussagemöglichkeit von Testwerten illustriert werden. Nehmen wir einmal an, dass der Schüler in einem vorgegebenen Rechtschreibtest 15 von 50 Zielwörtern richtig geschrieben hat. Obwohl dieser Wert eine unterdurchschnittliche Leistung andeutet, kann ohne weitere Informationen keine Aussage zum Ausmaß des Problems getroffen werden. Zur genauen Interpretation des Wertes, etwa zur Ermittlung des Prozentranges, muss in der für die Normstichprobe zusammengestellten Tabelle des Testmanuals abgelesen werden, welcher Anteil an Drittklässlern der Normstichprobe eine gleich schlechte oder noch schlechtere Leistung erbracht hat. Wenn sich hier etwa ein Prozentrang (PR) von 25 ergibt, bedeutet dies, dass unser Problemkind besser (bzw. gleich) abschneidet als 25 % der Vergleichsgruppe, jedoch schlechter als 75 % der Normstichprobe. Auch wenn dieses Ergebnis anzeigt, dass das übliche Kriterium für eine Rechtschreibstörung (PR < 15) noch nicht gegeben ist, haben wir es dennoch mit einem schwachen

Rechtschreiber zu tun. Dies würde sich auch in einem unterdurchschnittlichen T-Wert andeuten, wobei der Durchschnittsbereich der T-Werte bei 40 bis 60 liegt, außergewöhnlich schlechte Werte jedoch deutlich darunter (39 und weniger).

In diesem Zusammenhang scheint es wichtig, darauf hinzuweisen, dass die neueren Testverfahren zur Erfassung des Lesens und Rechtschreibens in der Regel auf großen Normstichproben aufbauen und auch die üblichen Testgütekriterien voll erfüllen, d. h., dass sie objektiv durchführ- und auswertbar sind, das Kriterium der Zuverlässigkeit erfüllen (also bei Wiederholung zu sehr ähnlichen Ergebnissen führen) und auch valide, also inhaltlich gültig, sind und das messen, was sie zu messen vorgeben. Wenn auch diese Verfahren in der Vergangenheit meist durch psychologische oder pädagogische Fachkräfte (Schulpsychologen, Sonderpädagogen, Beratungslehrer) durchgeführt wurden, scheint doch erwähnenswert, dass sie letztlich auch von Lehrkräften nach kurzer Einweisung sinnvoll genutzt werden können. In den letzten Jahren sind eine ganze Reihe von Lesegeschwindigkeits-, Leseverständnis- und Rechtschreibtests publiziert worden, die meist in der Gruppe durchführbar sind. Geht es darum, das Ausmaß eines Lese- oder Rechtschreibproblems genauer zu erfassen, so sollte das jeweils ausgewählte Verfahren im Einzelversuch (am besten vormittags) eingesetzt werden, was die genauere Beobachtung des Kindes ermöglicht. In einer solchen Situation kann auch ausgeschlossen werden, dass die schwache Leistung eines Kindes auf situative Faktoren wie Ablenkung oder Müdigkeit bzw. auf mangelndes Instruktionsverständnis zurückzuführen ist (Landerl 2009; Warnke et al. 2004).

> ?
>
> **Was sind Merkmale für unterschiedliche Störungsschwerpunkte?**

Wie in der oben erwähnten S3-Leitlinie (DGKJP 2015) hervorgehoben wurde, zeigt sich eine *Lesestörung* durch viele Fehler beim Wortlesen sowie durch eine deutlich herabgesetzte Lesegeschwindigkeit. Der beeinträchtigte Beginn des Leselernprozesses ist oft geprägt durch Schwierigkeiten bei der Phonem (Laut-) Unterscheidung und beim Erlernen der Zuordnung und des Einprägens der Buchstaben-Laut-Zuordnungsregeln. Das Zusammenschleifen einzelner Laute zu Wörtern (Phonemsynthese) kann dabei stark verlangsamt sein, was wiederum die Lesegeschwindigkeit und das Leseverständnis stark beeinträchtigt. Das automatisierte Lesen ist durch mangelnde Gedächtnisrepräsentationen und verzögertem Abruf von Wörtern und Wortteilen aus dem Gedächtnis häufig verlangsamt und fehlerhaft. Dies führt meist zu einem deutlich geringeren Leseverständnis.

Eine *Rechtschreibstörung* zeigt sich nach den der Leitlinie zugrunde liegenden Forschungsergebnissen durch Schwierigkeiten beim Erlernen und Einprägen der Laut-Buchstaben-Beziehungen und der Phonemanalyse, also der Fähigkeit zur lautlichen Durchgliederung eines Wortes. Dadurch werden Buchstabenfolgen verschriftlicht, die in keiner erlernten Verbindung mit dem zu schreibendem Wort stehen. Das Einprägen der korrekten Schreibweise von Wortbestandteilen und Wörtern gelingt häufig nicht. Während lange Zeit davon ausgegangen wurde, dass es im Fall von Legasthenie zu typischen Fehlern kommt, legen die Ergebnisse neuerer Studien den Schluss nahe, dass es nicht die Qualität, sondern die Quantität von Fehlern ist, hinsichtlich derer sich Kinder mit LRS von normalen Rechtschreibern unterscheiden. Fehler werden vor allem in der Groß- und Kleinschreibung und beim Verschriftlichen von Konsonantenclustern produziert. Symptomatisch sind weiterhin das Weglassen, das fehlerhafte Hinzufügen von Buchstaben oder das Ersetzen der richtigen durch ähnlich klingende Buchstaben sowie Fehler bei der Verschriftlichung von Vokallängen im Wortstamm (Esser et al. 2002; Klicpera und Gasteiger-Klicpera 1998; Moll und Landerl 2009; Warnke et al. 2004). Bei der *kombinierten Lese-/Rechtschreibstörung* treten die Symptome der Lesestörung und Rechtschreibstörung gemeinsam auf.

> ?
> Welche Testverfahren scheinen für die Diagnose von Schriftsprachproblemen besonders gut geeignet?

Allgemein gilt, dass die Tests möglichst neu sind, also auf aktuelle Normierungsdaten zurückgreifen (vgl. Gold 2016; Steinbrink und Lachmann 2014). Da sich gerade die Rechtschreibkompetenzen der deutschen Schülerinnen und Schüler in den letzten Jahrzehnten eher verschlechtert haben, könnte etwa die Verwendung eines älteren Rechtschreibtests dazu führen, dass der Prozentsatz schwacher Rechtschreiberinnen und Rechtschreiber in aktuellen Testsituationen klar überschätzt wird. Wie schon erwähnt, hat etwa die Verwendung eines älteren Diktattests (Althoff et al. 1974) in der Münchner LOGIK-Studie dazu geführt, dass gemäß den alten Normen ein hoher Prozentsatz der Jugendlichen als lese-/rechtschreibschwach eingestuft worden wäre. Da es heute jedoch eine Vielzahl von neueren Testverfahren gibt, lässt sich diese Problematik leicht vermeiden. Im Folgenden werden ausgewählte Verfahren kurz beschrieben, die für den Einsatz bei der Diagnose von LRS gut geeignet scheinen (vollständige Übersichten z. B. bei Gold 2016; Landerl 2009; Lenhard 2013; Schneider et al. 2008).

Im Hinblick auf das laute Lesen von Wörtern und Pseudowörtern bietet sich die Weiterentwicklung des „Salzburger Lese- und Rechtschreibtests" (SLRT-II; Moll und Landerl 2014) an, der als Einzeltest eine differenzierte Diagnose von Leseproblemen ermöglicht. Im Hinblick auf das Lesen erlaubt das Verfahren die genauere Beurteilung von Lesekomponenten wie etwa der Leseflüssigkeit, wobei sowohl Defizite in der direkten Worterkennung als auch Defizite im lautierenden Lesen identifiziert werden können. Das Verfahren ist so konzipiert, dass die

Beurteilung der Leseleistung ab der ersten Schulklasse bis ins Erwachsenenalter möglich wird. Der Ein-Minuten-Leseflüssigkeitstest erfordert das laute Vorlesen von Wörtern und differenziert in allen Leistungsbereichen.

Geht es um die Erfassung des Leseverständnisses, so hat sich der „Leseverständnistest für Erst- bis Sechstklässler" (ELFE 1–6; Lenhard und Schneider 2006) gut bewährt. Hier sind die Kinder im Untertest „Wortverständnis" aufgefordert, unter Zeitbegrenzung eine Objektabbildung einem von vier geschriebenen Wörtern richtig zuzuordnen. Im Untertest „Satzverständnis" geht es darum, aus fünf zur Auswahl stehenden Wörtern dasjenige auszuwählen, das am besten in eine Satzlücke passt. Schließlich sollen im Untertest „Textverstehen" inhaltliche Fragen zu kurzen Texten beantwortet werden. Während die Aufgaben zum Textverstehen für die beiden ersten Klassenstufen noch recht schwer erscheinen, sind sie für fortgeschrittene Grundschüler gut geeignet. In dieser Altersgruppe differenzieren die beiden anderen Untertests im unteren Leistungsbereich besser als im oberen Leistungsbereich, sind also gerade für die Einordnung der Lesekompetenz bei schwächeren Lesern gut geeignet. Das Verfahren lässt sich als Einzel- und Gruppentest verwenden, und es existiert sowohl eine Papier- als auch eine Computerversion.

Die meisten Rechtschreibtests sind als Lückentests konstruiert. Über diesen Ansatz können zentrale Fehlerschwerpunkte relativ ökonomisch erfasst werden. Zu dieser Kategorie zählt auch der Rechtschreibtest SLRT-II, bei dem diktierte Wörter korrekt in Rahmensätze einzufügen sind. Eine Besonderheit des „Deutschen Rechtschreibtests für das erste und zweite Schuljahr" (DERET 1–2+; Stock und Schneider 2008a) sowie des „Deutschen Rechtschreibtests für das dritte und vierte Schuljahr" (DERET 3–4+; Stock und Schneider 2008b) ist darin zu sehen, dass hier zusätzlich Fließtexte diktiert werden. Diese entsprechen einerseits besser den schulischen Anforderungen, können aber auch bei schwächeren Rechtschreibern zu zusätzlichen Problemen führen und beispielsweise Auslassungen von Wörtern verursachen. Im Unterschied zu Lückendiktaten ist es über die Vorgabe von Fließtexten allerdings gut möglich, die Relevanz von Problemen mit der Groß- und Kleinschreibung genauer zu beurteilen. Diese Fehlerkategorie ist auch bei älteren Schülern relativ häufig beobachtbar und bei vielen schwachen Rechtschreibern besonders ausgeprägt. Obwohl die meisten Rechtschreibtests (auch SLRT-II und DERET) neben der quantitativen auch eine qualitative Fehleranalyse ermöglichen, wird deren Wert schon seit Jahrzehnten kritisch diskutiert (vgl. Schneider 1997). Ein Hauptproblem liegt darin, dass die qualitativen Fehlerschwerpunkte kaum zuverlässig bestimmt werden können. Führt man beispielsweise mit den gleichen rechtschreibschwachen Schülern die beiden Parallelformen eines Rechtschreibtests innerhalb eines kürzeren Zeitraums durch, so finden sich im Hinblick auf die absolute Fehlerzahl in beiden Tests meist gute Entsprechungen, im Hinblick auf die Fehlerschwerpunkte dagegen nicht.

Werden sehr schwache Leistungen im Lesen und/oder Rechtschreiben registriert, kann es sinnvoll sein, zusätzlich Testverfahren für eine niedrigere Klassenstufe anzuwenden, um einerseits das Ausmaß des Defizits genauer zu registrieren und andererseits in positiver Hinsicht feststellen zu können, welchen Leistungsstand das betroffene Kind im jeweiligen Inhaltsbereich überhaupt schon erreicht hat. Hier bieten sich Verfahren wie die „Hamburger Schreib-Probe 1–10" (HSP 1–10; May 2012) an, die für einen breiten Altersbereich genutzt werden können. Es lässt sich damit auch eine genauere Zuweisung der registrierten Kompetenz zu den oben diskutierten Entwicklungsstufen erreichen, etwa die Klärung der Frage, ob ein Kind schon im Lesen die alphabetische Stufe erreicht hat (Scheerer-Neumann 2015).

> **?**
> Soll zusätzlich ein Intelligenztest durchgeführt werden?

Wir haben schon darauf hingewiesen, dass im internationalen Klassifikationssystem ICD-10 zur Diagnose von LRS eine Diskrepanz zur Intelligenz gefordert wird, um eine umschriebene Entwicklungsstörung des Lesens und Rechtschreibens zu identifizieren. Allerdings wurde auch klargestellt, dass die IQ-Diskrepanzdefinition aus unterschiedlichen Gründen keinen besonderen Sinn hat. Dennoch werden in der pädagogisch-psychologischen wie auch in der medizinischen Praxis häufig zusätzlich Intelligenztests verwendet. Dabei kommen meist sprachfreie Intelligenztests zur Anwendung, um sicherzustellen, dass das Intelligenzpotenzial von lese-/rechtschreibschwachen Kindern einigermaßen fair erfasst wird. Andererseits können auch allgemeine Intelligenztests, die sowohl sprachliche als auch nicht sprachliche Komponenten enthalten, insofern nützlich sein, als sich ein Intelligenzprofil erstellen lässt, das Stärken und Schwächen im intellektuellen Bereich deutlich macht. Es ist dabei zu erwarten, dass lese-/rechtschreibschwache Kinder in den sprachlich betonten Untertests vergleichsweise schlecht abschneiden.

Eine genauere Inspektion der sprachlichen Intelligenzsubtests kann durchaus aufschlussreich sein, wenn sich spezifische Defizite wie etwa mangelhaftes sprachliches Verständnis oder ein sehr beschränkter Wortschatz zeigen. Fördermaßnahmen (auf die im nächsten Kapitel näher eingegangen wird) können diese Aspekte gezielt aufgreifen. Auch wenn also die Intelligenzdiagnose im Zusammenhang mit LRS aus den oben erwähnten Gründen nicht erforderlich scheint, kann eine Erfassung des allgemeinen Intelligenzniveaus in bestimmten Situationen, etwa wenn ein Verdacht auf ein deutliches intellektuelles Defizit besteht, durchaus nützlich und informativ sein.

7.4 Lässt sich die Problematik ohne Behandlung überwinden? – Längsschnittliche Befunde zum Verlauf der Lese-/Rechtschreibstörung im Kindes- und Jugendalter

Fundierte Erkenntnisse darüber, wie nachhaltig frühe Defizite im Lesen und Rechtschreiben sind, ob man davon ausgehen muss, dass sich die Probleme eher noch verschärfen, wenn nicht speziell gefördert wird, oder ob sich eine „spontane Remission", also eine allmähliche Überwindung des ursprünglichen Problems, feststellen lässt, können aus umfassenden Längsschnittstudien abgeleitet werden, in denen die Lese-/Rechtschreibleistungen erstmals möglichst früh zu Schulbeginn erfasst und dann über längere Zeiträume hinweg nachverfolgt wurden. Die Daten der schon mehrfach beschriebenen Längsschnittstudie von Klicpera und Gasteiger-Klicpera (1998) wie auch die der Münchner Längsschnittstudie LOGIK können hier interessante Aufschlüsse bieten.

In der Wiener Längsschnittstudie von Klicpera und Gasteiger-Klicpera wurde die Lesegeschwindigkeit der Kinder ab Mitte der zweiten Klassenstufe bis zur achten Klassenstufe mit dem gleichen Testinstrument erfasst, was die Interpretation der Veränderungen erleichtert. Es ergaben sich schon zum ersten Messpunkt erhebliche Zeitunterschiede im Lesen zwischen den leistungsstärksten und -schwächsten Teilgruppen, die sich im weiteren Verlauf der Studie noch deutlich vergrößerten. Man kann hier also von einem Schereneffekt der Leistungsentwicklung sprechen. Obwohl auch die schwachen Leser im Verlauf der Untersuchung schneller wurden, stimmt doch bedenklich, dass sie am Ende der achten Klassenstufe noch nicht ganz das Leistungsniveau erreicht hatten, das die guten Leser schon zu Beginn der dritten Klassenstufe aufgewiesen hatten. Schwache Leser hatten insbesondere beim Lesen von Pseudowörtern sowie beim Lesen von seltenen und längeren Wörtern lange Zeit Probleme, die erst gegen Ende der Studie langsam überwunden wurden.

Im Hinblick auf die Entwicklung des Rechtschreibens fanden sich ähnliche Ergebnisse. In Abb. 7.2 sind die Prozentsätze der in Rechtschreibtests falsch geschriebenen Wörter in ihrer Entwicklung von der zweiten bis achten Klassenstufe wiedergegeben, wobei zwischen den Subgruppen guter, durchschnittlicher, unterdurchschnittlicher, schwacher und sehr schwacher Rechtschreiber unterschieden wurde. Wie sich aus der Abbildung ableiten lässt, nimmt der Fehlerprozentsatz in allen Subgruppen über die Zeit hinweg ab. Die Unterschiede zwischen den Teilgruppen bleiben jedoch über die Jahre hinweg erhalten. Von den anfangs sehr schwachen Rechtschreibern schaffte es nur ein einziger Schüler im späteren Verlauf in die Gruppe der durchschnittlichen Rechtschreiber aufzusteigen, und auch nur sehr wenige der anfänglich schwachen Rechtschreiber machten diesen

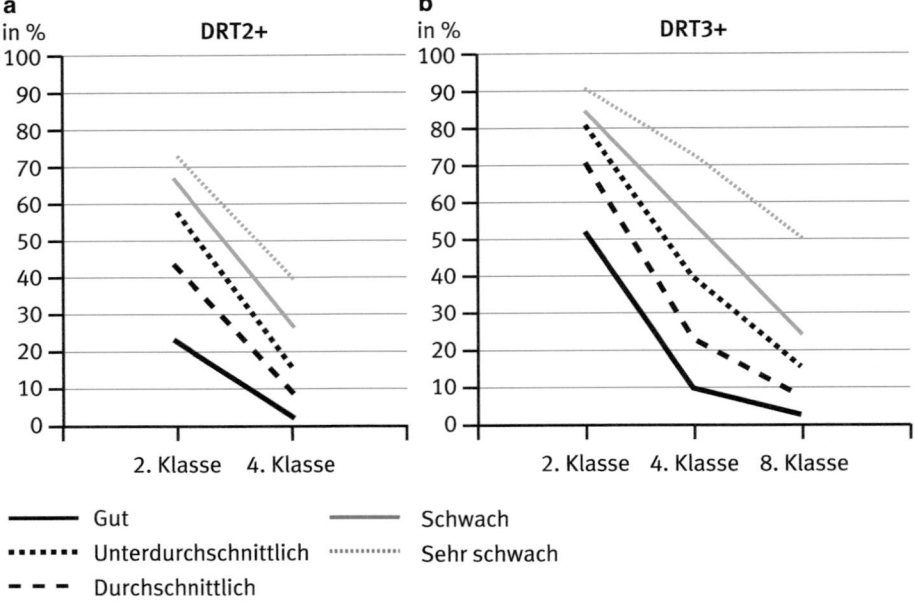

Abb. 7.2 Prozentsatz falsch geschriebener Wörter nach dem „Diagnostischen Rechtschreibtest für 2. Klassen" (DRT2+) (**a**) bzw. „Diagnostischen Rechtschreibtest für 3. Klassen" (DRT3+) (**b**), Mitte der zweiten und Ende der vierten und der achten Klasse in der Untersuchungsgruppe C (Einteilung in Leistungsgruppen aufgrund der Testung Mitte der zweiten Klasse). (Modifiziert nach Klicpera und Gasteiger-Klicpera 1998)

Schritt. Umgekehrt zählte die absolute Mehrzahl der anfänglich guten Rechtschreiber auch noch gegen Ende der Studie zu dieser Gruppe, was auf die insgesamt hohe Stabilität der Leistungsunterschiede über die Zeit hinweg hindeutet.

Die Befunde zeigen demnach, dass deutliche Leistungssteigerungen und ein (zumindest teilweises) Aufholen des anfänglichen Rückstands bei den schwächsten Rechtschreibern kaum zu erwarten ist. Ähnlich wie beim Lesen weisen die Befunde auch hier auf einen Schereneffekt in der Leistungsentwicklung hin. Der von Klicpera und Gasteiger-Klicpera (1998) genauer erfasste Rückstand der sehr schwachen Rechtschreiber gegenüber dem durchschnittlichen Leistungsniveau betrug gegen Ende der Grundschulzeit bereits mehrere Jahre. Am Ende der Studie (also ausgangs des achten Schuljahrs) wiesen 15 % der beteiligten Schüler einen Rückstand von mehr als vier Jahren auf.

Die Befunde der Münchner LOGIK-Studie können diese Ergebnisse bestätigen. Es wurden schon zu Beginn der Grundschulzeit beträchtliche Unterschiede in der Rechtschreibkompetenz von späteren Hauptschülern und Gymnasiasten gefunden. Allerdings war in den Entwicklungsmustern beim Vergleich der beiden Gruppen kein Schereneffekt erkennbar; Hauptschüler und Gymnasiasten verbesserten sich später in ähnlichem Ausmaß. Wie schon bei der Wiener Längsschnittstudie schien auch hier die Stabilität der Leistungsunterschiede über die Zeit hinweg bemerkenswert. So korrelierten die Leistungen zwischen dem Alter von acht und zehn Jahren mit $r = .74$, zwischen 18 und 23 Jahren dann sogar mit $r = .82$. Die Stabilität individueller Unterschiede in der Rechtschreibkompetenz scheint demnach durchaus mit der von Intelligenz vergleichbar (Schneider 2008; Schneider und Stefanek 2007; Schneider et al. 1997).

Die genannten Längsschnittstudien enthalten keine Informationen darüber, ob die untersuchten schwachen Leser und Rechtschreiber im Laufe ihrer Schulzeit und darüber hinaus spezielle Förderung erhielten. Man könnte also damit argumentieren, dass sich ihre Situation nach einer umfassenden Therapie möglicherweise günstiger dargestellt hätte. Dazu gibt es allerdings nach wie vor wenig stützende Evidenz. Im Gegenteil: Strehlow et al. (1992) führten Belege dafür an, dass die Teilnahme an einer spezifischen Lese-/Rechtschreibförderung die Lage nicht notwendigerweise verbessert. Im Rahmen einer Nachuntersuchung (Katamnese) an einer kinder- und jugendpsychiatrischen Klinik gelang es dem Autorenteam, von ursprünglich 115 Schülern, die im Alter von etwa zehn Jahren wegen ihrer Lese-/Rechtschreibproblematik vorstellig wurden, etwa die Hälfte nach knapp 13 Jahren erneut zu untersuchen.

> ?
> Was waren die wesentlichen Ergebnisse dieser Studie?

Zunächst fiel auf, dass sich die Intelligenz insgesamt kaum verändert hatte, die Rechtschreibleistung sich dagegen im Vergleich zur Altersnorm noch einmal bedeutsam (um mehr als eine Standardabweichung) verschlechtert hatte. Alle Probanden konnten als schwere Fälle einer umschriebenen Rechtschreibstörung klassifiziert werden. Etwa die Hälfte dieser Personen hatte eine längere Therapiephase (im Durchschnitt etwa 20 Monate) durchlaufen, die mehrheitlich in der Erinnerung als erfolgreich beurteilt wurde. Interessanterweise hatte die Therapie keinen Einfluss auf die Rechtschreibleistung bei der Nachuntersuchung. Erwartungsgemäß war die Ausgangsleistung im Alter von zehn Jahren bei den Probanden mit späterer Therapie etwas schlechter als bei denjenigen ohne Therapie. Trotz der Förderung blieb diese Gruppe aber auch 13 Jahre später hinter den Rechtschreibleistungen der anderen Problemgruppe zurück, wobei sich allerdings beide Gruppen relativ zur Normstichprobe weiter verschlechtert hatten.

Der überraschende Befund einer wenig nachhaltigen Therapiewirkung mag damit zusammenhängen, dass die in den 1970er-Jahren verfügbaren Ansätze meist nicht sonderlich effektiv waren (Kap. 8). Es kann aber auch sein, dass sich die Klienten dieser Studie nach Therapieabschluss wenig im Schriftsprachbereich engagiert und mehrheitlich Berufe ausgewählt hatten, in denen Lesen und

Schreiben keine besondere Rolle spielten. Insgesamt ließ sich konstatieren, dass die betroffenen Probanden, gemessen an ihrer leicht überdurchschnittlichen intellektuellen Leistungsfähigkeit (mittlerer IQ = 110), im Hinblick auf den Schulerfolg und die beruflichen Möglichkeiten deutlich hinter den Erwartungen zurückblieben. Dies wurde auch daran deutlich, dass die Studienteilnehmer mit ihrer beruflichen Situation vergleichsweise unzufrieden waren, insbesondere dann, wenn sie die Hauptschule durchlaufen hatten. Die Befunde machen also insgesamt deutlich, dass anfängliche Probleme mit dem Erwerb der Schriftsprache in vielen Fällen langfristig negative Konsequenzen haben (vgl. auch Esser et al. 2002). In Kap. 8 wird genauer erörtert, ob – und wenn ja – in welchem Ausmaß therapeutische Maßnahmen gegensteuern können.

Fazit

Auch wenn sich schwache Leser und/oder Rechtschreiber im Unterrichtskontext wie auch im Alltag relativ leicht identifizieren lassen, kann die im Zusammenhang mit dem Phänomen der LRS erzeugte Begriffsvielfalt auch Experten immer noch verwirren. Es wurde deshalb versucht, die wichtigsten Unterschiedsmerkmale genauer herauszuarbeiten. Aus heutiger Sicht scheint es nicht mehr sinnvoll, bei der Definition von LRS das IQ-Diskrepanzkriterium zu berücksichtigen, da sich schwache Leser und/oder Rechtschreiber mit unterschiedlichen Intelligenzniveaus weder in der Fehlersymptomatik noch im Hinblick auf den Fördererfolg unterscheiden. Kinder mit LRS stammen häufiger aus sozial benachteiligten Familien, wobei der Anteil an Jungen allgemein höher liegt als der von Mädchen. Das Problem sollte möglichst früh erkannt werden, damit Förderansätze optimal greifen können. Für die frühzeitige Diagnose von LRS stehen mittlerweile zahlreiche Lese- und Rechtschreibtests zur Verfügung, die allesamt ökonomisch einsetzbar sind und auch von Lehrkräften durchgeführt werden können. Wie Langzeitstudien zum Verlauf von LRS übereinstimmend gezeigt haben, bleibt die Problematik langfristig bestehen, sofern keine Therapiemaßnahmen durchgeführt werden.

Literatur

Althoff, K., Greif, S., Henning, G., Hess, R., & Röber, J. (1974). *Rechtschreibungstests (R-T). Allgemeine Handanweisung für die Diktate C, D, E* (2. Aufl.). Göttingen: Hogrefe.
Angermaier, M. (1974). *Legasthenie – Verursachungsmomente einer Lernstörung*. Weinheim: Beltz.
DeFries, J. C., & Baker, L. A. (1983). Colorado family reading study: Longitudinal analyses. *Annals of Dyslexia, 23*, 153–162.
DGKJP (Deutsche Gesellschaft für Kinder- und Jugendpsychiatrie, Psychosomatik und Psychotherapie) (2015). *Diagnostik und Behandlung von Kindern und Jugendlichen mit Lese- und/oder Rechtschreibstörung. Evidenz- und konsensbasierte Leitlinie*. Berlin: AWMF.

Esser, G., Wyschkon, A., & Schmidt, M. H. (2002). Was wird aus Achtjährigen mit einer Lese- und Rechtschreibstörung: Ergebnisse im Alter von 25 Jahren. *Zeitschrift für Klinische Psychologie und Psychotherapie, 31*(4), 235–242.
Frith, U. (2001). What framework should we use for understanding developmental disorders? *Developmental Neuropsychology, 20,* 555–563.
Gold, A. (2011). *Lernschwierigkeiten: Ursachen, Diagnostik, Intervention.* Stuttgart: Kohlhammer.
Gold, A. (2016). Lernen leichter machen. Wie man im Unterricht mit Lernschwierigkeiten umgehen kann. Göttingen: Vandenhoeck & Ruprecht.
Grimm, H. (2012). *Störungen der Sprachentwicklung* (3. Aufl.). Göttingen: Hogrefe.
Klicpera, C., & Gasteiger-Klicpera, B. (1998). *Lesen und Schreiben. Entwicklung und Schwierigkeiten* (2. Aufl.). Bern: Huber.
Landerl, K. (2009). Lese-/Rechtschreibstörung. In S. Schneider & J. Margraf (Hrsg.), *Störungen im Kindes- und Jugendalter,* Lehrbuch der Verhaltenstherapie (Bd. 3, S. 395–410). Berlin: Springer.
Landerl, K., & Moll, K. (2010). Comorbidity of specific learning disorders: Prevalence and familial transmission. *Journal of Child Psychology and Psychiatry, 51,* 287–294.
Lenhard, W. (2013). *Leseverständnis und Lesekompetenz: Grundlagen – Diagnostik – Förderung.* Stuttgart: Kohlhammer.
Lenhard, W., & Schneider, W. (2006). *ELFE 1–6. Ein Leseverständnistest für Erst- bis Sechstklässler.* Göttingen: Hogrefe.
Lyytinen, H., Erskine, J., Ahonen, T., Aro, M., Eklund, K., & Guttorm, T. (2008). Early identification and prevention of dyslexia: Results from a prospective follow-up study of children at familial risk for dyslexia. In G. Reid, A. Fawcett, F. Manis & L. Siegel (Hrsg.), *The Sage handbook of dyslexia* (S. 122–146). London: Sage.
Marx, H. (1997). Erwerb des Lesens und Rechtschreibens: Literaturübersicht. In F. E. Weinert & A. Helmke (Hrsg.), *Entwicklung im Grundschulalter* (S. 83–111). Weinheim: Beltz.
Marx, P. (2007). *Lese- und Rechtschreiberwerb.* Paderborn: Schöningh (UTB).
Marx, P., Schneider, W., & Weber, J. (2001). Legasthenie versus allgemeine Rechtschreibschwäche: Ein Vergleich der Leistungen in der phonologischen und visuellen Informationsverarbeitung. *Zeitschrift für Pädagogische Psychologie, 15,* 85–98.
May, P. (2012). *Hamburger Schreib-Probe 1–10 (HSP 1–10).* Stuttgart: Klett.
Moll, K., & Landerl, K. (2009). Double dissociation between reading and spelling deficits. *Scientific Studies of Reading, 13,* 359–382.
Moll, K., & Landerl, K. (2014). *SLRT-II. Lese- und Rechtschreibtest. Weiterentwicklung des Salzburger Lese- und Rechtschreibtests (SLRT).* Bern: Huber.
Naumann, J., Artelt, C., Schneider, W., & Stanat, P. (2010). Lesekompetenz von PISA 2000 bis PISA 2009. In E. Klieme, C. Artelt, J. Hartig, N. Jude, O. Köller, M. Prenzel, W. Schneider & P. Stanat (Hrsg.), *PISA 2009 – Bilanz nach einem Jahrzehnt* (S. 23–72). Münster: Waxmann.
Niemeyer, W. (1974). *Legasthenie und Milieu.* Hannover: Schroedel.
Pennington, B. F., & Levly, D. L. (2001). Early reading development in children at family risk for dyslexia. *Child Development, 72,* 816–833.

Pennington, B. F., & Olson, R. K. (2007). Genetics of dyslexia. In M. J. Snowling & C. Hulme (Hrsg.), *The science of reading – A handbook* (S. 453–472). Oxford: Blackwell.
Ranschburg, P. (1916). *Die Leseschwäche (Legasthenie) und Rechenschwäche (Arithmasthenie) der Schulkinder im Lichte des Experiments.* Zwanglose Abhandlungen aus den Grenzgebieten der Pädagogik und Medizin, Bd. 7. Berlin: Verlag von Julius Springer.
Scheerer-Neumann, G. (1997). Lesen und Leseschwierigkeiten. In F. E. Weinert (Hrsg.), *Psychologie des Unterrichts und der Schule* (Enzyklopädie der Psychologie. Serie Pädagogische Psychologie, Bd. 3, S. 279–325). Göttingen: Hogrefe.
Scheerer-Neumann, G. (2015). *Lese- Rechtschreibschwäche und Legasthenie – Grundlagen, Diagnostik und Förderung.* Stuttgart: Kohlhammer.
Schneider, W. (1980). *Bedingungsanalysen des Recht-Schreibens.* Bern: Huber.
Schneider, W. (1997). Rechtschreiben und Rechtschreibschwierigkeiten. In F. E. Weinert (Hrsg.), *Psychologie des Unterrichts und der Schule* (Enzyklopädie der Psychologie. Serie Pädagogische Psychologie, Bd. 3, S. 327–363). Göttingen: Hogrefe.
Schneider, W. (2008). Entwicklung der Schriftsprachkompetenz vom frühen Kindes- bis zum frühen Erwachsenenalter. In W. Schneider (Hrsg.), *Entwicklung von der Kindheit bis zum Erwachsenenalter – Befunde der Münchner Längsschnittstudie LOGIK* (S. 167–186). Weinheim: Beltz.
Schneider, W., & Stefanek, J. (2007). Entwicklung der Rechtschreibleistung vom frühen Schul- bis zum frühen Erwachsenenalter: Längsschnittliche Befunde der Münchner LOGIK-Studie. *Zeitschrift für Pädagogische Psychologie, 21,* 77–82.
Schneider, W., Stefanek, J., & Dotzler, H. (1997). Der Erwerb des Lesens und Rechtschreibens in der Grundschulzeit. Ergebnisse aus dem SCHOLASTIK-Projekt. In F. E. Weinert & A. Helmke (Hrsg.), *Entwicklung im Grundschulalter* (S. 113–129). Weinheim: Beltz.
Schneider, W., Marx, H., & Hasselhorn, M. (Hrsg.). (2008). *Diagnostik von Rechtschreibleistungen und -kompetenz.* Tests und Trends, N.F, Bd. 6. Göttingen: Hogrefe.
Schulte-Körne, G. (2015). Spezifische Lernstörungen. *Zeitschrift für Kinder- und Jugendpsychiatrie und Psychotherapie, 42,* 369–374.
Schulte-Körne, G., Deimel, W., Müller, K., Gutenbrunner, C., & Remschmidt, H. (1996). Familial aggregation of spelling disorders. *Journal of Child Psychology and Psychiatry, 37,* 817–822.
Schulte-Körne, G., Warnke, A., & Remschmidt, H. (2006). Zur Genetik der Lese- Rechtschreibschwäche. *Zeitschrift für Kinder- und Jugendpsychiatrie und Psychotherapie, 34,* 435–444.
Schwenck, C., & Schneider, W. (2003). Der Zusammenhang zwischen Rechen- und Schriftsprachkompetenz im frühen Grundschulalter. *Zeitschrift für Pädagogische Psychologie, 17,* 261–267.
Stanat, P., & Kunter, M. (2001). Geschlechtsunterschiede in Basiskompetenzen. In J. Baumert & E. Kleime et al. (Hrsg.), *PISA 2000. Basiskompetenzen von Schülerinnen und Schülern im internationalen Vergleich* (S. 249–269). Opladen: Leske & Budrich.
Steinbrink, C., & Lachmann, T. (2014). *Lese-Rechtschreibstörung: Grundlagen – Diagnostik – Intervention.* Heidelberg: Springer.

Stock, C., & Schneider (2008a). *Deutscher Rechtschreibtest für das erste und zweite Schuljahr (DERET 1–2+)*. Göttingen: Hogrefe.

Stock, C., & Schneider (2008b). *Deutscher Rechtschreibtest für das dritte und vierte Schuljahr (DERET 3–4+)*. Göttingen: Hogrefe.

Strehlow, U., Kluge, R., Möller, H., & Haffner, J. (1992). Der langfristige Verlauf der Legasthenie über die Schulzeit hinaus: Katamnesen aus einer kinderpsychiatrischen Ambulanz. *Zeitschrift für Kinder- und Jugendpsychiatrie, 20*, 254–265.

Torppa, M., Lyytinen, P., Eklund, K., & Lyytinen, H. (2010). Language development, literacy skills and predictive connections to reading in Finnish children with and without familial risk for dyslexia. *Journal of Learning Disabilities, 43*, 308–321.

Valtin, R. (2001). Von der klassischen Legasthenie zur LRS – notwendige Klarstellungen. In I. Naegele & R. Valtin (Hrsg.), *LRS in den Klassen 1–10* (Bd. 2, S. 16–35). Weinheim: Beltz.

Warnke, A. (1992). *Legasthenie und Hirnfunktion*. Bern: Huber.

Warnke, A., Hemminger, U., & Plume, E. (2004). *Lese-Rechtschreibstörungen*. Göttingen: Hogrefe.

Weber, J., & Marx, P. (2008). Lese-Rechtschreibschwierigkeiten. In W. Schneider & M. Hasselhorn (Hrsg.), *Handbuch der Pädagogischen Psychologie* (S. 631–641). Göttingen: Hogrefe.

WHO (World Health Report) (2005). *International Classification of Diseases ICD 10*. Geneva, Schweiz: World Health Organization.

8

Welche Fördermöglichkeiten des Lesens und Rechtschreibens gibt es, und welche sind wirklich effektiv?

Inhaltsverzeichnis

8.1 Welche Voraussetzungen müssen qualitativ hochwertige Förderprogramme für das Lesen und Rechtschreiben erfüllen? 183
8.2 Welche Wirkung erzielt die Intervention bei Lese-/Rechtschreibstörung durch kombinierte Förderung der Schriftsprache und kognitiver Grundlagen? . . . 186
8.3 Welche Wirkung erzielt die Intervention bei Lese-/Rechtschreibstörung durch Förderung des Lesens? 192
8.4 Welche Wirkung erzielt die Intervention bei Lese-/Rechtschreibstörung durch Förderung der Rechtschreibung? 204
8.5 Wie wirkt sich die Intervention bei Lese-/Rechtschreibstörung durch kombinierte Förderung des Lesens und Rechtschreibens? 210
Literatur 217

8.1 Welche Voraussetzungen müssen qualitativ hochwertige Förderprogramme für das Lesen und Rechtschreiben erfüllen?

Nachdem mehrfach herausgestellt wurde, dass es sich beim Lesen und Schreiben um zwei der wichtigsten Kulturtechniken handelt, sollte klar geworden sein, dass Defizite in diesen Bereichen gravierende Konsequenzen für die betroffenen Personen haben. Wer auch nach mehreren Grundschuljahren Texte nur mühsam lesen kann und beim Rechtschreiben regelmäßig versagt, für den wird die weitere Bildungslaufbahn eine große Belastung und wahre Qual.

Obwohl es also keinen Zweifel daran geben kann, dass der angemessenen Förderung von Kindern und Jugendlichen mit Lese-/Rechtschreibproblemen ein hoher

Stellenwert zukommt, so muss dennoch konstatiert werden, dass sich die Situation hinsichtlich möglicher Interventionsansätze alles andere als optimal darstellt. Wie Landerl (2009) vor wenigen Jahren konstatierte (und was auch heute noch in ähnlicher Weise gilt), ist der Fördermarkt im Bereich der LRS für betroffene Familien leider sehr unübersichtlich und bislang ohne systematische Qualitätskontrolle. Das Angebot an Trainingsmaterialien und Therapien ist extrem vielschichtig und reicht von farbigen Folien zur Verbesserung der visuellen Verarbeitung bis zu Gameboyähnlichen Spielen, die betroffenen Kindern bei der akustischen oder visuellen Reizverarbeitung helfen sollen. Die einschlägige Forschung hat gezeigt, dass solche eher schriftsprachfernen Ansätze insofern keine grundsätzliche Verbesserung mit sich bringen, als es trotz geringfügiger Verbesserung in den visuellen und akustischen Wahrnehmungsleistungen meist keine Lernübertragung auf den Bereich des Lesens und Rechtschreibens gibt (vgl. etwa Steinbrink und Lachmann 2014). Waldemar von Suchodoletz (2006) hat einen bemerkenswerten Überblick über die Vielzahl sog. alternativer Trainingsprogramme vorgelegt, der auf annähernd 100 Seiten etwa 30 verschiedene Interventionsansätze beschreibt. Dazu gehören neben den schon erwähnten visuellen und akustischen Förderinstrumenten auch Trainings zur Händigkeit, zur Psychomotorik, zum beidäugigen Sehen, zu kybernetischen Methoden, zum Neurofeedback und zum Neurolinguistischen Programmieren sowie psychotherapeutisch und medikamentös fundierte Ansätze. In seiner differenzierten Zusammenfassung der Befunde macht von Suchodoletz auf ein grundsätzliches Bewertungsproblem aufmerksam: Vertreter verschiedener Denkschulen, insbesondere Vertreter von alternativen Behandlungsmethoden, beurteilen die Wirksamkeit ihrer Ansätze meist danach, ob es vonseiten der betroffenen Kinder und ihrer Eltern positive Rückmeldungen, also Zeichen der Zufriedenheit oder gar Begeisterung, gibt. Demgegenüber wird aus wissenschaftlicher Perspektive eine Behandlung dann als wirksam angesehen, wenn das spezifische Vorgehen bei der Intervention zu nachweislich bedeutsamen Verbesserungen beim Lesen und/oder Rechtschreiben führt.

Wie von Suchodoletz (2006) im Rahmen seiner Übersicht anmerkt, sind solche spezifischen Effekte bislang für keines der verschiedenen alternativen und unkonventionellen Behandlungsangebote nachgewiesen worden. Es ist davon auszugehen, dass diese Ansätze keine oder allenfalls sehr geringe spezifische Wirkungen haben, wenn es darum geht, problematische Entwicklungen im Bereich des Schriftspracherwerbs zu korrigieren. Sie haben allenfalls darin einen gewissen Wert, dass sie bei den betroffenen Kindern und Jugendlichen zu Einstellungsverbesserungen gegenüber einem ungeliebten Fach führen können. Generell gilt, dass sich Lesen in der Regel durch ein gezieltes Lesetraining verbessert, Rechtschreiben demgegenüber durch ein bewährtes Rechtschreibtraining. Daraus folgt, dass Interventionsmaßnahmen grundsätzlich schriftnah und symptomorientiert sein sollten (Landerl 2009; Scheerer-Neumann 1997; Schneider 1997).

Zusätzlich sollte gewährleistet sein, dass sich die Maßnahmen bereits in der Vergangenheit als effektiv erwiesen haben. Für die Verfahren sollten also Belege ihrer Wirksamkeit verfügbar sein, die aus kontrollierten Trainingsstudien stammen.

In *kontrollierten* Trainingsstudien wird eine Gruppe speziell geförderter Kinder (die Trainingsgruppe) mit einer Gruppe nicht oder anders geförderter Kinder (der Kontrollgruppe) im Hinblick auf ihre Leistungsentwicklung im Schriftspracherwerb verglichen. Der Versuchsplan dieser Wirkungsstudien sollte nicht nur einen Vortest-Nachtest-Vergleich beinhalten, sondern auch gewährleisten, dass die Entwicklung in beiden Gruppen auch noch längere Zeit nach der Beendigung der Förderung beobachtet werden kann (also einen Follow-up-Test enthält). Damit ist sichergestellt, dass unmittelbare Wirkungen (sog. Coaching-Effekte) von nachhaltigen Effekten unterschieden werden können. Nur in letzterem Fall kann das betreffende Förderprogramm wirklich empfohlen werden. Die Fördermaßnahmen sollten auch so detailliert beschrieben werden, dass sie sowohl von anderen Forschergruppen als auch Praktikern für die LRS-Therapie übernommen und angemessen repliziert werden können (vgl. Mannhaupt 2006). Die einschlägige Literatur macht dabei deutlich, dass es nicht einfach ist, das Kriterium der Nachhaltigkeit des Trainingserfolgs zu erfüllen. In der Regel müssen Förderprogramme im Bereich des Lesens und Rechtschreibens langfristig angesetzt werden, damit sie nachweisbare Wirkung erzielen. Neuere Überblicksarbeiten zu Förderverfahren bei Lese- und/oder Rechtschreibproblemen legen den Schluss nahe, dass die Zahl qualitativ solider und nachweislich effektiver Trainingsprogramme und Therapieverfahren nach wie vor überschaubar ist, auch wenn wir in neuerer Zeit über eine größere Palette von evaluierten Förderansätzen zur Verbesserung von schriftsprachlichen Leistungen verfügen (Hasselhorn und Schneider 2016; Lenhard 2013; Scheerer-Neumann 2015). Im Folgenden werden Fördermaßnahmen für lese-/rechtschreibschwache Kinder und Jugendliche vorgestellt, für die Wirksamkeitsnachweise vorhanden sind.

Es sei in diesem Zusammenhang angemerkt, dass nicht auf Befunde zur Effizienz schulischer Förderung von Schülerinnen und Schülern mit einer besonderen Schwierigkeit im Lesen oder Rechtschreiben eingegangen wird, vor allem weil mir gesicherte Befunde nicht bekannt sind. Wenn auch im Anschluss an den Beschluss der Kultusministerkonferenz (KMK) von 2003, der auf die Verpflichtung von Schulen zur Förderung von lese-/rechtschreibschwachen Kindern hinwies, verstärkt Förderaktivitäten in den Stundenplänen von Schulen eingebaut wurden, so bleibt meist unklar, in welchem Umfang Förderstunden angeboten wurden und welche Wirkung sie de facto erzielten. Es kann davon ausgegangen werden, dass die Forderung der KMK nach individueller Förderung lese-/rechtschreibschwacher Kinder bislang in vielen Schulen nicht angemessen umgesetzt wurde. In der Praxis scheiterte sie vielfach an fehlenden Lehrerstunden, aber auch an einem Mangel an entsprechend qualifizierten Lehrkräften (vgl. P. Marx 2007).

Wenn im Folgenden Fördermaßnahmen beschrieben werden, die im Klassenkontext durchgeführt wurden, so fand die Evaluation in der Regel im Rahmen wissenschaftlicher Untersuchungen statt. Über die Bewährung solcher Maßnahmen im schulischen Alltag können wir derzeit nur wenig aussagen.

8.2 Welche Wirkung erzielt die Intervention bei Lese-/Rechtschreibstörung durch kombinierte Förderung der Schriftsprache und kognitiver Grundlagen?

Es wurde schon auf die besondere Bedeutung der phonologischen Bewusstheit für die Vorhersage von Lese- und Rechtschreibleistungen verwiesen, wobei sich Präventionsmaßnahmen gerade auch bei Risikokindern im Vorschulbereich bewährt haben (vgl. Schneider und Berger 2012). Demgegenüber ergab die Förderung von Schulanfängern im Bereich der phonologischen Bewusstheit vergleichsweise geringe Effekte, was damit zu erklären versucht wurde, dass der Erstleseunterricht phonologische Kompetenzen bedeutsam verbessert und eine zusätzliche Förderung im Rahmen eines speziellen Übungsprogramms keinen besonderen Ertrag erbringt (Einsiedler et al. 2002; Wolf et al. 2016).

Es scheint vergleichsweise sinnvoller zu sein, das Training kognitiver Grundlagen des Lesens und Schreibens wie etwa der phonologischen Bewusstheit mit der Einübung von Graphem-Phonem-Korrespondenzen oder basalen Lesevorgängen zu kombinieren. Die neueren Trainingsprogramme PHONIT (Stock und Schneider 2011) sowie „Lautarium" (Klatte et al. 2013; 2016) folgen einer solchen Strategie. Beide Verfahren kombinieren das Training der phonologischen Bewusstheit im engeren Sinne mit der Einübung von Buchstaben-Laut-Korrespondenzen sowie Übungen im Bereich des Lesens sowie des alphabetischen und orthografischen Schreibens.

> ?
>
> Wie ist das Programm PHONIT aufgebaut und welche Effekte lassen sich damit erzielen?

Das Programm PHONIT (Trainingsprogramm zur Verbesserung der phonologischen Bewusstheit und Rechtschreibleistung) ist für den Einsatz in den Klassenstufen 1 bis 4 gedacht und lässt sich sowohl im regulären schulischen Unterricht, im schulischen Förderunterricht als auch im Rahmen von außerschulischen Fördermaßnahmen verwenden. Zwar kann das Programm auch zur Prävention von LRS im Grundschulalter beitragen, primär jedoch zielt es auf solche Kinder ab, die schon Lese- und Rechtschreibprobleme aufweisen. Aufgebaut ist das Programm wie folgt:

- *Erstes Trainingskapitel*: Auf der basalen Stufe des Programms steht das Einüben grundlegender Graphem-Phonem-Verbindungen im Vordergrund, indem eine Verbindung zwischen phonologischer und artikulatorischer Bewusstheit hergestellt wird. Kern der Übungen ist es, den Kindern die einzuübenden Buchstaben zu zeigen und gleichzeitig das Augenmerk auf die Mundstellung bei der Aussprache der Buchstaben zu legen.
- *Zweites Trainingskapitel*: Es schließen sich unterschiedliche Übungen zur phonologischen Bewusstheit im engeren Sinne an (u. a. Phonemsynthese und -analyse, Übungen zur Erkennung der Vokallänge).
- *Drittes Trainingskapitel*: Hier wird das alphabetische Schreiben am Beispiel phonologischer Schreibspiele geübt.
- *Viertes Trainingskapitel*: Dieses Kapitel führt in die Rechtschreibregeln ein und präsentiert anschließend Schreibübungen, die u. a. die Konsonantenverdoppelung und die Auslautverhärtung behandeln.
- *Fünftes Trainingskapitel*: Schließlich werden Leseübungen mit dem Ziel durchgeführt, die Verbindung zwischen Buchstaben und Lauten durch Lesen zu verfestigen.

Da das Trainingsprogramm für den gesamten Grundschulbereich konzipiert wurde, sind Aufgaben unterschiedlichen Schwierigkeitsgrads für die verschiedenen Klassenstufen verfügbar.

Das PHONIT-Training orientiert sich an den Inhalten der Grundschullehrpläne. Es wurde in Form eines Baukastensystems konzipiert, sodass gezielt an den Schwachstellen der Kinder angesetzt werden kann und je nach schriftsprachlichem Problembereich Übungsaufgaben zur phonologischen Bewusstheit mit solchen zur Rechtschreibförderung kombiniert werden können. Hierfür steht ein Pool aus mehr als 300 Übungen zur Verfügung. Über Leitfäden im Trainingsmanual lassen sich die Übungen sinnvoll so kombinieren, dass ca. 45-minütige Übungseinheiten entstehen. Das Trainingsprogramm muss also nicht komplett durchgeführt werden, sondern kann sich gezielt auf Fehlerschwerpunkte einzelner Kinder oder einer größeren Gruppe bzw. Klasse konzentrieren. Dementsprechend ist auch die Dauer des Trainings variabel. Für die Durchführung des gesamten PHONIT-Programms sollten in Abhängigkeit von der Klassenstufe 20 bis 25 Wochen veranschlagt werden.

Die Wirksamkeit von PHONIT wurde von Stock und Schneider (2011) im Rahmen einer Evaluationsstudie mit Kindern der ersten bis dritten Klassenstufe überprüft. Dabei wurden für die Förderung Schülerinnen und Schüler mit schwachen Ergebnissen im Bereich der phonologischen Bewusstheit ausgewählt, während sich die unausgelesene Kontrollgruppe aus Kindern mit normal ausgeprägten phonologischen Kompetenzen zusammensetzte. Erwartungsgemäß wies die Kontrollgruppe in den zweiten und dritten Klassenstufen im Vortest bessere Leistungen im Lesen, Rechtschreiben und der phonologischen Bewusstheit auf

> als die Trainingsgruppe (Lese- und Rechtschreibkennwerte konnten im Prätest der Erstklässler noch nicht ermittelt werden). Nach mehrmonatiger Förderung hatten sich die Leistungen der Trainingsgruppe im Rechtschreiben und in der phonologischen Bewusstheit an das Niveau der Kontrollgruppe angeglichen, während dies für das Lesen nicht der Fall war.

Die Ergebnisse sprechen demnach für eine bereichsspezifische Wirksamkeit von PHONIT, die insbesondere das Rechtschreiben und die phonologische Bewusstheit, nicht aber das Lesen betrifft. Wie Steinbrink und Lachmann (2014) richtig anmerken, kann dieser Schluss nicht eindeutig gezogen werden, da keine lese-/rechtschreibschwache Kontrollgruppe einbezogen wurde. Die fehlende Auswirkung der Förderung auf die Lesekompetenz kann wahrscheinlich damit erklärt werden, dass das Lesen nicht zu den zentralen Trainingskomponenten zählte. Weitere Untersuchungen zur Wirksamkeit des Programms scheinen gerade auch im Hinblick auf den Nachweis der Nachhaltigkeit angezeigt.

> **?**
> Welche Möglichkeiten bietet das Trainingsprogramm „Lautarium"?

Das computerbasierte Trainingsprogramm „Lautarium" zielt primär auf die Förderung von Grundschulkindern ab der dritten Klassenstufe ab, die persistierende Minderleistungen im Bereich des Lesens und/oder Rechtschreibens zeigen. Weiterhin kann das Verfahren aber auch als Präventionsprogramm bei Kindern der ersten und zweiten Klassenstufe eingesetzt werden, denen der Einstieg in den Schriftspracherwerb besondere Schwierigkeiten zu bereiten scheint. Durch die frühzeitige Förderung soll der Ausbildung gravierender Lese-/Rechtschreibschwierigkeiten in dieser Problemgruppe entgegengewirkt werden.

Das Programm kann im Rahmen der außerschulischen und schulischen Förderung eingesetzt werden. Da Instruktionen, Feedback, Aufgabenwahl etc. vom Programm selbst geleistet werden, können die Kinder das Programm praktisch selbstständig durcharbeiten. Es ist daher auch für den Einsatz im Elternhaus geeignet. „Lautarium" basiert auf umfangreichem Bild- und Sprachmaterial sowie auf unterschiedlichen Bausteinen, die Laute bzw. die zugehörigen Basisgrapheme repräsentieren. Das Programm umfasst aufeinander aufbauende Übungen zur Phonemwahrnehmung, zur Buchstaben-Laut-Zuordnung, zur phonologischen Bewusstheit sowie zum Lesen und Schreiben lautgetreuer Wörter. Die Verbindung zwischen phonologischen und schriftsprachlichen Inhalten wird frühzeitig hergestellt, und bereits Geübtes wird in späteren Trainingsphasen im Rahmen komplexerer Aufgaben wieder aufgegriffen und gefestigt (Details bei Klatte et al. 2016). Die Übungen zur Phonemwahrnehmung fokussieren auf die Diskrimination und Identifikation von Konsonanten (insbesondere Plosivlauten) sowie von Vokallängen. Die Vokallängenwahrnehmung wurde im Programm deshalb berücksichtigt, weil die Vokallänge im Deutschen bedeutungsunterscheidend ist und orthografisch markiert wird (z. B. „Stahl" vs. „Stall"). Der Erwerb der entsprechenden Rechtschreibregeln setzt voraus, dass Vokallängen korrekt in „lang" vs. „kurz" klassifiziert werden können.

Aus mehreren Studien ist bekannt, dass Kinder mit Lese-/Rechtschreibproblemen Defizite in Aufgaben zur Vokallängendiskrimination (Steinbrink et al. 2014) und -klassifikation (Landerl 2003) aufweisen. Die Übungen im Bereich der phonologische Bewusstheit umfassen zum einen Aufgaben zur Lautanalyse und -synthese (z. B. Laute in Wörtern zählen, Laute zu Wörtern verbinden), zum anderen aber auch Aufgaben zur Lautklassifikation, bei denen etwa ein Wort aus einer Reihe von Wörtern gesucht werden soll, das sich nicht mit den anderen reimt. Die phonologischen Aufgaben werden teilweise mit Realwörtern, teilweise auch mit Pseudowörtern durchgeführt. In viele Übungen sind Aufgaben zur Buchstaben-Laut-Zuordnung integriert, um die Erfassung dieser Korrespondenzen zu trainieren und zu automatisieren. Ein weiterer Übungsbereich umfasst das Lesen und Schreiben lautgetreuer Wörter.

Die Förderung mit „Lautarium" erfolgt als Intensivtraining fünfmal wöchentlich für etwa 20–30 min über einen Zeitraum von etwa acht Wochen. Um die Schülerinnen und Schüler zusätzlich zu motivieren, wurde das Programm mit einem virtuellen Belohnungssystem (Token-Verstärkung) ausgestattet, das es den Kindern ermöglicht, sich ein animiertes Aquarium einzurichten.

Die Wirksamkeit des Programms wurde bislang in drei Studien überprüft (Details bei Klatte et al. 2016).

> Die erste Studie wurde an einer Grundschule in Sachsen durchgeführt, die sowohl Regelklassen als auch Förderklassen für Kinder mit LRS führte. Die Stichprobe bestand aus 110 Dritt- und Viertklässlern, wobei sich die 35 lese-/rechtschreibschwachen Kinder der Trainingsgruppe aus den Förderklassen rekrutierten, die 75 normalen Leser und Rechtschreiber der Kontrollgruppe aus den Regelklassen. Im Rahmen des achtwöchigen Trainings wurden Aufgaben zur Diskrimination und Identifikation von Konsonanten und Vokallängen sowie zur phonologischen Bewusstheit und zur Buchstaben-Laut-Zuordnung eingesetzt. Jedes Kind bearbeitete jede Aufgabe so lange, bis eine vorab festgelegte Anzahl von Durchgängen korrekt absolviert wurde. Die Erhebung fand in der Schule in Kleingruppen von acht bis zehn Kindern an Laptops mit Kopfhörern statt. Als wesentlicher Befund dieser Studie ließ sich festhalten, dass die Trainingsaufgaben grundsätzlich geeignet waren, um phonologische Fähigkeiten bei Kindern mit LRS zu fördern, auch wenn die Kinder der Kontrollgruppe bei allen Aufgaben signifikant besser abschnitten.
>
> An einer zweiten Studie nahmen ausnahmslos lese-/rechtschreibschwache Kinder der dritten Klassenstufe teil, die aus Förderklassen rekrutiert wurden. Die Stichprobe bestand aus 41 Drittklässlern, die Förderklassen für Kinder mit

> LRS an drei Grundschulen in Sachsen besuchten. Alle Kinder waren deutscher Muttersprache, mindestens durchschnittlich intelligent und zeigten Auffälligkeiten (Prozentrang ≤ 16) im „Salzburger Lese- und Rechtschreibtest II" (SLRT-II; Moll und Landerl 2010) und in mindestens einem von drei Lesetests. Insgesamt 20 Kinder einer Grundschule fungierten als Trainingsgruppe, 21 Kinder aus zwei weiteren Grundschulen als Kontrollgruppe. Die Kinder der Kontrollgruppe nahmen am regulären Unterricht der LRS-Klassen teil. Nach Abschluss des Trainings wurden in einem ersten Nachtest sowie zwei Monate später im Follow-up-Test die Effekte des Trainings ermittelt. Die Befunde waren insofern etwas gemischt, als sich nur für eine von zwei Phonemwahrnehmungsaufgaben sowie für nur eine der beiden Aufgaben zur phonologischen Bewusstheit statistisch bedeutsame und auch langfristige Trainingseffekte zeigten. Während sich weitere bereichsspezifische Effekte auch für das lautgetreue Schreiben ergaben, fanden sich keine Transfereffekte auf das Satzlesen und das orthografische Schreiben. Wesentliche Ergebnisse der Studie sind in Abb. 8.1 wiedergegeben.

Wie Klatte et al. (2016) herausstellen, ist bei der Bewertung der in Studie 2 nachgewiesenen Trainingseffekte zu berücksichtigen, dass alle teilnehmenden Kinder spezielle Förderklassen besuchten. Sie erhielten im regulären Deutschunterricht eine intensive Förderung derjenigen phonologischen Fertigkeiten, auf die auch „Lautarium" abzielt. Es ist zu vermuten, dass die Trainingseffekte bei Einbezug einer Kontrollgruppe von Kindern mit LRS, die eine weniger intensive oder gar keine spezifische schulische Förderung erhalten, deutlich stärker ausfallen würden. Wenn in Studie 2 der Nachweis einer über die intensive schulische Förderung hinausgehenden Trainingswirkung erbracht wurde, kann dies daher durchaus als Beleg für die Wirksamkeit des Programms bei Kindern mit LRS interpretiert werden. Wie Steinbrink und Lachmann (2014) betonen, steht eine Evaluation der Tauglichkeit des Programms für den Einsatz im Rahmen einer häuslichen Förderung noch aus.

> In einer dritten Evaluationsstudie wurde die Wirksamkeit des „Lautarium"-Trainings für Erstklässler mit schwachen bzw. mindestens durchschnittlichen Leseleistungen untersucht. Es wurde überprüft, ob bzw. inwieweit Erstklässler die inhaltlichen und formalen (Maussteuerung, Navigation) Anforderungen des Programms bewältigen und inwieweit das Training bei Erstklässlern mit und ohne Leseschwierigkeiten Verbesserungen im Bereich der phonologischen und schriftsprachlichen Leistungen erbringt. Die Ergebnisse zeigten, dass sich bei den schwachen Lesern signifikante Trainingseffekte mittlerer bis hoher Effektstärken auf die schriftsprachlichen und phonologischen Fähigkeiten nachweisen ließen. Bei den mindestens durchschnittlichen Lesern ergaben sich anhaltende Trainingseffekte hoher Effektstärke bei der Phonemwahrnehmung sowie teilweise bei der phonologischen Bewusstheit und beim Lesen, nicht jedoch beim Rechtschreiben. Nach Auskunft der Lehrkräfte wurden die formalen Anforderungen des Programms von den Kindern gut bewältigt. Zudem wurde das Programm von den Kindern generell sehr gut akzeptiert.

8 Welche Fördermöglichkeiten des Lesens und Rechtschreibens gibt es?

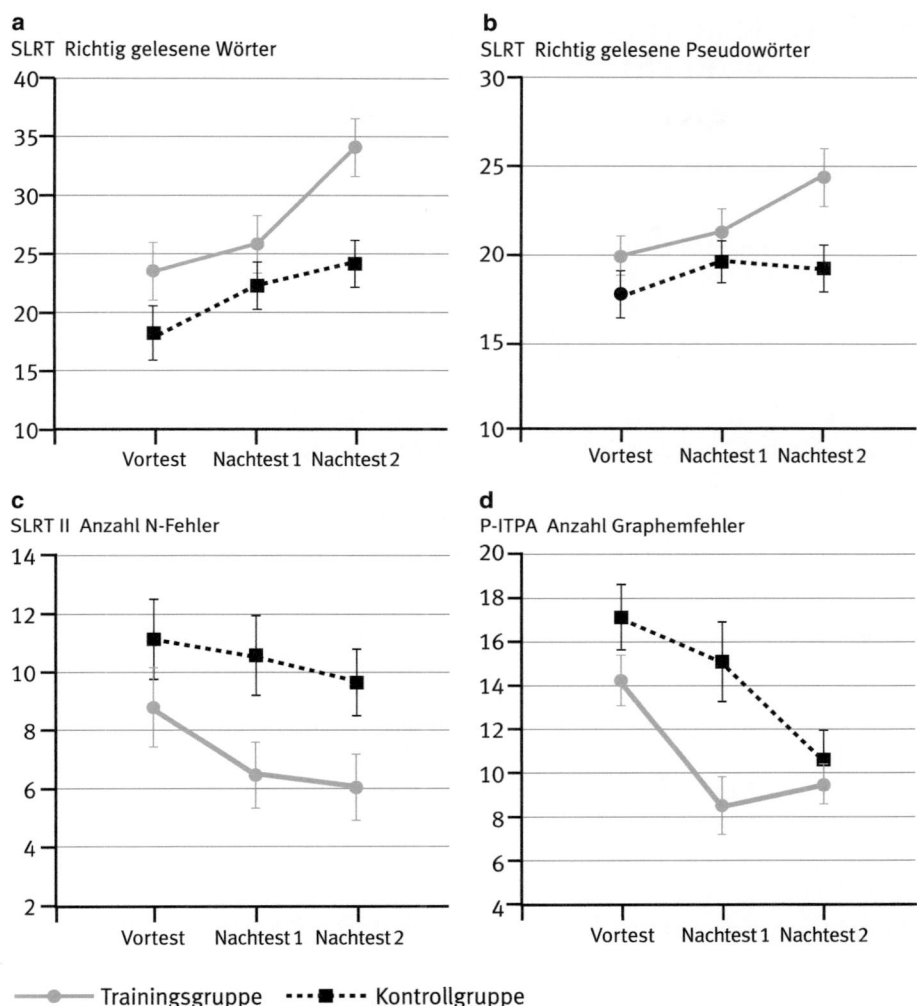

Abb. 8.1 Mittelwerte und Standardfehler der Leistungen im Vortest, Nachtest 1 und Nachtest 2 der Trainings- und Kontrollgruppe in Studie 2. **a** Richtig gelesene Realwörter im SLRT-II. **b** Richtig gelesene Pseudowörter im SLRT-II. **c** Nicht lauttreue Rechtschreibfehler im SLRT-II. **d** Graphemfehler in Pseudowörtern des P-ITPA (Potsdam-Illinois Test für Psycholinguistische Fähigkeiten). (Modifiziert nach Klatte et al. 2016)

Klatte et al. (2016) folgerten aus diesen Befunden, dass „Lautarium" sich somit als effektive und praktikable Methode zur Unterstützung des Schriftspracherwerbs in der ersten Jahrgangsstufe erwiesen hat, wobei insbesondere die leseschwachen Kinder von dem Training profitierten. Die anvisierte präventive Wirkung der Fördermaßnahme ließ sich demnach durch die Ergebnisse der dritten Studie gut belegen.

8.3 Welche Wirkung erzielt die Intervention bei Lese-/Rechtschreibstörung durch Förderung des Lesens?

Allgemein gilt, dass gezielte Unterstützung im Bereich Lesen möglichst früh erfolgen sollte, damit Rückstände rechtzeitig aufgeholt werden können. Viele korrelative Längsschnittstudien haben gezeigt, dass es keinen Sinn macht zu warten, bis die Kinder den Rückstand von selbst aufgeholt haben (vgl. etwa Klicpera und Gasteiger-Klicpera 1998). Es kann nicht davon ausgegangen werden, dass Kinder mit Anfangsschwierigkeiten im Lesen davon profitieren, dass man mehr Anregungen zum Lesen gibt oder etwa in der Schule freie Lesezeiten zur Verfügung stellt. Während sich solche Maßnahmen bei guten und normalen Lesern durchaus bewährt haben, scheinen entsprechende Förderansätze bei leseschwachen Kindern allenfalls minimale positive Effekte zu bringen, was basale Merkmale wie Lesegeschwindigkeit und -flüssigkeit angeht (vgl. Landerl 2009; Scheerer-Neumann 2015).

> ?
> Welche Gründe könnte es für diesen enttäuschenden Befund geben?

Zum einen dürfte es sehr schwer sein, leseschwache Kinder dazu zu bringen, in der Schule wie auch in der Freizeit mehr zu lesen. Der Vorgang selbst bleibt für diese Kinder lange sehr anstrengend und wird nicht automatisiert, kann also nicht motivierend wirken. Von daher besteht bei diesen Kindern die Tendenz, das Lesen zu vermeiden, wann immer es möglich ist. Angloamerikanische Studien (z. B. Cunningham und Stanovich 1993) haben etwa gezeigt, dass gute Leser im fortgeschrittenen Grundschulalter außerhalb der Schulzeit etwa fünfmal so viel lesen wie leseschwache Kinder. Zum anderen scheint es so, dass Leseschwache auch dann, wenn man sie zum leisen Lesen bringt, aufgrund unzureichender Lesestrategien keine nennenswerten Fortschritte machen. Selbstgesteuerte Übung allein scheint in diesem Fall nicht hinreichend zu sein. Kinder mit Leseschwierigkeiten müssen also in Übungssituationen gebracht werden, in denen sie Unterstützung und aufbauende Rückmeldung erhalten. Es ist von besonderer Bedeutung, dass sie durch spezielle Stützmaßnahmen zum Lesen motiviert und angeregt werden. Da auch schon für die Anfangsphase der Schulzeit bewährte Lesetests zur Verfügung stehen, sollte die Leseproblematik in ihren Schwerpunkten frühzeitig diagnostiziert werden, sodass die Förderung gezielt erfolgen kann.

> ?
> Wie kann die basale Lesekompetenz (Lesegeschwindigkeit und -flüssigkeit) gefördert werden?

8 Welche Fördermöglichkeiten des Lesens und Rechtschreibens gibt es?

Für die Förderung basaler Lesekompetenz ist es wichtig, dass Lesestrategien eingeübt werden, die über Buchstaben-Laut-Beziehungen hinausgehen und neben häufigen Wörtern insbesondere Wortbausteine (Silben, Morpheme) verwenden. In neuerer Zeit sind mit dem von Tacke (2005) entwickelten Programm „Flüssig lesen lernen" sowie dem Potsdamer Lesetraining „PotsBlitz" (Ritter und Scheerer-Neumann 2009) zwei Verfahren konzipiert worden, die einen solchen Ansatz verfolgen.

Das Programm „Flüssig lesen lernen" besteht aus drei Versionen für unterschiedliche Klassenstufen (Klasse 1 und 2, Klasse 3, Klasse 4 und 5), wobei für jede dieser Versionen eine Variante für die Eltern und eine für die Schule verfügbar ist. Nachdem das Programm schon vor etwa 15 Jahren entwickelt wurde, hat Tacke in den letzten Jahren neu bearbeitete Versionen vorgelegt (Überblick bei Steinbrink und Lachmann 2014). Der Trainingsansatz geht von der Grundüberlegung aus, dass bei Kindern mit Leseschwierigkeiten das wesentliche Problem auf der Wortebene liegt. Die Verinnerlichung der Binnenstruktur von Wörtern (Silben, Konsonantenverbindungen) soll dabei helfen, das Lesen unbekannter Wörter zu erleichtern. Von daher liegt ein Förderschwerpunkt auf der Gliederung von Wörtern in solche größeren Einheiten, wobei mehrsilbige Wörter verwendet werden, um die Segmentierungsübungen durchzuführen. Während die Versionen für die Anfangsklassen der Grundschule auch Übungen zur phonologischen Bewusstheit und zu Buchstabe-Laut-Verbindungen enthalten, ist dies für die Versionen ab der dritten Klassenstufe nicht mehr der Fall. Der letzte Teil jeder Programmversion besteht aus Übungen zum Lesen zusammenhängender Texte, wobei die kurzen Geschichten von den Kindern vorgelesen werden sollen.

> Die Wirksamkeit des Förderansatzes wurde für die ältere Version in der zweiten Klassenstufe überprüft (Tacke 2005). In einer Trainingsgruppe von 29 Kindern fand im Zeitraum eines halben Jahres an fünf Tagen in der Woche jeweils 20 min eine Einzelförderung statt. Die Entwicklung dieser Kinder im Lesen und Rechtschreiben wurde mit der einer gleich großen Kontrollgruppe nicht geförderter Zweitklässler verglichen. Die geförderten Kinder verbesserten sich in beiden Aspekten gegenüber der parallelisierten Kontrollgruppe signifikant. Dabei ergab sich für das Lesen ein mittlerer, für das Rechtschreiben ein eher niedriger Effekt. Zog man in der geförderten Gruppe nur diejenigen Kinder mit hohem Trainingspensum für den Vergleich heran, so fanden sich für diese Teilgruppe große Effektstärken für das Lesen und mittlere Effektstärken für das Rechtschreiben. Die bereichsspezifische Wirksamkeit des Trainingsprogramms kann für diese Altersgruppe als bestätigt gelten, und auch ein Transfer auf das Rechtschreiben scheint möglich zu sein. Wirksamkeitsüberprüfungen für ältere Kinder stehen allerdings ebenso noch aus wie Untersuchungen zur Nachhaltigkeit des Fördereffekts.

Das Potsdamer Lesetraining „PotsBlitz" fördert primär Lesegeschwindigkeit und -genauigkeit und geht ebenfalls von der Annahme aus, dass für effizientes

Lesen die Nutzung größerer funktionaler Einheiten oberhalb der Buchstabenebene wesentlich ist. Ritter und Scheerer-Neumann (2009) gehen davon aus, dass eine Lesestrategie, die auf größeren Einheiten wie etwa Silben basiert, das Arbeitsgedächtnis entlastet und sowohl die Lesegenauigkeit als auch die Lesegeschwindigkeit verbessert. „PotsBlitz" besteht aus zwei Teilen und umfasst 18 Trainingseinheiten zu je 45 min. Es werden von Beginn an Segmentierungsstrategien eingeübt, die die Zerlegung von Wörtern in die funktionalen Einheiten Silbe und Morphem erlauben.

Im ersten Programmteil geht es um Strategien zur Unterteilung von Silben in Wörter, im zweiten Programmteil um das Erlesen zusammengesetzter Wörter sowie von Wörtern mit Vorsilbe, also um die Untergliederung in Phoneme. Im Hinblick auf die Untergliederung von Wörtern werden sowohl Realwörter als auch Pseudowörter vorgegeben. Um Wörter in Morpheme zu zerlegen, werden einzelne Wörter als Bestandteile von zusammengesetzten Wörtern (z. B. Haus-Tür-Schlüssel) dargelegt, die auch Vorsilben (z. B. ver-trauen) thematisieren. Eine Besonderheit des Förderprogramms besteht darin, dass es als „Blitzwortleseübung" am Computer installiert ist und unter Zeitdruck die Lesegeschwindigkeit verbessern soll. Dabei werden Textabschnitte so lange wiederholt gelesen, bis die Lesegeschwindigkeit einem bestimmten Kriterium entspricht. Das Training ist für den Einsatz in schulischen wie auch außerschulischen Kontexten konzipiert und für Kinder ab dem dritten Schuljahr einsetzbar.

> Die Wirksamkeit des Förderprogramms wurde in einer Studie mit Dritt- und Viertklässlern untersucht, die in drei Gruppen unterteilt wurden. Neben der mit „PotsBlitz" geförderten Gruppe nahm eine geförderte Kontrollgruppe teil, die ein unspezifisches Vorlesetraining erhielt. Zusätzlich wurde eine nicht geförderte (Warte-)Kontrollgruppe eingerichtet. Das Training beider geförderten Gruppen fand zweimal pro Woche statt und nahm insgesamt 18 Schulstunden in Anspruch. Unmittelbar nach Abschluss der Förderung zeigte sich bei beiden geförderten Gruppen im Vergleich zur nicht geförderten Kontrollgruppe eine größere Verbesserung der Lesegeschwindigkeit, wobei sich für die Förderung mit „PotsBlitz" die besten Resultate fanden. Auch nach vier Monaten zeigte sich in einem zweiten Nachtest ein ähnlicher Ergebnistrend, was für die Nachhaltigkeit dieser Fördermaßnahme spricht. Über mögliche Transferwirkungen des Lesetrainings auf die Rechtschreibleistung liegen keine Erkenntnisse vor.

Ein weiteres interessantes Verfahren zur Förderung der Leseflüssigkeit besteht in der Einrichtung von *Lautlese-Tandems* (vgl. Nix 2011; Rosebrock et al. 2014). Das laute Vorlesen von Texten findet in der Regel nicht im Klassenkontext statt, sondern erfolgt in sozial weniger belastenden Situationen (es kann aber durchaus auch in den regulären Schulalltag integriert werden; vgl. Nix 2011). Die Tandems werden entweder so zusammengestellt, dass ein lesekompetentes Kind (Schülertutor) mit einem weniger kompetenten Kind oder aber ein Erwachsener mit einem Kind zusammenarbeitet. Das Verfahren kann sowohl für Schülerinnen und Schüler der Primar- als auch der Sekundarstufe eingesetzt werden. Schüler- und Erwachsenentutoren fungieren dabei als Modell für das leseschwache Kind, indem sie die Leseübungen zunächst demonstrieren. Das leseschwache Kind liest dann die Texte selbst vor, und Lesefehler werden von den Tutoren korrigiert. Das Programm besteht also aus einer Kombination von Peer-Tutoring und wiederholtem lauten Lesen. Die Leseübungen werden recht häufig durchgeführt, dauern aber in der Regel nicht länger als 15–20 min.

Wie Scheerer-Neumann (2015) herausstellt, bestätigen die verfügbaren Evaluationsstudien die Wirksamkeit des Ansatzes. Die Effektivität des Verfahrens konnte dabei schon für Zweitklässler nachgewiesen werden (Klicpera et al. 2005).

> In der Evaluationsstudie von Nix (2011) wurde das Lesetraining mit Hauptschülern der sechsten Klassenstufe durchgeführt, wobei die Übungen in ein Sportszenario eingebettet waren. In jedem Tandem fungierte das leistungsstärkere Kind als „Trainer", das leseschwache Kind als „Sportler". Während Trainer und Sportler einen Text zunächst gemeinsam lasen, klinkte sich der Trainer auf ein Zeichen des Sportlers hin aus. Letzterer las dann alleine weiter. Lesefehler wurden vom Trainer dann korrigiert, wenn es der Sportler nicht selbst tat, und der zunächst fehlerhafte Satz wurde dann von beiden in korrekter Weise gemeinsam laut gelesen. Nach wiederholtem Lesen eines Textes stand es dem Tandem frei, sich bei der Lehrkraft zu melden, die dann darüber entschied, ob das Lesekriterium erreicht war und zum nächsten Text übergegangen werden konnte. Alle Übungstexte waren dabei von den Tandems interessensgeleitet ausgewählt worden. Das Training wurde in ganzen Klassen durchgeführt, und die Lese-Tandems wurden von der Deutschlehrerin angeleitet.
>
> Im Vergleich von Vor- und Nachtest fanden sich im Vergleich zu einer nicht geförderten Kontrollgruppe größere Zuwachsraten in Tests zur Lesegeschwindigkeit und zum Leseverständnis, wobei die Effektstärken nach einem Schulhalbjahr im niedrigen bis mittleren Bereich lagen. Interessanterweise ergaben sich für das Satzverständnis besonders große Effektstärken, was zeigt, dass diese Übungsform nicht nur die Lesegeschwindigkeit fördert. Weiterhin scheint bemerkenswert, dass nicht nur die Sportler, sondern auch die Trainer ihre Leseleistung bedeutsam verbessern konnten (ähnlicher Befund bei Walter et al. 2012). Die Befunde machen also insgesamt deutlich, dass diese Trainingsmethode gerade bei Hauptschülern zu besseren Ergebnissen führt als das nicht angeleitete Lesen.

> **?**
> Wie lässt sich das Leseverständnis effektiv fördern?

Um schriftlich dargebotene Texte angemessen erfassen zu können, stellt die basale Kompetenz der Lesegeschwindigkeit und -genauigkeit nur eine von mehreren wichtigen Voraussetzungen dar. Als weitere wesentliche Vorhersagemerkmale des verstehenden Lesens werden vielfach inhaltliches Vorwissen, Wortschatz, Ar-

Lesen und Schreiben lernen

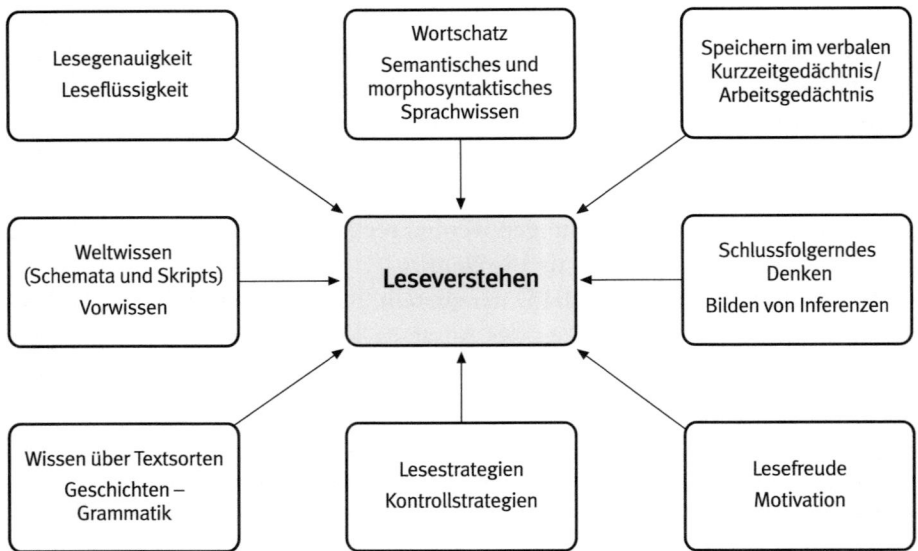

Abb. 8.2 Komponenten und Ressourcen beim Leseverstehen. (Modifiziert nach Scheerer-Neumann 2015, S. 99)

beitsgedächtnis, die Fähigkeit zum schlussfolgernden Denken (Inferenzbildung) und Lesestrategien genannt (vgl. Lenhard und Artelt 2009). Für eine positive Entwicklung des Leseverständnisses ist es auch wesentlich, dass sich beim Lerner eine entsprechende Motivation und Lesefreue aufbaut (Abb. 8.2).

Wie Scheerer-Neumann (2015) betont, lassen sich bei unzureichendem Leseverständnis drei unterschiedliche Profile unterscheiden:

1. Schülerinnen und Schüler, deren große Probleme beim Textverstehen auf schwache Dekodierleistungen, also auf eine niedrige Lesegeschwindigkeit und große Ungenauigkeit beim Lesen, zurückgeführt werden können. Kinder mit diesem Profil sind gerade in den ersten Jahren der Grundschulzeit noch häufiger zu finden, stellen jedoch jenseits der Grundschuljahre eher eine Minderheit dar.
2. Kinder, die gut dekodieren können, jedoch große Probleme dabei haben, beim Lesen von Texten schlussfolgernd zu denken und Lesestrategien angemessen einzusetzen. Auch dieses Profil findet sich selten.
3. Die Mehrheit der leseschwachen Kinder zeigt eine Kombination beider Profile, weist also in beiden angesprochenen Bereichen unterdurchschnittliche Leistungen auf.

Auf die großen individuellen Unterschiede in der Lesegeschwindigkeit wurde wiederholt verwiesen. So können die leistungsstärksten 20 % der Kinder eines

Jahrgangs in der zweiten Klasse schneller lesen als die leistungsschwächsten Schüler der achten Klassenstufe (Klicpera und Gasteiger-Klicpera 1998). Die Bandbreite in den basalen Lesekompetenzen ist demnach beeindruckend groß, und leseschwache Kinder weisen hier schon frühzeitig einen beträchtlichen Rückstand auf. Hinzu kommen meist Defizite im Bereich des Wortschatzes, der ebenfalls eng mit der Entwicklung des Leseverständnisses verknüpft ist. Ist er nur gering ausgeprägt, lässt sich beim Lesen eines Textes die Bedeutung unbekannter Wörter auf Grundlage des Satzkontexts nur unzureichend erschließen.

Diese Problematik behindert wiederum die weitere Wortschatzentwicklung (vgl. McElvany und Schneider 2009). Studien aus dem englischsprachigen und dem deutschem Sprachraum weisen weiterhin übereinstimmend auf Probleme leseschwacher Kinder bei der Bildung von Inferenzen immer dann hin, wenn der Text kausale Schlussfolgerungen erfordert, um ein kohärentes Bild des Textinhalts zu konstruieren. Diese Kinder scheinen auch größere Probleme damit zu haben, Informationen über mehrere Sätze hinweg zu integrieren, was mit einer schwächeren Leistung des Arbeitsgedächtnisses zu tun haben könnte. So fanden etwa Brandenburg et al. (2013) bei leseschwachen Schülern insbesondere Probleme in der zentralen Exekutive, also der Steuerungsinstanz des Arbeitsgedächtnisses. Komplettiert wird diese nachteilige Situation durch Defizite in (metakognitiven) Lesestrategien, also unzureichend ausgeprägten Überwachungs- und Steuerungsvorgängen beim verstehenden Lesen. Schwache Leser überprüfen demnach allzu wenig, ob sie einen Text wirklich verstanden haben, und setzen auch im Fall von Verständnisschwierigkeiten nur selten angemessene Kontrollstrategien ein (z. B. Wiederholung des Lesevorgangs für die fragliche Passage). Im deutschen Sprachraum hat etwa die PISA-Studie wiederholt gezeigt, dass das Lesestrategiewissen bedeutsam mit dem Leseverständnis von Jugendlichen zusammenhängt (vgl. z. B. Artelt et al. 2010).

In den USA wurde in den 1980er-Jahren mit dem Training des reziproken Lehrens und Lernens („Reciprocal Teaching"; Palincsar und Brown 1984) ein viel beachtetes Konzept zur Förderung des Leseverständnisses bei leistungsschwachen Schülerinnen und Schülern eingeführt. Diese wurden dazu angeleitet, Texte unter Nutzung einer Reihe unterschiedlicher Strategien zu bearbeiten. Zu diesen Strategien gehörte es, Fragen zum Text zu formulieren, einen gelesenen Textabschnitt inhaltlich zusammenzufassen, Vorhersagen über den Fortgang der Geschichte zu treffen und vom Lernpartner Erklärungen zum Gelesenen zu erfragen. Die Lehrkraft diente bei diesem Verfahren als Modell, führte also die erwähnten Strategien zunächst selbst vor. Im Rahmen eines systematisch durchgeführten Dialogs zwischen Schülern und Lehrkraft wurden die beteiligten Kinder dann sukzessive in die Rolle des Modells eingeführt und übten in der Folge die Lesestrategien in Kleingruppen ein. Evaluationsstudien erbrachten in der Regel positive Ergebnisse. So ermittelten Rosenshine und Meister (1994) in ihrer Metaanalyse mittlere Effekte des Trainings, wenn standardisierte Lesetests herangezogen wurden, und große Effekte von annähernd einer Standardabweichung, wenn die Wirksamkeitsüberprüfung mit selbst entwickelten Leseverfahren erfolgte.

Ebenfalls in den 1980er-Jahren des vergangenen Jahrhunderts wurde von Paris und Jacobs (1984) das Programm „Informed Strategies for Learning" (ISL) entwickelt, bei dem Kinder im Alter von acht bis elf Jahren die Anwendung von Lesestrategien einübten. Dies erfolgte in fünf Schritten:

1. Explizite Information über relevante Verstehensstrategien.
2. Explizite Information über relevante Überwachungsstrategien.
3. Verdeutlichung dieser Strategien mithilfe der Metapher eines „Textdetektivs".
4. Diskussionen zur Nützlichkeit dieser Strategien in bestimmten Kontexten.
5. Explizite Anwendung der Strategien bei unterschiedlichen Texten.

Hier kam es darauf an, Wissen über die Verallgemeinerbarkeit der Strategien zu generieren und zu fördern. Den Schülern wurde also verdeutlicht, unter welchen Bedingungen bestimmte Lesestrategien besonders sinnvoll sein können. Das Programm bestand aus 20 Modulen, für die jeweils drei 30-minütige Einheiten entwickelt wurden. Die Autoren konnten die Wirksamkeit des Programms in einer Evaluationsstudie mit Schülerinnen und Schülern der dritten und fünften Klassenstufe nachweisen. Die Trainingsgruppe zeigte sich einer nicht geförderten Kontrollgruppe gegenüber im Hinblick auf das Wissen um und die Anwendung von Lesestrategien überlegen und zeigte auch ein besseres Textverständnis.

Im deutschsprachigen Raum wurde von Gold et al. (2004) ein Trainingsverfahren entwickelt, das auf dem Ansatz von Paris und Jacobs (1984) aufbaut. Das Programm „Wir werden Textdetektive" kann als strategieorientiertes Unterrichtsverfahren gelten, das für alle Schüler einer Klasse hilfreich zu sein scheint. Rühl und Souvignier (2006) konstruierten im Anschluss eine Version für eher leseschwache Schülerinnen und Schüler („Wir werden Lesedetektive"). Bei den „Textdetektiven" werden insgesamt sieben verschiedene Textverarbeitungsstrategien erprobt, die von den Autoren weiter in kognitive und metakognitive differenziert werden:

- Zu den *kognitiven Strategien* zählen etwa das Unterstreichen wichtiger Sätze bzw. Textstellen, das Zusammenfassen von Textpassagen, die bildhafte Vorstellung des Textinhalts und das Beachten der Überschriften.
- Die *metakognitiven Strategien* zielen auf die Überwachung und Kontrolle der eigenen Verstehensleistung ab und beinhalten auch die Formulierung von Fragen zum Text.

Ergänzt wird das Programm durch einen Baustein zur Förderung der Lesemotivation. Hier erfahren die Schülerinnen und Schüler, dass eigene Anstrengung

8 Welche Fördermöglichkeiten des Lesens und Rechtschreibens gibt es? 199

wichtig ist und der Lernerfolg vom eigenen Einsatz und dem Engagement bei der Lektüre abhängig ist. Da die „Lesedetektive" auf leistungsschwache Kinder abzielen, werden insgesamt weniger Strategien eingeübt. Komplettiert werden die Programme durch einen Wiederholungsbaustein, der mehrere Monate nach Abschluss des Programms zur Auffrischung der Programminhalte eingesetzt werden soll. Für beide Programme sind ausführliche Lehrerhandbücher verfügbar, die ausgearbeitete Stundenentwürfe enthalten, weiterhin Schülerhefte mit Texten, Übungen und Anleitungen. Beide Programme sind auf einen Einsatz im Rahmen von etwa 20 bis 25 Schulstunden ausgelegt.

> Wie Lenhard (2013) hervorhebt, gibt es im deutschsprachigen Raum kein anderes Programm zur Leseförderung, das vergleichbar umfassend evaluiert wurde wie die „Textdetektive". Im Zeitraum zwischen 2000 und 2005 wurden insgesamt 77 Gymnasialklassen, 73 Klassen aus Haupt-, Real- und Gesamtschulen sowie 40 Klassen aus dem Förderbereich (Fünft- und Sechstklässler) mit dem Programm trainiert. Für die Wirksamkeitsüberprüfung wurden das Leseverständnis und das Lesestrategiewissen vor und unmittelbar nach der Förderung sowie im Rahmen einer Nachuntersuchung ein halbes Jahr nach Abschluss des Trainings erhoben. Eine ausführliche Beschreibung der Befunde findet sich bei Gold (2010) und Gold et al. (2009).
>
> Die Ergebnisse belegen insgesamt, dass die Vermittlung von Lesestrategien in der unterrichtlichen Praxis gelingen kann. Unmittelbar nach der Förderung fanden sich bei den Trainingsgruppen im Vergleich zu herkömmlich unterrichteten Kontrollgruppen mittelgroße Effekte auf das Lesestrategiewissen, während sich für das Leseverständnis nur geringe positive Wirkungen zeigten. Die Effekte auf die Lesestrategien waren in der Förderschule besonders deutlich nachweisbar, bei Schülerinnen und Schülern der Haupt-, Real- und Gesamtschule dagegen schwächer ausgeprägt. Im Hinblick auf das Leseverständnis fanden sich für Gymnasiasten unmittelbar nach dem Training kleine und für Förderschüler mittlere Effekte, die sich in der Follow-up-Erhebung sechs Monate später sogar noch leicht erhöht hatten. Demgegenüber waren entsprechende Effekte auf das Leseverständnis für Schülerinnen und Schüler der Haupt-, Real- und Gesamtschule nicht nachweisbar. Die Wirksamkeit des Programms zu den „Lesedetektiven" wurde an Schülerinnen und Schülern mit Lernbehinderung untersucht (Antoniou und Souvignier 2007). Während sich im Nachtest unmittelbar nach der Förderung lediglich ein Effekt auf das Lesestrategiewissen nachweisen ließ, fand sich in der Follow-up-Erhebung vier Monate später auch ein Effekt für das Leseverständnis.

Nicht nur an der Vermittlung von Lesestrategien, sondern insbesondere an der Förderung der intrinsischen wie auch extrinsischen Lesemotivation ist das amerikanische Förderprogramm „Concept-Oriented Reading Instruction" (CORI; Guthrie et al. 2004) orientiert. Es geht davon aus, dass sich erfolgreiche Leser durch den motivierten Einsatz von Lesestrategien auszeichnen. Daraus resultiert ein Förderkonzept, das sich primär mit der Unterstützung von Lesemotivation auseinandersetzt. Schülerinnen und Schüler werden dazu angeleitet, sich konkrete und möglichst realistische Lernziele zu setzen. Weiterhin wird ein Schwerpunkt auf selbstbestimmtes Lernen gelegt. Von diesem amerikanischen Förderprogramm wurde im deutschsprachigen Raum das LekoLemo-Training abgeleitet (Streblow et al. 2007). Es setzt sich aus drei Bausteinen zusammen:

1. Strategietraining,
2. Übungen zu Dimensionen des Textverstehens,
3. Maßnahmen zur Aufrechterhaltung bzw. Steigerung der Lesemotivation.

Als Zielgruppe der Förderung wurden in der Sekundarstufe I Schülerinnen und Schüler der siebten Klassenstufe ausgewählt, wobei die Autoren davon ausgehen, dass das Training prinzipiell in den Klassenstufen 6 bis 8 anwendbar ist. Im Hinblick auf die Komponente der Strategieförderung konzentrierte man sich auf die Vermittlung der vier Strategien „Aktivierung des Vorwissens", „Wichtiges unterstreichen", „Umgang mit Textschwierigkeiten" und „Wichtiges zusammenfassen". Es wurden Übungen zu den schon aus der PISA-Studie bekannten drei Dimensionen des Textverstehens (Informationsermittlung, textbezogene Interpretation sowie Reflektieren und Bewerten) konzipiert, um das Leseverständnis möglichst umfassend auszubilden. Die Förderung der intrinsischen Lesemotivation wurde durch unterschiedliche Maßnahmen realisiert. So konnten die Schüler zwischen mehreren interessanten Themen auswählen, die sie selbst ins Spiel gebracht hatten; im Hinblick auf die Förderung des Kompetenzerlebens wurden die Schüler weiterhin bei entsprechendem Vorwissen in bestimmten Themenbereichen als „Experten" definiert, und sie sollten diese Themen in Kleingruppen als Leiter mit ihren Mitschülern erörtern. Weiterhin wurde darauf geachtet, dass möglichst oft positive Rückmeldungen gegeben wurden, um das Selbstkonzept der Schülerinnen und Schüler zu verbessern.

Nachdem erste Evaluationen des Programms nicht sonderlich ermutigend ausgefallen waren (vgl. Streblow et al. 2007), wurde es grundlegend überarbeitet und in einer Untersuchung mit mehr als 300 Siebtklässlern aus Haupt-, Real- und Gesamtschulen erneut hinsichtlich seiner Wirksamkeit überprüft (Streblow et al. 2012). Wenn sich in dieser Studie auch kein positiver Effekt auf die Lesemotivation nachweisen ließ, zeigte sich beim Leseverständnis als dem eigentlich zentralen Merkmal ein mittelgroßer Effekt, der auch in einer Nachuntersuchung zwei Monate später stabil blieb. Da das Training mit acht Wochen Dauer zeitlich vergleichsweise kurz ausgelegt ist und auch im Rahmen der Kleingruppenarbeit viel Ausbildungsaufwand für die Gruppenleiter anfällt, ist eine Verlängerung des Förderzeitraumes nach Auffassung der Autoren ebenso wünschenswert wie die Integration des Programms in den Unterrichtskontext.

Ein Leseförderprogramm der etwas anderen Art wurde vor einigen Jahren von Lenhard et al. (2013) entwickelt. Das Programm „conText" (conText = „mit Texten arbeiten") ist ein intelligentes tutorielles System, das über computerge-

8 Welche Fördermöglichkeiten des Lesens und Rechtschreibens gibt es?

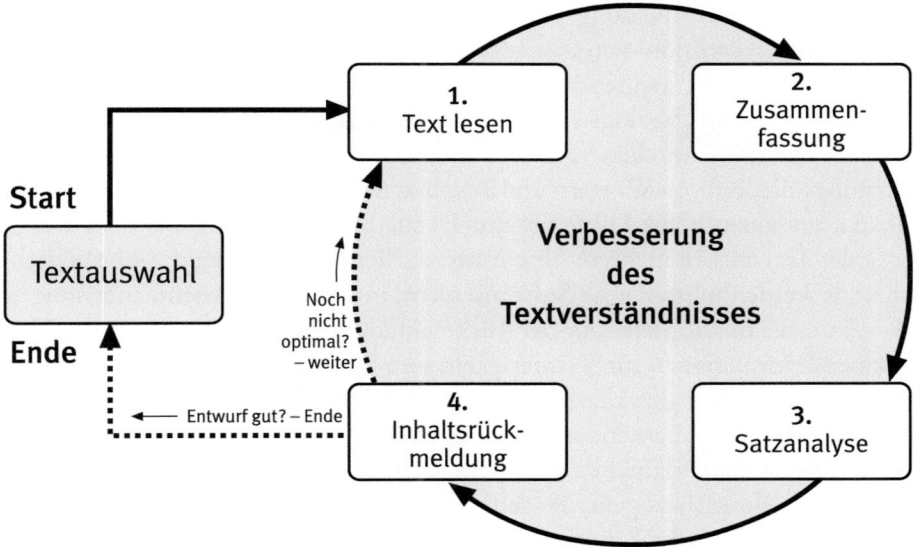

Abb. 8.3 Programmabschnitte beim Durchlaufen eines Trainingszyklus von „conText". (Nach Lenhard 2013, S. 143)

stütztes Arbeiten die Fähigkeit zum Zusammenfassen von Texten verbessern soll. Wie Lenhard und Lenhard (2016) herausstellen, liegt die Grundidee des Programms darin, Schülerinnen und Schülern der Sekundarstufe beim Schreiben von Zusammenfassungen von Sachtexten zu assistieren und Rückmeldungen zu den Textentwürfen zu geben. Dabei werden Rückmeldungen zu verschiedenen Phasen und Aspekten der Zusammenfassungen generiert, die es ermöglichen, sukzessive immer kohärentere und inhaltlich vollständigere Zusammenfassungen zu schreiben. Beim Durchlaufen des Programms ergeben sich dabei verschiedene Programmabschnitte und Rückmeldungen, die in Abb. 8.3 aufgeführt sind. Es scheint in diesem Zusammenhang erwähnenswert, dass „conText" im Unterschied zu den oben beschriebenen Förderverfahren Lesestrategien nicht explizit vermittelt, sondern darauf baut, dass über angeleitetes Üben diese Strategien auch implizit erworben werden können.

Bei der Durchführung von „conText" wird so vorgegangen, dass den Schülern zunächst die Bedienung des Programms und die Vorgehensweise beim Zusammenfassen von Texten erläutert werden. Es folgen dann vier Programmabschnitte, die sukzessive durchlaufen werden. Am Ende des Trainingszyklus können sich die Lernenden entscheiden, ob sie einen weiteren Zyklus durchlaufen möchten oder ihre Zusammenfassung schon als hinreichend gut betrachten, also auf die Fortsetzung verzichten. Im Einzelnen sieht es so aus, dass die Nutzer nach der Darbietung des Originaltextes mit dem Schreiben einer ersten Zusammenfassung beginnen. Die Rückmeldung erfolgt über das Computersystem, wobei der zentrale Wirkmechanismus von „conText" in der Generierung von Rückmeldungen besteht, die über die latente semantische Analyse (LSA) erzeugt werden. Die LSA stellt eine Sprachtechnologie, genauer gesagt ein statistisches Verfahren aus dem Bereich der automatischen Sprachverarbeitung dar, das die Extraktion von Bedeutungsinhalten von Wörtern und Texten ermöglicht und somit Analysen von Texten auf semantischer Ebene erlaubt (Details bei Lenhard und Lenhard 2016).

Jeder Text enthält mehrere Abschnitte, die bei der Zusammenfassung berücksichtigt werden müssen. Die Software bietet interne Idealzusammenfassungen der Texte, die für die Steuerung der Rückmeldung genutzt werden. Zu jedem Text können Informationen zur Schwierigkeit, zum Inhalt und zur Anzahl der bereits absolvierten Trainingszyklen abgerufen werden. Nachdem ein Text ausgewählt wurde, erhalten die Lernenden zunächst Tipps zum Zusammenfassen und lesen anschließend den Originaltext (bei weiteren Zyklen erscheinen zudem Hinweise in Form abschnittsbezogener Fragen).

Beim Schreiben der Zusammenfassung erhalten die Nutzer vom Programm gleichzeitig Informationen zur Zahl der schon geschriebenen Wörter. Weitere Bewertungen erfolgen erst dann, wenn die Zusammenfassung mindestens eine Länge von 15 % des Originaltextes aufweist. Der Text der Zusammenfassung wird dabei fortlaufend auf stilistische Inkonsistenzen und plagiierte Textstellen überprüft. Während dieses Arbeitsabschnitts kann jederzeit wieder zum Originaltext zurückgesprungen werden. Im Rahmen der Satzanalyse nimmt die Software eine Auswertung auf Ebene der einzelnen Sätze vor. Bei der Zusammenfassung sollten weder irrelevante Informationen noch Dopplungen auftreten. Das Programm markiert Sätze mit einer hohen inhaltlichen Überlappung als potenziell redundant und Sätze, die mit dem Originaltext nur wenig zusammenhängen, als potenziell irrelevant. Die Lernenden werden schließlich aufgefordert, die Sätze ihres Produkts hinsichtlich der Relevanz und Redundanz zu überprüfen und ggf. zu überarbeiten. Die Inhaltsanalyse stellt den letzten Schritt dar. Für jeden Abschnitt wie auch für den gesamten Text wird in Form von Balkendiagrammen rückgemeldet, inwieweit der Inhalt des Originaltextes in der Zusammenfassung hinreichend wiedergegeben ist. Jetzt steht für die Nutzer die Entscheidung an, ob ein weiterer Zyklus durchlaufen werden soll oder ob das Ergebnis schon zufriedenstellen kann.

> Die Wirksamkeit von „conText" wurde über ein Schuljahr hinweg anhand einer Stichprobe von Hauptschülern der sechsten Klassenstufe überprüft (vgl. Lenhard et al. 2012). Neben einer „conText"-Trainingsgruppe wurden eine „Lesedetektive"-Trainingsgruppe und eine unbehandelte Kontrollgruppe in die Untersuchung einbezogen. Als wesentliches Ergebnis ließ sich festhalten, dass sich die „conText"-Trainingsgruppe im Hinblick auf Leseflüssigkeit und Leseverständnis den beiden anderen Gruppen gegenüber als überlegen erwies. Die

> Effektstärken bewegten sich beim Vergleich mit der nicht geförderten Kontrollgruppe im mittleren bis großen Bereich. Im Hinblick auf das Lesestrategiewissen schnitten beide trainierte Gruppen vergleichbar und signifikant besser als die Kontrollgruppe ab. Dieses Ergebnis erstaunt insofern, als Lesestrategien bei „conText" nicht explizit trainiert werden.

Wenn auch die prinzipielle Wirksamkeit des Programms damit belegt ist, sind Grenzen des Ansatzes zum einen darin zu sehen, dass die LSA fast ausschließlich den semantischen Gehalt von Wörtern berücksichtigt und syntaktische Aspekte wie auch die Wortreihenfolge nur eine untergeordnete Rolle spielen. Zum anderen ist die Auswertung nur dann sinnvoll möglich, wenn die Schüler über hinreichende Rechtschreibkompetenz verfügen, da falsch geschriebene Wörter vom System nicht erkannt und auch nicht verarbeitet werden. Das Verfahren eignet sich demnach für leseschwache Schülerinnen und Schüler der Sekundarstufe, sollte aber bei Vorliegen einer Rechtschreibschwäche besser nicht zum Einsatz kommen.

> **?**
> Welche Befunde und welche praktischen Implikationen ergeben sich aus Metaanalysen?

Die bislang diskutierten Förderansätze zu Leseflüssigkeit und Leseverständnis bezogen vielfach unterschiedliche Leistungsgruppen in die Bewertung ein, sodass es in einigen Fällen unklar blieb, ob die erprobten Trainingsprogramme für Schülerinnen und Schüler mit Lesestörungen und leistungsstärkere Kinder ähnlich wirksam waren. Souvignier (2009) führte von daher eine eigene Metaanalyse für solche Studien durch, die Maßnahmen zur Förderung der Lesekompetenz bei Schülern mit Lernschwierigkeiten überprüften. Die überzeugendsten Ergebnisse fanden sich für Förderansätze, die Fragestrategien vermittelten (große Effektstärken), gefolgt von Ansätzen, die Basisfähigkeiten und Lesestrategien trainierten (mittlere Effekte). Wenn etwas differenzierter nach zentralen Wirkfaktoren geschaut wurde, erwiesen sich Maßnahmen zum Zusammenfassen von Texten, zur Selbstüberwachung bei der Lektüre von Texten, zur expliziten Strategievermittlung, zum Peer-Tutoring und zum metakognitiven Training als besonders effektiv. Es wurde auch registriert, dass größere Effekte immer dann erzielt wurden, wenn die Förderung in einem sonderpädagogischen Setting (etwa in Kleingruppen) und nicht im Rahmen des regulären Unterrichts durchgeführt wurde. Größere Effekte ergaben sich auch für selbstkonstruierte Lesetests im Vergleich zu standardisierten Testverfahren. Relativ unerwartet und nicht leicht interpretierbar scheint das Ergebnis, dass für kürzer andauernde Förderansätze (weniger als 13 h) größere Effekte gefunden wurden als für länger andauernde

Maßnahmen (ähnliche Ergebnisse bei Philipp 2013). Hier stellt sich aber die Frage, ob nur unmittelbare Fördereffekte erfasst oder auch die langfristige Wirksamkeit der Interventionen geprüft wurde.

Ein weiterer nicht sonderlich überraschender Befund der Metaanalyse von Souvignier (2009) ist darin zu sehen, dass Effekte für gut kontrollierte experimentelle Förderstudien wesentlich positiver ausfallen als Erprobungen der Förderprogramme im natürlichen Unterrichtskontext. Geht man davon aus, dass der Einsatz von Programmen zur Förderung von Lesekompetenz gerade in alltagsnahen Lernsituationen wichtig scheint, stellt sich die Frage, wie diese Interventionen sinnvoll für den Einsatz im Unterricht aufbereitet werden können. Gold et al. (2009) weisen in diesem Zusammenhang darauf hin, dass Fortbildungsmaßnahmen für Lehrkräfte unabdingbar sind, wenn etwa strategieorientierter Leseunterricht erfolgen soll. Für solche Fortbildungen ist es von Vorteil, wenn mit bereits vorliegenden Manualen und ausformulierten Unterrichtsmaterialien gearbeitet werden kann. Die langjährigen Erfahrungen der Autoren mit der Einführung der „Textdetektive" in die pädagogische Praxis hat außerdem gezeigt, dass Wiederholungseinheiten und Auffrischungsübungen wichtig sind, damit die Lehrkräfte einmal eingeübte neuartige Programmkomponenten auch dauerhaft übernehmen. Dies war in den oben dargestellten Evaluationsstudien nicht immer der Fall. Gold et al. (2009) gehen davon aus, dass die Nachhaltigkeit der eingesetzten Fördermaßnahmen dann gewährleistet werden kann, wenn bei der Implementierung der Programme ein dreistufiger Ansatz verfolgt wird, der Lehrerfortbildungsmaßnahmen, die Vorgabe von ausgearbeiteten Unterrichtsmaterialien und auffrischende Wiederholungsbausteine als relevante Komponenten enthält. Wenn weiterhin die Praxistauglichkeit des Fördermaterials von allen Beteiligten positiv beurteilt wird, sind gute Voraussetzungen für nachhaltig erfolgreiche Interventionsprogramme im schulischen Kontext gegeben.

8.4 Welche Wirkung erzielt die Intervention bei Lese-/Rechtschreibstörung durch Förderung der Rechtschreibung?

Im Vergleich zu Lesestörungen sind Rechtschreibprobleme von Schülerinnen und Schülern, aber auch von Erwachsenen im deutschsprachigen Raum wesentlich häufiger anzutreffen. Eine mehr als 100-jährige Geschichte der Rechtschreibförderung hat uns gelehrt, dass schnelle Erfolge nicht zu erwarten sind und ein langfristiges wie auch intensives Üben erforderlich ist, um positive Ergebnisse zu erzielen. Das Ausbleiben schneller Erfolge bei der Anwendung etablierter Verfahren hat zu einem unüberschaubaren Markt an unkonventionellen Angeboten geführt, die in der Regel nicht nutzen, in einigen Fällen sogar schädlich sein

8 Welche Fördermöglichkeiten des Lesens und Rechtschreibens gibt es? 205

können (vgl. von Suchodoletz 2006). Aus diesem Grund werden im Folgenden ausschließlich etablierte Verfahren zur Rechtschreibförderung beschrieben, deren Wirksamkeit in kontrollierten Studien untersucht wurde und die sich als effektiv erwiesen haben.

Wissenschaftlich begründete Förderverfahren basieren auf Erkenntnissen der Entwicklungspsychologie, der Pädagogischen und Kognitionspsychologie, der empirischen Bildungsforschung wie auch auf lerntheoretischen Überlegungen. Lerntheoretisch begründete Programme sind vergleichsweise lange im Einsatz. Sie gehen von dem gut belegten Zusammenhang zwischen Lernen, Motivation und Lernerfolg aus und setzen vielfach verhaltenstherapeutische Techniken ein, um über systematische Verstärkung angemessenen Verhaltens Erfolgserlebnisse zu vermitteln und basale Rechtschreibkompetenzen aufzubauen (Schulte-Körne 2006). In einem der ersten evaluierten verhaltenstherapeutisch aufgebauten Trainingsprogramme fanden Schneider und Springer (1978) positive Effekte von Verhaltensverstärkern im Rahmen eines Rechtschreibtrainings, das mit einer kleinen Stichprobe ($N = 14$) rechtschreibschwacher Schülern des vierten und fünften Schuljahrs durchgeführt wurde. Eine im Hinblick auf Klassenstufe, Intelligenz, Alter und Geschlecht parallelisierte Stichprobe von 14 normalen Rechtschreibern diente als Vergleichsgruppe.

Das Trainingsprogramm bestand aus 150 Arbeitskarten, die nach aufsteigendem Schwierigkeitsgrad angeordnet waren. Jede dieser Karten enthielt eine Übungsaufgabe, die dazugehörige Instruktion und eine entsprechende Rechtschreibregel. Das Übungsprogramm wurde in 36 Doppelstunden (verteilt auf fünf Monate) durchgearbeitet. Es kam ein Münzverstärkungsprogramm zum Einsatz, d. h., dass die Schüler für korrekt bearbeitete Aufgaben Chips (Münzen) erhielten, zusätzlich auch soziale Verstärker (Lob). Wurde eine bestimmte Anzahl von Chips gesammelt, konnten diese gegen „besondere Ereignisse" (z. B. lustige Kurzfilmvorführungen, kleine Bilderbücher, Eis oder Süßigkeiten) getauscht werden. Individuelle Veränderungsanalysen zur Leistung in einem Rechtschreibtest (Vor-Nachtest-Vergleich) zeigten, dass sich in der Trainingsgruppe zehn von 14 Kindern bedeutsam verbessert hatten, während sich in der Kontrollgruppe Verbesserungen und Verschlechterungen die Waage hielten (die Veränderung der Rechtschreibleistungen waren in der Vergleichsgruppe nicht signifikant). Trotz der ermutigenden Befunde ist ein Problem dieser Studie darin zu sehen, dass es sich um eine relativ kleine Stichprobe handelte und die Nachhaltigkeit der Effekte nicht überprüft wurde.

Interessanterweise sind evaluierte Förderprogramme, die sich ausschließlich auf das Rechtschreiben konzentrieren, auch in neuerer Zeit auf dem Markt nicht sonderlich häufig vertreten (Breitenbach und Weiland 2010). Seit 2004 wird das „Marburger Rechtschreibtraining" (MRT; Schulte-Körne und Mathwig 2009; vgl. auch Schulte-Körne 2016) sowohl in der Einzel- als auch in der Gruppenförderung, in der schulischen sowie außerschulischen Förderung eingesetzt. Es richtet sich an Schülerinnen und Schüler mit erheblichen Schwierigkeiten beim Erlernen des Rechtschreibens und des Lesens ab der zweiten Klasse. Das Programm lässt sich als Regeltraining der orthografischen Phase dem Entwicklungsmodell des Schriftspracherwerbs zuordnen, geht also davon aus, dass das alphabetische Prinzip schon grundlegend beherrscht wird und die Kinder Laut-Buchstaben-Beziehungen bereits erlernt haben. Dementsprechend wird das Programm für Grundschulkinder der zweiten bis vierten Klassenstufe empfohlen. Für die Durchführung des Trainings werden in Abhängigkeit von dem Leistungsstand der Kinder und der Übungsintensität bis zu zwei Jahre benötigt.

Das MRT besteht aus zwölf Kapiteln, die jeweils in einen kürzeren Lern- und einen umfangreicheren Übungsbereich mit unterschiedlichen Übungsformen gegliedert sind. Innerhalb jedes Kapitels wird von einfachen zu komplexeren Übungen fortgeschritten. Die Inhalte der Kapitel bauen aufeinander auf und steigern sich in ihrer Schwierigkeit. In den Kapiteln wird eine Vielzahl von Lerninhalten abgehandelt, die vom Erkennen von Vokalen und Konsonanten über Konsonantenverdoppelung über Groß- und Kleinschreibung bis zu Um- und Auslauten führen. Über die Vermittlung von Regelwissen hinaus werden aber auch Lernstrategien behandelt und durch spezielle Rechtschreibalgorithmen anschaulich dargestellt. Weiterhin stellen Anleitungen zur Selbststrukturierung und Handlungssteuerung eine wesentliche Komponente des Trainingsprogramms dar.

Die Effektivität des MRT wurde in mehreren Evaluationsstudien in unterschiedlichen Settings, in der Einzelförderung, der Gruppenförderung in der Schule oder als Elterntraining überprüft. Dabei konnte die Wirksamkeit des MRT wiederholt gezeigt werden (eine neuere Übersicht zu den einzelnen Studien findet sich bei Schulte-Körne 2016). In einer ersten Interventionsstudie zur Wirksamkeitsüberprüfung wurde eine Gruppe rechtschreibschwacher Kinder von ihren Eltern im Zeitraum von einem Jahr mit dem Programm gefördert. Es zeigten sich signifikante Verbesserungen im geförderten Regelbereich. Ein weiteres Jahr später konnten auch positive Effekte auf die allgemeine Lese- und Rechtschreibleistung nachgewiesen werden. Da jedoch keine Kontrollgruppe einbezogen wurde, lässt sich dieser Befund allerdings nicht mit Sicherheit als spezifischer Fördereffekt interpretieren (vgl. Steinbrink und Lachmann 2014). Mehrere Folgestudien wurden jedoch im Rahmen eines Kontrollgruppenversuchsplanes durchgeführt und erlauben deshalb präzisere Bewertungen. Die Ergebnisse lassen sich insgesamt so interpretieren, dass das das MRT bei Schülern der zweiten bis vierten Klassenstufen in verschiedenen Fördersettings (mit den Eltern, in der Einzelförderung und im schulischen Kontext) sinnvoll eingesetzt werden kann. Mädchen und Jungen profitieren gleichermaßen von der Förderung, und die Effekte liegen meist im mittelhohen Bereich. Allerdings stehen umfassende Untersuchungen zur Nachhaltigkeit der Förderung noch aus.

Das „Würzburger orthografische Training" (WorT; Berger et al. 2009; vgl. auch Schneider und Berger 2012) entstand ebenfalls auf der Grundlage der beschriebenen Phasenmodelle zum Schriftspracherwerb, ist jedoch explizit für den Einsatz im Unterricht ausgelegt. Im Unterschied zum MRT wird auch die alphabetische Stufe des Schriftspracherwerbs einbezogen. Das Rechtschreibtraining gliedert sich in zwei unabhängige Teile:

1. In sechs Modulen wird das lautgetreue Verschriften thematisiert. Dieser Förderansatz kann somit bereits ab Ende des ersten Schuljahres verwendet werden.
2. Sieben Module beschäftigen sich mit dem orthografischen Verschriften, also der Verwendung von Rechtschreibregeln und -strategien. Das Training ist somit vom zweiten Schuljahr an bis zum Ende der Grundschulzeit einsetzbar.

Der modulare Aufbau und die Progression des Übungsmaterials erlauben eine individuelle Anpassung an die Kompetenzen und den Lernbedarf eines Kindes, wobei die Übungsinhalte an den Fehlerschwerpunkten im Grundschulunterricht orientiert sind. Durch die Verwendung einer Eingangs- und Abschlussdiagnostik können einerseits gezielt Übungsinhalte ausgewählt, andererseits auch Lernfortschritte überprüft werden. Das Programm besteht aus zwei Bänden:

- In Band 1 (*Verschriften lautgetreuer Wörter*) werden folgende Inhalte behandelt: Phonem-Graphem-Korrespondenzen, Silbengliederung, Diskriminierung schwer unterscheidbarer Laute und Lautverbindungen, die Wortendungen -el, -en, -er („erweiterte Lauttreue"), komplexe Konsonantenverbindungen und -häufungen sowie 100-Prozent-Regeln (Sp/sp, St/st, Qu/qu).
- Band 2 (*Rechtschreibregeln befolgen*) enthält die folgenden Module: auditive Differenzierung von Vokallängen, Dopplung/Schärfung, Groß- und Kleinschreibung, Morphemtraining, langes i [:i] (ie), Ableitungsregeln und -strategien sowie Aufbau eines Sichtwortschatzes bzw. Merkworttrainings.

Zu den allgemeinen Prinzipien, die die Entwicklung von WorT bestimmt haben und die für die praktische Arbeit bedeutsam sind, gehören

- Einsatz von Lob und Verstärkung,
- Orientierung am individuellen Lernfortschritt,
- Förderung von Selbstständigkeit,
- Erlernen von Kontroll- bzw. Überwachungsstrategien beim Schreiben,
- Wiederholung von Übungsschwerpunkten und ein Streben nach Automatisierung.

In einer ersten Evaluationsstudie an einer Gruppe von insgesamt 74 Grundschulklassen (zweites und drittes Schuljahr) wurden Fördergruppen aus Kindern mit schwachen Rechtschreibleistungen zusammengestellt, die ein Jahr lang mit den verschiedenen WorT-Modulen arbeiteten. Im Vergleich zu einer nicht geförderten Kontrollgruppe zeigte sich, dass das Training mit WorT zu einer Leistungssteigerung im lautgetreuen Schreiben führte. Ein eindeutiger Effekt auf das orthografische Schreiben konnte nicht nachgewiesen werden, was vermutlich auf die relativ knapp bemessene Übungszeit zurückzuführen ist. Über den direkten Vergleich der Leistungen vor und nach der Arbeit mit WorT hinaus wurde der Zusammenhang zwischen dem Leistungsfortschritt über ein Schuljahr mit der Anzahl an bearbeiteten Modulen bestimmt. Hier ergab sich ein statistisch bedeutsamer Zusammenhang, der sich besonders in der zweiten Klassenstufe zeigte. Bei der Erprobung in der Praxis wurde von den teilnehmenden Lehrkräften die gute Handhabbarkeit und Adaptierbarkeit des Trainings positiv hervorgehoben.

Walter (2002) wies schon vor geraumer Zeit darauf hin, dass es im Bereich der Rechtschreibförderung zu wenige Ansätze gibt, die auf der Grundlage von Morphemen (den kleinsten Bedeutung tragenden Einheiten der Sprache) aufbauen. Morpheme können als didaktisch relevante Einheiten für den Schriftspracherwerb angesehen werden, die Schülern beim Erlernen orthografischer Regelmäßigkeiten helfen können. Walter (2006) entwickelte in der Folge ein morphemorientiertes Rechtschreibtraining (REMO-2), das insbesondere einen orthografisch-morphologisch orientierten Förderansatz verfolgt. Schüler sollen hier über die Verwendung einer multimedialen Computersoftware einzelne Morpheme als Bausteine von Wörtern erkennen lernen und über Analogiebildung auch Verallgemeinerungen vornehmen, also verstehen, dass diese Bausteine im Kontext unterschiedlicher Wörter vorkommen können. Es wurde unterschieden zwischen Hauptmorphemen, die den Sinn eines Wortes wesentlich bestimmen (etwa „wohn" in „be/wohn/en"), und funktionalen Morphemen, die in Anfangs- oder Endmorpheme differenziert werden können (etwa /be/ und /en/ in „be/wohn/en"). Unterfüttert wird dieses Programm mit spezifischen didaktischen Komponenten („direkte Instruktion"), Ansätzen zur Stärkung der Motivation (Münzverstärkungsprogramme) sowie der Überwachung der Lernfortschritte.

In einer ersten Evaluation des Programms bei Drittklässlern (Walter et al. 2007) arbeitete die Trainingsgruppe (rechtschreibschwache Schüler) in Kleingruppen von sechs bis sieben Schülern am Computer. Das Förderprogramm wurde in 15 Sitzungen absolviert, die über acht Wochen verteilt waren. Die Vergleichsgruppe bestand ebenfalls aus rechtschreibschwachen Kindern, die im gleichen Zeitraum eine Leseförderung erhielt. Wesentliche Lernziele der morphemorientierten Förderung bestanden darin, dass die Schüler einzelne Morphemkategorien unterscheiden konnten, dass sie generalisieren sollten, also zur Analogiebildung fähig waren, und sich beim Schreiben selbst instruieren sollten.

Die Ergebnisse der Wirksamkeitsprüfung fielen durchaus positiv aus. So wurde ein insgesamt großer Fördereffekt von etwa einer Standardabweichung registriert, der auch ungefähr zehn Wochen nach Trainingsende noch nachweisbar war. Dabei ließ sich die Zahl der Regel- und Merkfehler im Rechtschreibtest in der Trainingsgruppe signifikant verringern, während die Förderung keinen Effekt auf die Wahrnehmungsfehler hatte. Walter et al. (2007) werteten die Fördermaßnahme als außerordentlich erfolgreich, insbesondere weil sie zu bedeutsamen Verbesserungen in einem standardisierten Rechtschreibtest (und nicht in Veränderungen in informellen Tests) führte.

Ein ähnlicher Ansatz wurde in neuerer Zeit von Kargl und Purgstaller (2010) verfolgt, die ein morphemunterstütztes Grundwortschatz-Segmentierungstraining (MORPHEUS) für die vierten bis achten Klassenstufen entwickelten. Das Programm ist für einen Einsatz im Regel- wie im Förderunterricht vorgesehen, kann aber auch im Rahmen einer Förderung durch die Eltern und bei älteren Schülern im Selbststudium erfolgen. Zentraler Bestandteil der Förderung ist auch hier die Vermittlung des morphematischen Prinzips, also der Erkenntnis, dass im Deutschen die Wortstämme immer gleich geschrieben werden. Weiterhin wird im Rahmen von MORPHEUS erläutert, dass im Deutschen viele Wörter so gebildet werden, dass dem Wortstamm Vor- und Nachsilben hinzugefügt werden. Zusätzlich werden die Schüler in wichtige orthografische Regeln eingeführt. Über ein PC-Programm werden über 15 Übungsformen die Festlegung und Automatisierung der Wortschreibung trainiert.

Die Wirksamkeit von MORPHEUS wurde in mehreren Studien mit rechtschreibschwachen Schülern überprüft (detailliertere Darstellung bei Steinbrink und Lachmann 2014).

> In einer Studie von Schneeberger et al. (2011) wurde dabei erstmalig die Nachhaltigkeit der Trainingseffekte von MORPHEUS überprüft. In dieser Studie nahmen drei Gruppen von rechtschreibschwachen Kindern und Jugendlichen im Alter von neun bis 16 Jahren teil. Eine erste Trainingsgruppe wurde mit dem Programm MORPHEUS, eine zweite mit einem Lesetraining jeweils über einen Zeitraum von fünf Wochen gefördert. Die Kontrollgruppe erhielt keine Förderung. Unmittelbar nach Abschluss der Förderung zeigte die MORPHEUS-Trainingsgruppe eine Verbesserung ihrer Rechtschreibleistung, die sich einen Monat später im zweiten Nachtest wieder leicht reduzierte, jedoch immer noch über der Ausgangsleistung lag. Während auch die Lesefördergruppe ihre Rechtschreibleistungen vom Vor- auf den Nachtest steigern konnte, zeigte nur die MORPHEUS-Trainingsgruppe eine nachhaltige Verbesserung in der Anwendung der morphematischen Rechtschreibstrategie, die auch im zweiten Nachtest einen Monat später bestehen blieb.
>
> Die bereichsspezifische Wirkung des MORPHEUS-Trainingsprogramms scheint demnach nachgewiesen. Das Programm verbessert die allgemeine Rechtschreibleistung und fördert die Anwendung einer morphembasierten Rechtschreibstrategie nachhaltig. Im Hinblick auf einen Transfer der Trainingswirkung, insbesondere auf die Lesekompetenz, sind die Befunde dagegen nicht konsistent.

8.5 Wie wirkt sich die Intervention bei Lese-/ Rechtschreibstörung durch kombinierte Förderung des Lesens und Rechtschreibens?

Abschließend sollen Förderprogramme vorgestellt werden, die sowohl die Lesekompetenz als auch die Rechtschreibung von Schülerinnen der Primar- und Sekundarstufe verbessern wollen. Ein schon seit den 1970er-Jahren verfügbares Programm wurde von Kossow in der ehemaligen DDR entwickelt und Anfang der 1990er-Jahre grundlegend überarbeitet. Das Programm enthält sowohl kognitive als auch lerntheoretische Prinzipien und ist für lese-/rechtschreibschwache Kinder in den ersten Grundschulklassen gedacht. Kernziele der Förderung bestehen in der Identifikation und Nutzung des phonografischen Prinzips als Grundlage unseres Schriftsystems sowie in der Festigung und Erweiterung eines Bestands an Schriftbildern. Zur Intervention bei Lese-/Rechtschreibschwierigkeiten wurde die Förderung in Kleingruppen von drei bis fünf Kindern bei einem Umfang von 2–3 h pro Woche empfohlen.

Das Lese-/Rechtschreibtraining von Kossow (1991) besteht aus insgesamt elf Übungseinheiten, von denen entsprechend der Konzeption des Programms nur diejenigen zu bearbeiten sind, die sich in einer vorhergehenden Diagnostik als Hauptfehlerquellen herausgestellt haben:

- *Einheit 1*: Es werden die Lernmotivation und eine eventuelle Antipathie gegenüber dem Lesen und Schreiben überprüft. Liegt diese vor, so erfolgt als erster Interventionsschritt eine Spieltherapie, die dem Kind Erfolgserlebnisse verschaffen soll, um den Teufelskreis aus Misserfolgserlebnissen und mangelnder Motivation zu durchbrechen.
- *Einheit 2*: Das Kind wird auf mögliche Konzentrationsstörungen hin geprüft. Sind diese nachweisbar, so können danach gezielt Konzentrationsübungen durchgeführt werden.
- *Einheit 3*: Hier ist der Bereich der Rhythmik Gegenstand der Überprüfung. Fällt diese zuungunsten des Kindes aus, so wird zunächst das (musikalische) Gehör geschult.
- *Einheit 4*: Es werden der sprachliche Ausdruck und die syntaktischen Fähigkeiten des Kindes überprüft. Bei mangelnden Kenntnissen erfolgen Syntax- und Ausdrucksübungen.
- *Einheit 5*: Aufbauend auf Einheit 4 erfolgt eine Überprüfung der Artikulation und der Stimmgebung bzw. der möglichen Fehler in der Aussprache. Anschließend können gezielt Artikulations- und Stimmübungen eingesetzt werden.
- *Einheit 6*: Erst in dieser Einheit kommt schriftsprachliches Material zum Einsatz: Die Differenzierungs- und (grobe) Gliederungsfähigkeit werden ebenso überprüft wie die Raumwahrnehmung. Bei entsprechenden Defiziten kann

der Trainer anschließend Übungen zum Einzellaut und zu Einzelbuchstaben im Wort bzw. zur Groß- und Kleinschreibung durchführen.
- *Einheit 7*: Es wird zunächst geprüft, inwieweit das Kind in der Lage ist, lautgetreue Wörter und einfache Sätze zu schreiben, wobei auch die Groß- und Kleinschreibung mit einbezogen wird. „Lautgetreu" bedeutet, dass nur Wörter verwendet werden, die man durch akkurates Vorsagen der Laute richtig schreiben kann bzw. die nicht nach einer bestimmten Rechtschreibregel verschriftlicht werden. So ist beispielsweise „Haus" ein lautgetreues Wort, „Häuser" aber nicht, da das „äu" in „Häuser" vom Wortstamm abgeleitet ist und man es wie /oi/ spricht. Treten hierbei Defizite auf, so können anschließend gezielt Grob- und Feingliederungsübungen sowie Differenzierungsübungen eingesetzt werden. Darüber hinaus erlernen die Kinder einen Algorithmus für die Groß-/Kleinschreibung.
- *Einheit 8*: Sie beinhaltet neben rein lautgetreuem Wortmaterial auch Übungsmaterial mit Konsonantenhäufungen im Wort und im Satz. Die entsprechenden Trainingsinhalte sind ebenfalls Grob- und Feingliederungsübungen, aber auch das Arbeiten mit Symbolen sowie mit Abschreib- und Einprägungsübungen an Wort und Satz.
- *Einheit 9*: Nun werden ableitbare Andersschreibungen (z. B. die oben beschriebene Ableitung „Häuser" vom Wortstamm) überprüft und im Falle von Defiziten Ableitungsübungen, orthografische Regeln und Merkübungen eingesetzt.
- *Einheit 10*: Hier werden die Inhalte aus Einheit 9 erweitert, indem die Andersschreibung von Merkwörtern (nicht ableitbare Andersschreibungen) behandelt wird. Nach der Überprüfung können Merkübungen mithilfe von Symbolen und Einsetzübungen verwendet werden.
- *Einheit 11*: Abschließend erfolgt eine Überprüfung des Gesamtstoffes, der bisher behandelt wurde. Aus den Ergebnissen der Überprüfung können die einzelnen Schwierigkeiten herausgearbeitet werden. Außerdem bietet Kossow Übungsdiktate mit unterschiedlichen Schwerpunkten an.

Das Übungsprogramm von Kossow wirkt gut durchdacht und ist flexibel einsetzbar, die Übungsmaterialien sind mittlerweile jedoch veraltet und wenig ansprechend. Wirksamkeitsüberprüfungen fanden in einer kleineren Voruntersuchung und einer Hauptuntersuchung statt. Letztere wird hier genauer beschrieben (ausführlichere Darstellung bei Schulte-Körne 2006). Die Hauptstudie wurde einmal mit Förderkleingruppen lese-/rechtschreibschwacher Kinder, zum anderen in LRS-Klassen durchgeführt, in denen sich etwa 12 bis 15 Kinder befanden. In den Kleingruppen wurde das Training innerhalb eines Zeitraums von drei bis vier Monaten, in den Klassen mindestens ein Jahr durchgeführt. Obwohl keine Kontrollgruppe einbezogen wurde, kann die Förderung dennoch als erfolgreich eingestuft werden, da die Effekte als groß zu bezeichnen sind. Die durchschnittliche Fehlerzahl der geförderten Kinder in informellen Rechtschreibtests reduzierte sich um annähernd 80 %, wobei der Effekt sich auch auf nicht geübte Wörter übertrug. Es zeigten sich auch deutliche Verbesserungen in den Schulnoten, die vor dem Training in 75 % der Fälle mangelhaft, nach dem Training in etwa 80 % der Fälle gut und befriedigend waren. Als besonders positiv ist herauszustellen, dass auch die Kinder mit den größten Rechtschreibproblemen von der Förderung profitierten. Aufgrund der methodischen Einschränkungen (keine Kontrollgruppen, keine Verwendung standardisierter Tests) scheinen weitere Evaluationen notwendig.

Obwohl mit dem „Kieler Leseaufbau" (Dummer-Smoch und Hackethal 2008) und dem „Kieler Rechtschreibaufbau" (Dummer-Smoch und Hackethal 2002) zwei separate Verfahren zur Förderung des Lesens und Rechtschreibens geschaffen wurden, sollen sie hier ähnlich wie bei Steinbrink und Lachmann (2014) zusammen beschrieben werden, da sie aufeinander aufbauen, der „Kieler Leseaufbau" auch Rechtschreibübungen beinhaltet und die Verfahren auch in der Evaluationsstudie von Strehlow et al. (1999) kombiniert betrachtet wurden.

Der „Kieler Leseaufbau" ist als Förderprogramm für diejenigen Kinder gedacht, die in den beiden ersten Schuljahren anhaltende Leseschwierigkeiten entwickeln. Der seit Mitte der 1980er-Jahre verfügbare Leselehrgang findet mittlerweile auch im Erstleseunterricht von Regelklassen und im Bereich der sonderpädagogischen Förderung Anwendung. Das Programm kann auch bei älteren Schülern eingesetzt werden. Die Lernmaterialein bestehen aus einem Handbuch, einer Sammlung von Spielkarten, Karteikarten, Wörterlisten und Arbeitsblättern. Der zentrale Ansatz des Programms besteht in der kleinschrittigen Förderung der alphabetischen Strategie, die auch mit Übungen zum alphabetischen Schreiben kombiniert wird. Es werden Buchstaben-Laut-Verbindungen in 14 Stufen mit zunehmendem Schwierigkeitsgrad anhand von überwiegend lautgetreuem Material eingeführt. Dabei sollen Lautgebärden den Kindern bei der Festigung und Automatisierung der Buchstaben-Laut-Verbindungen helfen, und dies sowohl beim Lesen als auch beim Schreiben. Im Rahmen der Durchführung des „Kieler Leseaufbaus" werden außerdem verschiedene Lesestrategien eingeübt, die die Kinder u. a. allgemein beim Lautieren, beim Kombinieren zweier Laute für die Silbenbildung und bei der Unterscheidung von ähnlich klingenden Konsonanten und Vokalen unterstützen.

Der „Kieler Rechtschreibaufbau" schließt an den „Kieler Leseaufbau" an. Er soll zunächst die Fähigkeit des alphabetischen Schreibens festigen, unterstützt in der Folge dann aber den weiteren Lese- und Schreiblernprozess im Rahmen des orthografischen Schreibens. Die Listen des Trainingsprogramms enthalten über 3000 Wörter, die im Basisbereich nach Schwierigkeitsstufen und im orthografischen Bereich nach Rechtschreibproblemen geordnet sind. Während es für die ersten Listen Entsprechungen im „Kieler Leseaufbau" gibt, sind die Listen 3

8 Welche Fördermöglichkeiten des Lesens und Rechtschreibens gibt es?

bis 7 speziell dem Aufbau des orthografischen Schreibens gewidmet. Es werden etwa Ableitungsregeln gebildet, Wörter mit Auslautverhärtung und Umlaut geübt, Lösungsstrategien für die Identifikation von Wörtern mit Doppelkonsonanten erworben und Merkwörter geübt, also jene Wörter, deren Schreibung man nicht regelhaft ableiten kann, die man sich also merken muss. Die letzte Liste enthält Fremdwörter, die alphabetisch und orthografisch geordnet sind. Die Übungsspielmaterialien bestehen aus verschiedenen Kartenspielen mit Bild- und Wortkarten sowie einer Übungskartei. Es sind auch Diktattexte zum „Kieler Rechtschreibaufbau" verfügbar (vgl. Dummer-Smoch und Hackethal 2002).

> In einer Studie von Strehlow et al. (1999) wurde die Wirksamkeit einer kombinierten Anwendung beider Kieler Verfahren überprüft. Dazu wurden drei Gruppen von Drittklässlern gebildet: Während eine lese-/rechtschreibschwache Gruppe mit der Kombination von „Kieler Leseaufbau" und „Kieler Rechtschreibaufbau" gefördert wurde, nahm eine geförderte Kontrollgruppe ebenfalls lese-/rechtschreibschwacher Kinder an einem ganzheitlich konzipierten Lese- und Rechtschreibtraining teil. Eine unausgelesene Gruppe von Drittklässlern diente als weitere ungeförderte Kontrollgruppe. Die beiden geförderten Gruppen erhielten über die Zeit von einem Jahr ein Einzeltraining von etwa 45 min pro Woche, übten täglich mit einem Elternteil das laute Lesen und erledigten an vier Tagen jeder Woche zusätzliche Hausaufgaben im Lese- und Rechtschreibbereich.
>
> Als wesentlicher Befund lässt sich festhalten, dass beide trainierten Gruppen lese-/rechtschreibschwacher Kinder sich der ungeförderten Kontrollgruppe normaler Leser und Rechtschreiber in ihren Leistungen annäherten. Beide Gruppen profitierten sowohl im Hinblick auf das Lesen als auch auf das Rechtschreiben von den Fördermaßnahmen. Allerdings profitierte die trainierte Kontrollgruppe in beiden Bereichen stärker von den Fördermaßnahmen als die eigentliche Trainingsgruppe. Die bereichsspezifische Wirksamkeit einer kombinierten Anwendung beider Programme scheint demnach nachgewiesen. Dieser Schluss ist allerdings nicht eindeutig zu ziehen, da keine ungeförderte Kontrollgruppe lese-/rechtschreibschwacher Kinder in den Versuchsplan einbezogen wurde. Es fehlen meines Wissens auch Studien zur Nachhaltigkeit dieser Fördermaßnahme, die sehr wünschenswert wären.

In den letzten beiden Jahrzehnten ist das Programm „Lautgetreue Lese-Rechtschreibförderung" von Reuter-Liehr (2001; ausführliche Darstellung bei Reuter-Liehr 2016) relativ häufig eingesetzt worden. Es richtet sich an lese-/rechtschreibschwache Kinder ab der dritten Jahrgangsstufe. Das Programm ist in mittlerweile sieben Bänden verfügbar, sehr klar strukturiert und damit anwenderfreundlich. Das Förderkonzept ist im Hinblick auf Wortmaterial und Rechtschreibschwerpunkte systematisch aufgebaut. Wie schon aus dem Namen hervorgeht, soll mit diesem Förderprogramm in erster Linie die Sicherung der lautgetreuen Schreibung erfolgen. Es geht darum, Erkenntnisse über Häufigkeiten und Regelmäßigkeiten der deutschen Orthografie, die für lese-/rechtschreibschwache Kinder besonders hilfreich sein können, in den Erwerb der Schriftsprache mit einzubinden. Der Aufbau des Programms folgt dabei den Phasen der konventionellen Schriftsprachmodelle. Es wird zunächst in das alphabetische Schreiben eingeführt, wobei dem rhythmischen Syllabieren eine besondere Bedeutung zukommt.

Basiselemente des Trainings bilden das „Silbentanzen" und das rhythmisch-melodische Sprechschreiben. Ein Wort wird dabei „getanzt", indem für jede Silbe ein Seitwärtsschritt in Schreibrichtung gemacht wird, begleitet von einer tief schwingenden Armbewegung; die Hand kommt nach jeder Silbe wieder in Augenhöhe kurz zum Stillstand, und die Beine werden geschlossen (Abb. 8.4). Nach der Sicherung einer lautgetreuen Schreibung werden orthografische bzw. morphemische Lese-und Rechtschreibstrategien etabliert. Ein grundlegendes Prinzip des Programms ist darin zu sehen, dass „vom Leichten zum Schweren" und „vom Häufigen zum Seltenen" vorgegangen wird, was die Auswahl des Wortmaterials betrifft. Als verhaltenstherapeutische Trainingselemente werden Belohnungsurkunden im Sinne eines Münzverstärkungsprogramms eingesetzt und Selbstkontrollstrategien eingeführt. Anstrengungen des Kindes werden gezielt belohnt. Der Einsatzbereich des Programms ist für eine breite Altersgruppe definiert. Abhängig vom Schweregrad der Lese-/Rechtschreibproblematik variiert die Therapiedauer zwischen 80 und 120 h. Angesichts der Komplexität der Programmstruktur wird der Qualifikation der durchführenden Therapeuten ein hoher Stellenwert zugemessen (Reuter-Liehr 2016).

Mittlerweile konnten mehrere Evaluationsstudien positive Effekte des Programms belegen (z. B. Breitenbach 2012; Underberg 2005; Weber et al. 2002; vgl. auch Reuter-Liehr 2016; Steinbrink und Lachmann 2014).

> So überprüften etwa Weber et al. (2002) seine Wirksamkeit im Rahmen einer Förderstudie mit lese-/rechtschreibschwachen Drittklässlern. Während die Trainingsgruppe innerhalb eines Zeitraums von etwa vier Monaten in 15 ca. 90-minütigen Sitzungen mit dem Programm gefördert wurde, erhielt die (Warte-)Kontrollgruppe lese-/rechtschreibschwacher Kinder zunächst keine Förderung. Die Trainingsgruppe zeigte nach Abschluss der Förderperiode eine signifikant größere Verbesserung in der Rechtschreibleistung als die Kontrollgruppe. Im Hinblick auf die Lesegeschwindigkeit zeigten sich keine spezifischen Trainingseffekte.
>
> Eine neuere Studie (Breitenbach 2012) erfolgte ebenfalls mit Drittklässlern, bei denen ein dreimonatiges Intensivtraining in Kleingruppen (fünf bis sechs Kinder, 31 Tage, täglich 3 h) von einer Dyslexietherapeutin und einer Grundschullehrkraft durchgeführt wurde. Die Rechtschreibleistung wurde mit unterschiedlichen Tests erfasst. Die mit den normierten Testverfahren erfasste durchschnittliche Anzahl der falsch geschriebenen Wörter nahm über alle Messzeitpunkte hinweg kontinuierlich ab. Der Erfolg der Maßnahme konnte daran abgelesen werden, dass die geförderten Kinder die Intensivförderung mit im Mittel altersgemäßen Lese- und Rechtschreibleistungen verließen. Die Verbesserungen in der Rechtschreibung konnten auch im Vergleich zur Wartekontrollgruppe als praktisch bedeutsam bezeichnet werden. Die Nachhaltigkeit der Effekte blieb über sechs Monate stabil.

Bewegungsablauf beim *Rhythmischen Syllabieren*

Schritt 1:
Schwingen und Schreiten von Wörtern im Silbenrhythmus in Schreibrichtung

Tanzrichtung

↓

Gezielte, sprachgebundene Handlung in Verbund mit Bewegung

Abb. 8.4 Körpereigene Steuerung zur Strukturierung des Lese- und Schreibvorgangs. (Nach Reuter-Liehr 2016)

Die Nachhaltigkeit der Förderung konnte auch in der Studie von Underberg (2005) belegt werden, die Dokumentationen von Therapien nach der Methode von Reuter-Liehr auswertete. Während die geförderten Kinder ihre Rechtschreibleistung unmittelbar nach der Förderung um ca. 19 T-Wert-Punkte (also um annähernd zwei Standardabweichungen) steigern konnten, war auch noch nach mehreren Jahren immerhin eine mittlere Verbesserung um ca. 12 T-Wert-Punkte nachweisbar. Die „Lautgetreue Lese-Rechtschreibförderung" kann demnach als bereichsspezifisch wirksam eingestuft werden. Sie beeinflusst auch die Lesegenauigkeit positiv. Erfreulich scheint weiterhin, dass sich die Förderung mehrfach auch als nachhaltig erwiesen hat.

Die bislang dargestellten Befunde zur kombinierten Förderung von Lese-/Rechtschreibstörungen haben deutlich gemacht, dass eine Reihe von Förderprogrammen verfügbar ist, mit denen sich bedeutsame Trainingserfolge erzielen lassen. Die publizierten Förderungsmaßnahmen wurden dabei meist in wissenschaftlichen Untersuchungen mit kontrollierten Versuchsplänen und speziell instruierten Versuchsleitern meist in schulischen Kontexten durchgeführt.

> ?
>
> Lassen sich in der Alltagsförderung ähnlich positive Effekte erzielen?

In etwa 200 privat organisierten LOS-Instituten (Lehrinstitute für Orthografie und Schreibtechnik) wurde in den vergangenen 25 Jahren systematische Lese- und Rechtschreibförderung durchgeführt, deren Ertrag ebenfalls wissenschaftlich evaluiert wurde (May 2008). Die Fördermaßnahmen der LOS-Institute sind langfristig angelegt, wobei die Eltern Jahresverträge über 160 Förderstunden abschließen, die ggf. auch verlängert werden können. Die in die Analyse ein-

> bezogenen ca. 7000 Schülerinnen und Schüler hatten im Durchschnitt 162 Förderstunden absolviert, befanden sich also etwa ein Jahr in der Förderung (die Verweildauer streute allerdings erheblich). Bei der Wirksamkeitsüberprüfung zeigten sich über einen Zeitraum von zwei Jahren hinweg bedeutsame Leistungssteigerungen im Rechtschreiben – unabhängig von Alter, Geschlecht und Ausmaß der Rechtschreibproblematik. May (2008) verglich die Leistungsentwicklung der LOS-Schüler mit der von annähernd 1000 Grundschülern, die mit den üblichen Fördermaßnahmen ihrer Schulen bedacht wurden. Wenn Schülerinnen und Schüler aus beiden Stichproben mit gleichem Ausgangsniveau betrachtet wurden, zeigte sich für die LOS-Schüler ein deutlich größerer Lernzuwachs. Bei der Gruppe mit besonders schwachen Ausgangsleistungen im Rechtschreiben verbesserte sich die LOS-Gruppe im Verlauf von 24 Monaten um etwa 10 T-Wert-Punkte im Rechtschreibtest (entspricht etwa einer Standardabweichung), während die Steigerung in der geförderten Grundschulgruppe annähernd 4 T-Wert-Punkte betrug. Die positive Leistungsentwicklung der LOS-Schüler wurde auch in einer separaten Befragung von deren Eltern erkannt und entsprechend bewertet. In einer neueren LOS-Studie (Schneider und May 2016) wurden die positiven Befunde für die LOS-Förderung repliziert.

Es ist hier anzumerken, dass die Förderung in den verschiedenen LOS-Instituten dem gleichen Prinzip folgte, die Trainingsleiter jedoch auch eine gewisse Flexibilität bei der Auswahl der Fördermaterialien zeigten. Die positiven Fördereffekte scheinen schwerpunktmäßig darauf zurückzuführen sein, dass intensiv und über einen längeren Zeitraum hinweg mit den Schülern systematisch gearbeitet wurde. Wie die meisten anderen Evaluationsstudien deuten also auch diese Untersuchungen an, dass sich nachhaltige Trainingseffekte nur nach geraumer Zeit und als Folge intensiver wie auch qualifizierter Betreuung einstellen.

> **Fazit**
> Nachdem bis vor wenigen Jahren eher skeptische Beurteilungen der Trainingsverfahren im Bereich des Lesens und Rechtschreibens überwogen, stellt sich die Situation mittlerweile positiver dar. Wenn auch insgesamt die Zahl evaluierter Fördermaßnahmen noch ausbaufähig scheint, sind sowohl im Bereich des basalen Lesens (der Leseflüssigkeit), des Leseverständnisses und des Rechtschreibens inzwischen Verfahren verfügbar, die unterschiedliche Altersgruppen sinnvoll bedienen und sich bei unterschiedlichen Schweregraden der Lese- und/oder Rechtschreibstörung einsetzen lassen. Leider fällt es Laien (etwa Eltern von betroffenen Schülern) nach wie vor schwer, die bewährten Förderkonzepte von „alternativen" Verfahren abzugrenzen, die nicht im Hinblick auf ihre Wirksamkeit hin überprüft wurden und wohl nicht viel taugen. Wenn auch die hier vorgestellte Sammlung von empirisch bewährten Trainingsprogrammen nicht vollständig ist (vollständigere Darstellungen bei Breitenbach und Weiland 2010; Steinbrink und Lachmann 2014; von Suchodoletz 2006), so sollte sie den interessierten Leserinnen und Lesern doch Anhaltspunkte für die systematische Auswahl geeigneter Verfahren geben.
> Als wesentliches Ergebnis unterschiedlicher Überblicksarbeiten zu den Effekten von Lese-/Rechtschreibtrainings (z. B. Ise et al. 2012; Wolf et al. 2016) lässt sich festhalten, dass symptomspezifische Förderprogramme, d. h. Programme,

die an den Problemschwerpunkten im Lesen und Rechtschreiben ansetzen, effektiver sind als spezielle Funktions- oder Wahrnehmungstrainings. Interventionsverfahren, die motivationsfördernde Aspekte wie etwa Münzverstärkungsprogramme beinhalten, schneiden allgemein besser ab als Verfahren ohne solche Komponenten. Während die Effekte von Rechtschreibtrainings und Lese-/Rechtschreibtrainings meist mittelgroß bis groß ausfallen, liegt die Wirksamkeit von Lesetrainings eher im mittleren Bereich, also etwas darunter.

Eine der wichtigen Empfehlungen für die Praxis besteht darin, die Fehlerschwerpunkte der betroffenen Kinder und Jugendlichen zu diagnostizieren und die Förderung an diesen Schwierigkeiten festzumachen. Weiterhin ist es trotz einiger abweichender Befunde anzuraten, die Förderung kontinuierlich über einen längeren Zeitraum (etwa ein halbes bis ein ganzes Jahr) durchzuführen und dabei systematisch motivationsfördernde Maßnahmen einzusetzen.

Literatur

Antoniou, F., & Souvignier, E. (2007). Strategy instruction in reading comprehension: An intervention study for students with learning disabilities. *Learning Disabilities: A Contemporary Journal, 5,* 41–57.

Artelt, C., Naumann, J., & Schneider, W. (2010). Lesemotivation und Lernstrategien. In E. Klieme, C. Artelt, J. Hartig, N. Jude, O. Köller, M. Prenzel, W. Schneider & P. Stanat (Hrsg.), *PISA 2009: Bilanz nach einem Jahrzehnt* (S. 73–112). Münster: Waxmann.

Berger, N., Küspert, P., Lenhard, W., Marx, P., Schneider, W., & Weber, J. (2009). *WorT – Würzburger orthografisches Training.* Berlin: Cornelsen.

Brandenburg, J., Kleszcewski, J., Fischbach, A., Büttner, G., Grube, D., Mähler, C., & Hasselhorn, M. (2013). Arbeitsgedächtnisfunktionen von Kindern mit Minderleistungen in der Schriftsprache. *Lernen und Lernstörungen, 2,* 147–159.

Breitenbach, E. (2012). Intensivförderung von lese- rechtschreibschwachen Kindern in der Grundschule. *Empirische Sonderpädagogik, 2,* 167–182.

Breitenbach, E., & Weiland, K. (2010). *Förderung bei Lese-Rechtschreibschwäche.* Stuttgart: Kohlhammer.

Cunningham, A. E., & Stanovich, K. E. (1993). Children's literacy environments and early word recognition skills. *Reading and Writing: An Interdisciplinary Journal, 5,* 193–204.

Dummer-Smoch, L., & Hackethal, J. (2002). *Kieler Rechtschreibaufbau.* Bd. 5. Kiel: Veris.

Dummer-Smoch, L., & Hackethal, J. (2008). *Kieler Leseaufbau.* Bd. 8. Kiel: Veris.

Einsiedler, W., Frank, A., Kirschhock, E.-M., Martschinke, S., & Treinies, G. (2002). Der Einfluss verschiedener Unterrichtsmethoden auf die phonologische Bewusstheit sowie auf Lese- und Rechtschreibleistungen im 1. Schuljahr. *Psychologie in Erziehung und Unterricht, 49,* 194–209.

Gold, A. (2010). *Lesen kann man lernen – Lesestrategien für das 5. und 6. Schuljahr.* Göttingen: Vandenhoeck & Ruprecht.

Gold, A., Mokhlesgerami, J., Rühl, K., Scherblowski, S., & Souvignier, E. (2004). *Wir werden Textdetektive*. Göttingen: Vandenhoeck & Ruprecht.
Gold, A., Trenk-Hinterberger, I., & Souvignier, E. (2009). „Die Textdetektive" – Ein strategieorientiertes Programm zur Förderung des Leseverständnisses. In W. Lenhard & W. Schneider (Hrsg.), *Diagnose und Förderung des Leseverständnisses* (s. S. 101) (Tests und Trends, N.F, Bd. 7, S. 207–226). Göttingen: Hogrefe.
Guthrie, J. T., Wigfield, A., Barbosa, P., Perencevic, K. C., et al. (2004). Increasing reading comprehension and engagement through concept-oriented reading instruction. *Journal of Educational Psychology, 96*, 403–423.
Hasselhorn, M., & Schneider, W. (2016). Förderung schulrelevanter Kompetenzen in Vorschule und Schule. In M. Hasselhorn & W. Schneider (Hrsg.), *Förderprogramme für Vor- und Grundschulkinder* (s. S. 101) (Tests und Trends, N.F Bd. 14, S. 1–11). Göttingen: Hogrefe.
Ise, E., Engel, R., & Schulte-Körne, G. (2012). Was hilft bei Lese- Rechtschreibstörung? *Kindheit und Entwicklung, 21*, 122–136.
Kargl, R., & Purgstaller, C. (2010). *MORPHEUS – Morphemunterstütztes Grundwortschatz-Segmentierungstraining*. Göttingen: Hogrefe.
Klatte, M., Steinbrink, C., Bergström, K., & Lachmann, T. (2013). Phonologische Verarbeitung bei Grundschulkindern mit schwacher Lesefähigkeit. *Lernen und Lernstörungen, 2*, 199–215.
Klatte, M., Steinbrink, C., Bergström, K., & Lachmann, T. (2016). „Lautarium" – Ein computerbasiertes Trainingsprogramm für Grundschulkinder mit Lese-Rechtschreibschwierigkeiten. In M. Hasselhorn & W. Schneider (Hrsg.), *Förderprogramme für Vor- und Grundschulkinder* (s. S. 101) (Tests und Trends, N.F Bd. 14, S. 115–142). Göttingen: Hogrefe.
Klicpera, C., & Gasteiger-Klicpera, B. (1998). *Lesen und Schreiben – Entwicklung und Schwierigkeiten* (2. Aufl.). Bern: Huber.
Klicpera, C., Rainer, S., & Gelautz, N. (2005). Einfluss eines klassenweisen Mitschüler-Tutoring auf die Entwicklung des Lesens und Rechtschreibens sowie das Sozialverhalten in der 2. Klasse Grundschule. *Heilpädagogische Forschung, 31*, 145–152.
Kossow, H.-J. (1991). *Einführung und Kommentare*. Leitfaden zur Bekämpfung der Lese-Rechtschreibschwäche, Bd. 2. Berlin: Deutscher Verlag der Wissenschaften.
Landerl, K. (2003). Kognitive Defizite bei Leseschwäche. *Psychologie in Erziehung und Unterricht, 50*, 369–380.
Landerl, K. (2009). Lese-/Rechtschreibstörung. In S. Schneider & J. Margraf (Hrsg.), *Störungen im Kindes- und Jugendalter, Bd. 3: Lehrbuch der Verhaltenstherapie*, (S. 396–410). Heidelberg: Springer.
Lenhard, W. (2013). *Leseverständnis und Lesekompetenz: Grundlagen – Diagnostik – Förderung*. Stuttgart: Kohlhammer.
Lenhard, W., & Artelt, C. (2009). Komponenten des Leseverständnisses. In W. Lenhard & W. Schneider (Hrsg.), *Diagnose und Förderung des Leseverständnisses* (s. S. 101) (Tests und Trends, N.F, Bd. 7, S. 1–17). Göttingen: Hogrefe.
Lenhard, W., & Lenhard, A. (2016). „conText" – Training des Leseverständnisses mithilfe semantischer Technologien. In M. Hasselhorn & W. Schneider (Hrsg.), *Förder-

programme für Vor- und Grundschulkinder (s. S. 101) (Tests und Trends, N.F Bd. 14, S. 209–224). Göttingen: Hogrefe.
Lenhard, W., Baier, H., Endlich, D., Lenhard, A., Schneider, W., & Hoffmann, J. (2012). Computerunterstützte Leseverständnisförderung: Die Effekte automatisch generierter Rückmeldungen. *Zeitschrift für Pädagogische Psychologie, 26,* 135–148.
Lenhard, W., Baier, H., Lenhard, A., Schneider, W., & Hoffmann, J. (2013). *Förderung des Leseverständnisses durch das Arbeiten mit Texten.* Göttingen: Hogrefe.
Mannhaupt, G. (2006). Ergebnisse von Therapiestudien. In W. von Suchodoletz (Hrsg.), *Therapie der Lese-Rechtschreibstörung (LRS)* (2. Aufl., S. 93–110). Stuttgart: Kohlhammer.
Marx, P. (2007). *Lese- und Rechtschreiberwerb.* Paderborn: Schöningh (UTB).
May, P. (2008). *Zur Wirksamkeit der Förderung von Kindern und Jugendlichen im LOS – Überprüfung der Rechtschreibleistungen und Elternbefragung.* Saarbrücken: LOS-Verbund.
McElvany, N., & Schneider, C. (2009). Förderung von Lesekompetenz. In W. Lenhard & W. Schneider (Hrsg.), *Diagnose und Förderung des Leseverständnisses* (s. S. 101) (Tests und Trends, N.F, Bd. 7, S. 151–184). Göttingen: Hogrefe.
Moll, K., & Landerl, K. (2010). *Lese- und Rechtschreibtest – Weiterentwicklung des Salzburger Lese- und Rechtschreibtests (SLRT II).* Bern: Huber.
Nix, A. (2011). *Förderung der Leseflüssigkeit.* Weinheim: Juventa.
Palincsar, A., & Brown, A. L. (1984). Reciprocal teaching of comprehension-fostering and comprehension monitoring activities. *Cognition and Instruction, 1,* 117–175.
Paris, S., & Jacobs, J. E. (1984). The benefits of informed instruction for children's reading awareness and comprehension skills. *Child Development, 55,* 2083–2093.
Philipp, M. (2013). *Evidenzbasierte Leseförderansätze – Ein internationaler Forschungsüberblick.* St. Gallen: Expertise für Wissenschaftliches Konsortium Sprachförderung (BiSS).
Reuter-Liehr, C. (2001). *Lautgetreue Lese- Rechtschreibförderung.* Bd. 2. Bochum: Winkler.
Reuter-Liehr, C. (2016). Die lautgetreue Rechtschreibförderung als Basis eines umfassenden Behandlungssystems bei Lese- Rechtschreibstörungen. In M. Hasselhorn & W. Schneider (Hrsg.), *Förderprogramme für Vor- und Grundschule* (s. S. 101) (Tests und Trends, Bd. 14, S. 161–184). Göttingen: Hogrefe.
Ritter, C., & Scheerer-Neumann, G. (2009). *PotsBlitz. Das Potsdamer Lesetraining – Förderung der basalen Lesefähigkeiten.* Köln: ProLog.
Rosebrock, C., Nix, D., Rieckmann, C., & Gold, A. (2014). *Leseflüssigkeit fördern: Lautleseverfahren für die Primar- und Sekundarstufe* (3. Aufl.). Seelze: Kallmeyer.
Rosenshine, B., & Meister, C. (1994). Reciprocal teaching: A review of the research. *Review of Educational Research, 66,* 181–221.
Rühl, K., & Souvignier, E. (2006). *Wir werden Lesedetektive (Lehrermanual und Arbeitsheft).* Göttingen: Vandenhoeck & Ruprecht.
Scheerer-Neumann, G. (1997). Lesen und Leseschwierigkeiten. In F. E. Weinert (Hrsg.), *Psychologie des Unterrichts und der Schule* (s. S. 69) (Enzyklopädie der Psychologie Serie Pädagogische Psychologie, Bd. 3, S. 279–325). Göttingen: Hogrefe.

Scheerer-Neumann, G. (2015). *Lese-Rechtschreib-Schwäche und Legasthenie – Grundlagen, Diagnostik und Förderung.* Stuttgart: Kohlhammer.
Schneeberger, B., Kargl, R., Purgstaller, C., Kozel, N., Gebauer, D., Vogl, J., Rohere, S., & Fink, A. (2011). Förderung von Kindern und Jugendlichen mit Problemen im Schriftspracherwerb. *Zeitschrift für Heilpädagogik, 12,* 476–483.
Schneider, W. (1997). Rechtschreiben und Rechtschreibschwierigkeiten. In F. E. Weinert (Hrsg.), *Psychologie des Unterrichts und der Schule* (s. S. 69) (Enzyklopädie der Psychologie, Serie Pädagogische Psychologie, Bd. 3, S. 327–363). Göttingen: Hogrefe.
Schneider, W., & Berger, N. (2012). Möglichkeiten der Prävention und Intervention bei Lese- Rechtschreibstörungen. In T. Hellbrügge & B. Schneeweiß (Hrsg.), *Kinder im Schulalter: Verhaltensstörungen – Lernprobleme – Normabweichungen* (S. 84–105). Stuttgart: Klett-Cotta.
Schneider, W., & May, P. (2016). *Ergebnisse der LOS-Studie II.* Saarbrücken: LOS-Verbund.
Schneider, W., & Springer, A. (1978). Individualisiertes Rechtschreibtraining auf verhaltenstherapeutischer Basis. *Psychologie in Erziehung und Unterricht, 25,* 197–204.
Schulte-Körne, G. (2006). Lerntheoretisch begründete Therapieverfahren bei der Lese-Rechtschreib-Störung. In W. von Suchodoletz (Hrsg.), *Therapie der Lese-Rechtschreib-Störung (LRS)* (2. Aufl., S. 31–54). Stuttgart: Kohlhammer.
Schulte-Körne, G. (2016). „Das Marburger Rechtschreibtraining" – Ein Förderprogramm für Kinder mit einer Lese- und/oder Rechtschreibstörung. In M. Hasselhorn & W. Schneider (Hrsg.), *Förderprogramme für Vor- und Grundschulkinder* (s. S. 101) (Tests und Trends, N.F, Bd. 14, S. 185–198). Göttingen: Hogrefe.
Schulte-Körne, G., & Mathwig, F. (2009). *Das Marburger Rechtschreibtraining.* Bochum: Winkler.
Souvignier, E. (2009). Effektivität von Interventionen zur Verbesserung des Leseverständnisses. In W. Lenhard & W. Schneider (Hrsg.), *Diagnose und Förderung des Leseverständnisses* (s. S. 101) (Tests und Trends, N.F, Bd. 7, S. 185–206). Göttingen: Hogrefe.
Steinbrink, C., & Lachmann, T. (2014). *Lese-Rechtschreibstörung: Grundlagen, Diagnostik, Intervention.* Heidelberg: Springer.
Steinbrink, C., Klatte, M., & Lachmann, T. (2014). Phonological, temporal and spectral processing in vowel length discrimination is impaired in German primary school children with developmental dyslexia. *Research in Developmental Disabilities, 35*(11), 3034–3045.
Stock, C., & Schneider, W. (2011). *PHONIT. Ein Trainingsprogramm zur Verbesserung der phonologischen Bewusstheit und Rechtschreibleistung im Grundschulalter.* Göttingen: Hogrefe.
Streblow, L., Holodynski, M., & Schiefele, U. (2007). Entwicklung eines Lesekompetenz- und Lesemotivationstrainings für die siebte Klassenstufe. *Psychologie in Erziehung und Unterricht, 54,* 287–297.
Streblow, L., Schiefele, U., & Riedel, S. (2012). Überprüfung des revidierten Trainings zur Förderung der Lesekompetenz und Lesemotivation (LekoLemo) für die Sekun-

darstufe I. *Zeitschrift für Entwicklungspsychologie und Pädagogische Psychologie, 44,* 12–26.

Strehlow, U., Haffner, J., Busch, G., Pfüller, U., Rellum, T., & Zerahn-Hartung, C. (1999). An Schwächen üben oder durch Stärken ausgleichen? Vergleich zweier Strategien in der Förderung von Kindern mit einer umschriebenen Lese-Rechtschreibschwäche. *Zeitschrift für Kinder- und Jugendpsychiatrie und Psychotherapie, 27,* 103–113.

von Suchodoletz, W. (2006). Alternative Therapieangebote im Überblick. In W. von Suchodoletz (Hrsg.), *Therapie der Lese-Rechtschreib-Störung (LRS) – Traditionelle und alternative Behandlungsmethoden im Überblick* (S. 167–279). Stuttgart: Kohlhammer.

Tacke, G. (2005). Evaluation eines Lesetrainings zur Förderung lese-rechtschreibschwacher Grundschüler der zweiten Klasse. *Psychologie in Erziehung und Unterricht, 52,* 198–209.

Underberg, D. J. (2005). *Die Entwicklung von Kindern mit LRS nach Therapie durch ein sprach-systematisches Förderkonzept.* Bochum: Winkler.

Walter, J. (2002). Differenzielle Effekte des Trainings des phonologischen Wissens auf das Lesen- und Schreibenlernen. *Heilpädagogische Forschung, 28,* 38–49.

Walter, J. (2006). *REMO-2. Multimediales Rechtschreibpaket auf Morphembasis.* Göttingen: Hogrefe.

Walter, J., Schliebe, L., & Barzen, S. (2007). Evaluation eines morphemorientiert-strategischen Rechtschreibtrainings in schulischen Fördergruppen mit Grundschülern der 3. Klasse. *Heilpädagogische Forschung, 33,* 143–153.

Walter, J., Die, S., & Petersen, A. (2012). Kooperatives Lernen auf der Basis von Lese-Tandems: Entwicklung und Evaluation eines tutoriellen Lesetrainings zur Steigerung der Leseflüssigkeit. *Zeitschrift für Heilpädagogik, 63,* 448–464.

Weber, J.-M., Marx, P., & Schneider, W. (2002). Profitieren Legastheniker und allgemein lese-rechtschreibschwache Kinder in unterschiedlichem Ausmaß von einem Rechtschreibtraining? *Psychologie in Erziehung und Unterricht, 49,* 56–70.

Wolf, K. M., Schroeders, U., & Kriegbaum, K. (2016). Metaanalyse zur Wirksamkeit einer Förderung der phonologischen Bewusstheit in der deutschen Sprache. *Zeitschrift für Pädagogische Psychologie, 30,* 9–33.

9

Wege des Schriftspracherwerbs im Deutschen – Ein Fazit

Inhaltsverzeichnis
Literatur... 231

Aus historisch-evolutionärer Perspektive betrachtet, hat sich die Entwicklung der deutschen Schriftsprache im Verlauf von nur wenigen Jahrhunderten, also in einem vergleichsweise sehr kurzen Zeitraum, vollzogen. Wie eingangs erwähnt, hat Luthers Bibelübersetzung beschleunigend gewirkt und die Schriftsprache breiten Bevölkerungsschichten nähergebracht, was in Anbetracht des Lutherjahres noch einmal herausgestellt werden soll. Nachdem lange Zeit der kirchliche Einfluss dominiert hatte, nahmen erst im Mittelalter Kommunen und deutsche Länder systematisch Einfluss auf den Erwerb der Schriftsprache und sorgten für die Einführung der Schulpflicht. Leider war es um die Ausbildung und Bezahlung der Lehrkräfte zunächst sehr schlecht bestellt, und ihre gesellschaftliche Reputation ließ ebenfalls zu wünschen übrig, was sich negativ auf die Qualität des Unterrichts auswirkte. Erst seit etwas mehr als 200 Jahren haben sich Ausbildungsbedingungen, finanzielle Vergütung und Ansehen des Lehrerstandes deutlich verbessert, und wir können nun davon ausgehen, dass die Voraussetzungen für einen hochwertigen und erfolgreichen Lese- sowie Schreibunterricht gegeben sind.

Das war nicht immer so. Die Frage, wie Kinder am besten lesen und schreiben lernen, wurde sehr lange kontrovers diskutiert. Im Hinblick auf die Gestaltung des Lese- und Grammatikunterrichts finden wir seit dem 16. Jahrhundert einen fortwährenden Streit um die angemessene Leselernmethode. Es scheint absolut bemerkenswert, dass es wohl keinen anderen Lernbereich gibt, in dem über 500 Jahre hinweg in beeindruckender Regelmäßigkeit derart viele unterschiedliche Lösungs- und Verbesserungsvorschläge unterbreitet und (meist heftig) diskutiert worden sind. Diese Situation hat sich auch in der Neuzeit nicht wesentlich verändert, auch wenn die Datenlage mittlerweile klarer ist.

> **?**
> Was haben die empirischen Methodenvergleiche gebracht?

Hatte schon die erste Welle der methodenvergleichenden Untersuchungen in den 1960er-Jahren ein Patt ergeben und in der Folge zu integrierenden Maßnahmen und damit zu einer Befriedung der Debatte geführt, so kann dies auch für die zweite Welle der Neuzeit ähnlich gesehen werden. Die meisten neueren Vergleichsstudien konnten belegen, dass sich für den Anfangsunterricht gerade in der ersten Klasse kaum große Unterschiede zwischen lehrgangsgebundenen Fibelansätzen und eher öffnenden Verfahren im Sinne des Spracherfahrungsansatzes ergeben. Für die Gesamtgruppen der hier relevanten Längsschnittstudien ergaben sich auch in den Folgejahren der Grundschulzeit keine sehr großen Leistungsunterschiede in Abhängigkeit von der Unterrichtsmethode. Lediglich für die als Reichen-Methode bezeichnete Variante des Spracherfahrungsansatzes ergaben sich in den meisten Studien eher ungünstige Ergebnisse. Dies scheint deshalb erwähnenswert, weil diese Methode bei vielen Lehrkräften nach wie vor beliebt zu sein scheint und immer noch häufig eingesetzt wird.

Insgesamt betrachtet profitiert ein lernförderlicher Anfangsunterricht von systematischer Instruktion (Schründer-Lenzen 2013). Die meisten deutschsprachigen Kinder eines Altersjahrgangs können gegen Ende des ersten Schuljahres lesen, und dies recht unabhängig von der Art der eingesetzten Lernmethode. Es sollte dabei allerdings aber auch immer beachtet werden, dass sich individuelle Unterschiede in der pädagogischen und fachdidaktischen Kompetenz von Lehrkräften bedeutsam auf den Lernerfolg von Schülerinnen und Schülern auswirken können. Unterschiedliche Vergleichsstudien haben übereinstimmend die besondere Rolle der Lehrperson und der Qualität des Unterrichts für den Lernerfolg der Schülerinnen und Schüler herausgearbeitet. Dies gilt nicht nur für den deutschsprachigen, sondern auch für den angloamerikanischen Raum, wie Arbeiten von Pressley (1998, 2001) verdeutlicht haben. Unterschiede in der diagnostischen Kompetenz von Lehrkräften, ihrer Handlungskompetenz im Hinblick auf die Organisation von Lernprozessen und ihrer Fähigkeit zum effektiven Classroom Management spielen für den Leselernerfolg unabhängig von der eingesetzten Lernmethode eine zentrale Rolle. Ist der Unterricht qualitativ hochwertig und effektiv, wirken sich Fördermaßnahmen langfristig positiv aus, unabhängig davon, ob eher lehrgangsorientierte oder offene Unterrichtsmaßnahmen dominieren.

> **?**
> Werden für Risikogruppen spezielle Instruktionsmethoden benötigt?

Nimmt man gezielt die Subgruppen lernschwächerer Schüler oder Schüler mit Migrationshintergrund ins Visier, so wird deutlich, dass stärker strukturierte und lehrerzentrierte Ansätze für diese Klientel insgesamt nützlicher scheinen. Dies gilt insbesondere auch für den Erwerb des Rechtschreibens, der aufgrund der irregulären Orthografie vielen Kindern nicht ähnlich leicht wie das Lesenlernen fällt. Hier fallen individuelle Unterschiede im didaktischen Kompetenzniveau der Lehrkräfte ebenso ins Gewicht wie Bewertungsunterschiede im Hinblick auf die gesellschaftliche Relevanz des Rechtschreibens.

> **?**
> Wann werden die Weichen für den Schriftspracherwerb gestellt?

Die Forschungsarbeiten der letzten Jahrzehnte haben nicht nur im Hinblick auf die theoretischen Grundlagen des Lese- und Rechtschreiberwerbs wichtige Fortschritte erzielt, sondern auch immer wieder Belege dafür erbracht, dass erste Weichen auf dem Weg zur Schriftsprache schon im Vorschulalter gestellt werden. Obwohl sich die oben näher dargestellten Modelle des Schriftspracherwerbs in Teilaspekten unterscheiden, stimmen sie darin überein, dass erste relevante Entwicklungsstufen schon im Alter von etwa vier bis fünf Jahren beobachtet werden können. Einschlägige Forschungsarbeiten haben weiterhin verdeutlicht, dass Lese- und Rechtschreibprozesse nicht so ähnlich sind wie vielfach angenommen und dass die Schwierigkeiten beim Erwerb entscheidend von der Regularität der jeweiligen Orthografie abhängen (P. Marx 2007; Schneider und Berger 2012).

Eine der wohl extremsten Fehlinterpretationen der Entwicklungsmodelle bestand lange darin, den Schriftspracherwerb in Parallelität mit dem Spracherwerb zu sehen und eine quasiautomatische, überwiegend selbstgesteuerte Weiterentwicklung der Schriftsprachkompetenz von Kindern anzunehmen. Diese Interpretation hat zu wissenschaftlich kontrovers diskutierten didaktischen Konsequenzen geführt. Ein Verdienst der unterschiedlichen Entwicklungs- und Funktionsmodelle ist jedoch zweifellos darin zu sehen, dass sie die Unterschiede in den Anforderungen des Lesens und Schreibens verdeutlicht haben. So wurde beispielsweise für die deutsche Sprache illustriert, dass sich der Aspekt der Lauttreue und die Art der Gedächtnisanforderung beim Lesen und Rechtschreiben klar unterscheiden. Für das Deutsche ließ sich demnach etwa zeigen, dass das Lesenlernen den Kindern insgesamt gesehen insofern leichter fällt als der Erwerb des Rechtschreibens, als die deutsche Orthografie im Hinblick auf das Lesen eher regulär, im Hinblick auf das Rechtschreiben hingegen eher irregulär ist. Beide Aspekte tragen dazu bei, dass das Lesen eines Wortes in der Regel leichter fällt als das Schreiben.

> **?**
> Welche kindlichen Merkmale sind für den Schriftspracherwerb besonders wichtig?

Ein besonderer Befund neuerer Arbeiten zum Schriftspracherwerb kann darin gesehen werden, dass schon im Vorschulalter sprachliche Kompetenzen bestimmt werden können, die den Erwerb des Lesens und Rechtschreibens in der Schule vorhersagen. Der phonologischen Bewusstheit, dem sprachlichen Arbeitsgedächtnis und der sprachgebundenen Informationsverarbeitung kommt dabei besondere Bedeutung zu, doch sind auch der Wortschatz und das frühe Sprachverständnis für die Prognose der Schriftsprachkompetenz durchaus relevant. Beeindruckend scheint in diesem Zusammenhang, dass zahlreiche nationale und internationale Längsschnittstudien zum gleichen Ergebnis kommen. Will man früh erkennbare Defizite junger Kinder in der Sprachverarbeitung beheben, so sind Erfolge insbesondere im Bereich der phonologischen Bewusstheit nachgewiesen worden. Demgegenüber lassen sich Arbeitsgedächtnis und sprachliche Informationsverarbeitungsgeschwindigkeit weniger gut fördern. Während die Trainingsprogramme zur phonologischen Bewusstheit in der einschlägigen erziehungswissenschaftlichen Literatur vielfach deshalb kritisiert werden, weil sie als additive Maßnahmen zu verstehen sind und von daher nicht so leicht in den Kindergartenalltag integriert werden können, muss andererseits aber auch konstatiert werden, dass eher ganzheitlich und integrierte Sprachfördermaßnahmen ihre Alltagstauglichkeit noch nicht unter Beweis gestellt haben. Letzteres könnte damit zu tun haben, dass es noch an geeigneten Fortbildungsmaßnahmen für das pädagogische Fachpersonal fehlt. Es bleibt zu hoffen, dass neuere Ansätze in diesem wichtigen Bereich letztendlich dazu geeignet sind, dieses Problem zu beheben und gerade die Voraussetzungen von sog. Risikokindern deutlich zu verbessern.

> **?**
> Wie geht die Leistungsentwicklung im Lesen und Rechtschreiben in frühen und späteren Phasen vor sich?

Für beide Bereiche gilt, dass gerade in den ersten Jahren der Grundschulzeit generell starke Leistungszuwächse zu beobachten sind. Für beide Kompetenzbereiche gilt allerdings auch, dass die Leistungsbandbreite von Beginn an beträchtlich ausfällt und sich in späteren Phasen kaum reduziert. Die hohen Stabilitätskennwerte deuten darauf hin, dass Anfangsunterschiede in Schriftsprachkompetenzen über längere Zeiträume beibehalten werden, und dies relativ unabhängig von unterschiedlichen schulischen Erfahrungen. Lese- wie auch Rechtschreibleistungen verbessern sich bis zum späten Jugendalter. Danach sind kaum noch Kompetenzzuwächse zu verzeichnen.

> **?**
> Wie gelangt man zu diesen Erkenntnissen?

In den letzten Jahrzehnten hat sich im Hinblick auf die Diagnostik von Lese- und Rechtschreibleistungen die Situation deutlich verbessert. Es stehen mittlerweile für jeden der oben beschriebenen Teilbereiche ökonomische, verlässliche und inhaltsgültige Testverfahren zur Verfügung, die auch von Lehrkräften problemlos eingesetzt werden können. Will man die Entwicklung von Schriftsprachleistungen frühzeitig vorhersagen, so empfiehlt es sich, neben der Intelligenz auch Merkmale der phonologischen Informationsverarbeitung heranzuziehen, also die phonologische Bewusstheit, das Arbeitsgedächtnis und die Geschwindigkeit beim Zugriff auf das semantische Lexikon. Merkmale des Klassenkontexts, etwa die allgemeine Leistungsstärke einer Klasse, sind ebenfalls dazu geeignet, individuelle Unterschiede in der Entwicklung von Schriftsprachkompetenz zu erklären.

> **?**
> Welche anderen Merkmale sind für die Prognose von Lese- und Rechtschreibleistungen bedeutsam?

Seit vielen Jahren wissen wir, dass Unterschiede in der sozialen Schichtzugehörigkeit hier eine wichtige Rolle spielen. Einflüsse der sozialen Schichtzugehörigkeit auf die schulische Leistung sind in dem Sinne demonstriert worden, dass Kinder aus bildungsnahen Schichten von Beginn an Vorteile aufweisen, die sich im Verlauf der Beschulung weiter verstärken. Obwohl innerhalb der letzten Jahrzehnte sicherlich ein sozialer Wandel stattgefunden hat und die in den 1960er-Jahren gebräuchlichen Berufsklassifikationssysteme heute so nicht mehr so ohne Weiteres übernommen werden können, lässt sich auch aus den neueren internationalen Schulvergleichsstudien der Schluss ableiten, dass soziale Schichtmerkmale den Bildungserfolg deutscher Kinder und Jugendlicher maßgeblich bestimmen. Sprachliche Unterschiede zwischen den Sozialschichten sind früh erkennbar und beeinflussen individuelle Leistungsentwicklungen in unterschiedlichen Bereichen. Die Effekte der Sozialschicht auf den Erwerb der Schriftsprache scheinen dabei besonders ausgeprägt.

Neuere Forschungsarbeiten beschäftigen sich intensiver mit der Frage, wie sich Schichtunterschiede in der häuslichen Kommunikationsstruktur bemerkbar machen (vgl. Niklas 2014). Studien zur Bedeutung der familiären Lernumwelt für die sprachliche und schriftsprachliche Entwicklung haben in diesem Zusammenhang Mechanismen aufgedeckt, über die sich relativ frühzeitig Unterschiede in sprachlichen und schriftsprachlichen Kompetenzen manifestieren. Diese Arbeiten zeigen außerdem Wege dafür auf, wie sich die Ausgangsbedingungen für den Schriftspracherwerb auch in eher bildungsfernen Familien verbessern lassen.

Familien haben es auch prinzipiell selbst in der Hand, den Fernsehkonsum ihrer Kinder zu steuern. Dieses Problem scheint allerdings insgesamt in seiner Bedeutung überschätzt zu sein. Die Forschungsarbeiten zum Zusammenhang zwischen Fernsehkonsum und der Entwicklung von Lesekompetenz belegen, dass es für die meisten Kinder (und Familien) keinen Anhaltspunkt für gravierende Probleme gibt. Lediglich für eine relativ kleine Gruppe von Vielsehern lässt sich ein nachhaltiger negativer Zusammenhang in dem Sinne erkennen, dass sich der Fernsehkonsum hemmend auf die Entwicklung der Lesekompetenz auswirkt (Ennemoser und Schneider 2007). Nachdem Fernsehen kein neues Medium mehr darstellt, fragt man sich mittlerweile, inwieweit sich Computer, Internet und Smartphone auf den Schriftspracherwerb auswirken – nicht zuletzt deshalb, weil populäre Bestsellerautoren immer wieder potenzielle Gefahren dieser neuen Medien für die schulische Entwicklung herausstellen.

Summa summarum stellt sich die Situation aufgrund neuerer Erhebungen diesbezüglich jedoch wesentlich weniger dramatisch dar, und es gibt sogar Hinweise auf einen leicht positiven Effekt, auch wenn die Ergebnisse stark kontextabhängig zu sein scheinen. Es kann in jedem Fall ausgeschlossen werden, dass ein Computereinsatz in der Schule zu problematischen Entwicklungen der Schülerinnen und Schüler im kognitiven, motivationalen und emotionalen Bereich führt. Allerdings bieten gerade Computerspiele die Basis für Suchtverhalten bei Kindern und Jugendlichen, was sich derzeit ausweitet und künftig zu einem größeren Problem werden könnte.

> ?
> Durch welche Merkmale sind schwache Leser und Rechtschreiber charakterisiert?

Auch wenn sich schwache Leser und/oder Rechtschreiber im Unterrichtskontext sowie im Alltag relativ leicht identifizieren lassen, kann die im Zusammenhang mit dem Phänomen der Lese-/Rechtschreibstörung (LRS) erzeugte Begriffsvielfalt auch Experten immer noch verwirren. Es wurde von daher im vorliegenden Band der Versuch gemacht, die wichtigsten Unterschiedsmerkmale bei Kindern mit Lese- und Rechtschreibproblemen genauer herauszuarbeiten. Lange Zeit unterschied man zwischen Kindern, die LRS bei normaler bis überdurchschnittlicher Intelligenz aufweisen, und Kindern, die unterdurchschnittlich intelligent und gleichzeitig lese-/rechtschreibschwach sind. Die Diskrepanz zwischen Intelligenz auf der einen und Lese- und Rechtschreibkompetenz auf der anderen Seite spielte also eine bedeutende Rolle. Aus heutiger Sicht scheint es nicht mehr sinnvoll, bei der Definition von LRS das IQ-Diskrepanzkriterium zu berücksichtigen, da sich schwache Leser und/oder Rechtschreiber mit unterschiedlichen Intelligenzniveaus weder in der Fehlersymptomatik noch im Hinblick auf den Fördererfolg unterscheiden. Kinder mit LRS stammen häufiger aus sozial benachteiligten Familien, wobei der Anteil an Jungen allgemein höher liegt als der von Mädchen. Das Problem dieser Kinder sollte möglichst früh erkannt werden, damit Förderansätze optimal greifen können. Es hilft dabei sehr, dass für die frühzeitige Diagnose von LRS mittlerweile zahlreiche Lese- und Rechtschreibtests zur Verfügung stehen, die allesamt ökonomisch einsetzbar sind und auch von Lehrkräften durchgeführt werden können. Wie Langzeitstudien zum Verlauf von LRS übereinstimmend gezeigt haben, bleibt die Problematik langfristig bestehen, sofern keine Therapiemaßnahmen durchgeführt werden (Schneider und Stefanek 2007).

> ?
>
> Können die verfügbaren Förder- und Therapieprogramme überhaupt nachhaltig helfen?

Nachdem bis vor wenigen Jahren eher skeptische Beurteilungen der Trainingsverfahren im Bereich des Lesens und Rechtschreibens überwogen, stellt sich die Situation mittlerweile positiver dar. Wenn auch insgesamt die Zahl evaluierter Fördermaßnahmen noch ausbaufähig scheint, sind sowohl im Bereich des basalen Lesens (der Leseflüssigkeit), des Leseverständnisses und des Rechtschreibens inzwischen mehrere Verfahren verfügbar, die unterschiedliche Altersgruppen sinnvoll bedienen und sich bei unterschiedlichen Schweregraden der Lese- und/oder Rechtschreibstörung einsetzen lassen. Leider fällt es Laien (etwa Eltern von betroffenen Schülern) nach wie vor schwer, die bewährten Förderkonzepte von „alternativen" Verfahren abzugrenzen, die nicht im Hinblick auf ihre Wirksamkeit überprüft wurden und wohl nicht viel taugen. Wenn auch die in diesem Band vorgestellte Sammlung von empirisch bewährten Trainingsprogrammen sicherlich nicht umfassend ist (vollständigere Darstellungen bei Breitenbach und Weiland 2010; Steinbrink und Lachmann 2014), so sollte sie Ihnen als an der Materie interessierten Leserinnen und Lesern doch Anhaltspunkte für die systematische Auswahl geeigneter Verfahren geben. Als wesentliches Ergebnis unterschiedlicher Überblicksarbeiten zu den Effekten von Lese- und Rechtschreibtrainings (z. B. Wolf et al. 2016) lässt sich festhalten, dass symptomspezifische Förderprogramme, also solche, die an den Problemschwerpunkten im Lesen und Rechtschreiben ansetzen, effektiver sind als spezielle Funktions- oder Wahrnehmungstrainings. Interventionsverfahren, die motivationsfördernde Aspekte wie etwa Münzverstärkungsprogramme beinhalten, schneiden allgemein besser ab als Verfahren ohne solche Komponenten.

> **?**
> Wie lassen sich die Effekte der Fördermaßnahmen einordnen?

Die zahlreichen Studien zu Therapie- und Trainingserfolgen im Bereich der LRS weisen darauf hin, dass es sehr intensiver Übung und langer Förderphasen bedarf, damit sich messbare Erfolge einstellen. Wenn relativ kurze Fördermaßnahmen in der Werbung mit großen Erfolgswahrscheinlichkeiten aufwarten, darf an solchen Aussagen mit Fug und Recht gezweifelt werden. Während die Effekte von sorgfältig konzipierten und vielfach erprobten Rechtschreibtrainings bzw. von kombinierten Lese- und Rechtschreibtrainings meist mittelgroß bis groß ausfallen, liegt die Wirksamkeit von Lesetrainings insgesamt etwas niedriger, also eher im mittleren Bereich. Eine der wichtigen Empfehlungen für die pädagogisch-psychologische Praxis besteht darin, die Fehlerschwerpunkte der betroffenen Kinder und Jugendlichen zu diagnostizieren und die Förderung an diesen Schwierigkeiten festzumachen. Weiterhin ist es trotz einiger abweichender Befunde anzuraten, die Förderung kontinuierlich über einen längeren Zeitraum (etwa ein halbes bis ein ganzes Jahr) durchzuführen und dabei systematisch motivationsfördernde Maßnahmen einzusetzen (vgl. Breitenbach und Weiland 2010).

> **?**
> Hat die wissenschaftliche Forschung der letzten Jahrzehnte dazu geführt, dass unsere Kinder im Lesen und Rechtschreiben immer besser geworden sind und allgemein höhere Leistungsniveaus erreicht haben?

Studien zum sog. Flynn-Effekt suggerieren, dass wir in neuerer Zeit intelligenter geworden sind. Auch wenn dem so sein sollte, lässt sich dieser Befund nicht problemlos auf das Lesen und Rechtschreiben übertragen. Auch wenn historische Vergleiche von Schülerleistungen aus forschungsmethodischen Gründen relativ schwierig sind, sind gewisse Möglichkeiten der Überprüfung gegeben. Systematische und regelmäßig wiederkehrende Untersuchungen zur Lesekompetenzentwicklung in den USA, die auf repräsentativen Stichproben beruhen, zeigen beispielsweise wenig Veränderung und keinen einheitlich positiven Trend. Auch die Befunde der verschiedenen PISA-Zyklen zwischen 2000 und 2009 legen allenfalls den Schluss nahe, dass sich im Verlauf von annähernd zehn Jahren im unteren Leistungsbereich günstige Entwicklungen gezeigt haben; am oberen Ende des Leistungsspektrums wurde in diesem Zeitraum jedoch keine Verbesserung beobachtet (vgl. Naumann et al. 2010).

Demgegenüber scheint außer Frage zu stehen, dass die Rechtschreibleistungen unserer heutigen Kinder und Jugendlichen nicht mehr das Niveau der Zeit bis etwa 1970 aufweisen. Befunde aus der Münchner LOGIK-Studie und kinderpsychiatrischen Erhebungen sprechen gleichermaßen für einen stetigen wie auch deutlichen Abwärtstrend (Schneider 2008; Zerahn-Hartung et al. 2002). Dies mag unterschiedliche Gründe haben und etwa dadurch verursacht sein, dass in der Schule weniger Wert auf korrektes Schreiben gelegt wird bzw. der Stellenwert des Rechtschreibens in einer Gesellschaft, der Rechtschreibkorrekturprogramme auf ihren Computern zur Verfügung stehen, mittlerweile deutlich eingebüßt hat. Solange die Rechtschreibkompetenz für das Erreichen von Klassenzielen und den Übergang auf weiterführende Schulen wichtig ist (und dies ist vielfach noch der Fall), scheint es nach wie vor wichtig, möglichst vielen Kindern und Jugendlichen im Verlauf ihrer Schulzeit Basiskompetenzen in diesem Bereich zu vermitteln, die sich für ihren weiteren Lebensweg immer noch als durchaus sinnvoll erweisen können.

Literatur

Breitenbach, E., & Weiland, K. (2010). *Förderung bei Lese-Rechtschreibschwäche*. Stuttgart: Kohlhammer.

Ennemoser, M., & Schneider, W. (2007). Relations of television viewing and reading: Findings from a 4-year longitudinal study. *Journal of Educational Psychology, 99*, 349–368.

Marx, P. (2007). *Lese- und Rechtschreiberwerb*. Paderborn: Schöningh (UTB).

Naumann, J., Artelt, C., Schneider, W., & Stanat, P. (2010). Lesekompetenz von PISA 2000 bis PISA 2009. In E. Klieme, C. Artelt, J. Hartig, N. Jude, O. Köller, M. Prenzel, W. Schneider & P. Stanat (Hrsg.), *PISA 2009 – Bilanz nach einem Jahrzehnt* (S. 23–72). Münster: Waxmann.

Niklas, F. (2014). *Mit Würfelspiel und Vorlesebuch – Welchen Einfluss hat die familiäre Lernumwelt auf die kindliche Entwicklung?* Berlin: Springer Spektrum.

Pressley, M. (1998). *Reading instruction that works: The case for balanced teaching*. New York: Guilford.

Pressley, M. (2001). *Effective beginning reading instruction*. Chicago: National Reading Conference.

Schneider, W. (2008). Entwicklung der Schriftsprachkompetenz vom frühen Kindes- bis zum frühen Erwachsenenalter. In W. Schneider (Hrsg.), *Entwicklung von der Kindheit bis zum Erwachsenenalter – Befunde der Münchner Längsschnittstudie LOGIK* (S. 167–186). Weinheim: Beltz.

Schneider, W., & Berger, N. (2012). Möglichkeiten der Prävention und Intervention bei Lese- Rechtschreibstörungen. In T. Hellbrügge & B. Schneeweiß (Hrsg.), *Kinder im Schulalter: Verhaltensstörungen – Lernprobleme – Normabweichungen* (S. 84–105). Stuttgart: Klett-Cotta.

Schneider, W., & Stefanek, J. (2007). Entwicklung der Rechtschreibleistung vom frühen Schul- bis zum frühen Erwachsenenalter: Längsschnittliche Befunde der Münchner LOGIK-Studie. *Zeitschrift für Pädagogische Psychologie, 21*, 77–82.

Schründer-Lenzen, A. (2013). *Schriftspracherwerb* (4. Aufl.). Wiesbaden: Springer VS.

Steinbrink, C., & Lachmann, T. (2014). *Lese-Rechtschreibstörung: Grundlagen, Diagnostik, Intervention*. Heidelberg: Springer.

Wolf, K. M., Schroeders, U., & Kriegbaum, K. (2016). Metaanalyse zur Wirksamkeit einer Förderung der phonologischen Bewusstheit in der deutschen Sprache. *Zeitschrift für Pädagogische Psychologie, 30*, 9–33.

Zehran-Hartung, C., Strehlow, U., Haffner, J., Pfüller, U., Parzer, P., & Resch, F. (2002). Normverschiebungen bei Rechtschreibleistung und sprachfreier Intelligenz. *Praxis der Kinderpsychologie und Kinderpsychiatrie, 51*, 281–297.

Sachwortverzeichnis

A

alphabetische Strategie 73
Alphabetisierung 5
Alphabetschrift 2, 16
analytisch-synthetische Methode 11, 111
Anlautmethode 109
Anlauttabellen 115
Arbeitsgedächtnis 37, 93
    sprachliches 37
    und Schriftsprachleistungen 93

B

basale Leseprozesse 22
basaler Lesevorgang 41
Benenngeschwindigkeit 37, 44
Bildungsniveau der Eltern 127
Bildungsungerechtigkeit 129
Book-Promotion-Hypothese 141
Buchstabiermethode 8

C

Computerspielsucht 150, 228
conText 200
CORI 199

D

Defizite 133, 226
    sprachliche 133, 226
Dekodieren 19
Deutscher Rechtschreibtest (DE-RET) 82
Developmental-Spelling-Modell 28
Diagnostischer Rechtschreibtest (DRT) 82
dialogisches Lesen 138
dialogisches Vorlesen 164
didaktische Landkarte 113
Drei-Ebenen-Rahmenmodell 163
Dyskalkulie 161
Dyslexie 158

E

elaborierter Code 132
ELFE-Test 79
Erleichterungshypothese 141

F

familiäre Lernumwelt 134, 138, 227
    Fördermaßnahmen 138
familiäre Sozialisation 131
Fernsehkonsum 140, 228

Fertigkeitsentwicklung, kontinuierliche   21
Fibeln   11, 111
Fibelunterricht   111, 120
Flynn-Effekt   230
Förderprogramme   183, 229
Förderung   186, 208, 210
    kombinierte   186, 210
    morphemorientierte   208
Frühleser   105

G

Ganzheitsmethode   10, 108, 118
Genetik   162
Geschlechtseffekte   95, 165
globale Kohärenzbildung   23
Grain-Size-Hypothese   22
Graphem   17

H

Hamburger Lesetest für 3. und 4. Klassen (HAMLET 3–4)   78
Hamburger Schreib-Probe (HSP)   82
Heidelberger Trainingsprogramm zur frühen Sprachförderung in Kindertagesstätten   66
Hemmungshypothesen   140

I

IGLU   129
Informationsverarbeitungsgeschwindigkeit   94
Informed Strategies for Learning (ISL)   198
Intelligenz   39, 91
Intelligenztest   174
interaktives Analogiemodell des Lesens   21
IQ-Diskrepanzkriterium   159, 229
ISEI-Index   128

K

Kieler Leseaufbau   212
Kieler Rechtschreibaufbau   212
Klassengröße   98
Klassenkontext   97, 227
kognitive Merkmale   166
kognitive Strategien   198
Kompetenz   43
    linguistische   43
Kon-Lab-Programm   55
Konzentrationsabbauhypothese   140
Konzentrationsfähigkeit   39
korrelative Längsschnittstudien   39
kulturelle Praxis   136
kulturelles Kapital   136

L

latente semantische Analyse (LSA)   202
LAU-Studie   130
Lautarium   188
Lautiermethode   8
Lautlese-Tandems   194
Legasthenie   158, 162, 166, 172
    Forschung   166
    kongenitale   162
Lehrkräfte   6, 98, 121, 204, 223, 224
    Ausbildung und Bezahlung   6, 223
    Einfluss auf Leistungen   98, 121, 224
    Fortbildungsmaßnahmen   204
Lernfreude   39
Lernmotivation   39
Lernstörungen   157
Lern- und Leistungsmotivation   94
Leseabwertungshypothese   141
Lesefertigkeit   42, 76
    Defizite   42
Leseflüssigkeit   74, 193
    Förderung   193
Lesegeschwindigkeit   83, 193
    Förderung   193

Lesegeschwindigkeits- und -verständnistest für die Klassen 6–12 (LGVT 6–12) 78
Lesekompetenz 15, 25, 41, 76, 78, 83, 105, 192, 226
   Determinanten 25
   Diagnostik 78
   Entwicklung 83, 226
   Förderung 192
   frühe 105
   Prognose 41
Leselernmethoden 8, 118, 223
Lesemotivation 199
   Förderung 199
Lesen 138, 171
   automatisiertes 171
   dialogisches 138
Lesen durch Schreiben (LdS) 115
Lesenlernen 16, 18, 73
   Forschung 16
   Modelle 18
Lese-/Rechtschreibschwäche 158
   allgemeine 158
Lese-/Rechtschreibstörung (LRS) 157, 158, 161, 169, 175, 186, 192, 204, 210, 228, 229
   Definition 157, 228
   Diagnose 229
   Diagnostik 169
   Intervention 186, 192, 204, 210
   längsschnittliche Befunde 175
   spezifische 158
   Ursachenfaktoren 161
Lesesozialisation 105
Lesestörung 171
Lesestrategien 18, 74
Leseverständnis 22, 23, 76, 78, 85, 195, 196
   Diagnostik 78
   Förderung 195
   Komponenten 196
   Teilprozesse 23
LOGIK-Studie 38, 230
logographemische Phase 18
lokale Kohärenzbildung 24
LOS-Institute 215

M

Marburger Rechtschreibtraining (MRT) 205
Medienkompetenz 148
metakognitive Strategien 198
methodenintegrierter Ansatz 111
Methodenstreit 117
Methodenvergleich 118, 224
Migrantenkinder 55, 225
Migrationshintergrund 135, 136
Misserfolgserlebnisse 133
MORPHEUS 209
Motivationsdefizite 168

N

Naturlautmethode 9, 109
neue Medien 146, 228
Normalwortmethode 12

O

On-Screen-Reading-Hypothese 141
Orthografie 22
orthografische Strategie 74

P

Passivitätshypothese 140
Phonem 16
Phonemanalyse 166, 171
Phonemsynthese 171
PHONIT 186
phonologische Bewusstheit 36, 47, 57, 92, 186
   Förderprogramme 47
   Förderung 186
phonologische Informationsverarbeitung 36, 166
PISA 129, 230
PotsBlitz 193

R

Rechtschreiben 43, 204
　Förderung 204
Rechtschreibentwicklung 26
　Modelle 26
Rechtschreibkompetenz 81, 83, 226
　Diagnose 81
　Entwicklung 83, 226
Rechtschreibprobleme 79
Rechtschreibstörung 158, 171
　isolierte 158
Reichen-Methode 115, 224
Rekodieren 19
restringierter Code 131
Risikokinder 48, 131, 226

S

Salzburger Lese-Screening für die Schulstufen 2–9 (SLS 2–9) 78
SCHOLASTIK-Studie 44
Schreibenlernen 79
Schriftsprache 1, 223
　Geschichte 1, 223
Schriftspracherwerb 15, 17, 35, 73, 91, 157, 223, 226
　Entwicklungsmuster 73
　Forschung 15
　gestörter 157
　Modelle 17
　und kognitive Fähigkeiten 91
　Voraussetzungen 35, 226
　Wege 223
Schriftsprachkompetenz 38, 39, 227
　Prognose 39, 227
　vorschulische 38
Schulentwicklung 4
　Geschichte 4
Schulerfolg 15, 73, 97, 131
Schulpflicht 4, 223
Sichtwortlernen 21
Sichtwortschatz 74
silbenanalytische Methode 109

Simple-View-of-Reading-Modell 23, 42, 76
sozioökonomischer Statur (SöS) 227
　und Leistungsunterschiede 227
sozioökonomischer Status (SöS) 96, 127, 131, 136
　und Leistungsunterschiede 96, 131
　und Migrationshintergrund 136
spezifische Sprachentwicklungsstörung (SSES) 161
sprachbasiertes Interaktionstraining 66
Spracherfahrungsansatz 112, 120
Sprachförderung im Kindergarten 61
synthetische Methode 10, 109, 118

T

Training des reziproken Lehrens und Lernens 197
Trainingsstudien 185
　kontrollierte 185
Trainingsstudien im Kindergarten 47

U

Unterrichtsentwicklung 4
　Geschichte 4
Unterrichtsmethoden 105

V

Verdrängungshypothese 140
Vier-Säulen-Modell 114
Vorläuferfertigkeiten 39
Vorlesen 134
vorschulische Kompetenzen 39, 47
　empirische Belege 39, 47

W

Worthäuser 110
Würzburger Leise Leseprobe (WLLP-R) 78
Würzburger orthografisches Training (WorT) 207

Würzburger Trainingsprogramm 49, 59
 Kritik 59

Z
Zwei-Wege-Modell 42

 **Springer** springer.com

Willkommen zu den Springer Alerts

Jetzt anmelden!

- Unser Neuerscheinungs-Service für Sie:
  aktuell *** kostenlos *** passgenau *** flexibel

Springer veröffentlicht mehr als 5.500 wissenschaftliche Bücher jährlich in gedruckter Form. Mehr als 2.200 englischsprachige Zeitschriften und mehr als 120.000 eBooks und Referenzwerke sind auf unserer Online Plattform SpringerLink verfügbar. Seit seiner Gründung 1842 arbeitet Springer weltweit mit den hervorragendsten und anerkanntesten Wissenschaftlern zusammen, eine Partnerschaft, die auf Offenheit und gegenseitigem Vertrauen beruht.

Die SpringerAlerts sind der beste Weg, um über Neuentwicklungen im eigenen Fachgebiet auf dem Laufenden zu sein. Sie sind der/die Erste, der/die über neu erschienene Bücher informiert ist oder das Inhaltsverzeichnis des neuesten Zeitschriftenheftes erhält. Unser Service ist kostenlos, schnell und vor allem flexibel. Passen Sie die SpringerAlerts genau an Ihre Interessen und Ihren Bedarf an, um nur diejenigen Information zu erhalten, die Sie wirklich benötigen.

Mehr Infos unter: springer.com/alert

 Springer   springer.com

Kritisch hinterfragt

Die ‚Kritisch hinterfragt' Reihe greift kontroverse und für die Gesellschaft relevante Themen aus psychologischer Sicht auf und entlarvt gängige Mythen und Vorurteile. Die Bandbreite der Themen kommt aus allen Teilgebieten der Psychologie. Jeder einzelne Band konzentriert sich auf ein spezielles psychologisches Themengebiet. Um den Leser abzuholen und das Interesse aufrecht zu erhalten, sind an entscheidenden Stellen Fragen eingearbeitet. Die Inhalte sind wissenschaftlich fundiert, jedoch nicht nur informativ, sondern unterhaltsam und humorvoll in leicht verständlicher Sprache verfasst.

1. Aufl. 2017, Etwa 190 S.
8 Abb., Softcover
14,99 € (D) | 15,41 € (A)
*CHF 19.00
ISBN 978-3-662-50386-7

M. Tomoff
Positive Psychologie – Erfolgsgarant oder Schönmalerei?

1. Aufl. 2017, VIII, 145 S.
7 Abb., Softcover
14,99 € (D) | 15,41 € (A)
*CHF 19.00
ISBN 978-3-662-50352-2

M. Reindl, B. Gniewosz
Prima Klima – Schule ist mehr als Unterricht

1. Aufl. 2015, XIII, 204 S.
12 Abb. in Farbe, Softcover
14,99 € (D) | 15,41 € (A)
*CHF 19.00
ISBN 978-3-662-48456-2

C. Krause
Mit dem Glauben Berge versetzen?
Psychologische Erkenntnisse zur Spiritualität

1. Aufl. 2015, VII, 158 S.
6 Abb., Softcover
14,99 € (D) | 15,41 € (A)
*CHF 19.00
ISBN 978-3-642-55306-6

B. Sprenger, P. Joraschky
Mehr Schein als Sein?
Die vielen Spielarten des Narzissmus

€ (D) sind gebundene Ladenpreise in Deutschland und enthalten 7 % MwSt. € (A) sind gebundene Ladenpreise in Österreich und enthalten 10 % MwSt. Die mit * gekennzeichneten Preise sind unverbindliche Preisempfehlungen und enthalten die landesübliche MwSt. Preisänderungen und Irrtümer vorbehalten.

Jetzt bestellen: springer.com/shop

MIX
Papier aus verantwortungsvollen Quellen
Paper from responsible sources
FSC® C105338

If you have any concerns about our products,
you can contact us on
ProductSafety@springernature.com

In case Publisher is established outside the EU,
the EU authorized representative is:
**Springer Nature Customer Service Center GmbH
Europaplatz 3, 69115 Heidelberg, Germany**

Printed by Libri Plureos GmbH
in Hamburg, Germany